JN439002

IFRS
회계원리

이성희 김정애 공저

ACCOUNTING PRINCIPLES

머리말

'회계'는 기업의 모든 경영활동에 대한 핵심 내용을 정리하고 요약하여 기업을 둘러싼 많은 이해관계자에게 전달하는 정보전달체계로서, 흔히 '기업의 언어'라고 한다. 자본주의 시대를 살아가고 있는 현대의 우리는 기업과 많은 부분을 공유하면서 살아가고 있다. 취업을 통해 기업에 근로를 제공하고 급여라는 생계적 자원을 기업으로부터 지급받기도 하고, 여유자금이 있는 경우 주식이나 채권 시장을 통해 투자를 하기도 한다. 때로는 기업의 사회적 공헌에 대한 평가를 통해 해당 기업에 대한 제품구매를 결정하기도 하고, 언론을 통해 보도되는 기업 관련 사건들에 대한 이해를 바탕으로 해당 기업에 대한 나름의 평가를 하기도 한다. 현실적으로 우리의 일상은 기업과 떼려야 뗄 수 없는 관계에 있다. 그리고 그 속에서 우리는 의도하든 의도하지 않든 기업과 관련한 다양한 의사결정을 하게 되고, 이를 위해 기업에 대한 이해가 필요하게 된다.

현대인들의 기업과 관련한 이러한 일련의 활동들은 기업에 대한 정보를 바탕으로 이루어지며, 기업은 이들의 정보 욕구를 만족시키기 위해 다양한 회계정보를 제공하고 있다. 그러므로 기업에 대한 정확한 이해와 판단을 위해서는 기업이 제공하는 회계정보에 대한 정확한 이해가 필요하며, 이를 위해서는 무엇보다 기업의 언어인 회계를 아는 것이 중요하다. 즉, 기업의 언어를 모르면서 기업이 제공하는 수많은 정보를 제대로 파악하고 이해할 수는 없기 때문이다.

이렇듯 경영의 가장 기초이자 현대 자본주의 시대를 살아가는 우리의 일상과 밀접한 관련성을 가진 회계는 여러 교육과정 중 대학이라는 집단에 소속이 되고 나서야 처음으로 접하는 것이 현실이다. 때문에 대학에서 처음으로 회계를 접하고 학습하게 되는 많은 학생들은 회계를 다른 분야에 비해 어렵게 받아들이는 경향이 있다. 회계의 원리를 이해하는 데까지 투입되어야 하는 시간이 길고, 논리적인 사고를 필요로 한다는 점에서 학생들이 지루함을 느껴 학습을 소홀히 하거나 더러는 학습을 포기하는 경향도 있다. 특히 4차산업의 발달로 IT 기반의 다양한 회계프로그램들이 쏟아져 나오면서 회계에 대한 기초적 이해 없이도 회계처리가 가능한 것으로 오해하여 굳이 회계에 대한 학습을 하지 않아도 된다고 생각하는 이들이 늘고 있는 것도 회계에 대한 학습을 어렵게 하는 한 요인이기도 하다.

본서는 현대사회에서 회계의 중요성이 큼에도 불구하고 학생들이 회계 학습에 편견을 갖고 흥미를 잃거나 포기하는 사례를 자주 접하면서 가능한 회계에 대한 편견과 이해의 어려움을 줄여보고자 하는 목적에서 집필되었다. 이를 위해 복잡한 내용을 최대한 간결하게 설명하고자 하였으며, 가능한 표와 그림을 위주로 설명함으로써 본문의 내용을 한눈에 파악할 수 있도록 하였다. 그리고 각 장의 도입 부분에는 칼럼이나 실제 기업의 사례를 예시적으로 제시하고 설명함으로써 학습에 들어가기 전에 해당 장에 대한 이해를 돕고자 하였다.

본서는 크게 두 부분으로 구성되어 있다. 제1장부터 제6장까지의 제1부에서는 서비스업과 상품매매업을 위주로 회계의 기초적 원리에 대한 내용을 기업의 경영활동과 연계하여 단계적으로 서술하고, 제7장부터 제13장까지의 제2부에서는 국제회계기준(K-IFRS)을 반영한 각 계정별 회계처리에 대한 내용을 서술함으로써 학습의 난이도와 강의의 편의성을 높이고자 하였다. 한편, '워크북'을 별책으로 두어 학습에 필요한 연습 노트를 제공함으로써 학습과 동시에 예제를 통해 학습 내용에 대한 이해 정도를 학습자가 바로 확인할 수 있도록 하여 학습에 대한 성취감과 효율성을 높이고자 하였다.

이 책의 초판 출간이 이루어지기까지 많은 분들의 도움이 있었다. 먼저 이 책의 출간이 가능할 수 있도록 오랫동안 지속적인 격려를 아끼지 않았던 손병기 교수님과 시대가치 출판사의 김광범 대표님께 깊은 감사의 마음을 전한다. 그리고 선일회계법인의 반경찬 대표님과 오재봉 회계사, 인제대학교 정산재 고시원 출신의 이민혁, 은형준 군에게도 지면을 통해 심심한 감사의 마음을 전한다.

책의 출간을 위해 나름의 노력을 기울였음에도 불구하고 아직 부족한 점들이 많이 있을 것이다. 혹시 있을 오류에 대한 책임은 전적으로 저자들의 몫이며, 차후 개정판을 통해 보다 완성도 높은 책이 출간될 수 있도록 최선을 다하겠다는 약속을 드린다. 본서를 통해 학생들이 회계와 보다 친숙해질 수 있기를 바란다.

2021년 12월

저자들 씀

차 례

PART 01 회계의 기초 개념

P·A·R·T 02 계정별 회계처리

13/ 현금흐름표 363

[부록] 화폐의 시간가치 397

PART

01

회계의 기초 개념

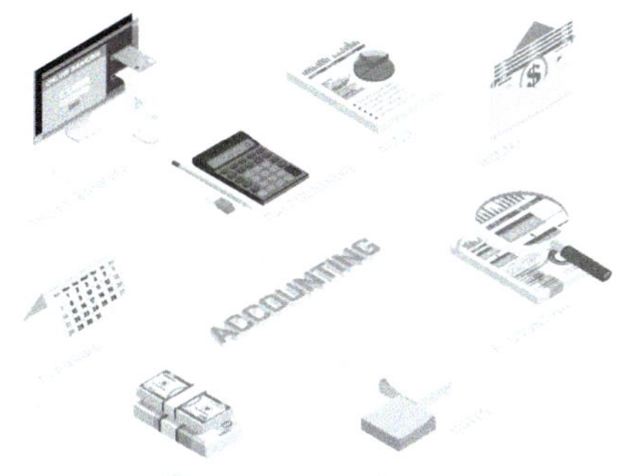

CHAPTER 01

회계의 기초

IFRS ACCOUNTING PRINCIPLES

1. 회계의 정의
2. 회계정보의 역할
3. 회계정보의 신뢰성
4. 회계정보이용자와 회계의 분류
5. 우리나라의 회계기준

학습목표

본 장에서는 회계에 대한 개략적인 소개를 다룬다.

기업을 둘러싼 다양한 이해관계자들은 회계정보를 중요시하고 있으며, 특히 외환위기와 금융위기 이후 회계의 중요성이 더욱 강조되고 있다. 기업과 관련한 이해관계자들은 회계정보를 활용하여 경제적 의사결정을 수행하고 있다. 또한 경영자들은 자신이 경영하고 있는 기업의 효율적 운영을 위해 회계정보를 필요로 한다. 따라서 회계는 정보이용자들이 합리적이고 경제적인 의사결정을 하는데 필요로 하는 유용한 정보를 제공하기 위한 기업의 정보시스템이라고 할 수 있다.

본 장에서는 구체적으로 다음과 같은 내용들이 학습목표이다.

1. 회계의 정의를 서술할 수 있다.
2. 회계정보의 사회적 기능에 대해 학습한다.
3. 회계정보의 신뢰성이 어떻게 확보되는지에 대해 학습한다.
4. 회계정보이용자에 따른 회계의 분류에 대해 학습한다.
5. 기업회계기준이 무엇이며, 어떤 역할을 하는지에 대해 학습한다.

들어가며

신라호텔의 제주산 '애플망고빙수'는 '금값 빙수'라는 별칭을 갖고 있는 만큼 이익을 창출하고 있는가?

신라호텔의 제주산 '애플망고빙수'의 판매가격은 2~3인용 기준으로 한 그릇당 ₩59,000이다. 이는 고급 레스토랑에서의 한끼 식사값과 맞먹는 가격이다. 그래서 '금값 빙수'라는 별칭까지 얻었다. 고급호텔에서 파는 빙수이다 보니 가격이 비싸게 책정되었다는 인식이 대부분이다. 하지만 원가를 따져보면 이러한 인식과 사뭇 다른 결과가 나온다. 서울 신라호텔의 '애플망고빙수'의 원가를 계산해 본 결과, 인건비를 제외한 원재료값은 ₩39,000, 인건비를 더한 총원가는 ₩53,000으로 나타났다.

구 분		원 가
재료비	제주산 애플망고	₩33,000
	눈꽃 빙수	3,000
	팥, 연유, 샤베트 등 기타 재료	3,000
인건비	셰프 및 서빙직원 등	14,000
총원가		₩53,000

올해 빙수 판매가격은 서울 신라호텔 기준 ₩54,000이지만 세금(10%)과 봉사료(10%)를 제외하면 실제 판매가격은 ₩44,630이다. 애플망고빙수는 2011년 첫선을 보인 이후에 꾸준히 신라호텔의 여름철 간판 메뉴이지만 호텔 입장에서는 고민이 많다. 높아지는 원가비중 때문이다. 시중에 유통되는 페루산 수입 망고를 사용할 경우 원가 부담을 크게 낮출 수 있지만, 신라호텔은 제주산을 고집하고 있다. 국내 산지서 공수해야 맛과 품질을 보장할 수 있기 때문이다. 2018년에는 판매중단까지 검토했을 정도지만, '우리 호텔의 자부심'이라는 내부 반대에 '원가연동제'라는 고육지책을 마련했다. 여기에 더해 지방 상생협력 문제도 걸려 있다. '제주 애플망고'라는 고부가가치 브랜드를 함께 키워 온 지역 농가와의 상호 신뢰를 무너뜨릴 수는 없기 때문이다.

(자료 출처: 아시아경제(2020.5.8.), "호화 빙수 · 금값 빙수…신라호텔 '애망빙'의 비밀")

1 회계의 정의

기업은 경제활동에서 생산의 주체로서 중요한 역할을 한다. 기업은 자본주의 경제시장에서 생산을 담당하는 핵심으로써, 가계의 의식주에 필요한 상품이나 서비스를 생산 · 제공하게 된다.

이러한 기업의 형태는 경영책임의 부담 정도에 따라 합명회사, 합자회사, 유한책임회사, 유한회사 및 주식회사로 구분[1]되는데, 이들 기업형태 중 대규모 자금을 쉽게 모을 수 있는 '주식회사'가 현대의 가장 일반적인 기업형태이다.

소유와 경영이 분리되어 있는 주식회사는 전문경영자가 투자자와 채권자들로부터 화폐적 가치를 지닌 자원을 수탁받아 자신의 책임하에 경영을 하고, 일정한 기간 단위로 경영의 결과에 대한 정보를 보고하여야 한다. 예를 들어, 일정기간 동안 누구로부터 어떤 방법으로 얼마의 자원을 조달하고 지출하였으며, 조달한 자원을 경영활동에 어떻게 사용 · 보유하고 있는지, 그리고 일정기간 동안 경영의 결과로 달성한 성과는 얼마인지 등에 대한 정보를 화폐단위로 측정 · 요약하여 제공하여야 한다.

경영자가 투자자와 채권자 등의 이해관계자에게 제공하는 기업에 대한 재무상태와 경영성과에 관한 화폐적 정보를 '회계정보'라 하며, 이러한 회계정보를 생산하는 일련의 과정을 '회계(accounting)'라고 한다.

회계란 '기업이 회계정보이용자의 자원배분에 관한 합리적 의사결정에 필요한 정보를 제공하기 위하여 기업 실체의 경제적 활동을 인식 · 측정 · 요약하여 전달하는 일련의 시스템적 활동'을 말한다[Accounting is the process of identifying, measuring, and communicating economic information to permit informed judgements and decisions by users of the information(AAA, ASOBAT, 1996)].

우리는 매일 수많은 미디어나 매체들을 통해 기업에 대한 정보를 접하고 있고, 이러한 정보의 대부분은 재무적 또는 회계적 내용과 관련된 것들이다. 때문에 현

---

1) 상법 제170조

[그림 1-1] **회계의 정의**

대인들은 회계나 재무적 정보를 이해할 수 있는 지식을 전공하지 않았거나 회계와 무관한 생활을 하는 사람들조차도 회계에 대한 관심을 가질 것을 요구받으면서 살아가고 있다. 이는 회계가 나와 상관없고, 알 필요도 없는, 그저 골치 아픈 내용이 아니라 우리가 속해 있고, 살아가고 있는 현재 사회에서 일어나는 일들이며, 자본주의 경제시장의 가장 기본적인 작동원리이기 때문이다. 즉, 가계와 기업과 정부가 서로 뒤얽혀 움직이는 자본주의 경제의 핵심은 이들 경제주체가 자금을 누구로부터 어떻게 조달하여 사용하였으며, 얼마의 이익을 남겼는지를 이해하는 것에 있으며, 이는 곧 '돈의 흐름'을 정확하게 파악하는데 있다. 이를 위해 인류가 고안해 낸 것이 바로 '회계'이다. 독일의 대문호인 '괴테'는 중세시대의 수학자였던 '루카 파치올리(Luca Pacioli)'에 의해 완성된 복식회계를 일컬어 '인류가 발명한 가장 위대한 발명품'이라는 극찬을 아끼지 않았다. 또한 퓰리처상을 수상한 세계적인 석학 '제레드 다이아몬드(Jared Diamond)'도 인류가 문자를 만든 이유가 회계의 필요성 때문이었다고 주장하였다.

2 회계정보의 역할

기업의 회계정보 제공은 기업을 둘러싼 많은 이해관계자들의 합리적인 의사결정에 도움을 주기 위한 것이다. 이러한 회계의 목적을 달성하기 위한 사회적 역할은 크게 두 가지로 나누어 볼 수 있다.

첫째, 기업과 관련한 이해관계자들의 자원배분에 대한 합리적 의사결정에 유용한 회계정보를 제공하는 것이다.

기업의 주된 이해관계자는 투자자(investor)와 채권자(creditor)이다. 투자자는 주식을 통해 기업에 투자하려는 사람으로 현재의 주주와 미래의 잠재적 주주를 말한다. 투자자는 자신이 가진 화폐적 자원을 어떤 기업에 투자하였을 때 배당이나 주식의 시세차익을 통한 이익이 극대화될 수 있는지를 파악한 후, 수익성이 최대화되는 기업에 투자하는 의사결정을 하게 된다. 즉, 투자자는 자신이 가진 화폐자원의 투자에 따른 미래 현금흐름의 크기, 시기 및 위험 등에 관한 회계정보가 필요하며, 이를 통해 배당이익과 시세차익이 높은 주식에 투자하여 자신의 이익을 극대화하려고 한다. 이때 투자자가 필요로 하는 미래 현금흐름에 대한 정보는 해당 기업의 재무상태, 경영성과, 현금흐름 및 자본변동에 관한 것이다.

채권자는 주주와 같은 외부 이해관계자이며, 기업의 자금을 제공하는 직접 당사자이다. 채권자는 채권계약을 통해 기업에게 자금(원금)을 제공하고 계약기간이 종료되는 시점에서 제공하였던 자금을 회수하며, 계약기간 중에는 이자를 받으면서 이익을 추구하게 된다. 따라서 채권자는 기업에 자금을 제공하는 의사결정 시 해당 기업으로부터 원금과 이자의 회수 가능성을 판단하기 위한 지급능력에 관한 회계정보가 중요하다. 이자나 원금의 지급능력은 당기순이익의 크기나 현금자산 보유액 또는 미래의 경영잠재력 등에 대한 정보를 통해 파악하며, 이러한 정보는 주로 재무제표로부터 얻을 수 있다.

둘째, 회계는 자원에 대한 경영을 수탁받은 전문경영인의 수탁책임(stewardship)에 대한 이행 여부를 평가하는데 유용한 회계정보를 제공한다. 경영자는 투자자를 포함한 다양한 자원제공자로부터 경영에 필요한 자원을 제공받고, 이를 운영하여 이익을 창출하게 된다. 이렇게 창출된 이익은 자원제공자에게로 환원된다. 이 과정에서 자원제공자들은 자신이 제공한 자원이 효율적으로 운용되고 있는지에 대해 관심을 갖게 되고, 이러한 관심에 따라 경영자의 수탁책임에 대한 평가 유인이 발생하게 된다. 즉, 경영자가 제공하는 회계정보에 기초하여 경영자의 수탁책임을 평가하고, 이를 통해 경영자의 교체 필요성이나 제공한 자원을 회수 또는 계속 투자하는 등의 의사결정을 하게 된다.

[그림 1-2] **회계정보의 역할**

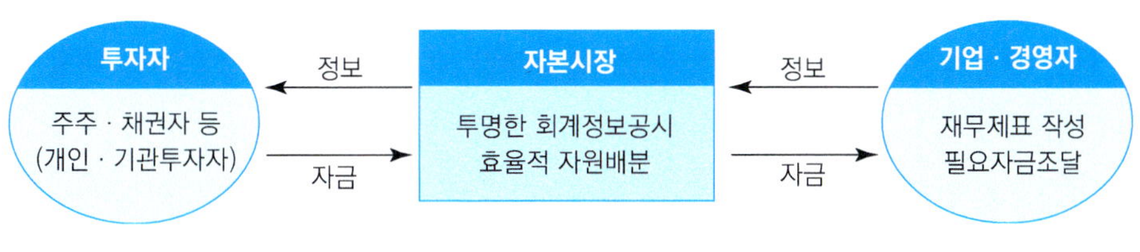

이처럼 기업과 기업에 대해 자금 또는 재화나 용역을 제공하는 자원제공자 간의 원활한 거래를 위해서는 회계정보가 중요한 역할을 하게 된다. 즉, 회계정보는 자본주의 사회에서 자원배분의 의사결정에 관한 필수적 정보로, 기업이 회계정보를 생산하여 이해관계자들이 이용할 수 있도록 제공하고, 이해관계자는 이러한 회계정보를 이용하여 자신이 소유한 자원의 배분에 대한 보다 합리적인 의사결정을 할 수 있게 된다.

3 회계정보의 신뢰성

투자자는 여러 투자대상 기업 중 수익성이 높고 투자금을 안전하게 회수할 수 있는 기업을 선택하여 자신의 화폐 자원을 제공하고자 한다. 그리고 이러한 의사결정에 앞서 해당 기업의 수익성 및 안정성에 관한 판단을 하여야 하며, 이는 기업이 제공하는 회계정보에 기초하여 이루어진다. 그러므로 투자자가 기업이 제공하는 회계정보에 기초하여 합리적이고 경제적인 투자의사결정을 할 수 있으려면 무엇보다 기업으로부터 제공받는 회계정보의 신뢰성이 중요하다. 즉, 자원의 원활한 거래를 위해서는 회계정보의 역할이 중요하다는 것이다.

자본시장은 자금수요자와 자금공급자가 모여 자금을 거래하는 시장이다. 이 시장에서 자금제공자의 투자의사결정이 효율적으로 이루어지려면, 경영자가 작성하여 이해관계자들에게 보고하는 회계정보가 거짓 없이 작성되고 공정하게 자본시장에 공시되어야 한다. 따라서 자본시장은 신뢰성 있는 회계정보가 투명하게 공시되고, 이를 기초로 투자자와 기업이 자원을 효과적으로 배분할 수 있도록 공정한 환경이 조성되어야 하며, 이는 국가가 담당할 역할로 금융위원회(금융감독원)가 업무를 집행하고 있다.

회계정보의 신뢰성은 어떻게 달성될까? 회계정보는 자율적인 시장기능이나 법적 규제에 의해 통제되고 달성된다. 시장기능은 자본시장에서 투자자들이 거짓으로 회계정보를 공시하는 기업을 찾아내어 투자금을 회수함으로써 해당 회사를 자본시장에서 퇴출시키는 것이며, 반대로 진실되고 신뢰성 있는 회계정보를 보고하는 기업에게는 자금이 원활하게 제공되게 함으로써, 경영자가 회계정보의 신뢰성 제고에 관심을 갖도록 주의를 환기하는 자발적 기능이다. 법적 기능은 회계정보의 생성과 공시의 과정에 공정성과 투명성이 유지되도록 법적 규제를 통해 경영환경을 조성하는 것을 의미한다.[2)]

4 회계정보이용자와 회계의 분류

기업의 이해관계자들은 회계정보를 이용하여 자원제공에 대한 합리적 의사결정을 하게 된다. 이때 기업의 이해관계자란 현재 기업에 자원을 제공하고 있는 이해관계자뿐만 아니라 미래에 기업에 자원을 제공할 가능성이 있는 잠재적 자원제공자까지 모두 포함하는 개념이다. 따라서 이해관계자와 정보이용자는 모두 같은 의미로 사용되는 용어라고 볼 수 있다.

회계는 정보이용자에 따라 재무회계, 관리회계, 비영리회계, 회계감사 및 세무회계 등으로 분류할 수 있다.

2) '상법', '자본시장과 금융투자업에 관한 법률'에서 규정하는 회계처리 규정과 '주식회사 등의 외부감사에 관한 법률'에 따라 실시되는 외부감사인에 의한 회계감사가 이에 해당한다.

4.1 재무회계

재무회계(financial accounting)는 외부이해관계자에게 주주, 채권자, 정부기관 및 소비자 등의 자원배분에 대한 의사결정에 필요한 정보를 제공하는 회계로서, 외부이해관계자가 필요로 하는 정보를 재무제표를 통하여 제공하는 회계이다. 주주와 채권자는 자신이 보유하고 있는 재무자원을 가장 수익성이 높은 투자처에 배분하는 의사결정을 하게 되며, 이러한 의사결정 시에 필요한 기업정보는 미래 현금흐름의 크기, 시기, 위험 등에 대한 정보이며, 이는 기업이 작성하여 제공하는 재무제표를 통하여 얻을 수 있다. 즉, 재무회계는 기업회계기준에 따라 작성되는, 일정한 형식과 보고체계를 갖는 재무제표에 초점을 둔 회계로서, 기업의 경영활동 결과를 재무상태, 경영성과, 자본변동 및 현금흐름으로 구분하여 제공하는 회계이다.

4.2 관리회계

관리회계(managerial accounting)는 내부이해관계자, 특히 경영자와 관리자의 의사결정에 필요한 정보를 제공하는 회계이다. 경영자는 경영계획 및 경영통제를 위한 의사결정에서 회계정보를 이용한다. 경영계획과 경영통제에 관한 의사결정의 대부분은 일상적 형태의 거래나 사건이 아닌 특수한 상황에 해당하므로, 보고서도 이에 맞는 원가나 이익에 관한 정보, 판매수량, 판매가격, 표준원가 및 기회원가 등의 미래지향적 예측정보로 구성된다. 따라서 관리회계는 재무회계와 달리 일정한 형식이나 내용 등의 규제를 받지 않으며, 별도의 보고형식도 정해져 있지 않다.

재무회계와 관리회계의 차이를 요약하면 <표 1-1>과 같다.

〈표 1-1〉 **재무회계와 관리회계의 차이**

구 분	재무회계	관리회계
정보이용자	외부정보이용자	내부정보이용자
회계 규제	K-IFRS, 일반회계기준, 중소기업회계기준	회계 규제 없음
보고서 형식	재무제표	일정한 형식 없음
정보의 시점	과거지향적	과거, 현재 및 미래지향적
정보의 형태	재무자료 중심	재무・비재무자료[3] 중심
정보의 제공 목적	정보이용자의 의사결정에 유용한 정보 제공	경영자의 경영계획 및 통제에 대한 의사결정에 유용한 정보 제공

[그림 1-3]은 회계정보이용자에 따른 회계 분류 중 재무회계와 관리회계를 도식화한 것이다.

[그림 1-3] **정보이용자와 재무회계 및 관리회계**

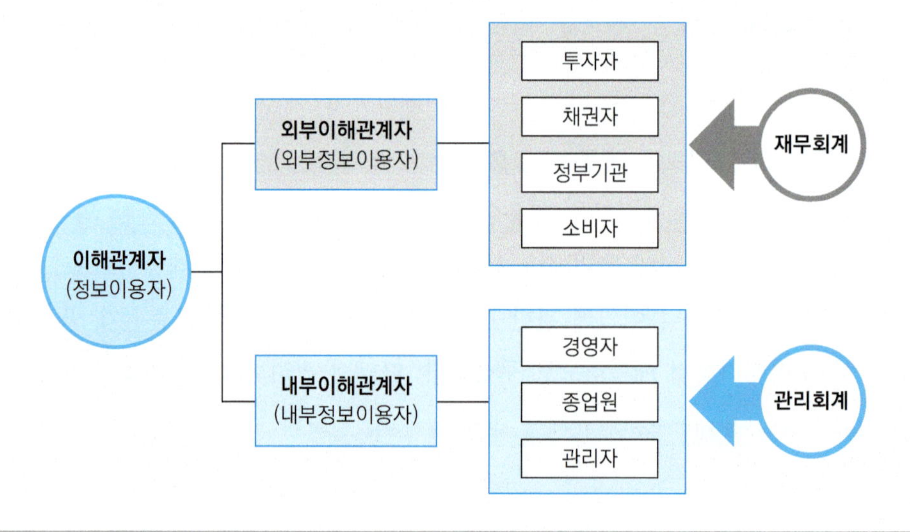

3) 재무자료는 기업의 재무제표와 관련된 정보이며, 비재무자료는 기업의 경영활동에 대한 다양한 정보 중 재무자료에 포함되지 않은 환경, 사회, 지배구조 등과 관련된 정보를 말한다.

4.3 비영리회계

비영리회계(non-profit accounting)는 정부기관, 공익법인, 학원 및 병원 등의 비영리기관의 경영활동에 관한 거래나 사건을 식별, 측정, 요약 및 보고하는 일련의 시스템적 활동을 말한다. 비영리회계는 비영리기관의 재무상태와 운영성과 및 자금수지에 대한 정보를 생산하고, 이를 상급기관이나 자원제공자에게 제공하는 것을 주된 목적으로 하는 회계이다. 따라서 비영리회계는 자원제공자에 대한 수탁책임 보고의 성격을 지니는 경우가 일반적이다.

4.4 회계감사

회계감사는 기업이 제공하는 회계정보의 신뢰성 확보를 위해 제공된 정보가 기업회계기준과 어느 정도 일치하고 있는지를 확인하는 절차이다. 회계정보의 신뢰성은 경영자가 재무제표를 기업회계기준에 따라 작성하고, 경영자가 작성한 재무제표에 대해 외부감사인으로부터 검증을 받음으로써 확보된다. 외부감사인(공인회계사)은 재무제표에 담긴 회계정보가 기업회계기준에 따라 적정하게 표시되었는지를 확인하고, 이에 대해 감사의견을 통해 재무제표의 적정성 여부를 정보이용자에게 전달한다. 이해관계자는 감사보고서에 나타난 감사의견을 통해 재무제표의 적정성과 기업회계기준의 위배 정도에 대한 정보를 얻고, 이에 기초하여 자원배분에 대한 의사결정을 하게 된다. 결론적으로 회계감사는 재무제표에 표시되는 회계정보에 신뢰성을 부여하는 것으로서, 회계감사기준, 감사절차, 증거수집 및 의견표명 등이 포함된다.

5 우리나라의 회계기준

회계기준은 경영자가 재무제표를 작성할 때 반드시 준수해야 할 규범적 성격을 갖고 있다. 기업을 둘러싼 다양한 이해관계자들이 보유하고 있는 자원의 배분에 대한 합리적 의사결정을 위해 필요로 하는 다양한 회계정보를 모두 충족시킬 수는 없다. 따라서 재무제표의 기업 간 또는 기간별 비교가능성을 제고하기 위하여 일반적으로 보편타당하고 합리적이라고 인정되는 일련의 회계원칙을 마련할 필요가 있다. 이러한 일련의 회계원칙을 일반적으로 인정된 회계기준(generally accepted accounting principles: GAAP)이라고 한다. 만약 회계기준이 없다면 개별기업들은 각자의 방법에 따라 회계보고를 하거나 아예 보고를 하지 않을 수도 있다. 따라서 회계에서 회계원칙의 역할은 대단히 크고, 회계처리의 모든 것에 대한 기준이 된다고 해도 과언이 아니다.

우리나라의 회계기준은 1999년까지는 정부 주도하에 제정 · 개정되었다. 회계기준의 제정 · 개정 주체인 금융위원회는 증권선물위원회의 심의를 거쳐 기업회계기준을 정하며, 2000년도에 회계기준의 제정 업무를 '한국회계기준원(Korea Accounting Institute: KAI)' 내 회계기준위원회에 위탁하였다. 1998년 10월 정부와 국제부흥개발은행(International Bank of Reconstruction and Development: IBRD) 간의 독립된 민간 회계기준제정기구 설립의 합의에 따라 1999년 9월 한국회계기준원이 설립되었다.

한국회계기준원은 회계기준을 국제회계기준에 합치시키라는 국제통화기금(International Monetary Fund: IMF)과 IBRD의 요구에 따라 2011년부터 모든 상장회사에 대해서는 한국채택국제회계기준(K-IFRS)을 전면 도입하였다. 2021년 현재 우리나라 기업회계기준의 체계와 회계기준별 적용대상은 <표 1-2>와 같다.

자본시장의 세계화에 따라 국가 간 자본의 유출입에 대한 장벽이 사라지면서 국제적으로 통일된 회계처리기준에 대한 필요성이 대두되었고, 세계 여러 나라들

〈표 1-2〉 우리나라 기업회계기준의 체계와 적용대상

회계기준	적용대상
한국채택국제회계기준 (K-IFRS)	유가증권시장 등록법인, 코스닥시장 등록법인 금융기관 및 자발적으로 채택한 비상장법인
일반회계기준	K-IFRS를 적용하지 않는 비상장법인
중소기업회계기준	외부감사 대상이 아닌 법인으로서 K-IFRS 또는 일반기업회계기준을 적용하지 않는 중소기업

은 앞다투어 국제회계기준을 채택하였다. 이에 우리나라도 국제적인 회계기준의 통일화에 적극 대응할 필요성이 제기되었는데, 특히 1997년 외환위기 이후 우리나라 기업의 회계투명성에 대한 문제가 제기되면서 국제회계기준 채택이 가속화되었다. 이에 2011년부터 <표 1-2>에 제시된 K-IFRS 적용대상 기업들은 국제회계기준의 적용이 의무화되었다. 이러한 국제회계기준의 도입은 국내기업의 회계투명성을 높이는 한편, 국내기업이 해외 증권시장에 상장을 하거나 해외 금융기관으로부터 차입을 하는 등의 경우 해당 국가의 회계기준을 적용하여 재무제표를 다시 작성해야 하는 부담을 낮추어 주었다.

우리나라가 채택하고 있는 국제회계기준의 특징은 다음과 같다.

① 원칙중심(principles-based)의 기준으로, 상세하고 구체적인 회계처리 방법의 제시보다는 발생한 거래나 사건의 경제적 실질에 기초하여 합리적으로 회계처리할 수 있도록 회계처리의 기본원칙과 방법을 제시하는데 초점을 두고 있다.

② 연결재무제표(consolidated financial statements) 중심의 회계기준으로, 종속회사가 있는 모든 연결실체가 재무제표를 작성하는 것을 전제로 한다. 연결재무제표는 지배회사와 종속회사[4]를 하나의 경제실체로 보고 작성한 재무제표로, 모든 공시서류는 연결재무제표를 기준으로 작성되어야 한다.

③ 공시를 강화하는 회계기준이다. 국가별로 기업이 경영활동을 하는데 있어서 법률이나 제도 등에 따른 차이가 존재하며, 이에 따른 기업의 상황을 반영할 수 있도록 국제회계기준의 적용에서 재량성을 부여하되, 이러한 상황에 대한 공시강화를 통해 정보이용자를 보호하고 있다.

④ 공정가치를 확대 적용하는 회계기준으로, 자본시장 투자자에게 기업의 재무상황 및 내재가치에 보다 유용한 정보를 제공하기 위해 기업이 보유하는

---

4) 어떤 기업이 다른 기업 발행주식의 50% 이상을 소유하게 될 때 다른 회사에 대한 지배권을 얻게 되는데, 이 경우 투자회사를 '모회사' 또는 '지배회사'라 하고, 피투자회사를 '자회사' 또는 '종속회사'라고 한다. 이러한 지배회사와 종속회사 간의 법률적 실체는 별개이지만 경제적 실질은 단일의 회사로서 연결재무제표의 작성대상이 된다.

모든 금융자산과 금융부채의 가치를 공정가치로 측정하도록 강조하고 있다. 또한 유형자산에 대해서는 원가와 공정가치 중에서 선택할 수 있도록 하고 있다.

개념정리 문제

CONCEPTUAL **QUESTIONS**

1. 회계의 정의는 무엇인가?
2. 회계정보는 사회적으로 어떤 역할을 하는가?
3. 회계정보의 신뢰성은 어떻게 확보되는가?
4. 회계정보이용자에 따라 회계는 어떻게 분류되는가?
5. 재무회계와 관리회계는 어떤 차이가 있는가?
6. 회계기준의 필요성은 무엇인가?
7. 국제회계기준의 도입 배경은 무엇인가?
8. 국제회계기준의 주요 특징은 무엇인가?

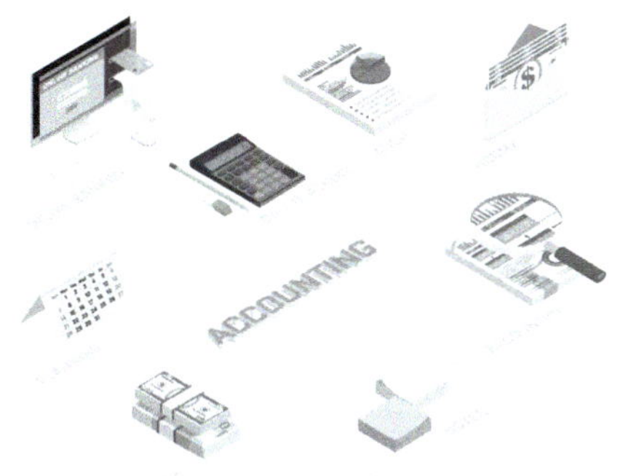

CHAPTER 02

회계정보와 재무제표

IFRS ACCOUNTING PRINCIPLES

1. 경영활동과 회계정보
2. 회계정보와 재무제표
3. 재무제표 요소와 계정과목
4. 재무제표 요소의 인식 및 측정
5. 재무제표 기본 가정
6. 회계정보의 질적 특성

학습목표

본 장에서는 기업의 경영활동과 회계정보 및 재무제표, 재무제표 요소의 인식 및 측정기준 등에 대한 내용을 학습한다.
재무제표는 기업의 경영활동의 결과를 요약하여 재무상태와 경영성과 및 재무상태의 변동에 관한 정보를 제공한다. 이러한 재무제표는 정보이용자의 합리적 의사결정에 유용한 정보가 된다. 재무제표의 종류에는 재무상태표, 포괄손익계산서, 자본변동표 및 현금흐름표가 있다. 본 장에서는 기업의 경영활동, 회계정보, 재무제표 및 재무제표 구성요소에 대하여 학습한다.
본 장에서는 구체적으로 다음과 같은 내용들이 학습목표이다.

1. 기업에서 행해지는 경영활동에는 어떤 것들이 있는지 학습한다.
2. 경영활동이 재무제표를 통해 전달하는 정보내용이 무엇인지 학습한다.
3. 재무제표의 종류와 구성요소, 구체적인 계정과목에 대해 학습한다.
4. 재무제표 구성요소의 인식과 측정기준에 대해 학습한다.
5. 재무제표의 기본 가정이 무엇인지에 대해 학습한다.
6. 회계정보의 질적 특성에 대해 학습한다.

들어가며

"이발사에게 이발할 때가 됐는지 물어서는 안 된다
(Never ask the barber if you need a haircut)"

주식 투자자에게 공시를 보느냐고 물어보면 열에 아홉은 안 본다는 대답이 돌아온다. 심지어 공시가 뭐냐고 되묻는 사람도 있다. 공시는 사업과 재무, 영업실적 등 중요한 기업 활동을 의무적으로 알리는 제도다. 공시는 사업보고서와 반기보고서를 정기적으로 공유하는 정기 공시와 이슈에 따라 비정기적으로 발행하는 수시 공시가 있다. 공시는 기업과 관련한 이슈를 신속, 정확하게 알려 투자 결정에 도움을 주고 주식이 공정한 가격으로 거래될 수 있도록 하는 기본 중의 기본이라고 말할 수 있다.

근래 주식 투자자에게 친숙해진 재무제표 역시 공시를 통해 공표된다. 만약 의무적으로 참여해야만 하는 공시제도가 없었다면 일반 투자자가 기업의 재무제표에 접근하는 것 자체가 불가능했을지 모른다. 개인이 기업 재무팀이나 관리부서에 재무제표를 요청해봤자 대외비라며 제공하지 않으면 그만이기 때문이다. 언제든 PC나 모바일로 기업전자공시 사이트에 접속해서 기업 정보를 열람할 수 있다는 건 투자자에게 축복과도 같은 일이다. 세계적 투자의 대가로 손꼽히는 워런 버핏이 방한했을 때 "세계 어느 나라도 기업에 대한 정보를 한국처럼 인터넷으로 바로 확인할 수 없다"며 공시를 극찬했다는 점을 봐도 공시가 투자에서 얼마나 중요한지 실감할 수 있다.

이렇듯 외국인인 버핏이 극찬한 대한민국 공시 사이트 '다트(DART)'를 정작 우리나라 투자자가 등한시한다는 게 아이러니다. 더구나 워런 버핏의 가치투자와 장기투자는 신봉하다시피 하면서 버핏이 극찬한 공시는 존재 여부조차 모르는 투자자가 많다는 것을 어떻게 설명해야 할까? 버핏은 "이발사에게 이발할 때가 됐는지 물어서는 안 된다(Never ask the barber if you need a haircut)"는 투자 격언을 남겼다. 우리 식으로 바꿔 말하면 여행지의 낯선 식당에 들어가 "여기 음식 맛있어요?"라고 묻지 말라는 얘기다. "아직 이발할 때가 안 됐으니 다음에 오세요"라고 말하는 이발사나 "우리 식당 음식은 솔직히 맛없어요"라고 말하는 식당 주인은 세상 어디에도 없다. 투자 역시 마찬가지다. 진실처럼 보이지만 해석 여부에 따라 결과가 완전히 달라지는 정보가 부지기수다.

머리를 깎아주는 건 이발사지만, 망치는 건 이발사 머리가 아니라 내 머리다. 머리 모양이 마음에 들건 들지 않건 돈은 지불해야 한다. 다른 누구의 돈이 아닌 내 돈을 잃는다는 걸 명심해야 한다. 좋은 정보라며 소개해주는 지인도, 애널리스트도, 펀드매니저도 당신 입장에서는 이발사일 뿐이다. 그들은 자신의 머리를 망치거나 자신의 돈을 잃지 않는다. 투자 손실은 오롯이 나에게 귀속된다. 잘못된 이발사를 만났을 때 결국 망치는 건 내 머리고 잃는 건 내 돈이다. 그러므로 투자하려는 종목이 어떤 상황인지 투자자 자신이 가장 잘 알아야 한다. 그리고 기업의 상황을 가장 가감 없이 전달하는 게 바로 공시다.

(자료 출처: 중앙일보(2020.12.25.), "워렌 버핏이 극찬한 공시, 투자자는 왜 등한시할까?")

경영활동과 회계정보

기업의 경영활동은 크게 영업활동, 투자활동, 재무활동으로 나눌 수 있다. 제조기업의 경우 영업활동은 원재료를 구입하여 제품을 생산하고 이를 판매하는 일련의 활동이고, 투자활동은 영업활동을 위해 필요한 공장건설이나 기계설비를 구입하고 설치하는 활동 혹은 여유자금으로 다른 기업의 주식을 취득하는 것과 같은 활동을 말하며, 재무활동은 영업활동과 투자활동을 위한 자금을 조달하고 상환하는 활동을 말한다.

1.1 영업활동

영업활동(operating activities)이란 제조기업이 원재료의 구입과 노동력 투입을 통해 제품을 생산하여 이를 고객에게 판매하거나, 서비스기업이 고객에게 서비스를 제공하고 그 대가를 수취하는 일련의 활동을 말한다. 이러한 영업활동은 기업의 가장 근본적인 활동으로, 기업은 영업활동을 통해 이익의 대부분을 창출하게 된다.

1.2 투자활동

투자활동(investing activities)이란 영업활동에 필요한 생산설비나 공장 등의 자본재에 투자하거나 잉여자금이 있을 경우 투자목적으로 자산을 취득하고 처분하는 활동을 말한다. 예를 들면, 생산에 필요한 기계설비나 공장용 토지나 건물의 취득, 제품을 운반하기 위한 차량을 구매하는 행위 등이 대표적인 투자활동이다. 또한 잉여의 자금이 있을 경우 다른 기업을 지배하거나 시세차익을 목적으로 주식을 취득하거나 부동산에 투자하기도 하는데, 이러한 활동도 투자활동에 속한다.

1.3 재무활동

재무활동(financing activities)이란 기업이 영업활동이나 투자활동을 하는데 필요한 자금을 조달하거나 조달한 자금을 만기일에 상환하는 활동을 말한다. 예를 들면, 주식을 발행하여 주주들로부터 자금을 조달하거나, 회사채 발행 또는 금융기관을 통해 자금을 차입하고 상환하는 활동들이 재무활동에 속한다. [그림 2-1]은 기업의 다양한 경영활동을 보여주고 있다.

[그림 2-1] **기업의 경영활동**

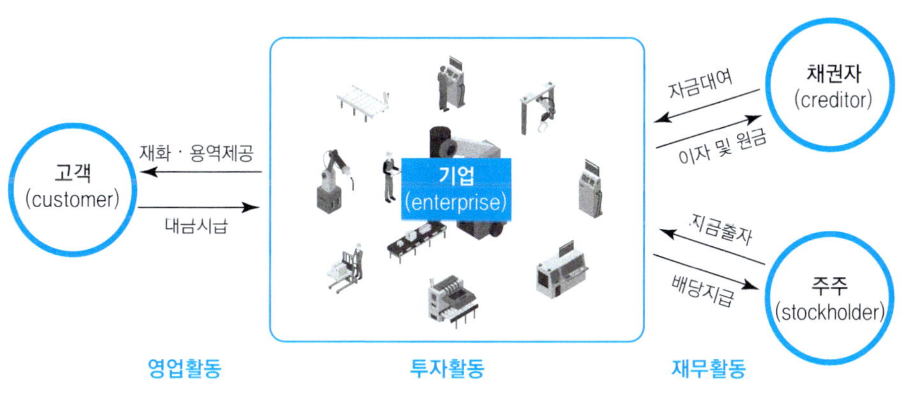

이러한 기업의 경영활동은 하나의 활동이 개별적으로 일어나는 것이 아니라 서로 연관성을 가지고 발생하게 된다. 즉, 설정된 경영목표를 달성하기 위해서는 다양한 영업활동이 빈번하게 일어나야 하고, 이러한 영업활동의 수행 과정에 필요한 설비자산 등에 대한 투자가 이루어져야 할 것이며, 영업활동 및 투자활동에 필요한 자금을 주주나 채권자 또는 금융기관으로부터 조달하여야 한다. 따라서 영업활동, 투자활동 및 재무활동은 서로 밀접하게 관련되어 있다. 그리고 기업의 이해관계자들의 의사결정에 필요한 정보를 제공하기 위해서 이들 세 가지 활동들의 결과를 재무제표를 통해 제공하게 된다.

이러한 기업의 경영활동과 회계정보 간의 관련성을 그림으로 나타내면 [그림 2-2]와 같다.

[그림 2-2] **경영활동과 회계정보 간의 관련성**

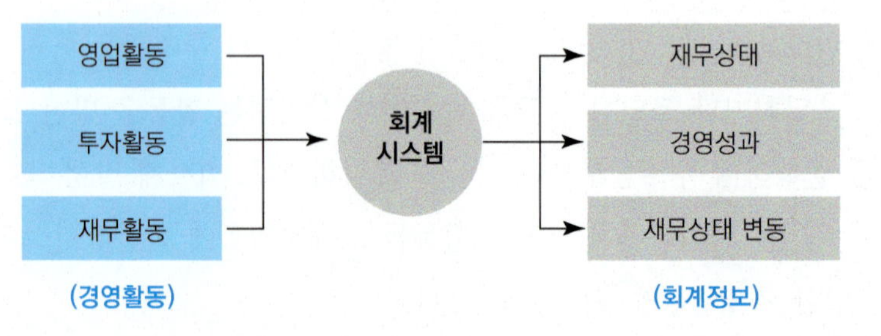

2 회계정보와 재무제표

기업은 경영활동에 대한 결과, 즉 회계정보를 일정한 기간별로 이해관계자들에게 전달한다. 이를 '재무보고'라고 하는데, 이해관계자에게 회계정보를 전달하는 모든 수단과 도구를 의미한다. 재무보고에는 재무제표와 각종 부속명세서, 사업보고서 등이 있으며, 특히 재무제표는 기업 외부의 이해관계자들에게 회계정보를 전달하는 재무보고의 핵심 수단이다. K-IFRS에서 규정하고 있는 재무제표로는 재무상태표, 포괄손익계산서, 자본변동표, 현금흐름표 및 주석이 있다. [그림 2-3]은 경영활동과 회계정보 및 K-IFRS에서 규정하고 있는 재무제표 간의 관련성을 나타낸 것이다.

2.1 재무상태표

재무상태표(statement of financial position)는 일정시점에서의 기업의 재무상태를 나타내는 보고서로서, 특정일 현재 기업이 보유하고 있는 자산, 부채 및 자본의 구성내용에 대한 회계정보를 제공하는 재무제표이다. 여기서 재무상태란 기업이 보유하고 있는 경제적 자원(자산)과 그에 대한 청구권(부채와 자본)을 말한다. 기업은 영업활동에 필요한 토지나 건물을 구입하거나 건설하고, 기계설비를 구입하여 제품을 생산하고, 판매를 통해 이익을 창출하게 된다. 이 과정에서 필요한 자금을

[그림 2-3] **경영활동과 회계정보 및 재무제표 간의 관련성**

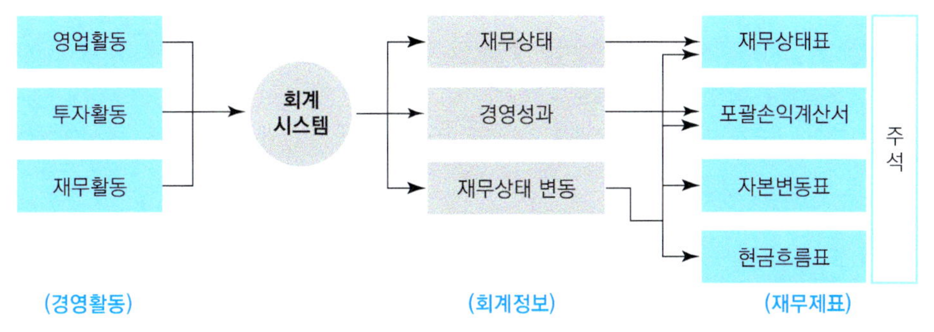

다양한 방법을 통해 조달하게 된다.

기업이 영업활동을 위해 가지고 있는 현금이나 토지, 건물, 기계설비, 제품이나 상품 등의 재산적 가치를 지닌 모든 것을 회계에서는 '자산(assets)'이라고 한다. 또한 금융기관이나 타인으로부터 영업활동이나 투자활동에 필요한 자금을 일정기간 동안 차입하고, 계약만료일에 해당 채무(빚)를 상환해야 하는 의무를 회계에서는 '부채(liabilities)'라고 한다. 그리고 자산에서 부채를 뺀 나머지는 기업의 주인인 주주의 몫에 해당하는 '순자산'으로, 회계에서는 '자본'이라고 한다.

따라서 재무상태는 기업이 일정시점에서 보유하고 있는 자산, 부채 및 자본의 현황을 의미한다. 아래의 예제를 통해 재무상태에 대해 학습해 보자.

예제 2-1 [재무상태]

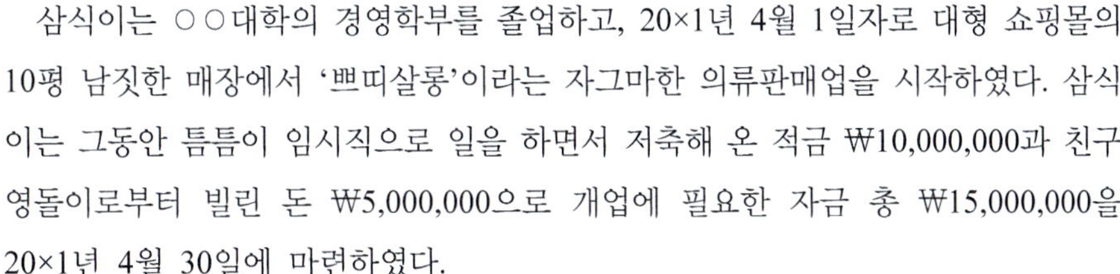
삼식이는 ○○대학의 경영학부를 졸업하고, 20×1년 4월 1일자로 대형 쇼핑몰의 10평 남짓한 매장에서 '쁘띠살롱'이라는 자그마한 의류판매업을 시작하였다. 삼식이는 그동안 틈틈이 임시직으로 일을 하면서 저축해 온 적금 ₩10,000,000과 친구 영돌이로부터 빌린 돈 ₩5,000,000으로 개업에 필요한 자금 총 ₩15,000,000을 20×1년 4월 30일에 마련하였다.

- 20×1년 5월 1일에 쇼핑몰과 임차계약을 체결하고 임차보증금 ₩4,000,000을 현금으로 지급하였다.

- 20×1년 5월 16일에 상품진열장을 설치하고 설치대금 ₩2,000,000을 현금으로 지급하였다.
- 20×1년 5월 28일에 여러 가지의 판매용 옷을 구입하고 대금 ₩5,000,000을 현금으로 지급하였다.
- 20×1년 5월 31일에 삼식이는 남아있는 현금을 앞으로의 운영자금으로 사용하기로 하였다.

요구사항

위의 자료에서 20×1년 5월 31일의 재무상태를 표시하라.

위의 예제에서 20×1년 5월 31일 현재 쁘띠살롱의 재무상태는 다음과 같다.

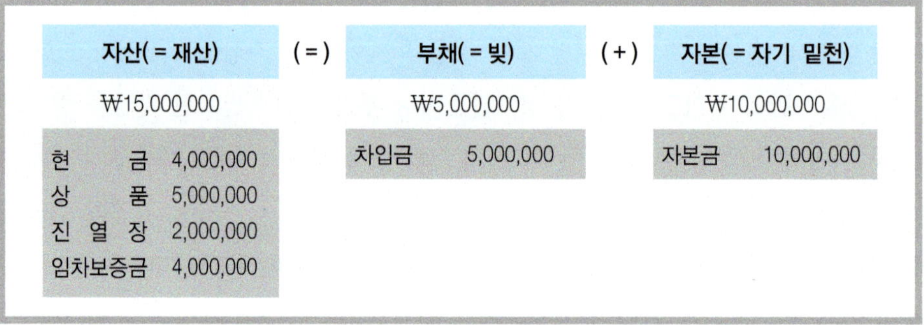

한편, 재무상태는 재무상태표를 통해 외부정보이용자에게 전달되는데, 재무상태표는 <표 2-1>과 같다.

〈표 2-1〉 재무상태표

재무상태표

××주식회사 20×1년 ××월 ××일 현재 (단위: 원)

자 산 (경제적 자원)	부 채 (채권자 청구권)
	자 본 (소유주 청구권)

[예제 2-1]의 쁘띠살롱 재무상태표를 표시하면 다음과 같다.

재무상태표

쁘띠살롱 20×1년 5월 31일 현재 (단위: 원)

자 산		부 채	
현 금	4,000,000	차 입 금	5,000,000
상 품	5,000,000		
진 열 장	2,000,000	자 본	
임 차 보 증 금	4,000,000	자 본 금	10,000,000
자산총계	15,000,000	부채와자본총계	15,000,000

2.2 포괄손익계산서

포괄손익계산서(statement of comprehensive income)는 일정기간 동안에 달성한 경영성과를 나타내는 보고서로서, 일정기간 동안에 발생한 수익, 비용과 순이익에 대한 회계정보를 제공하는 재무제표이다. 포괄손익계산서에는 기업이 당기에 달성한 순이익은 물론 미실현손익인 기타포괄손익이 포함된 총포괄손익에 대한 정보를 제공한다. 포괄손익계산서의 당기에 달성한 순이익은 당기에 발생한 수익에서 비용을 차감한 것이다.

기업은 당초의 설립 목적에 따라 생산된 제품을 판매하거나 외부로부터 구입한 상품을 판매하거나 또는 서비스를 제공함으로써 이익을 추구하게 된다. 기업은 수많은 영업활동을 수행하는 과정 속에서 유출되는 경제적 자원보다 유입되는 경제적 자원의 가치가 더 큼으로써 자산의 증가와 함께 이익을 실현하게 된다.

구체적으로 [예제 2-1]에서의 의류판매점인 쁘띠살롱은 다양한 의류를 현금이나 신용카드로 판매하는 것을 주업으로 하면서, 때때로 점포의 여유 공간을 패션쇼 등에 임시 대여하고 임대료를 받기도 하고, 신규 의류판매점을 오픈하는 사업자에게 영업방법을 전수하고 수수료를 받기도 한다. 또한 여유자금을 은행에 예치하여 이자를 받기도 한다. 이 경우 쁘띠살롱이 일정기간에 실현한 의류 매출, 매장 임대료, 영업방법 전수 관련 수수료 및 예금이자 등은 쁘띠살롱의 자산을 증가시키는 것으로, 회계에서는 '수익(revenue)'이라고 한다.

한편, 쁘띠살롱은 이러한 수익을 얻기 위하여 의류제조업자나 의류도매업자로부터 의류를 현금이나 외상으로 구매하여야 하고, 의류진열과 판매를 위한 매장을 임대하고 임차료를 지급하여야 하며, 마케팅 담당자를 포함한 직원들에게 급여를 지급하여야 한다. 또한 부족한 자금을 외부로부터 빌렸을 경우 해당 차입금에 대한 이자도 지급하여야 한다. 이렇게 일정기간 동안에 수익을 얻기 위해 지출한 의류 매출원가, 점포 임차료, 종업원 급여 및 차입금에 대한 이자 등은 쁘띠살롱의 자산을 감소시키거나 부채를 증가시키는 것으로, 회계에서는 '비용(expenses)'이라고 한다.

따라서 경영성과(management performance)는 기업실체가 일정기간 영업활동을 통해 얻은 성과로서 수익과 비용을 비교하여 이익과 손실을 측정한 것을 말한다. 아래의 예제를 통해 재무상태에 대해 학습해 보자.

예제 2-2 [경영성과]

- 쁘띠살롱은 6월 중 총 ₩10,000,000의 의류를 매출하였다.
- 판매된 의류의 매입원가가 ₩5,000,000임을 확인하였다.
- 또한 판매사원의 급여 ₩1,000,000, 전기요금 ₩100,000, 차입금에 대한 이자 ₩200,000을 현금으로 지급하였다.

요구사항

위의 자료를 기초로 20×1년 6월 1일부터 6월 30일까지의 경영성과를 표시하라.

20×1년 6월 1일부터 6월 30일까지의 쁘띠살롱의 경영성과는 다음과 같다.

수익		(−)	비용		(=)	순이익	
₩10,000,000			₩6,300,000			₩3,700,000	
의류매출	10,000,000		매출원가	5,000,000		순이익	3,700,000
			급 여	1,000,000			
			전 기 료	100,000			
			이자비용	200,000			

한편, 경영성과는 포괄손익계산서를 통해 외부정보이용자에게 전달되는데, 일반적인 포괄손익계산서 양식은 <표 2-2>와 같다.

〈표 2-2〉 포괄손익계산서

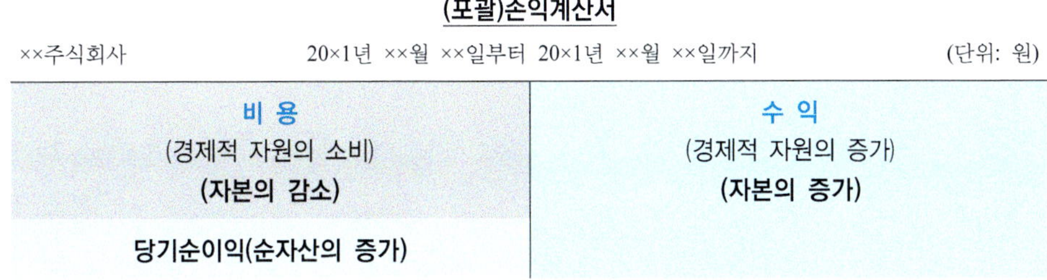

(포괄)손익계산서

××주식회사　　20×1년 ××월 ××일부터 20×1년 ××월 ××일까지　　(단위: 원)

비 용 (경제적 자원의 소비) **(자본의 감소)**	수 익 (경제적 자원의 증가) **(자본의 증가)**
당기순이익(순자산의 증가)	

[예제 2-2]의 쁘띠살롱 포괄손익계산서를 표시하면 다음과 같다.

(포괄)손익계산서

쁘띠살롱　　20×1년 6월 1일부터 20×1년 6월 30일까지　　(단위: 원)

매출원가	5,000,000	매　　출	10,000,000
급　　여	1,000,000		
전 기 료	100,000		
이자비용	200,000		
당기순이익	3,700,000		
합　　계	10,000,000	합　　계	10,000,000

2.3 재무상태표와 포괄손익계산서의 관계

기업의 수많은 거래나 사건을 통해 자산, 부채 및 자본의 변동이 일어나고, 수익과 비용이 발생하며 이익을 창출하게 된다. 수익과 비용이 발생하면 반드시 자산 또는 부채의 변동이 일어나고, 그 결과 순자산(=자본)의 증감이 발생한다. 이러한 순자산의 증감은 소유주에게 귀속되는 청구권의 크기에 영향을 미친다. 즉, 수익과 비용은 자산 또는 부채의 변동을 통해 자본의 증감을 가져오며, 그 결과 소유주의 청구권인 자본이 변동하게 된다. 수익·비용과 자산·부채·자본의 변동을 이해하기 위해 다음의 [예제 2-3]을 살펴보자.

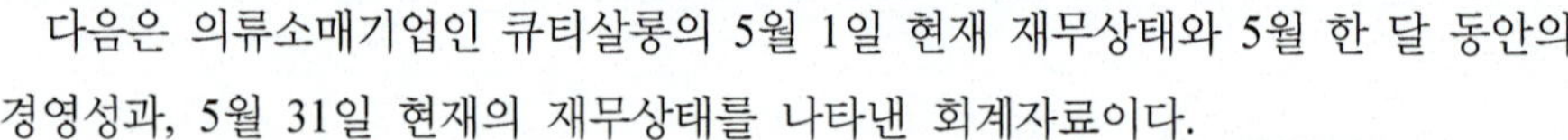

예제 2-3 [재무상태의 변동]

다음은 의류소매기업인 큐티살롱의 5월 1일 현재 재무상태와 5월 한 달 동안의 경영성과, 5월 31일 현재의 재무상태를 나타낸 회계자료이다.

- 아래의 표에서는 큐티살롱의 5월 초 재무상태에서 출발하여 5월 중 영업활동을 통한 수익 · 비용의 발생으로 5월 31일 시점의 재무상태가 변동된 것을 보여주고 있다.
- 여기서 수익 · 비용의 발생이 자산 · 부채 · 자본의 변동과 어떻게 연계되는지를 확인할 수 있다.
- 모든 거래는 현금으로 이루어진 것으로 가정한다.

5월 1일 현재 자산 · 부채 · 자본 상태	
자산 : 상 품	₩1,000,000
부채 : 차입금	0
자본 : 자본금	1,000,000

5월 1일부터 5월 31일까지 수익 · 비용 발생 내역	
수익 : 매 출	₩2,000,000
이자수익	200,000
비용 : 매출원가	1,000,000
임 차 료	200,000
순이익 : 당기순이익	1,000,000

5월 31일 현재 자산 · 부채 · 자본 상태	
자산 : 현 금	₩2,000,000
부채 : 차입금	0
자본 : 자본금	1,000,000
당기순이익	1,000,000

요구사항

위의 자료를 기초로 큐티살롱의 5월 중 수익 · 비용과 자산 · 부채 · 자본의 변동에 대해 설명하라.

[예제 2-3]에서 먼저 수익을 살펴보면, 상품(의류) 판매와 이자수익이 발생하였고, 이로 인해 자산(현금)이 ₩2,200,000 증가하였음을 알 수 있다. 즉, 수익의 발생으로 자산이 증가하게 된다.

비용을 살펴보면, 매출원가(판매된 의류의 매입원가)와 점포 임차료가 발생하였고, 이로 인해 자산(현금)이 ₩1,200,000만큼 감소하였음을 알 수 있다. 즉, 비용의 발생은 자산의 감소를 초래한다.

그리고 총수익 ₩2,200,000과 총비용 ₩1,200,000을 비교하면 5월 한 달 동안 ₩1,000,000의 순이익이 발생함과 동시에 순자산(현금)이 ₩1,000,000 증가하게 되었고, 이러한 순자산의 증가로 소유주의 청구권인 자본이 ₩1,000,000만큼 증가하게 됨을 알 수 있다.

따라서 기초시점의 재무상태표는 기중의 포괄손익계산서를 통하여 기말시점의 재무상태표와 연계되는 구조를 가진다. 이에 대해 아래의 [그림 2-4]를 통해 보다 자세하게 살펴보도록 하자.

다음은 인제㈜의 5월 초 재무상태, 5월 한 달 동안의 경영성과를 나타내는 포괄손익계산서 및 5월 말 재무상태를 나타낸 회계자료이다.

모든 거래가 현금으로 이루어진 것으로 가정하고, 재무상태표와 포괄손익계산서 간의 관계를 설명하면 아래의 도표와 같다.

그림에서 보면 포괄손익계산서는 기초 재무상태표와 기말 재무상태표를 연결

[그림 2-4] 재무상태표와 포괄손익계산서 간의 관련성

재무상태표

인제㈜ 20×1년 5월 1일 현재 (단위: 원)

자산		부채	
현 금	8,000,000	차 입 금	5,000,000
상 품	5,000,000	자본	
진 열 장	2,000,000	자 본 금	10,000,000
		이익잉여금	0
총계	15,000,000	총계	15,000,000

재무상태표

인제㈜ 20×1년 5월 31일 현재 (단위: 원)

자산		부채	
현 금	10,000,000	차 입 금	5,000,000
상 품	5,000,000	자본	
진 열 장	2,000,000	자 본 금	10,000,000
		이익잉여금	2,000,000
총계	17,000,000	총계	17,000,000

(포괄)손익계산서

인제㈜ 20×1년 5월 1일부터 20×1년 5월 31일까지 (단위: 원)

비용		수익	
매출원가	10,000,000	매 출	15,000,000
급 여	4,000,000	임대료	1,000,000
당기순이익	2,000,000		
합 계	16,000,000	합 계	16,000,000

하는 가교적 역할을 하고 있다. 즉, 기초 재무상태표와 기말 재무상태표의 총 차이는 ₩2,000,000으로, 자산과 자본에서 각각 ₩2,000,000씩 증가하였다. 이러한 변동 원인이 포괄손익계산서에 의해 설명되고 있다.

포괄손익계산서를 살펴보면, 5월 초부터 말일까지 한 달 동안 벌어들인 수익이 총 ₩16,000,000이고, 수익을 벌어들이기 위해 지출한 비용이 총 ₩14,000,000으로 한 달 동안의 순이익이 ₩2,000,000만큼 실현되었고, 이는 고스란히 투자자에게로 귀속되어 주주 몫인 자본이 ₩2,000,000만큼 증가되었다.

한편, 수익의 발생으로 현금의 수입이 ₩16,000,000만큼 증가하고, 비용 발생에 따른 지출로 현금이 ₩14,000,000만큼 감소하였다. 따라서 한 달 동안 현금의 순증가는 ₩2,000,000으로, 5월 말 재무상태표의 현금이 기초 재무상태표에 비해 ₩2,000,000만큼 증가되었다.

재무제표 간의 관련성을 요약하자면 [그림 2-5]와 같다.

[그림 2-5] **재무상태표와 포괄손익계산서 간의 관련성 요약**

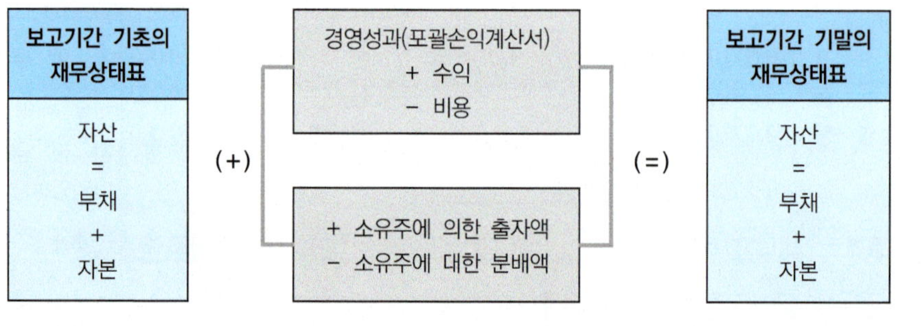

위 그림에서 인제㈜의 경우처럼 일정기간 동안의 경영성과가 순이익으로 발생하였을 경우 자산과 자본이 증가되지만, 만약 순손실이 발생하였다면 어떻게 되었을까?

[그림 2-4]의 상황과 정반대의 현상이 발생하게 된다. 즉, 경영성과가 순손실인 경우는 자산이 그만큼 감소하게 됨과 동시에 주주 몫인 자본도 감소하게 된다. 이러한 논리는 간단한 예로 이해가 가능하다.

☞ 만약 각자가 조그마한 도너츠 프랜차이즈 가게를 차렸다고 가정해 보자. 초기 개업자금으로 ₩5,000,000을 투자하였다. 그리고 한 달 동안 본점으로부터 도너츠 1,000개를 ₩3,000,000에 구매하여 1,000개 전부를 ₩4,000,000에 판매하고, 프랜차이즈 수수료와 아르바이트 급여, 전기 및 수도 요금과 점포 임차료를 합하여 총 ₩1,500,000을 지출하였다고 하자.
이 경우 밑천으로 ₩5,000,000을 투자하였고, 도너츠 판매대금 ₩4,000,000은 장사를 해서 벌어들인 돈이 되어 자산이 ₩9,000,000(밑천+수익금)으로 증가된다. 하지만 도너츠 판매를 위해 구입한 도너츠 1,000개의 매입원가 ₩3,000,000과 프랜차이즈 수수료, 전기 및 수도 요금, 아르바이트 급여와 점포 임차료 등에 대한 현금지출액이 ₩1,500,000만큼 발생하면서 자산이 총 ₩4,500,000만큼 감소하게 된다. 따라서 기말의 자산은 ₩4,500,000이 된다. 이는 당초 투자하였던 밑천 ₩5,000,000보다 ₩500,000이 적은 금액이다. 이렇게 자산과 밑천이 줄어든 이유는 일정기간 동안의 수익에서 비용을 차감한 경영성과가 (−)₩500,000으로 나타났기 때문이다. 즉, 경영의 결과가 손실로 나타나게 되면 투자자(주주)의 몫인 자본이 감소하게 되는 것이다.

2.4 자본변동표

자본변동표(statement of changes in equity)는 일정기간 동안 발생한 소유주 지분, 즉 자본의 변동상태를 종합적으로 보여주는 재무제표로서, 납입자본이나 이익잉여금의 변동, 자본조정 및 기타포괄손익누계액의 기중 변동내역 등 소유주(주주) 지분의 변동에 대한 포괄적인 정보를 제공한다. 즉, 기초자본에서 출발하여 기중의 자본변동을 거쳐 기말자본에 확정되는 과정을 자세하게 보여준다. <표 2-3>

은 [그림 2-4]에서 인제㈜의 자본변동표를 예시적으로 보여준다.

〈표 2-3〉 **자본변동표**

자본변동표

인제㈜ 20×1년 5월 1일부터 20×1년 5월 31일까지 (단위: 원)

구 분	납입자본	이익잉여금	기타포괄손익누계액	자본총계
20×1년 5월 1일	₩10,000,000	₩0	₩0	₩10,000,000
증자	0			
당기순이익		2,000,000		2,000,000
기타포괄손익			0	0
배당금		0		0
20×1년 5월 31일	₩10,000,000	₩2,000,000	₩0	₩12,000,000

2.5 현금흐름표

현금흐름표(statement of cash flow)는 일정기간 동안 발생한 현금유입과 현금유출에 대한 정보를 제공하는 재무제표로서, 정보이용자들은 현금흐름표를 통해 미래 현금흐름의 크기, 시기와 실현가능성에 관한 정보를 얻을 수 있다. 현금흐름표는 기업의 주된 영업활동에서의 현금의 원천(유입)과 사용(유출), 유형·무형자산 또는 투자자산의 취득 및 처분과 같은 투자활동에서의 현금의 원천(유입)과 사용(유출), 그리고 유상증자나 회사채의 발행, 금융기관으로부터의 차입과 상환 등과 같은 재무활동에서의 현금의 원천(유입)과 사용(유출)을 구분하여 보여준다.

현금흐름표의 양식은 <표 2-4>와 같다. 현금흐름표에 대해서는 13장에서 보다 자세하게 설명할 것이다.

〈표 2-4〉 **현금흐름표 양식**

현금흐름표

제 (당)기 년 월 일부터 년 월 일까지
제 (전)기 년 월 일부터 년 월 일까지 (단위: 원)

과 목	제 (당)기		제 (전)기	
	금 액		금 액	
Ⅰ. 영업활동으로 인한 현금흐름				
(1) 당기순이익(순손실)				
(2) 현금의 유출 없는 비용 등의 가산				
1. 감가상각비				
2. 퇴직급여				
⋮				
(3) 현금의 유입 없는 수익 등의 차감				
1. 채무면제이익				
2. 외화환산이익				
⋮				
(4) 영업활동으로 인한 자산부채의 변동				
1. 재고자산의 감소(증가)				
2. 매출채권의 감소(증가)				
⋮				
Ⅱ. 투자활동으로 인한 현금흐름				
(1) 투자활동으로 인한 현금유입액				
1. 단기금융상품의 처분				
2. 토지의 처분				
⋮				
(2) 투자활동으로 인한 현금유출액				
1. 현금의 단기대여				
2. 토지의 취득				
⋮				
Ⅲ. 재무활동으로 인한 현금흐름				
(1) 재무활동으로 인한 현금유입액				
1. 단기차입금의 차입				
⋮				
(2) 재무활동으로 인한 현금유출액				
1. 단기차입금의 상환				
⋮				
Ⅳ. 현금의 증가(감소)(Ⅰ + Ⅱ + Ⅲ)				
Ⅴ. 기초의 현금				
Ⅵ. 기말의 현금				

3 재무제표 요소와 계정과목

재무제표 요소(elements of financial statements)란 거래나 사건의 재무적 영향을 경제적 특성에 따라 대분류하여 재무제표에 나타내는 구분 단위를 말한다. 여기서 재무적 영향을 경제적 특성별로 구분한 대분류를 재무제표 요소라고 한다.

재무상태표는 재무상태의 측정과 직접 관련된 요소로 자산, 부채, 자본으로 구성되어 있고, 포괄손익계산서는 경영성과의 측정과 직접 관련된 요소로 수익과 비용으로 구성되어 있다. 하지만 자본변동표와 현금흐름표는 고유한 구성요소를 가지지 않고 재무상태표와 포괄손익계산서의 구성요소 중 일부에 대한 보완적 정보를 제공하는 역할을 한다.

3.1 재무상태표 요소[1)]

재무상태표의 측정에 직접 관련되는 요소에는 자산, 부채, 자본이 있다.

1) 자산

자산(assets)은 기업이 경영활동을 위해 보유하고 있는 경제적 자원으로 주로 재화나 채권이 주를 이룬다. 기업의 이익 창출의 근간이 되는 영업활동에는 다양한 재화나 용역 등을 필요로 하게 된다. 예를 들면, 각종 거래에 필요한 현금과 판매를 위한 상품 · 제품, 제품을 생산하기 위한 원재료, 업무지원을 위한 각종 비품이나 공장용 토지 혹은 건물, 기계설비, 차량 등의 다양한 재화는 물론이고, 업무수행을 위한 인적자원도 필요하게 된다. 그리고 재화나 용역의 거래에서 매출채권, 대여금, 미수금 등의 채권이 발생하기도 한다.

---

1) K-IFRS에서 재무제표의 요소에 대한 정의는 재무보고개념체계(A Review of the Conceptual Framework for Financial)에 제시되어 있다. 재무보고개념체계는 한국회계기준원에 의해 회계기준이 중립성을 유지하면서 경제적 실질을 더욱 충실하게 반영할 수 있도록 초석을 다지자는 취지에서 제정된 것이다. 다만, 재무보고개념체계는 한국채택국제회계기준이 아니므로, 어떤 경우에도 한국채택국제회계기준에 우선하지 않는다.

K-IFRS에서는 자산을 "과거의 거래나 사건의 결과로 현재 기업이 통제하고 있으며, 미래에 경제적효익이 유입될 것으로 기대되는 자원"이라고 하고 있다. 여기서 '미래경제적효익'이란 미래에 직·간접적으로 현금의 유입을 증가시키거나 현금의 유출을 감소시키는 잠재력을 말한다. 예를 들면, 기업이 생산한 제품은 판매를 통해 현금의 유입을 직접적으로 증가시키고, 기계설비나 공장건물은 제품의 생산에 기여함으로써 제품의 판매를 통한 현금유입에 간접적 역할을 하는 것이다. 그리고 '과거의 거래나 사건의 결과'는 과거에 거래나 사건을 통해 자산을 획득하거나 창출한 것을 의미한다. 일반적으로 자산은 구매라는 거래나 생산이라는 사건을 통해 획득하게 된다.

정보이용자의 정보 유용성을 제고하기 위한 자산의 대분류 및 중분류는 [그림 2-6]과 같다.

[그림 2-6] **자산 계정과목 분류**

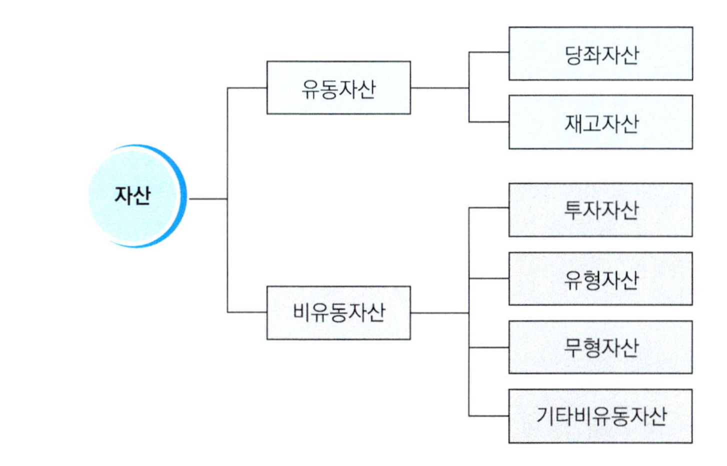

[그림 2-6]에서 보듯이, 자산은 원칙적으로 유동자산과 비유동자산으로 구분하여 표시한다. 기업회계기준에서는 유동자산의 분류기준을 다음과 같이 제시하고 있다.

① 정상영업주기 내에 실현될 것으로 예상하거나, 판매 또는 소비목적으로 보유하고 있는 것
② 단기매매목적으로 보유하고 있는 것
③ 재무상태표일로부터 12개월 이내에 실현될 것으로 예상되는 것
④ 현금이나 현금성자산으로서, 교환이나 부채상환 목적으로의 사용에 대한 제한기간이 재무상태표일로부터 12개월 이상이 아닌 것

<표 2-5>는 유동자산과 비유동자산으로 구분한 자산에 대한 중분류와 세부 계정과목에 대한 예시이다.

〈표 2-5〉 자산에 속하는 계정과목의 예시

분류		관리용 계정과목	내 용	보고용 계정과목
유동자산	당좌자산	현금	주화나 지폐, 통화대용증권(자기앞수표 등)	현금 및 현금성자산
		당좌예금	당좌계약에 의하여 당좌수표를 발행할 목적의 은행예금	
		보통예금	입출금이 자유로운 요구불예금	
		현금성자산	취득 당시 만기 또는 상환일이 3개월 이내인 채권 등	
		단기금융상품	만기가 1년 이내인 정기예금 · 적금 또는 양도성예금증서 등	단기금융상품
		당기손익-공정가치측정금융자산	단기간 내에 시세차익을 목적으로 취득한 금융자산	당기손익-공정가치측정금융자산
		외상매출금	제품(상품)의 매매거래에서 발생한 미수 외상대금	매출채권
		받을어음	제품(상품)의 매매거래에서 대금을 약속어음으로 받은 부분	
		단기대여금	1년 이내에 회수하는 조건으로 대여한 금전	단기대여금
		미수금	제품(상품) 매매 외의 거래에서 발생한 외상대금	미수금
		미수수익	결산시 인식되는 당기 수익의 미수액(이자, 임대료 등)	미수수익
		선급금	상품 등을 매입하기 위해 대금의 전부 또는 일부를 먼저 지급한 것으로, 결산일로부터 12개월 이내에 인수하기로 한 것	선급금
		선급비용	결산시 인식되는 차기 비용의 선지급액(보험료, 임차료 등)	선급비용

분류		관리용 계정과목	내 용	보고용 계정과목
유동 자산	재고 자산	제품	판매를 목적으로 기업 내부에서 제조한 재화	제품
		상품	정상적인 영업활동에서 판매를 목적으로 외부에서 구입한 재화	상품
		재공품	기업의 생산 공정(과정)에서 만들어지고 있는 재화	재공품
		원재료	제품을 만들기 위해 구입한 원료와 재료, 부분품	원재료
		소모품(저장품)	소모성 재화(소모품, 소모성공기구비품)의 미사용액	소모품(저장품)
비유동 자산	투자 자산	장기금융상품	만기가 1년 이후에 도래하는 정기예금 · 적금 등	장기금융상품
		기타포괄손익-공정가치측정 금융자산	특정 시점에 매도하려는 목적으로 보유하는 금융자산	기타포괄손익-공정가치측정금융자산
		상각후원가측정금융자산	정해진 이자와 원금의 수취를 목적으로 보유하는 금융자산	상각후원가측정 금융자산
		투자부동산	임대나 시세차익을 목적으로 보유하는 토지, 건물 등	투자부동산
	유형 자산	토지	영업(생산)활동에 사용할 토지	토지
		건물	영업(생산)활동에 사용하는 건물(사무실, 창고, 기숙사, 공장, 점포 등)	건물
		구축물	토지에 부착하여 설치되는 건물 이외의 구조물, 토목설비 또는 공작물	구축물
		기계장치	영업(생산)활동에 사용하는 기계와 부속설비	기계장치
		차량운반구	영업(생산)활동에 사용하는 차량과 운반구	차량운반구
		비품	영업활동에 사용하는 책상, 의자, 컴퓨터, 복사기 등	비품
		건설중인자산	유형자산의 건설을 위해 재료비, 노무비, 경비 등이 지출되었으나 건설이 완료되지 않은 경우	건설중인자산
	무형 자산	영업권	M&A 등을 통하여 유상으로 취득한 무형의 권리	영업권
		산업재산권	특허권, 상표권, 실용신안권 등의 법률적 권리	산업재산권
		광업권	일정한 광구(광산)에서의 광물 채굴 · 취득 권리	광업권
		어업권	일정 수면에서 어업을 경영할 수 있는 권리	어업권
		개발비	신제품, 용역, 기술을 창조, 개발하기 위하여 수행한 연구 · 조사활동에 지출된 비용	개발비
	기타 비유동 자산	보증금	전세권, 임차보증금, 영업보증금 등의 보증금	보증금
		장기성 매출채권	일반적 상거래에서 발생한 장기의 외상매출금 또는 받을어음	장기성매출채권

분류		관리용 계정과목	내 용	보고용 계정과목
비유동 자산	기타 비유동 자산	장기성미수금	일반적 상거래 이외에서 발생한 1년 이상의 미수금	장기성미수금
		장기성선급금	상품(원재료)의 매입기간이 1년 이상인 거래에서 미리 지급한 금액	장기성선급금

2) 부채

부채(liabilities)는 기업이 미래 일정시점에 제3자에게 현금을 지급하거나 기타 재화나 용역을 제공하여 갚아야 하는 채무를 말한다. 기업이 영업활동을 하는 과정에서 여러 가지 형태의 채무가 발생하게 되는데, 대표적으로 매입채무, 차입금, 미지급금 등이 있다. 예를 들면, 기업이 상품이나 원재료를 구매하고 대금을 나중에 주기로 하였을 경우 '외상매입금'이라는 매입채무가 발생하게 된다. 그리고 영업활동에서 필요한 자금을 마련하기 위해 개인이나 은행으로부터 자금을 빌려오게 되면 '차입금'이 발생하고, 상품이나 원재료 이외의 재화나 용역을 구매하고 대금을 나중에 주기로 하면 '미지급금'이라는 채무가 발생된다.

K-IFRS에서는 부채를 "과거의 거래나 사건의 결과로 미래에 경제적 자원의 이전이 예상되는 현재의무"라고 하고 있다. 여기서 '현재의무(present obligation)'란 기업이 현재 특정한 방법으로 실행하거나 수행할 책임을 말하며, 이러한 의무는 법적 의무와 의제의무를 포함하는 것이다. '법적 의무'는 계약이나 법규에 따라 법률적 강제력이 있는 의무를 말하며, '의제의무'는 정상적인 거래실무, 관행 또는 원활한 거래관계를 유지하거나 공정한 거래를 하려는 의도에서 발생하는 의무를 말한다. 그리고 '경제적 자원의 이전'은 현재의무를 이행하기 위해 미래자원을 이전하는 것을 의미한다.

부채는 원칙적으로 유동부채와 비유동부채로 구분하여 표시한다. 부채의 유동성 구분은 일반적으로 재무상태표일로부터 12개월 이내에 현금및현금성자산으로 지급해야 하는 의무이면 유동부채로 분류하고, 그 외의 경우는 비유동부채로 분류한다. 기업회계기준에서의 유동부채 분류기준은 ① 정상영업주기 내에 결제될 것으로 예상되는 것, ② 재무상태표일로부터 12개월 이내에 결제하기로 한 것이다.

〈표 2-6〉 **부채 계정과목 요약**

분류	관리용 계정과목	내 용	보고용 계정과목
유동 부채	외상매입금	일반적 상거래에서 발생한 미지급 외상대금	매입채무
	지급어음	일반적 상거래에서 당사가 발행한 약속어음	
	미지급금	일반적 상거래 이외에서 발생한 미지급 외상대금	미지급금
	선수금	제품(상품)을 판매하기로 계약하고 미리 받은 금액	선수금
	예수금	제3자에게 지급해야 할 금액으로 기업이 일시적으로 보관하고 있는 것으로, 소득세 원천징수액 등	예수금
	선수수익	결산시 인식되는 차기 수익의 선수금액(이자, 임대료 등)	선수수익
	미지급비용	결산시 인식되는 당기 비용의 미지급액(이자, 임차료 등)	미지급비용
	당좌차월	당좌예금의 잔액이 (−)인 경우의 금액	단기차입금
	단기차입금	금융기관이나 타인으로부터 빌린 돈의 상환일이 결산일로부터 1년 이내인 것	
	부가가치세예수금	재화나 용역을 공급하고 거래징수한 부가가치세	부가가치세예수금
	미지급세금	당기에 발생한 세금 중 미지급한 세금(법인세 등)	미지급세금
비유동 부채	사채	기업이 지금조달 목적으로 발행한 채권으로, 만기가 1년 이상인 것	사채
	장기차입금	결산일 현재 상환일이 1년 이후에 도래하는 차입금	장기차입금
	임대보증금	임대인이 임차인으로부터 받은 보증금	임대보증금
	장기성매입채무	일반적 상거래에서 발생한 장기성 미지급 외상대금 또는 받을어음	장기성매입채무
	장기성미지급금	일반적 상거래 이외에서 발생한 장기성 미지급 외상대금	장기성미지급금
	퇴직급여충당부채	결산일 현재 전직원이 일시에 퇴직할 경우 지급해야 할 퇴직금추계액	퇴직급여충당부채

<표 2-6>은 유동부채와 비유동부채로 구분한 부채의 세부 계정과목에 대한 예시이다.

3) 자본

자본(owners' equity)은 기업의 총자산에서 총부채를 차감한 잔액으로, 자산에 대한 소유주의 잔여청구권을 말한다. 기업이 보유하고 있는 총자산에서 총부채를 차감한 잔액으로 자본이 결정되기 때문에 '순자산'이라고도 불린다. 그리고 소유

〈표 2-7〉 **자본 계정과목 요약**

분류	계정과목	내 용
자본금	자본금	총발행주식수 × 액면금액
자본 잉여금	주식발행초과금	주식의 발행가액이 액면금액을 초과하는 금액
	감자차익	자기주식을 발행금액보다 낮은 금액으로 취득하여 소각하는 경우 차액
	자기주식처분이익	자기주식을 취득금액보다 높은 금액으로 재발행하는 경우 차액
이익 잉여금[2)]	이익준비금	자본금의 1/2에 달할 때까지 현금배당액의 1/10 이상의 금액을 적립한 금액
	이월이익잉여금	당기 이전의 이익 중 배당이나 기타의 잉여금으로 처분하지 않고 남아있는 금액
	당기순이익	당기의 총수익에서 총비용을 차감한 금액
기타포괄손익누계액		기타포괄손익-공정가치측정금융자산평가손익, 해외사업환산손익 등
자본조정		주식할인발행차금, 감자차손, 자기주식처분손실, 자기주식

주의 잔여청구권은 총자산에서 우선적 청구권을 가진 채권자 지분을 차감하고 남은 잔액에 대한 청구권을 의미하는 것이다. 따라서 자본은 '기업의 총자산에서 총부채를 차감한 잔액으로, 소유주에게 귀속되는 순자산액'을 말한다.

K-IFRS에서는 자본을 "기업의 자산에서 모든 부채를 차감한 후의 잔여분"이라고 하고 있다. 여기서 '잔여지분(residual interest)'은 기업의 소유주에게 귀속되는 몫으로서, 주식회사의 경우 주주지분으로 표시된다.

자본은 자본금, 자본잉여금, 이익잉여금, 기타포괄손익누계액 및 자본조정으로 구분된다. 자본과 관련한 계정과목을 요약하면 <표 2-7>과 같다.

3.2 포괄손익계산서 요소

포괄손익계산서에서 경영성과의 측정에 직접 관련되는 요소는 수익과 비용이 있다.

1) 수익

K-IFRS에서는 수익(revenue)을 "자산의 유입이나 증가 또는 부채의 감소에 따

---

2) 이월이익잉여금과 당기순이익을 합하여 '미처분이익잉여금'이라고 하며, 주주총회에서 처분 대상이 된다.

라 자본의 증가를 초래하는 특정 회계기간 동안 발생한 경제적효익의 증가로서, 지분참여자에 의한 출연과 관련된 것은 제외한다"고 하고 있다.

수익은 자산의 유입이나 증가 또는 부채의 감소에 따라 발생하고 경제적효익의 증가에 따라 자본의 증가를 가져온다. 다만, 주주 등의 지분참여자의 출연(증자)에 따른 자본의 증가는 수익에 포함되지 않는다. 수익은 협의 및 광의의 개념에 따라 여러 항목으로 구분된다.

협의적 개념에 따를 경우, 수익은 정상적인 영업활동에 의해 발생한 것으로 매출액, 수수료수익, 이자수익, 배당수익, 로열티수익, 임대료수익 등이 이에 해당한다. 그리고 광의적 개념에 따를 경우는 협의적 수익의 개념에 차익이 포함된다. 차익(gain)은 정상적인 영업과정 이외의 활동에서 발생한다. 예를 들면, 유형자산의 처분으로 인한 이익의 발생이라든가, 보유하고 있던 유가증권의 처분을 통한 차익의 발생 등이 이에 해당한다.

K-IFRS에서는 광의적 개념에 따른 수익의 개념을 사용하고 있으며, 그에 따른 수익의 구분과 세부 계정과목의 예시는 <표 2-8>과 같다.

〈표 2-8〉 **수익의 분류와 세부 계정과목의 예시**

분류	계정과목	내 용
영업수익	제품매출액	기업이 생산한 판매용 재화를 판매하고 받은 수입액
	상품매출액	외부로부터 구매한 판매용 재화를 판매하고 받은 수입액
	용역매출액	서비스를 제공하고 받은 수입액
영업외수익	이자수익	자금을 빌려주거나 금융기관에 예치하고 받은 이자
	배당금수익	주식에 투자하고 받은 배당금 수입액
	임대료수익	토지나 건물 등을 빌려주고 받은 지대와 집세
	수수료수익	재화나 용역의 중개나 업무대행을 하고 받는 수수료
	유형자산처분이익	유형자산을 장부금액보다 높게 처분함에 따라 발생하는 이익
	유가증권처분이익	유가증권을 장부금액보다 높게 처분함에 따라 발생하는 이익
	외환차익	외화자산의 회수나 외화부채의 상환시 환율 차이에 따른 이익
	외화환산이익	외화자산이나 부채의 기말 평가시 환율 차이에 따른 이익
	자산수증이익	주주나 제3자로부터 자산을 무상으로 증여받을 경우 그 금액
	채무면제이익	주주나 채권자로부터 기업채무의 전부 또는 일부를 면제받은 경우 그 금액

2) 비용

K-IFRS에서는 비용(expenses)을 "자산의 유출이나 소멸 또는 부채의 증가에 따라 자본의 감소를 초래하는 특정 회계기간 동안에 발생한 경제적효익의 감소로서, 지분참여자에 대한 분배와 관련된 것은 제외한다"고 하고 있다.

비용은 자산의 유출이나 소멸 또는 부채의 증가에 따라 발생하고 경제적효익의 감소에 따라 자본의 감소를 가져온다. 다만, 주주 등의 지분참여자에 대한 분배는 제외된다. 비용도 협의와 광의적 개념에 따라 여러 항목으로 구분된다.

협의적 개념에 따르면, 비용은 정상적인 영업활동에 의해 발생하는 것으로, 매출원가, 급여, 감가상각비, 임차료, 이자비용 등이 이에 해당된다. 광의적 개념에 따를 경우는 협의적 비용 개념에 차손이 포함된다. 차손(loss)은 정상적인 영업과정 이외의 활동에서 발생한다. 예를 들면, 화재나 홍수 등의 재해가 발생하여 입은 손실이나, 비유동자산의 매각에서 발생한 손실 등이 이에 해당한다.

K-IFRS에서는 광의적 개념에 따른 비용의 개념을 사용하고 있으며, 그에 따른 비용의 구분과 세부 계정과목의 예시는 <표 2-9>와 같다.

〈표 2-9〉 **비용의 분류와 세부 계정과목의 예시**

<table>
<tr><th colspan="2">분류</th><th>계정과목</th><th>내 용</th></tr>
<tr><td rowspan="11">영업비용</td><td colspan="2">매출원가</td><td>판매한 제품의 생산원가 또는 판매한 상품의 매입원가</td></tr>
<tr><td rowspan="10">판매비와관리비</td><td>급여</td><td>직원들에게 지급하는 급여와 각종 수당</td></tr>
<tr><td>복리후생비</td><td>근로자의 근무, 위생, 보건 등과 관련한 기업부담 비용과 작업능률향상을 위해 간접적으로 부담하는 각종 후생시설의 경비 등</td></tr>
<tr><td>임차료</td><td>토지, 건물 등을 빌린 대가로 지급하는 지대와 집세</td></tr>
<tr><td>광고선전비</td><td>신문, 잡지, TV, 라디오 등에 광고를 하고 지급하는 비용</td></tr>
<tr><td>여비교통비</td><td>직원의 출장시 지급하는 교통비와 숙박비</td></tr>
<tr><td>통신비</td><td>전화, 전신, 우표 및 인터넷 요금 등으로 지출하는 비용</td></tr>
<tr><td>수도광열비</td><td>전기, 수도, 가스 등의 사용 요금으로 지출하는 비용</td></tr>
<tr><td>보험료</td><td>각종 보험에 가입하고 지급하는 비용</td></tr>
<tr><td>소모품비</td><td>사무용품, 청소용품, 다과 등을 구입하고 지출하는 비용</td></tr>
</table>

분류		계정과목	내 용
영업비용	판매비와관리비	접대비	업무와 관련하여 접대, 교제, 사례 등의 명목으로 거래처에 지출한 비용이나 물품
		감가상각비	시간의 경과에 따라 노후되는 유형자산의 원가에 대해 사용기간 등에 의한 물리적, 경제적 가치하락의 감소분(원가배분)
		운반비	재화의 운반을 위탁하고 그 대가로 지출하는 비용
		차량유지비	차량의 유지를 위해 지출하는 주유비, 수리비, 세금 등의 비용
영업외 비용		이자비용	차입금에 대하여 지급하는 이자
		수수료비용	재화나 용역의 중개나 업무 대행을 위탁하고 지급하는 수수료
		유형자산처분손실	유형자산을 장부금액보다 낮게 처분함에 따라 발생하는 손실
		유가증권처분손실	유가증권을 장부금액보다 낮게 처분함에 따라 발생하는 손실
		외환차손	외화자산의 회수나 외화부채의 상환시 환율 차이에 따른 손실
		외화환산손실	외화자산이나 부채의 기말 평가시 환율 차이에 따른 손실
		기부금	타인을 원조할 목적으로 재화나 용역을 무상으로 지출하는 비용
		재고자산감모손실	제품, 상품이나 원재료 등의 재고자산 실제 재고량이 장부상 재고량보다 작은 경우의 차이 금액(비정상발생부분)
		재해손실	풍수해, 화재 등에 의하여 고정자산이나 재고자산, 현금 등에 발생한 손실
		잡손실	정상적 영업활동과 관계가 없이 일시 우발적 활동에서 발생하는 비용
법인세비용			법인기업의 당기순이익에 대하여 부과하는 세금

<표 2-10>은 재무제표 요소와 각 요소에 대한 정의를 요약한 것이다.

〈표 2-10〉 재무제표 요소와 정의

재무제표 요소		정 의
재무상태표	자산	과거의 거래나 사건의 결과로 현재 기업이 통제하고 있으며, 미래에 경제적효익이 유입될 것으로 기대되는 자원
	부채	과거의 거래나 사건의 결과로 미래에 경제적 자원의 이전이 예상되는 현재의무
	자본	기업의 자산에서 모든 부채를 차감한 후의 잔여분
포괄손익계산서	수익	자산의 유입이나 증가 또는 부채의 감소에 따라 자본의 증가를 초래하는 특정 회계기간 동안 발생한 경제적효익의 증가로서, 지분참여자에 의한 출연과 관련된 것은 제외한다.
	비용	자산의 유출이나 소멸 또는 부채의 증가에 따라 자본의 감소를 초래하는 특정 회계기간 동안에 발생한 경제적효익의 감소로서, 지분참여자에 대한 분배와 관련된 것은 제외한다.

 재무제표 요소의 인식 및 측정

4.1 인식

인식(recognition)이란 재무제표 요소의 정의에 부합하는 항목을 재무상태표나 포괄손익계산서에 반영하는 과정을 말한다. 인식과정에서 거래나 사건에 대한 계정의 명칭과 금액을 측정하여 기술하고, 이를 재무상태표나 포괄손익계산서에 포함하게 된다. 거래나 사건이 재무제표에 반영되기 위해서는 다음의 두 가지 요건을 만족하여야 한다.

① 그 항목과 관련된 미래경제적효익이 기업에 유입되거나 기업으로부터 유출될 가능성이 높다.

② 그 항목의 원가 또는 가치를 신뢰성 있게 측정할 수 있다.

이러한 인식기준(recognition criteria)은 미래경제적효익의 발생가능성과 측정의 신뢰성으로 구분된다. 여기서 '미래경제적효익의 발생가능성(probability of future economic benefit)'은 미래경제적효익이 기업에 유입되거나 유출될 가능성을 불확실성의 정도를 고려하여 평가한다. 불확실성의 정도는 이용가능한 증거에 기초하여 평가하여야 한다. 예를 들어, 외상매출금의 경우 여러 가지 이용가능한 증거수집을 통해 회수의 가능성을 분석하고, 회수의 가능성이 높은 금액에 대해서만 자산으로 인식하고, 나머지 회수의 불확실성이 높은 부분은 비용으로 인식하게 된다.

측정의 신뢰성(reliability of measurement)은 항목에 따라 추정에 의해 원가 또는 가치를 결정해야 할 경우 측정의 신뢰성이 확보되어야 함을 의미한다. 거래나 사건의 인식과정에서 원가 또는 가치를 명확하게 알 수 있거나 합리적으로 추정이 가능하다면 그 금액을 신뢰성 있는 측정치로 본다. 하지만 금액을 합리적으로 추정할 수 없는 경우에 해당하는 거래나 사건에 대해서는 재무제표에 인식할 수 없다. 예를 들면, 기업과 관련한 소송이 제기된 경우, 해당 소송으로부터 지급이 예상되는 배상금 등은 미래경제적효익의 발생가능성이 높지만 판결이 확정되기 전까지는 지급액에 대한 신뢰성 있는 측정은 불가능하기 때문에 인식의 대상에 해당하지 않는다.

1) 자산의 인식

자산은 미래경제적효익이 기업에 유입될 가능성이 높고, 해당 항목의 원가 또는 가치를 신뢰성 있게 측정할 수 있을 때 재무상태표에 인식한다. 거래나 사건의 결과로 현금 등의 지출이 발생하였으나 그에 따른 미래경제적효익의 유입가능성이 낮다고 판단되는 경우는 자산으로 인식하지 않고 비용으로 인식하여야 한다.

2) 부채의 인식

부채는 기업이 현재 부담하는 의무를 이행함에 따라 경제적효익을 갖는 자원의 이전가능성이 높고, 유출될 금액을 신뢰성 있게 측정할 수 있을 때 재무상태표에 인식한다.

3) 수익의 인식

수익은 고객에게 재화나 용역을 제공한 대가로 자산이 증가하거나 부채가 감소하고 그 증감의 정도를 예상할 수 있을 때 포괄손익계산서에 인식한다. 이러한 수익의 인식은 기업의 경영성과에서 매우 중요하다. 따라서 수익의 인식을 위해서는 위의 일반적인 두 가지 요건 이외에 다음의 구체적인 두 가지 요건을 필요로 한다.

(1) 가득기준

수익 인식의 가장 우선적 전제는 가득(earned)이 되어야 한다. 기업이 고객에게 재화를 인도하였거나 용역을 제공함으로써 재화나 용역에 대한 통제권이 고객에게 완전하게 이전되었을 때를 '가득'되었다고 한다. 예를 들면, 재화나 용역의 제공에 대한 계약을 체결하는 과정에서 미리 현금을 받은 경우, 수익으로 인식하지 않고 부채로 인식한다. 그 이유는 현금을 수취하는 시점이 재화나 용역을 제공하거나 제공 이후의 시점이 아니라 계약을 체결하는 시점이기 때문에 기업으로서는 앞으로 해당 고객에게 재화나 용역을 공급해야 하는 의무가 남아있다. 따라서 재화나 용역의 공급 이전에 수취한 현금은 가득기준을 만족하지 못하였기 때문에 수익으로 인식할 수 없고, 부채로 인식하는 것이다.

(2) **실현기준**

수익은 실현(realized)되었거나 실현가능한(realizable) 시점에 인식하여야 한다. 실현되었다는 것은 기업이 고객에게 재화나 용역을 제공하고 그 대가로 현금을 수취하였음을 의미하고, 실현가능하다는 것은 기업이 고객에게 재화나 용역을 제공하고 그 대가를 청구할 수 있는 권리를 취득했다는 것을 의미한다. 다만, 이 경우 실현가능성에 대한 신뢰성 있는 측정이 어려울 경우는 실현기준이 충족되었다고 볼 수 없다.

4) 비용의 인식

비용은 수익의 창출을 위해 소비 또는 희생된 자원이므로, 특별한 이유가 없는 한 관련 수익이 인식되는 시점에 인식한다. 이를 '수익비용 대응의 원칙'이라고 하는데, 이렇게 수익과 비용을 같은 기간에 인식함으로써 정보이용자들이 수익과 비용의 인과관계에 대한 정보를 보다 쉽게 이해할 수 있도록 하기 위한 것이다.

4.2 측정

측정(measurement)은 기업의 경영활동에서 발생한 거래나 사건을 재무상태표와 포괄손익계산서에 인식하기 위하여 해당 거래나 사건에 대한 화폐금액을 결정하는 과정이다. 측정을 하는 과정에서 아무런 기준이 주어져 있지 않을 경우 기업은 자산이나 수익의 인식에서는 재량적으로 과대평가하고자 하거나 부채나 비용의 인식에서는 과소평가하고자 할 가능성이 있다. 때문에 측정을 위해서는 일정한 기준이 필요하며, 이러한 측정기준으로는 역사적 원가, 공정가치, 사용가치, 현행원가, 실현가능가치 등이 있다.

1) 역사적 원가

역사적 원가(historical cost)는 취득원가(acquisition cost)라고도 하며, 자산의 경우 취득 당시에 취득자산의 대가로 지불한 현금 또는 현금성자산이나 그 밖의 대가의 공정가치를 말한다. 부채는 의무 부담 당시 그 의무의 부담 대가로 수취한 현금을 말한다.

2) 공정가치

공정가치(fair value)는 측정일에 시장 참여자 사이의 정상거래에서 자산을 매도할 때 받거나 부채를 이전할 때 지급하게 될 가격을 말한다. 공정가치는 시장에 근거한 측정치로 시장가치(market value)라고도 하며, 거래의사가 있고 합리적인 의사결정이 가능한 독립적인 당사자 간의 거래에서 형성되는 가격을 의미한다. 다만, 공정가치가 형성될 수 있는 시장이 없는 경우는 평가기법이나 전문가에 의한 평가액을 공정가치로 활용할 수 있다.

3) 사용가치

사용가치(value in use)는 자산의 사용과 처분으로 인해 얻을 것으로 기대하는 현금유입의 현재가치 또는 부채를 이행할 때 이전해야 하는 현금유출의 현재가치를 말하며, 특히 부채의 이행에 따른 현금유출의 현재가치를 이행가치(fulfillment value)라고 한다.

4) 현행원가

현행원가(current cost)는 측정일에 동등한 자산을 취득한다면 지급할 대가 또는 동등한 부채가 발생할 경우 수취할 수 있는 대가를 말한다. 현행원가는 유입가치(entry value)와 유출가치(exit value)로 나눌 수 있는데, 유입가치는 동일한 자산 또는 부채를 측정일에 재취득하거나 재인수하는 경우의 측정일의 시장가격을 나타내며, 이는 측정일에서의 역사적 원가와 동일하다. 유출가치는 동일한 자산 또는 부채를 측정일에 시장에서 처분하거나 상환하는 경우의 측정일의 시장가격을 나타내며, 공정가치나 사용가치가 이에 해당한다.

〈표 2-11〉 **재무제표 요소 측정기준**

측정기준		정 의
역사적 원가	역사적 원가	취득 당시에 취득자산의 대가로 지불한 현금 또는 현금성자산이나 그 밖의 대가의 공정가치 또는 의무 부담 당시 그 의무의 부담 대가로 수취한 현금
현행가치	공정가치	시장 참여자 사이의 정상거래에서 자산을 매도할 때 받거나 부채를 이전할 때 지급하게 될 가격
	사용가치	자산의 사용과 처분으로 인해 얻을 것으로 기대하는 현금유입의 현재가치 또는 부채를 이행할 때 이전해야 하는 현금유출의 현재가치
	현행원가	동등한 자산을 취득한다면 지급할 대가 또는 동등한 부채가 발생할 경우 수취할 수 있는 대가
	실현가능가치	자산을 정상적으로 처분할 때 수취할 것으로 예상되는 현금 등의 유입액 또는 부채를 이행하는데 지출하여야 할 것으로 예상되는 현금 등 유출액

5) 실현가능가치

실현가능가치(realizable value)는 자산을 정상적으로 처분할 때 수취할 것으로 예상되는 현금 등의 유입액 또는 부채를 이행하는데 지출하여야 할 것으로 예상되는 현금 등 유출액을 말한다.

측정기준을 선택할 때는 자산이나 부채의 특성 또는 미래 현금흐름의 형태 등을 잘 반영할 수 있는 기준을 선택하여야 하며, 특히 재무제표가 제공할 정보의 유용성을 고려하여야 한다. <표 2-11>은 재무제표 요소에 대한 측정기준을 요약한 것이다.

5 재무제표 기본 가정

기업이 제공하는 재무제표는 일반적으로 기업이 예상가능한 기간 동안 영업을 계속할 것이라는 가정하에서 작성된다. 즉, '계속기업의 가정(going concern assumption)'이라는 가정에 근거하여 재무제표가 작성된다. 여기서 '계속기업'이란 특별한 반증이 없는 한 기업이 그 목적과 의무를 이행하기에 충분할 정도로 장기간 존속하며 경영활동을 청산하거나 중요하게 축소할 의도나 필요성을 갖고 있지 않다는 것을 의미한다. 그리고 이러한 계속기업의 가정이 발생기준 회계의 주요 회계원칙들에 대한 근거를 제시하고 있다.

발생기준(accrual basis) 회계는 현금의 수취나 지급여부와 상관없이 거래나 사건이 보고기업의 경제적 자원과 청구권에 미치는 영향을 발생한 기간에 보여준다. 이는 발생기준 회계에서의 이익과 그 구성요소에 대한 정보가 현금기준 회계에서의 그것에 비해 기업의 과거 및 미래 현금흐름을 평가하는데 더 유용한 근거를 제공하기 때문이다.

6 회계정보의 질적 특성

회계정보의 질적 특성(qualitative characteristics)이란 재무제표를 통해 제공되는 회계정보가 정보이용자들에게 유용하기 위해 갖추어야 할 주요 특성을 말한다. 회계정보의 질적 특성은 근본적 질적 특성과 보강적 질적 특성으로 구성되어 있고, 근본적 질적 특성에는 목적적합성과 표현의 충실성이 있고, 보강적 질적 특성에는 비교가능성, 검증가능성, 적시성 및 이해가능성이 있다.

6.1 근본적 질적 특성

1) 목적적합성

목적적합성(relevance)이란 재무제표를 통해 제공되는 회계정보가 정보이용자들의 의사결정을 위한 목적에 적합해야 한다는 특성이다. 즉, 정보이용자가 의사결정을 하는 시점에 어떤 정보가 있는 경우와 없는 경우에서의 차이가 발생할 수 있음을 의미한다. 정보이용자의 의사결정 목적에 맞는 정보가 되려면, 의사결정시점에서 과거와 현재의 상태를 평가할 수 있거나 미래 상태의 예측에 도움을 줄 수 있으며, 또한 과거의 거래나 사건에 대한 평가를 확인하거나 수정함으로써 정보이용자들의 경제적 의사결정에 도움을 줄 수 있어야 한다.

목적적합한 회계정보는 정보이용자로 하여금 기업의 미래 재무상태, 경영성과, 현금흐름이나 자본의 변동 등을 예측할 수 있도록 도움을 주어야 한다. 이를 회계정보의 예측가치(predictive value)라고 한다. 정보이용자가 주어진 회계정보를 이용하여 기업의 재무상태, 경영성과, 현금흐름이나 자본변동 등에 대한 예측이나 기대를 한 경우, 당초 예측치나 기대치를 확인하고 수정함으로써 정보이용자들이 의사결정을 수정할 수 있도록 도움을 주어야 한다. 이를 확인가치(feedback value)라고 한다. 따라서 회계정보는 예측가치와 확인가치를 가지고 있을 때 정보이용자의 의사결정 목적에 맞는 유용한 정보가 될 수 있다.

그리고 재무제표에 기초하여 의사결정을 하는 정보이용자에게 어떤 정보가 누락되거나 왜곡표시되어 제공될 경우, 그 누락이나 왜곡으로 정보이용자의 의사결정이 달라질 수 있는 정보는 매우 중요하다. 따라서 중요성(materiality)을 가진 정보는 정보이용자의 의사결정에 중대한 영향을 미칠 수 있는 요인으로, 의사결정 목적에 유용한 정보이기 위해서는 중요성을 가진 정보는 가능한 최대로 제공되어야 한다. 다만, 정보의 유용성에 대한 기준은 정보이용자나 기업의 특성에 따라 다르므로, 기업의 상황이나 정보이용자의 의사결정 목적 등을 고려하여 판단하여야 한다. 일반적으로 중요성은 금액의 절대적 크기나 상대적 비중, 또는 정보의 성격 등에 의해 결정된다.

2) 표현의 충실성

정보가 유용하기 위해서는 정보가 이용자의 의사결정 목적에 맞는 것이면서 현상을 있는 그대로 충실하게 표현해야 한다. 표현의 충실성(representational faithfulness)을 확보하기 위해서는 완전성, 중립성, 무오류의 세 가지의 요소가 필요하다. 첫 번째 완전성(completeness)은 정보이용자의 의사결정 과정에 도움이 되는 모든 정보가 빠짐없이 제공되어야 한다는 것이고, 두 번째 중립성(neutrality)은 미리 의도된 결과나 성과를 유도할 목적으로 재무제표에 특정 정보를 표시해서는 안 된다는 것이다. 그리고 세 번째 무오류(free from error)는 경제적 현상의 서술에 오류나 누락이 없고 정보를 생산하는데 사용된 절차의 선택과 적용에 절차상 오류가 없다는 것이다. 여기서 오류가 없다는 것은 무결점의 정보를 의미하는 것은 아니다. 즉, 정확성을 판단할 수 없는 추정치로 측정된 정보의 경우 추정 절차의 선택과 적용에 오류가 없이 신뢰성 있는 측정이 이루어지고, 해당 금액을 명확하고 정확하게 서술하며, 추정 절차의 성격과 한계를 설명하면 표현의 충실성이 만족되었다고 볼 수 있다.

6.2 보강적 질적 특성

보강적 질적 특성은 그 특성 자체로 회계정보의 유용성을 제고하지는 않지만, 근본적 질적 특성과의 결합을 통해 회계정보의 유용성을 보강해 주는 특성이다.

1) 비교가능성

비교가능성(comparability)은 정보이용자가 기업에 대한 의사결정 과정에서 여러 대안들 간 회계정보의 유사점과 차이점을 식별하고 이해할 수 있게 하는 회계정보의 질적 특성이다. 정보이용자의 의사결정 목적에 맞는 충실한 표현의 정보가 비교가능한 정보라면 그 유용성은 확대될 것이다. 여기서 정보의 비교가능성은 유사한 거래나 사건의 재무적 영향을 측정 · 보고함에 있어서 동일 기업 내의 기간별 일관성과 동종 또는 유사 기업 간의 일관성을 의미한다. 즉, 일관성은 동일한 거래나 사건에 대해서는 동일한 방법을 적용하는 것으로, 동일 기업 내 같은 거래나 사건이 여러 기간에 걸쳐 또는 다른 기업의 동일 거래나 사건에 대해 동일한 회계처리 방법이 적용될 때 일관성은 높아지게 되고, 이를 통해 비교가능성은 더욱 제고될 수 있다.

2) 검증가능성

검증가능성(verifiability)은 합리적 판단력이 있고 독립적인 서로 다른 관찰자가 어떤 서술이 충실한 표현이라는데 의견이 일치할 수 있다는 정보의 질적 특성이다. 이러한 특성은 정보이용자가 정보가 나타내고자 하는 경제적 현상을 충실히 표현하는지를 판단하는데 도움을 준다.

3) 적시성

적시성(timeliness)은 정보이용자의 의사결정에 영향을 미칠 수 있도록 의사결정자가 정보를 필요한 시점에 이용가능하도록 정보가 제공되어야 하는 특성을 말한다. 일반적으로 오래된 정보일수록 유용성이 낮다.

4) 이해가능성

이해가능성(understandability)은 이용자가 이해하기 쉽도록 정보가 명확하고 간결하게 제공되어야 하는 정보 특성을 말한다. 하지만 현실적으로 모든 이용자가 이해하기 쉽도록 정보를 제공하는 것은 쉽지 않은 일이다. 따라서 정보이용자는 경영 및 경제활동과 회계에 대한 합리적인 지식을 가지고 있고, 관련 정보를 분석하기 위한 합리적인 노력을 기울일 의지가 있다는 가정하에서 정보가 이해하기 쉽도록 제공되어야 한다는 것이다.

이러한 회계정보의 질적 특성을 요약하면 [그림 2-7]과 같다.

[그림 2-7] **회계정보의 질적 특성**

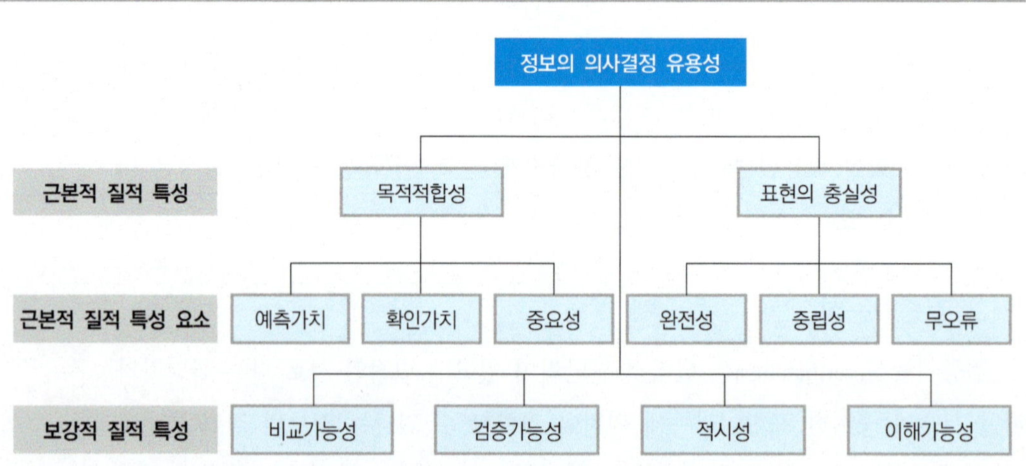

출처: K-IFRS 재무회계 제10판, 윤순석 · 송인만 · 김효진, 신영사, p.55.

개념정리 문제

CONCEPTUAL **QUESTIONS**

1. 기업의 경영활동에는 어떤 것들이 있는가?
2. 경영활동과 회계정보 및 재무제표 간의 관련성에 대해 설명하라.
3. 재무제표의 종류에는 어떤 것들이 있는가?
4. 재무상태표는 어떤 정보를 제공하며, 그 구성요소는 무엇인가?
5. 포괄손익계산서는 어떤 정보를 제공하며, 그 구성요소는 무엇인가?
6. 재무상태표와 포괄손익계산서 간의 관계에 대해 설명하라.
7. 재무상태표 요소는 무엇인가?
8. 손익계산서 요소는 무엇인가?
9. 자산을 정의하고, 세 가지의 중요한 특성에 대해 설명하라.
10. 부채를 정의하고, 세 가지의 중요한 특성에 대해 설명하라.
11. 자본은 어떻게 정의되는가?
12. 수익과 비용은 어떻게 정의되는가?
13. 거래나 사건이 재무제표에 반영되기 위한 인식요건에 대해 설명하라.
14. 수익의 인식기준에 대해 설명하라.
15. 비용의 인식기준에 대해 설명하라.
16. 측정기준의 종류와 내용에 대해 설명하라.
17. 재무제표의 기본 가정에 대해 설명하라.
18. 회계정보의 근본적 질적 특성과 그 구성요소들에 대해 설명하라.
19. 근본적 질적 특성을 보강해 주는 질적 특성에 대해 설명하라.

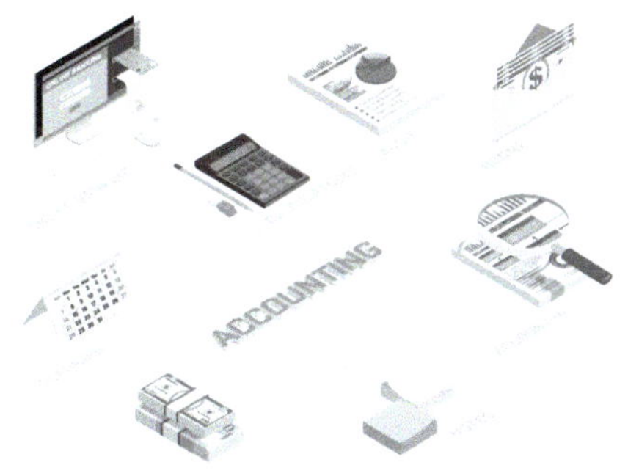

CHAPTER 03

회계거래의 기록

IFRS ACCOUNTING PRINCIPLES

1. 회계거래의 정의
2. 회계거래의 기록원리
3. 회계거래의 기록방법

학습목표

본 장에서는 회계거래의 기록에 대한 기본적인 원리를 학습한다.

재무정보의 생산은 회계의 순환과정을 통해 재무제표에 반영되고 정보이용자들에게 전달된다. 따라서 정보이용자들의 의사결정에 유용한 재무정보를 생산하기 위해서는 회계의 순환과정에 대한 정확한 이해가 매우 중요하다. 그리고 회계순환과정에 대한 이해를 위해서는 먼저 회계거래에 대한 이해와 복식부기의 원리를 이해하여야 한다. 따라서 본 장에서는 회계거래의 기록을 위한 기초적 개념인 회계거래의 의미, 거래의 이중성, 대차평형의 원리, 회계등식, 계정 및 계정기입 방법 등에 대하여 학습한다.

본 장에서는 구체적으로 다음과 같은 내용들이 학습목표이다.

1. 회계거래의 정의를 서술할 수 있다.
2. 차변과 대변을 구분할 수 있다.
3. 복식부기의 원리, 거래의 이중성, 대차평형의 원리 및 회계등식에 대해 서술할 수 있다.
4. 계정이 무엇인지와 계정기입 방법에 대해 서술할 수 있다.

들어가며

"개성상인이 발명한 세계 최초 복식부기 이야기, 세계가 놀란 개성회계의 비밀"

회계는 대부분의 국민에게 친숙하지 않다. 하지만 잘 생각해 보면 회계는 우리 실생활과 매우 밀접하다. 국어사전에서도 회계를 '나가고 들어오는 돈을 따져서 셈함'이라고 정의하고 있다. 돈이 없으면 생활이 불가능하듯 경제활동을 하는 누구라도 회계에서 벗어날 수 없다. 이렇듯 우리 삶과 떼려야 뗄 수 없는 회계를 우리는 잘 모르고 있다. 그러나 우리는 우리가 생각하는 것보다 훨씬 높은 수준의 회계제도와 인력을 보유하고 있고, 빛나는 역사를 가지고 있다. 알려지지 않고 가려져 있을 뿐이다.

그동안 회계는 베네치아의 상인이 사용하는 장부 기록 방식으로 상징되어 서양의 지식으로만 여겨져 왔다. 그런데 실은 고려 개성상인의 복식부기가 서양보다 200년이나 앞섰다는 점을 아는 사람은 많지 않다. 개성상인들은 세계 최초이자 최고의 복식부기 장부를 사용했으며, 뿐만 아니라 장부 속에 합리적인 사고와 정직한 경제활동을 고스란히 담았다.

개성상인들은 오늘날 4차 산업혁명 시대를 선도할 수 있는 소프트파워 3가지를 유산으로 남겨줬다. 하나는 이탈리아 베네치아보다 200년이나 앞선 과학적이고 선진적인 최초의 복식부기 '시개송도치부법'이고, 또 하나는 최근 인터넷상의 위조와 변조가 불가능한 블록체인 망처럼 은행을 방문하지 않고도 회계장부의 계정 처리만으로 금융거래를 수행하는 '시변제도'이며, 나머지 하나는 소유와 경영의 분리를 실천한 전문경영인제도인 '차인제도'이다.

사개송도치부법에서 사개는 한자로 '넉 사(四)'에 '낄 개(介)'자를 쓴다. 복식부기의 대변과 차변에 해당하는 계정을 음양사상에 입각하여 '주는 자, 받는 자, 주는 것, 받는 것' 이렇게 4가지 요소로 나눠 기록한 것을 말한다. 개성상인들은 대표적 재무제표인 재무상태표를 '받자질'과 '주자질'로 양분하여 대조했다. 자산 계정의 위치에 받는 자와 받는 것, 즉 받자질을 놓고 부채와 자본 계정에 주는 자와 주는 것, 즉 주자질을 배치하여 자본을 부채로 인식한 것이다. 오늘날 서양의 재무상태표가 받을 권리 계정(receivable a/c)과 갚을 책임 계정(payable a/c)으로 단순히 양분하는 형태로 되어 있는 것과 매우 유사하다.

남다른 상술과 철학을 가지고 자본을 축적하며 오랜 세월 상인집단으로 활약해 온 개성상인들의 이 세 가지 제도는 유목민족이 도시에 정주하여 이룩한 문명이다. 개성상인들은 개성에 정주하면서 원격지 무역을 수행하는 차인들을 회계장부와 금융으로 연결하여 회계 금융 네트워크를 개발했다. 즉, 개성상인은 유목문화는 차인제도로, 도시 정주문화는 사개송도치부법으로 개발하여 독특한 금융문화인 시변제도를 창안했다. 이는 현대 기업에 그대로 적용해도 전혀 손색이 없는 제도들이다. 그 바탕에는 수단과 방법을 가리지 않고 돈을 벌어 나만 잘 먹고 잘 살겠다는 생각이 아니라 정직과 신용으로 부를 쌓고 이웃과 사회와 국가를 함께 생각하면서 대립보다는 상생을 지향하는 상인정신이 있었다. 그랬기에 이런 제도가 만들어지고 정착될 수 있었다.

흔히 자본주의적 전통을 서구 역사와 이론에서만 찾는다. 하지만 그럴 게 아니라 우리 역사, 특히 개성상인의 철학과 원리로부터 찾아야 한다. 그 중에서도 사개송도치부법은 우리가 반드시 계승 발전시켜야 할 세계 최초 · 최고의 복식부기이며, 이론과 실무를 두루 겸비한 '회계의 진실'이라고 해도 과언이 아니다.

(자료 출처: 한경매거진(2018.11.7.), "개성상인의 놀라운 3가지 회계 기술" 중)

1 회계거래의 정의

기업은 다양한 영업활동을 하는 과정에서 원재료의 구매, 종업원의 급여지급, 공장건물이나 기계설비의 구입, 주식의 발행 또는 금융기관으로부터의 차입 등 많은 거래가 발생한다. 이러한 수많은 거래들이 모두 기업의 재무제표에 반영되는 것은 아니다.

기업의 재무제표에 반영될 수 있는 거래는 회계상 거래로서, 다음의 두 가지 조건이 충족되어야 회계상 거래에 해당된다.

첫째, 거래나 사건의 결과가 기업의 재무상태에 영향을 미쳐야 한다. 즉, 거래나 사건의 결과로 기업의 자산, 부채, 자본이 증감되거나 수익, 비용이 발생하여야 한다.

둘째, 거래나 사건의 결과를 화폐단위로 측정할 수 있어야 한다. 2장에서도 살펴보았듯이, 거래나 사건이 재무제표에 인식되기 위해서는 신뢰성 있는 측정이 가능해야 하기 때문이다.

즉, 회계거래(accounting transaction)는 기업에서 일어나는 다양한 거래나 사건들 중 기업의 자산, 부채, 자본, 수익과 비용 항목의 변화를 가져오고, 화폐단위로 측정이 가능한 거래나 사건이다. 따라서 우리가 흔히 거래라고 하는 법적 계약이나 거래의 경우도 기업의 재무제표 구성요소에 영향을 미치지 않으면 회계상 거래로 인식되지 않는다. 예를 들어, 특정일에 거래은행과 대출계약을 체결하고, 대출의 실행은 특정일로부터 1개월 후에 이루어진다고 가정하자. 이 경우 특정일에 발생한 거래은행과의 대출계약이라는 거래는 회계거래에 해당하지 않는다. 즉, 단순한 계약체결 자체만으로는 특정일 현재 기업의 자산, 부채, 자본, 수익, 비용에 아무런 변화를 가져오지 않기 때문에 회계상 거래로 인식되지 않는 것이다. 다음의 [예제 3-1]을 통해 회계거래에 대해 학습해 보자.

예제 3-1 [회계거래]

다음은 인제㈜의 거래내역이다.

1. 보통주식 100주를 주당 ₩500에 발행하고 주주들로부터 주식대금을 현금으로 납입받다.
2. 업계에서 소문난 인재를 연봉 1억 원을 지급하기로 약속하고 스카우트하다.
3. 영업부에서 사용할 소형 트럭 1대를 ₩10,000,000에 구매하고, 대금은 나중에 지급하기로 하다.
4. 홍수로 인해 창고에 쌓아두었던 1억 원 상당의 제품과 원재료가 소실되었다.
5. 제품을 ₩1,000,000에 판매하고, 대금 중 50%는 현금으로 받고 나머지는 외상으로 하다.
6. 주거래 은행인 신탁은행과 1억 원을 차입하기로 약정하다. 단, 대출실행은 보름 후에 하기로 하다.

요구사항

위의 각 거래가 회계상 거래인지 여부를 분석하라.

구분	회계상 거래 여부	재무제표 요소의 변화	화폐적 측정 가능 여부
1	회계거래	자산 증가, 자본 증가	측정 가능
2	회계거래 아님	변화 없음(인적자본 증가)	측정 불가능
3	회계거래	자산 증가, 부채 증가	측정 가능
4	회계거래	자산 감소, 자본 감소(손실 발생)	측정 가능
5	회계거래	자산 증가, 자산 감소, 자본 증가	측정 가능
6	회계거래 아님	변화 없음	측정 불필요

 회계거래의 기록원리

기업에서 발생하는 수많은 거래나 사건들 중 회계거래에 해당하는 거래나 사건들은 회계장부를 거쳐 재무제표에 반영된다. 이렇게 회계상 거래를 기록하기 위한 첫 단계는 거래나 사건이 회계거래인지를 식별하는 것이다.

그리고 회계거래는 반드시 두 가지 이상의 구성요소가 서로 결합되어 나타난다. 위의 [예제 3-1] 3의 예를 살펴보면, 트럭을 구입하고 대금을 나중에 지급하기로 한 경우, 트럭이라는 차량(자산)의 증가와 나중에 대금을 지불해야 하는 채무(부채)의 증가가 동시에 나타나게 된다. 앞에서도 살펴보았듯이 모든 회계거래는 자산, 부채, 자본의 증감 또는 수익, 비용의 발생을 가져오는데, 이때 반드시 두 가지 이상의 재무제표 요소들이 관련되어 나타난다. 이를 '거래의 이중성(duality of transactions)'이라고 하며, 이러한 거래의 이중성에 따라 거래를 기록하는 것을 '복식부기(double entry bookkeeping)'라고 부른다.

복식부기는 발생한 거래나 사건을 원인과 결과의 두 측면으로 나누어서 각각 차변과 대변에 동시에 기록하는 방법으로, 기록의 정확성을 검증할 수 있다는 장점이 있다. 복식부기에서의 차변은 회계장부의 왼쪽을, 대변은 회계장부의 오른쪽을 말한다. 거래의 이중성을 가진 거래나 사건이 복식부기 원리에 따라 차변과 대변에 동시에 동일 금액으로 기록될 경우, 차변과 대변의 합계는 언제나 일치하게 되는데, 이를 '대차평형의 원리(principle of equilibrium)'라고 한다. 복식부기에서의 대차평형의 원리가 복식부기에 따른 회계기록의 정확성을 검증하는데 중심적 역할을 하는 것이다.

그리고 복식부기의 이러한 대차평형의 원리를 통해 회계등식이 성립하게 된다. 즉, 모든 회계거래는 재무제표 요소의 변화를 수반하게 되며, 복식부기에서는 이러한 회계거래를 원인과 결과에 따라 차변요소와 대변요소로 나누고, 거래의 이중성에 따라 차변과 대변에 동일한 금액을 기록하게 된다. 따라서 복식부기 원리에 따라 회계거래를 기록하게 되면 차변과 대변은 항상 일치하게 되고, 이러한 대차평형의 원리가 「자산 = 부채 + 자본」이라는 '회계등식'의 성립을 가능하게 한다. 한편, 회계등식은 자산, 부채, 자본의 관계로 정리된 것으로 '재무상태표 등식'이라고도 한다.

회계등식 (재무상태표 등식)	자산 = 부채 + 자본

다음 [예제 3-2]를 통해 거래의 이중성과 회계등식에 대해 학습해 보자.

예제 3-2 [회계등식]

나백신은 20×1년 7월 15일에 음식 배달을 주된 영업으로 하는 인제㈜를 설립하였다. 다음은 인제㈜의 7월 중 거래내역이다.

1. 7월 15일 보통주식 1,000주를 주당 ₩5,000(액면금액)에 발행하고 주주들로부터 주식대금 전액을 현금으로 납입받다.

☞ '거래의 이중성'에 따라 위 거래를 분석하면 '보통주식 발행'이라는 원인과 주주들의 '현금의 납입'이라는 결과가 동시에 발생하였다. 인제㈜의 입장에서는 거래의 이중성에 따라 현금이라는 자산이 증가되었고, 자본금이라는 자본이 증가되었다. 이를 회계등식에 대입하면,

자산		부채		자본
현금 (+)₩5,000,000	=	₩0	+	자본금 (+)₩5,000,000

→ 자산인 현금 ₩5,000,000의 증가, 자본인 자본금 ₩5,000,000의 증가

→ 자산총계가 ₩5,000,000, 부채와 자본총계가 ₩5,000,000으로 회계등식이 성립한다.

☞ 위 거래를 재무상태표에 표시하면 다음과 같다.

재무상태표

인제㈜ 20×1년 7월 15일 현재 (단위: 원)

자산		부채	0
현 금	5,000,000		
		자본	
		자본금	5,000,000
자산총계	5,000,000	부채와자본총계	5,000,000

2. 7월 18일 건물을 임차하고 임차보증금 ₩2,000,000을 현금으로 지급하다.

☞ 건물의 임차보증금 지급이 원인이 되어 현금이 지출되는 결과가 발생하였다. 즉, 임차보증금이라는 자산이 증가하면서 현금이라는 자산이 감소되었다.

자산			부채		자본
임차보증금	(+)₩2,000,000	=	₩0	+	₩0
현금	(−)₩2,000,000				

→ 자산인 임차보증금 ₩2,000,000 증가, 자산인 현금 ₩2,000,000 감소

→ 자산총계 ₩0, 부채와 자본총계 ₩0으로 회계등식 성립

재무상태표

인제㈜ 20×1년 7월 18일 현재 (단위: 원)

자산		부채	0
현　금	3,000,000		
임차보증금	2,000,000	자본	
		자본금	5,000,000
자산총계	5,000,000	부채와자본총계	5,000,000

3. 7월 21일 영업부에서 사용할 소형 트럭 1대를 ₩1,500,000에 구입하고, 대금은 나중에 지급하기로 하다.

☞ 소형 트럭의 구입이 원인이 되어 나중에 대금을 지급해야 하는 채무가 발생하였다. 즉, 차량운반구(트럭)이라는 자산이 증가하면서 미지급금이라는 부채가 증가되었다.

자산		부채		자본
차량 (+)₩1,500,000	=	미지급금 (+)₩1,500,000	+	₩0

→ 자산인 차량운반구 ₩1,500,000 증가, 부채인 미지급금 ₩1,500,000 증가

→ 자산총계 ₩1,500,000, 부채와 자본총계 ₩1,500,000으로 회계등식 성립

☞ 위 거래를 반영하여 재무상태표에 다시 표시하면 다음과 같으며, 새로운 거래가 발생하더라도 그 금액적 크기는 다르지만 여전히 회계등식이 성립되고 있다.

재무상태표

인제㈜ 20×1년 7월 21일 현재 (단위: 원)

자산		부채	
현　금	3,000,000	미지급금	1,500,000
임차보증금	2,000,000	자본	
차량운반구	1,500,000	자본금	5,000,000
자산총계	6,500,000	부채와자본총계	6,500,000

4. 7월 25일 거래은행으로부터 현금 ₩1,000,000을 차입하다.

☞ 은행으로부터의 차입이 원인이 되어 현금이 들어오는 결과가 발생하였다. 즉, 현금이라는 자산이 증가하면서 차입금이라는 부채가 증가되었다.

자산		부채		자본
현금 (+)₩1,000,000	=	차입금 (+)₩1,000,000	+	₩0

→ 자산인 현금 ₩1,000,000 증가, 부채인 차입금 ₩1,000,000 증가

→ 자산총계 ₩1,000,000, 부채와 자본총계 ₩1,000,000으로 회계등식 성립

재무상태표

인제㈜ 20×1년 7월 25일 현재 (단위: 원)

자산		부채	
현　금	4,000,000	미지급금	1,500,000
임차보증금	2,000,000	차입금	1,000,000
차량운반구	1,500,000	자본	
		자본금	5,000,000
자산총계	7,500,000	부채와자본총계	7,500,000

5. 7월 28일 업무에 사용할 목적으로 컴퓨터 1대를 ₩500,000에 현금으로 취득하다.

☞ 컴퓨터의 취득이 원인이 되어 현금이 지출되는 결과가 발생하였다. 즉, 비품(컴퓨터)이라는 자산이 증가하면서 현금이라는 자산이 감소되었다.

자산		부채		자본
비품 (+)₩500,000 현금 (−)₩500,000	=	₩0	+	₩0

→ 자산인 비품 ₩500,000 증가, 자산인 현금 ₩500,000 감소

→ 자산총계 ₩0, 부채와 자본총계 ₩0으로 회계등식 성립

재무상태표

인제㈜ 20×1년 7월 28일 현재 (단위: 원)

자산		부채	
현 금	3,500,000	미지급금	1,500,000
임차보증금	2,000,000	차입금	1,000,000
차량운반구	1,500,000	자본	
비 품	500,000	자본금	5,000,000
자산총계	7,500,000	부채와자본총계	7,500,000

6. 7월 30일 어방㈜와 1년간 음식배달서비스 제공에 대한 계약을 체결하고, 당일에 필요한 음식 100인분을 배달하고 현금 ₩800,000을 받다.

☞ 주된 영업활동인 음식배달서비스의 제공이 원인이 되어 현금이 들어오는 결과가 발생하였다. 즉, 현금이라는 자산이 증가하면서 수익의 발생에 따른 자본이 증가되었다. 수익과 비용의 발생이 자본의 증가와 감소를 초래한다는 사실은 제2장에서 이미 학습하였다. 다만, 1년간 음식배달서비스 제공에 대한 계약체결은 자산, 부채, 자본의 변동을 가져오지 않는 비회계거래에 해당된다.

자산		부채		자본
현금 (+)₩800,000	=	₩0	+	용역매출(수익) (+)₩800,000

→ 자산인 현금 ₩800,000 증가, 자본인 용역매출(수익) ₩800,000 증가

→ 자산총계 ₩800,000, 부채와 자본총계 ₩800,000으로 회계등식 성립

재무상태표

인제㈜ 20×1년 7월 30일 현재 (단위: 원)

자산		부채	
현 금	4,300,000	미지급금	1,500,000
임차보증금	2,000,000	차입금	1,000,000
차량운반구	1,500,000	자본	
비 품	500,000	자본금	5,000,000
		이익잉여금	800,000
자산총계	8,300,000	부채와자본총계	8,300,000

7. 7월 30일 종업원 급여 ₩300,000을 현금으로 지급하다.

☞ 종업원에 대한 급여지급이 원인이 되어 현금이 지출되는 결과가 발생하였다. 즉, 급여라는 비용이 발생하면서 현금이라는 자산이 감소되었다.

자산		부채		자본
현금 (−)₩300,000	=	₩0	+	급여(비용) (−)₩300,000

→ 자산인 현금 ₩300,000 감소, 자본인 급여(비용) ₩300,000 감소

→ 자산총계 (−)₩300,000, 부채와 자본총계 (−)₩300,000으로 회계등식 성립

재무상태표

인제㈜ 20×1년 7월 30일 현재 (단위: 원)

자산		부채	
현 금	4,000,000	미지급금	1,500,000
임차보증금	2,000,000	차입금	1,000,000
차량운반구	1,500,000	자본	
비 품	500,000	자본금	5,000,000
		이익잉여금	500,000
자산총계	8,000,000	부채와자본총계	8,000,000

3 회계거래의 기록방법

회계거래 기록을 위해 반드시 이해하여야 할 내용이 계정이다. 기업에서는 매일 많은 거래나 사건이 발생하고, 이들 중 회계거래를 식별하여 회계장부에 기록하고, 일정기간 동안 기록된 결과를 종합하여 재무제표를 작성하게 된다. 회계거래를 회계장부에 기록하고 재무제표에 보고하기 위해서는 다양한 거래를 체계적으로 구분하고 기록하여야 하며, 이를 위해 계정을 사용하게 된다.

3.1 계정과 계정과목의 기입

계정(account)이란 회계기록의 최소단위로서, 하나의 회계거래가 기록되는 장소를 말한다. 동일 성격의 거래를 같은 재무제표 요소로 구분하고, 이를 기록하기 위해 보다 세분화된 단위가 계정이다. 그리고 계정에 구체적인 명칭을 붙인 것이 '계정과목'이다. 계정과 계정과목에 대해서는 제2장의 '재무제표 요소와 계정과목'에서 이미 학습하였다. 본 장에서는 계정 및 계정과목을 이용한 거래의 기록에 대해 학습한다.

거래의 기록에 앞서 계정을 사용하는 방법에 대해 살펴보자, 회계에서는 계정의 왼쪽을 차변(Debitor, Dr.)이라고 하고, 계정의 오른쪽을 대변(Creditor, Cr.)이라 한다. 왼쪽과 오른쪽이라는 일반적 표현 대신에 차변과 대변이라는 회계적 명칭을 사용하여야 한다.

한편, 회계에서는 차변과 대변으로 구분된 회계거래를 계정에 기록하기 위해 그 모습을 가장 잘 보여줄 수 있는 방법으로 T자형 계정을 자주 사용하는데, 이를 T-계정이라 부른다. [그림 3-1]은 T-계정의 일반적 형태이다.

[그림 3-1] **T-계정 양식의 예**

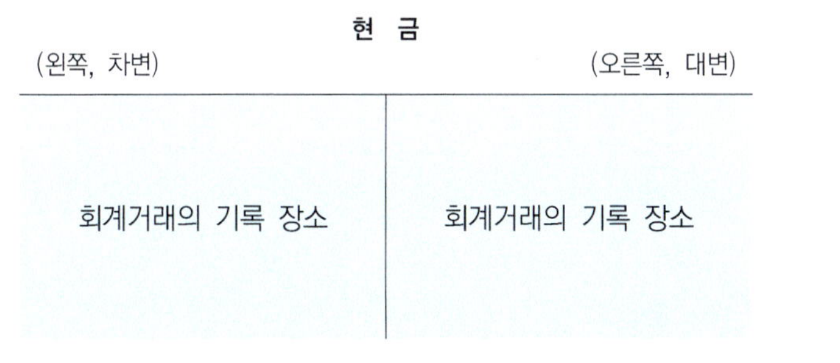

3.2 계정기입의 원칙

모든 계정은 [그림 3-1]에서 보듯이 차변과 대변으로 나뉘어져 있고, 한쪽에 증가가 기록되면 반대쪽에는 감소가 기록되는 특성을 가진다. 잔액은 증가가 기록되는 쪽에 나타나게 된다. 각 계정별로 증가와 감소가 어느 쪽에 기록되는가는 회계등식에 의해 결정된다.

회계등식은 자산 = 부채 + 자본 으로, 자산계정은 회계등식의 차변요소이고, 부채와 자본은 회계등식의 대변요소이다. 따라서 자산계정의 증가는 차변에 기록되고 감소는 반대쪽인 대변에 기록된다. 마찬가지 방법으로, 부채와 자본계정의 증가는 대변에 기록되고 감소는 반대쪽인 차변에 기록된다. 예를 들어, 자산인 현금이 증가하면 현금계정의 차변에 기록되고, 현금이 감소하면 현금계정의 대변에 기록이 된다. 부채인 차입금이 증가하면 차입금계정의 대변에 기록되고, 차입금의 상환으로 차입금이 감소하면 차입금계정의 차변에 기록된다. 자본계정도 회계등식에서 대변요소에 해당하므로 자본의 증가는 대변에 기록되고 자본의 감소는 차변에 기록된다.

한편, 수익계정과 비용계정은 자본의 변화를 가져오는 항목들로 자본계정과 동일한 방법으로 기록된다. 즉, 수익계정은 자본의 증가를 가져오는 항목이므로 대변에 기록되고, 비용계정은 자본의 감소를 가져오는 항목이므로 차변에 기록된다.

이러한 계정기입의 원칙을 요약하면, 재무제표 요소의 변화를 가져오는 거래로서 자산의 증가, 부채의 감소, 자본의 감소 및 비용의 발생은 계정의 차변에 기록되며, 자산의 감소, 부채의 증가, 자본의 증가 및 수익의 발생은 계정의 대변에 기록된다.

<표 3-1>, [그림 3-2]와 [그림 3-3]은 재무상태표 계정 및 포괄손익계산서 계정의 기입 원칙을 요약한 것이다.

〈표 3-1〉 **계정기입의 원칙**

차변(왼쪽)	계 정	대변(오른쪽)
자산의 증가	재무상태표 계정 (자산, 부채, 자본)	자산의 감소
부채의 감소		**부채의 증가**
자본의 감소		**자본의 증가**
수익의 소멸(감소)	포괄손익계산서 계정 (수익, 비용)	**수익의 발생(증가)**
비용의 발생(증가)		비용의 소멸(감소)

[그림 3-2] **재무상태표 계정의 기입 원칙과 결과**

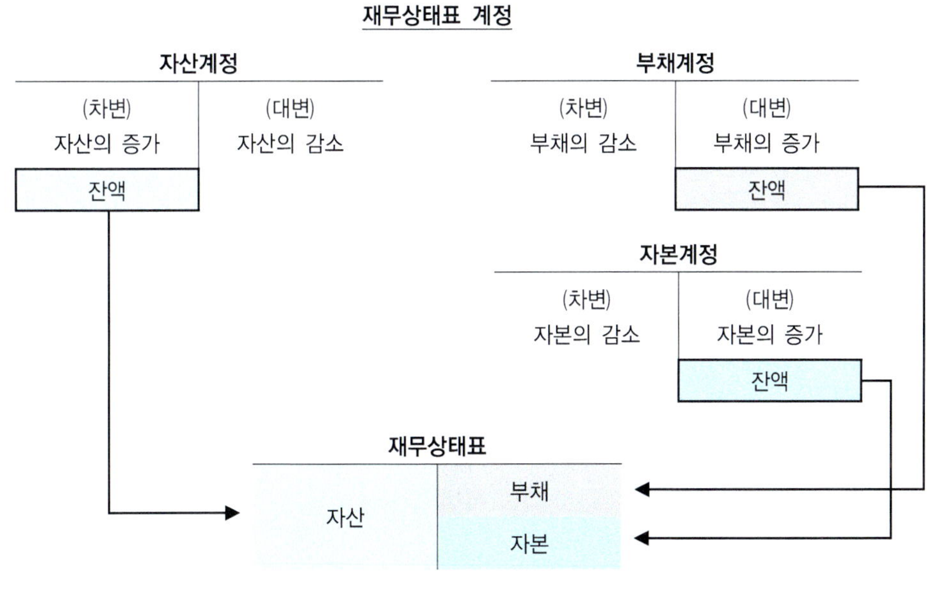

[그림 3-3] **포괄손익계산서 계정의 기입 원칙과 결과**

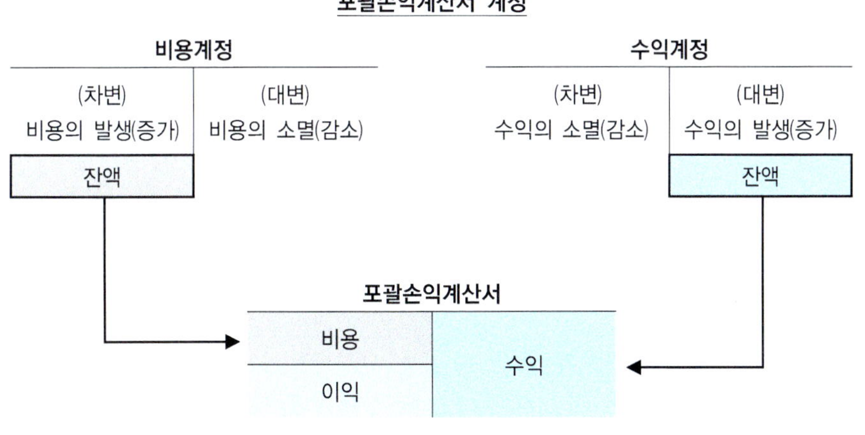

참고: 사례와 함께하는 회계원리(제3판), 최종학 · 송혁준, 신영사, p.65.

[예제 3-3]을 통해 계정기입을 학습해 보자.

예제 3-3 [계정기입]

나백신은 20×1년 7월 15일에 음식 배달을 주된 영업으로 하는 인제㈜를 설립하였다. 다음은 인제㈜의 7월 중 거래내역이다.

1. 7월 15일 보통주식 1,000주를 주당 ₩5,000(액면금액)에 발행하고 주주들로부터 주식대금 전액을 현금으로 납입받다.

자산		부채		자본
현금 (+)₩5,000,000	=	₩0	+	자본금 (+)₩5,000,000

→ 현금(자산) ₩5,000,000의 증가, 자본금(자본) ₩5,000,000의 증가
→ 자산인 현금의 증가는 차변에 기입, 자본인 자본금의 증가는 대변에 기입

현금(자산)

(차)	(대)
7/15 자본금 5,000,000	

자본금(자본)

(차)	(대)
	7/15 현금 5,000,000

2. 7월 18일 건물을 임차하고 임차보증금 ₩2,000,000을 현금으로 지급하다.

자산			부채		자본
임차보증금	(+)₩2,000,000	=	₩0	+	₩0
현금	(−)₩2,000,000				

→ 임차보증금(자산) ₩2,000,000 증가, 현금(현금) ₩2,000,000 감소
→ 자산인 임차보증금의 증가는 차변에 기입, 자산인 현금의 감소는 대변에 기입

임차보증금(자산)

(차)	(대)
7/18 현금 2,000,000	

현금(자산)

(차)	(대)
	7/18 임차보증금 2,000,000

3. 7월 21일 영업부에서 사용할 소형 트럭 1대를 ₩1,500,000에 구입하고, 대금은 나중에 지급하기로 하다.

자산		부채		자본
차량 (+)₩1,500,000	=	미지급금 (+)₩1,500,000	+	₩0

→ 차량운반구(자산) ₩1,500,000 증가, 미지급금(부채) ₩1,500,000 증가

→ 자산인 차량운반구의 증가는 차변에 기입, 부채인 미지급금의 증가는 대변에 기입

차량운반구(자산)

(차)	(대)
7/21 미지급금 1,500,000	

미지급금(부채)

(차)	(대)
	7/21 차량운반구 1,500,000

4. 7월 25일 거래은행으로부터 현금 ₩1,000,000을 차입하다.

자산		부채		자본
현금 (+)₩1,000,000	=	차입금 (+)₩1,000,000	+	₩0

→ 현금(자산) ₩1,000,000 증가, 차입금(부채) ₩1,000,000 증가

→ 자산인 현금의 증가는 차변에 기입, 부채인 차입금의 증가는 대변에 기입

현금(자산)

(차)	(대)
7/25 차입금 1,000,000	

차입금(부채)

(차)	(대)
	7/25 현금 1,000,000

5. 7월 28일 업무에 사용할 목적으로 컴퓨터 1대를 ₩500,000에 현금으로 취득하다.

자산		부채		자본
비품 (+)₩500,000	=	₩0	+	₩0
현금 (−)₩500,000				

→ 비품(자산) ₩500,000 증가, 현금(자산) ₩500,000 감소

→ 자산인 비품의 증가는 차변에 기입, 자산인 현금의 감소는 대변에 기입

비품(자산)

(차)	(대)
7/28 현금 500,000	

현금(자산)

(차)	(대)
	7/28 비품 500,000

6. 7월 30일 어방㈜와 1년간 음식배달서비스 제공에 대한 계약을 체결하고, 당일에 필요한 음식 100인분을 배달하고 현금 ₩800,000을 받다.

자산		부채		자본
현금 (+)₩800,000	=	₩0	+	용역매출(수익) (+)₩800,000

→ 현금(자산) ₩800,000 증가, 용역매출(수익→(+)자본) ₩800,000 증가

→ 자산인 현금의 증가는 차변에 기입, 수익인 용역매출의 발생은 대변에 기입

현금(자산)

(차)	(대)
7/30 용역매출 800,000	

용역매출(수익)

(차)	(대)
	7/30 현금 800,000

7. 7월 30일 종업원 급여 ₩300,000을 현금으로 지급하다.

자산		부채		자본
현금 (−)₩300,000	=	₩0	+	급여(비용) (−)₩300,000

→ 자산인 현금 ₩300,000 감소, 자본인 급여(비용→(−)자본) ₩300,000 감소

→ 비용인 급여의 발생은 차변에 기입, 자산인 현금의 감소는 대변에 기입

급여(비용)

(차)	(대)
7/30 현금 300,000	

현금(자산)

(차)	(대)
	7/30 급여 300,000

3.3 거래요소의 결합관계

<표 3-1>의 계정기입 원칙을 통해 거래나 사건의 발생 시 계정기입 각 요소 간 결합관계를 살펴볼 수 있는데, 이를 위해 거래의 8가지 요소를 구분하면 <표 3-2>와 같다. 이를 가리켜 흔히 '거래의 8요소'라고 한다.

〈표 3-2〉 **거래의 8가지 발생요소**

차변(왼쪽)	계 정	대변(오른쪽)
자산의 증가	재무상태표 계정 (자산, 부채, 자본)	자산의 감소
부채의 감소		부채의 증가
자본의 감소		자본의 증가
비용의 발생	포괄손익계산서 계정 (수익, 비용)	수익의 발생

회계거래는 <표 3-2>에 표시된 4개의 차변요소와 4개의 대변요소에서 각각 하나 또는 둘 이상의 요소가 차변과 대변에 결합되어 발생한다. 예를 들어, 현금을 지급하고 상품을 구입하면 차변에 상품(자산)이 증가하고 대변에 현금(자산)이 감소하게 된다. 또 ₩1,000의 상품을 ₩2,000에 현금으로 판매하게 되면 차변에 현금(자산)이 증가하고, 대변에 매출(수익)이 발생한다. 그리고 상품(자산)이 감소하고, 매출원가(비용)가 발생하게 된다. 모든 회계거래는 이렇게 8가지의 거래요소 중 하나 이상의 차변요소와 하나 이상의 대변요소가 결합하는 관계를 가진다. [그림 3-4]는 이러한 8가지 거래요소의 결합관계를 나타낸 것이다.

[그림 3-4] **거래의 8요소와 결합관계**

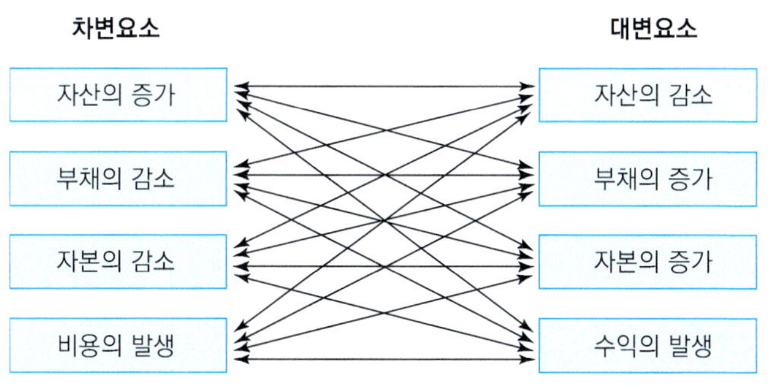

개념정리 문제

CONCEPTUAL **QUESTIONS**

1. 회계거래란 무엇을 의미하는가?
2. 거래의 이중성이란 무엇인가?
3. 복식부기의 원리는 무엇인가?
4. 대차평형의 원리는 무엇인가?
5. 회계등식이란 무엇인가?
6. 복식부기의 원리와 거래의 이중성, 대차평형의 원리 및 회계등식의 관계에 대해 설명하라.
7. 회계거래에서 차변과 대변은 무엇인가?
8. 계정이란 무엇인가?
9. 자산, 부채, 자본의 계정기입원칙에 대해 설명하라.
10. 수익과 비용의 계정기입원칙에 대해 설명하라.

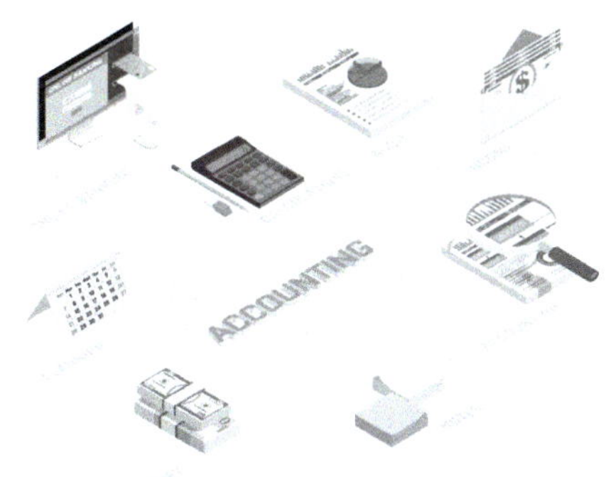

CHAPTER 04

회계의 순환과정 Ⅰ: 기중 회계처리

IFRS ACCOUNTING PRINCIPLES

학습목표

본 장에서는 회계의 순환과정 중 기중거래에 대한 회계처리 과정을 학습한다.
재무정보의 생산은 회계의 순환과정을 통해 재무제표에 반영되고 정보이용자들에게 전달된다. 따라서 정보이용자들의 의사결정에 유용한 재무정보를 생산하기 위해서는 회계의 순환과정에 대한 정확한 이해가 매우 중요하다. 회계거래를 식별하고, 측정하여 요약하고 전달(보고)하는 모든 단계를 회계의 순환과정이라고 한다. 본 장에서는 회계의 순환과정 중 기중에 발생한 거래나 사건에 대한 요약(기록)에 초점을 두고 거래의 이중성, 복식부기의 원리, 대차평형의 원리 및 회계등식을 이용한 분개와 계정원장에의 전기, 시산표의 작성 등을 중심으로 학습한다.
본 장에서는 구체적으로 다음과 같은 내용들이 학습목표이다.

1. 회계거래가 어떻게 요약되는지에 대한 분개를 할 수 있다.
2. 거래의 이중성, 복식부기의 원리, 회계등식이 분개와 어떻게 연결되는지를 서술할 수 있다.
3. 분개에 의한 전기가 어떻게 이루어지는지를 서술할 수 있다.
4. 시산표가 무엇인지와 시산표가 어떻게 작성되는지를 서술할 수 있다.
5. 총계정원장과 시산표가 어떻게 연결되는지를 서술할 수 있다.

들어가며

베니스의 상인과 회계

윌리엄 셰익스피어의 '베니스의 상인'에서는 유대인 사채업자 샤일록이 베니스의 상인 안토니오에게 돈을 빌려주고 갚지 못할 경우 살 1파운드를 받기로 하였다. 재판관은 샤일록에게 "약속한 대로 살 1파운드를 베어가도 된다. 단, 계약서에 적혀 있지 않으니 한 방울의 피도 흘려서는 안 된다"라는 명판결과 함께 상인의 목숨을 구했다. 베니스의 상인이라는 희곡이 나올 정도로 중세에는 이탈리아의 상업이 발달하여 도시국가들이 막강한 부를 축적하였다.

나침판과 포르톨라노해도가 사용되면서 동방무역을 통해 많은 향신료 등이 거래되면서 큰 금액의 돈과 물건이 거래되었다. 베네치아의 상인들은 유럽에 물건을 팔면서 엄청난 부를 쌓았다. 또한 항해를 통한 무역은 바다의 해적과 도적들로부터 항상 위험에 노출되어 있어 현금을 운반하기 어려웠다. 그때 '반코'라는 지금의 은행과 비슷한 일을 하는 사람들이 나타났다. 반코는 이탈리아어로 "책상"이라는 뜻으로 은행원(banker)이 책상에 앉아 상인들을 도와주기 위한 서비스를 했던 것으로 보인다. 이로써 어음거래를 통해 현금을 지참하지 않아도 장거리 무역에 대금을 지불할 수 있게 되었다. 이를 통해 더 큰 무역거래가 활성화되었다. 각 도시마다 서로 다른 통화를 사용하는 불편함을 덜어주고자 환전업무를 하였고 더 나아가 대출업무까지 하였다.

상인들은 큰 금액을 정리하기 위해서 새로운 회계 정리가 필요했는데, 단식장부는 회계내용의 오류를 검증하는데 큰 어려움이 있었다. 회계에서 가장 중요한 것은 장부 작성의 내용이 정확한지, 실수가 없는지를 찾는 일이다. 단식장부와 다르게 차변과 대변의 합계가 일치하는 경우 계산이 틀린 것을 바로 알아볼 수 있기 때문에 점점 더 정교한 복식부기가 발전하였다. 중세에 등장한 복식부기는 반코와 상인들에 힘입어 이탈리아의 도시국가들에서 널리 사용되었다.

복식부기를 체계적으로 정리한 수학자는 이탈리아의 수학자인 루카 파치올리였다. 그가 1494년 수학서 『산술, 기하, 비율 및 비례총람』을 저술하면서 600쪽 분량의 책 중에서 겨우 27쪽에 부기에 대해 설명하였다. 하지만 그것은 시간이 흐르면서 비즈니스의 역사를 바꿀 정도로 중요해졌다. 대규모 무역을 하던 이탈리아 상인들이 반코로부터 돈(부채)을 빌리거나 지인들과 함께 투자금(자본)을 마련하여 위험한 항해를 했다. 몇 달, 몇 년이 걸린 후에 도착한 상품과 운반에 사용된 다양한 배들(자산)을 상세히 기록할 필요가 있었다. 루카 파치올리가 정리한 복식부기를 통해 오류없이 자산과 부채, 자본금을 정리할 수 있게 되면서 더 큰 자본력을 가진 상인들이 출현하여 유럽경제를 한층 더 발전시켜 나갈 수 있었다.

(자료 출처: 택스데일리(2019.9.25.), http://www.taxdaily.co.kr "복식부기의 탄생과 세무기장의 이해")

1 회계기간과 발생기준 회계

1.1 회계기간

기업을 둘러싼 다양한 이해관계자들의 회계정보에 대한 수요는 제각기 다르게 나타날 것이다. 예를 들면, 경영자는 경영의 효율성을 위해 매주 또는 매월 단위로 회계보고를 받길 원할 것이고, 투자자들은 자신들이 투자를 원하는 시점에 회계정보를 원할 것이다. 또한 세금을 걷는 국세청 입장에서는 매년 단위로 세금 납부와 관련한 회계정보를 요구한다. 이렇듯 다양한 이해관계자들이 다양한 시점에서 회계정보를 요구한다. 하지만 기업은 이해관계자들의 회계정보 수요에 대해 개별적으로 대응할 수가 없다. 그렇게 하기에는 비용부담이 크기 때문이다. 그렇다고 이해관계자들의 회계정보에 대한 수요를 무시한 채 기업의 모든 영업활동이 마무리되는 시점까지 회계정보를 제공하지 않을 수도 없다.

따라서 기업은 이해관계자들의 다양한 회계정보 수요시기에 대한 절충을 위해 경영활동에 대한 보고, 즉 재무상태와 경영성과 및 재무상태의 변동에 대한 보고를 인위적으로 기간을 나누어서 하게 되는데, 여기서 회계보고의 기간을 인위적으로 나눈 것을 '회계기간(accounting period)'이라고 한다.

회계기간은 일반적으로 1개월 주기, 1분기 주기, 반기 주기 또는 1년 주기를 기준으로 하며, 1년 주기의 회계기간을 '회계연도(fiscal year)'라고 한다. 1년 주기의 회계연도는 특정 월의 첫 번째 날부터 시작하여 12개월이 지나는 월의 마지막 날까지이며, 많은 기업이 매년 1월 1일부터 12월 31일까지를 회계연도로 사용하고 있다. 학교나 비영리기관은 매년 3월 1일부터 이듬해 2월 28일까지를 회계기간으로 사용하고, 증권회사의 경우는 4월 1일부터 이듬해 3월 31일까지를 회계기간으로 하는 경우가 일반적이다.

[그림 4-1]은 매년 1월 1일부터 시작하는 1년 주기의 회계기간에 대한 예시이다.

[그림 4-1] **회계기간 예시: 20×2년 1월부터 20×2년 12월까지를 회계기간으로 하는 경우**

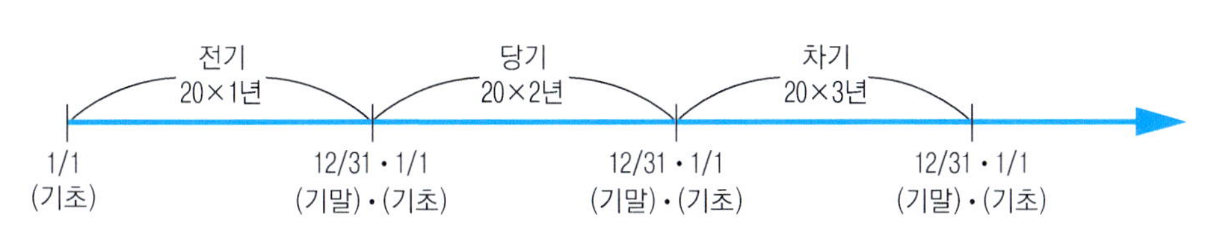

1.2 발생기준 회계

발생기준에 의한 회계처리는 거래나 사건의 경제적 효과를 현금의 유입이나 유출이 일어나는 기간이 아닌 해당 거래나 사건이 발생한 기간에 인식한다. 발생기준에 따르면 영업활동에 따른 매출의 경제적 효과는 기업이 현금을 수취하였을 때가 아니라 매출이 발생한 기간에 인식한다. 즉, 발생기준에서는 현금의 수취 여부가 거래나 사건을 회계적으로 인식하는데 아무런 상관이 없다는 것이다. 현금의 수수 여부와 상관없이 수익이나 비용이 인식되는 것이 발생기준 회계이다.

발생기준 회계처리와 대비되는 개념으로 현금기준 회계처리가 있다. 현금기준에서는 거래나 사건의 인식이 현금을 수취하거나 지급하는 시점에 이루어진다. 때문에 거래나 사건의 인식이 단순하고 쉽다는 장점이 있다. 하지만 현금주의에 따라 거래나 사건을 인식할 경우 거래나 사건이 발생하였음에도 현금을 수취하거나 지급하지 않았다는 이유로 거래나 사건을 기록하지 않기 때문에 재무제표에 표시되는 내용이 왜곡될 수 있다. 예를 들어, 영업활동과정에서 상품을 외상으로 판매한 후 대금을 1개월 후에 수취하였다고 가정하자. 먼저 상품이 외상으로 판매된 거래에 대해 살펴보면, 현금기준에 따를 경우 현금의 수취가 인식의 기준이므로 현금의 수취가 없는 외상판매 거래는 회계거래로서 기록이 이루어지지 않는다. 그리고 1개월 후 외상대금을 현금으로 수취하는 시점이 되면 비로소 수익을 인식하게 된다. 하지만 발생기준에서는 거래의 발생이 인식의 기준이므로 현금의 수취 여부와 상관없이 외상판매 거래에 대한 기록이 이루어진다.

현금의 수수 여부와 상관없이 거래나 사건이 발생한 시점을 기준으로 거래에 대한 인식이 이루어지는 발생기준이 회계정보이용자들의 의사결정에 보다 유용한 정보를 제공한다. 따라서 K-IFRS에서는 발생기준 회계를 채택하고 있다. [예제 4-1]을 통해 발생기준과 현금기준에 대해 학습해 보자.

예제 4-1 [발생기준과 현금기준]

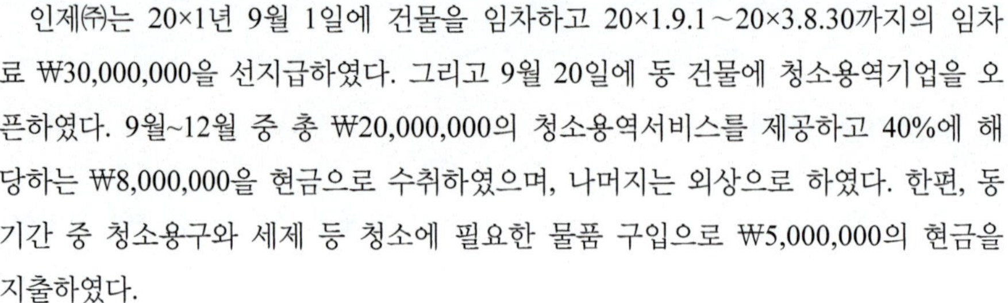

인제㈜는 20×1년 9월 1일에 건물을 임차하고 20×1.9.1~20×3.8.30까지의 임차료 ₩30,000,000을 선지급하였다. 그리고 9월 20일에 동 건물에 청소용역기업을 오픈하였다. 9월~12월 중 총 ₩20,000,000의 청소용역서비스를 제공하고 40%에 해당하는 ₩8,000,000을 현금으로 수취하였으며, 나머지는 외상으로 하였다. 한편, 동 기간 중 청소용구와 세제 등 청소에 필요한 물품 구입으로 ₩5,000,000의 현금을 지출하였다.

요구사항

1. 현금기준 회계처리 방법을 채택하였을 경우 20×1년도 이익을 계산하라.
2. 발생기준 회계처리 방법을 채택하였을 경우 20×1년도 이익을 계산하라.

1. 현금기준 이익

구분	거래내용	현금수취	현금지급	현금기준 이익
9/1	임차료 지급		₩30,000,000	현금수취액 (−) 현금지급액
9~12	용역서비스 제공	₩8,000,000		
9~12	청소용품 구입		5,000,000	
계		₩8,000,000	₩35,000,000	₩27,000,000(손실)

2. 발생기준 이익

구분	거래내용	수익 발생액	비용 발생액*	발생기준 이익
9/1	임차료 지급		₩5,000,000	₩30,000,000 × (4/24)
9~12	용역서비스 제공	₩20,000,000		
9~12	청소용품 구입		5,000,000	
계		₩20,000,000	₩10,000,000	₩10,000,000(이익)

* 2년간 지급된 임차료의 당기 거래발생액은 20×1년 9월부터 12월까지의 4개월분에 한함.

2 회계의 순환과정: 기중 회계처리

기업은 경영활동 과정에서 발생하는 거래나 사건들 중 회계적 거래를 식별하고 이를 화폐단위로 측정하여 장부에 기록하는 일련의 회계시스템을 통해 재무제표를 작성하고 이를 정보이용자에게 주기적으로 전달(보고)하는데, 이러한 일련의 절차들을 '회계순환과정(accounting cycle)'이라고 한다. 이를 그림으로 나타내면 [그림 4-2]와 같다.

일반적으로 회계순환과정은 회계기간 중의 거래나 사건(기중거래)을 기록하는 과정과 회계기간 말의 재무제표 작성을 위한 결산작업을 수행하는 과정으로 구분된다. 전자를 '기중 회계처리' 과정이라 하고, 후자를 '기말 결산회계' 과정이라 한다. 본 장에서는 '기중 회계처리' 과정에 대해 살펴보기로 한다.

[그림 4-2] **회계의 순환과정**

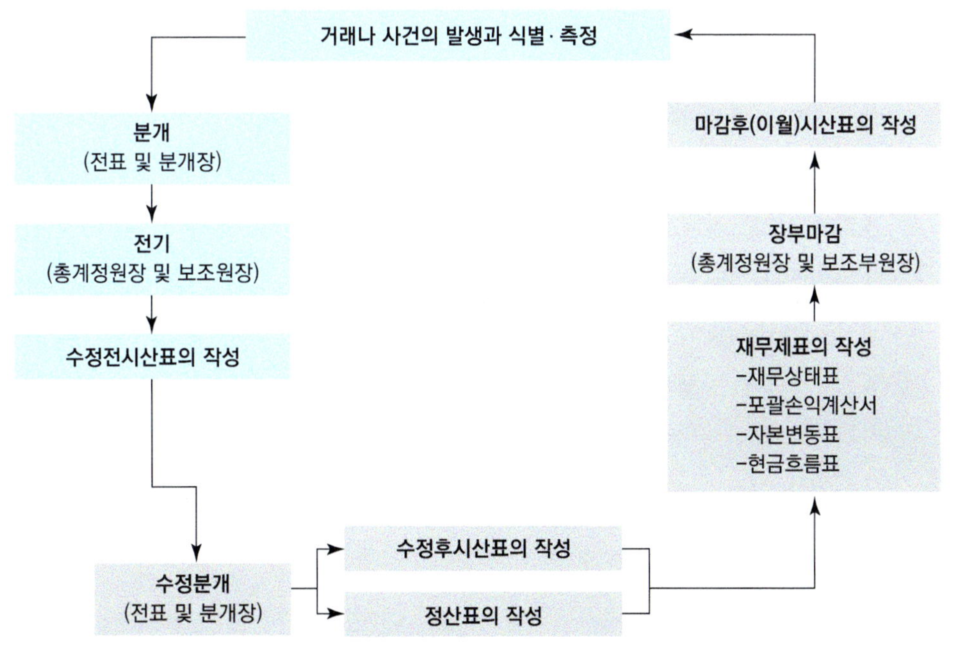

2.1 거래나 사건의 발생과 식별 및 측정

회계순환과정의 출발은 거래나 사건이 발생하였을 경우 해당 거래나 사건이 기업의 자산, 부채, 자본(수익과 비용 포함)의 변화를 가져오는 회계상 거래인지를 식별하는 것이다. 그리고 거래나 사건이 회계상 거래로 식별이 되는 경우 해당 거래를 회계거래로 인식할 수 있도록 화폐단위로 측정하여야 한다. 회계거래의 식별과 측정에 대한 부분은 2장과 3장에서 이미 학습하였다.

2.2 분개

거래나 사건이 회계상 거래인지에 대한 식별과 회계상 거래에 해당되는 거래나 사건에 대한 화폐단위의 측정이 이루어지고 나면 해당 거래를 기록하는 절차가 '분개(journal entry)'이다. 즉, 분개는 복식부기의 원리에 따라 회계거래를 차변과 대변으로 나누어 계정에 기록하는 것이다. 분개를 할 때는 해당 계정에 직접 기록하기보다는 전표와 분개장을 이용하여 먼저 기록한 후에 각 계정에 전기하는 방법을 사용한다. 전표(slip)는 회계거래의 발생 사실을 타인에게 전달하고 후일의 장부상의 증거자료로서 보존하는 일정한 양식으로 실무에서 주로 사용한다. 전표에는 일반적으로 거래의 발생일자, 적요, 계정과목, 금액 등이 기재되며, 일반적으로 사용되는 전표의 종류는 입금전표, 출금전표, 대체전표가 있다. 실무적으로는 전표의 작성으로 분개장을 대신하고 있으며, 전표에서 분개를 한 후 계정에 전기하는 방법을 많이 사용한다.

분개장(journal)은 전표를 이용하지 않을 경우 회계거래를 최초로 기록하는 장부로, 기중에 발생한 모든 거래를 발생순서에 따라 기록하는 장소이다. [그림 4-3]은 종류별 전표와 분개장을 보여주고 있으며, [그림 4-4]는 전산화된 환경에서의 전표입력과 출력되는 분개장을 보여주는 것이다.

[그림 4-3] **전표와 분개장 예시**

입 금 전 표

200×년 6월 10일

과 목		항 목	외상매출금	사 장
적 요			금 액	전 무
(주)한양	외상대금 회수		3000000	상 무
				부 장
				과 장
				담당자
합 계			3000000	

출 금 전 표

200×년 6월 10일

과 목		항 목	복리후생비	사 장
적 요			금 액	전 무
	직원 식대		50000	상 무
				부 장
				과 장
				담당자
합 계			50000	

대 체 전 표

NO

200×년 6월 10일

결재	담당	대리	과장	부장	대표

계정과목	적 요	금 액	계정과목	적 요	금 액
현금		3000000	외상매출금	(주)한양 외상대	3000000
합 계		3000000	합 계		3000000

일반분개장

분면 1

일자		적요	원면	차변	대변
6	10	(현금) (외상매출금) ㈜한양 외상대금 회수	18 1	3,000,000	 3,000,000
6	10	(복리후생비) (현금) 직원 식대	1 83	50,000	 50,000

[그림 4-4] 전산환경하에서의 전표입력 창과 분개장 예시

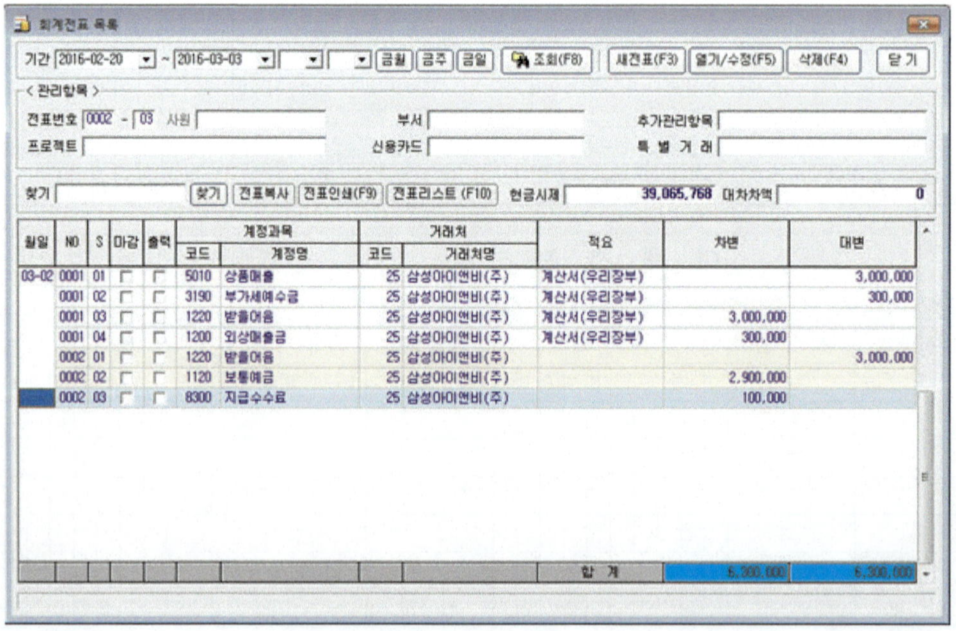

회계전표 목록

기간 2016-02-20 ~ 2016-03-03 금월 금주 금일 조회(F8) 새전표(F3) 열기/수정(F5) 삭제(F4) 닫기

< 관리항목 >

전표번호 0002 - 03 사원 부서 추가관리항목

프로젝트 신용카드 특별거래

찾기 찾기 전표복사 전표인쇄(F9) 전표리스트 (F10) 현금시재 39,065,768 대차차액 0

월일	NO	S	마감	출력	계정과목		거래처		적요	차변	대변
					코드	계정명	코드	거래처명			
03-02	0001	01	☐	☐	5010	상품매출	25	삼성아이엔비(주)	계산서(우리장부)		3,000,000
	0001	02	☐	☐	3190	부가세예수금	25	삼성아이엔비(주)	계산서(우리장부)		300,000
	0001	03	☐	☐	1220	받을어음	25	삼성아이엔비(주)	계산서(우리장부)	3,000,000	
	0001	04	☐	☐	1200	외상매출금	25	삼성아이엔비(주)	계산서(우리장부)	300,000	
	0002	01	☐	☐	1220	받을어음	25	삼성아이엔비(주)			3,000,000
	0002	02	☐	☐	1120	보통예금	25	삼성아이엔비(주)		2,900,000	
	0002	03	☐	☐	8300	지급수수료	25	삼성아이엔비(주)		100,000	
									합 계	6,300,000	6,300,000

3기 2017.01.01 - 2017.12.31 조회 인쇄 도움 정보 캡쳐

사업장 1000 뉴젠솔루션 전표일자 2017-06-01 - 2017-06-20 전표종류 0.전체 작성자

No	전표일자	전표종류	전표번호	순번	계정과목 코드	계정과목명	금액 차변	금액 대변	적요 코드	적요명	거래처 코드	거래처명	작성자
1	2017-06-01	매출전표	170601-0002	1	40100	상품매출		1,000,000		상품 매출	01004	태백	정원식
2	2017-06-01	매출전표	170601-0002	2	25500	부가세예수금		100,000		매출 부가가치세	01004	태백	정원식
3	2017-06-01	매출전표	170601-0002	3	10800	외상매출금	600,000			외상매출금 발생	01004	태백	정원식
4	2017-06-01	매출전표	170601-0002	4	10100	현금	500,000			상품매출 현금 회수	01004	태백	정원식
5	2017-06-01	대체전표	170601-0004	1	10600	정기적금	1,000,000			반제테스트	03004	경기지방공단	정원식
6	2017-06-01	대체전표	170601-0004	2	10200	당좌예금		1,000,000		반제테스트			정원식
7	2017-06-01	출금전표	170601-0005	1	17900	장기대여금	2,000,000			대여금 테스트2	01003	한성마트	정원식
8	2017-06-01	출금전표	170601-0005	2	10100	현금		2,000,000		대여금 테스트2	00101	다인상사	정원식
9	2017-06-01	매출전표	170601-0006	1	40100	상품매출		40,000,000		상품 매출	01003	한성마트	정원식
10	2017-06-01	매출전표	170601-0006	2	25500	부가세예수금		4,000,000		매출 부가가치세	01003	한성마트	정원식
11	2017-06-01	매출전표	170601-0006	3	10800	외상매출금	42,000,000			외상매출금 발생	01003	한성마트	정원식
12	2017-06-01	매출전표	170601-0006	4	12000	미수금	2,000,000			외상매출금 카드결제	01003	한성마트	정원식
13	2017-06-02	대체전표	170602-0002	1	10100	현금	1,000,000			반제테스트-외상매출금 상환			정원식
14	2017-06-02	대체전표	170602-0002	2	10800	외상매출금		1,000,000		반제테스트-외상매출금 상환	03004	경기지방공단	정원식
15	2017-06-02	입금전표	170602-0003	1	10800	외상매출금		500,000		반제테스트-외상매출금상환0	03004	경기지방공단	정원식
16	2017-06-02	입금전표	170602-0003	2	10100	현금	500,000			반제테스트-외상매출금상환0			정원식
17	2017-06-02	입금전표	170602-0004	1	25100	외상매입금		1,000,000		반제-외상매입금	01003	한성마트	정원식
18	2017-06-02	입금전표	170602-0004	2	10100	현금	1,000,000						정원식
19	2017-06-02	입금전표	170602-0005	1	11400	단기대여금		1,000,000,000		대여금 테스트	01003	한성마트	정원식
20	2017-06-02	입금전표	170602-0005	2	10100	현금	1,000,000,000			대여금 테스트	01004	태백	정원식
21	2017-06-02	대체전표	170602-0006	1	11400	단기대여금	300,000,000			대여금 테스트3	00102	하나상사	정원식
22	2017-06-02	대체전표	170602-0006	2	17900	장기대여금		300,000,000		대여금 테스트3	00103	제일물산	정원식
23	2017-06-02	대체전표	170602-0006	3	17900	장기대여금	500			대여금 테스트3	03004	경기지방공단	정원식
24	2017-06-02	대체전표	170602-0006	4	17900	장기대여금		500		대여금 테스트3	03004	경기지방공단	정원식
25	2017-06-02	대체전표	170602-0006	5	11400	단기대여금	20,000			대여금 테스트3	00101	다인상사	정원식
26	2017-06-02	대체전표	170602-0006	6	11400	단기대여금		20,000		대여금 테스트3	00101	다인상사	정원식
27	2017-06-02	입금전표	170602-0007	1	11400	단기대여금		1,000,000		대여금 테스트트			정원식
28	2017-06-02	입금전표	170602-0007	2	10100	현금	1,000,000				01003	한성마트	정원식
			합 계				1,586,503,602	1,586,503,602					

안내 ▸ SPACE Bar나 마우스좌클릭으로 선택이나 선택취소를 합니다.

분개를 위해서는 먼저 거래나 사건의 성격 분석과 관련 계정과목을 파악하여야 한다. 여기서 거래나 사건의 성격을 분석한다는 것은 3장에서의 계정기입 원리와 동일한 개념으로 이해하면 된다. 즉, 거래나 사건이 재무제표 요소인 자산, 부채, 자본 중 어느 요소에 영향을 미치는지를 분석하고 계정기입의 원칙에 따라 기록을 하는 것이다. 계정과목의 파악은 자산, 부채, 자본 중 변화가 발생하는 요소의 가장 적합한 계정과목을 선택하는 것이다. 재무제표 요소별 계정과목에 대해서는 2장에서 이미 학습하였다.

이렇게 거래나 사건의 성격을 분석하고 관련 계정과목을 파악하였다면, 이제 거래나 사건을 원인과 결과에 맞춰서 차변과 대변으로 나누어 전표나 분개장에 기록한다. 이때 회계등식에 따라 반드시 차변과 대변의 합계는 일치해야 한다. 분개의 원칙은 계정기입의 원칙과 같으며, <표 4-1>과 같다.

〈표 4-1〉 **분개의 원칙(계정기입의 원칙)**

차변(왼쪽)	계 정	대변(오른쪽)
자산의 증가	재무상태표 계정 (자산, 부채, 자본)	자산의 감소
부채의 감소		부채의 증가
자본의 감소		자본의 증가
수익의 소멸(감소)	포괄손익계산서 계정 (수익, 비용)	수익의 발생(증가)
비용의 발생(증가)		비용의 소멸(감소)

예를 들어, 거래은행으로부터 현금 ₩1,000,000을 차입을 하였다고 가정하고, 이에 대한 분개과정을 도식화하면 [그림 4-5]와 같다.

[그림 4-5] **분개과정 예시**

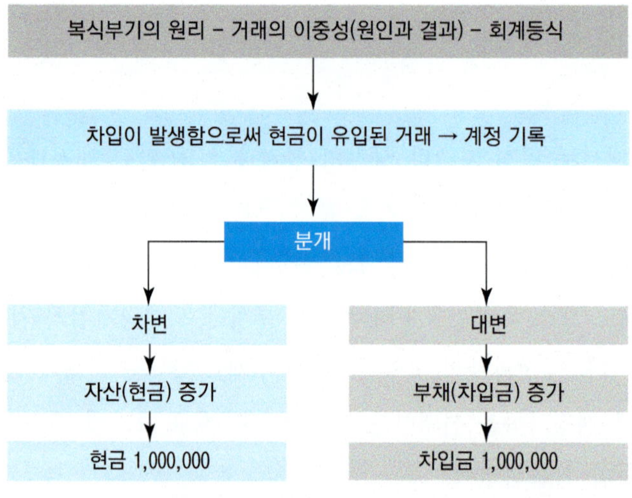

이러한 분개과정에 대해 다음 [예제 4-2]를 통해 보다 자세하게 학습해 보자.

예제 4-2 [분개]

나백신은 20×1년 7월 15일에 음식 배달을 주된 영업으로 하는 인제㈜를 설립하였다. 다음은 인제㈜의 7월 중 거래내역이다. 각 거래에 대한 회계등식을 제시하고, 계정기입원칙에 따라 분개하라.

1. 7월 15일 보통주식 1,000주를 주당 ₩5,000(액면금액)에 발행하고 주주들로부터 주식대금 전액을 현금으로 납입받다.

자산		부채		자본
현금 (+)₩5,000,000	=	₩0	+	자본금 (+)₩5,000,000

→ 자산인 현금의 증가는 차변에 기입, 자본인 자본금의 증가는 대변에 기입

(차) 현금(자산증가) 5,000,000 (대) 자본금(자본증가) 5,000,000

2. 7월 18일 건물을 임차하고 임차보증금 ₩2,000,000을 현금으로 지급하다.

자산			부채		자본
임차보증금	(+)₩2,000,000	=	₩0	+	₩0
현금	(−)₩2,000,000				

→ 자산인 임차보증금의 증가는 차변에 기입, 자산인 현금의 감소는 대변에 기입

(차) 임차보증금(자산증가) 2,000,000 (대) 현금(자산감소) 2,000,000

3. 7월 21일 영업부에서 사용할 소형 트럭 1대를 ₩1,500,000에 구입하고, 대금은 나중에 지급하기로 하다.

자산		부채		자본
차량 (+)₩1,500,000	=	미지급금 (+)₩1,500,000	+	₩0

→ 자산인 차량운반구의 증가는 차변에 기입, 부채인 미지급금의 증가는 대변에 기입

(차) 차량운반구(자산증가) 1,500,000 (대) 미지급금(부채증가) 1,500,000

4. 7월 25일 거래은행으로부터 현금 ₩1,000,000을 차입하다.

자산		부채		자본
현금 (+)₩1,000,000	=	차입금 (+)₩1,000,000	+	₩0

→ 자산인 현금의 증가는 차변에 기입, 부채인 차입금의 증가는 대변에 기입

(차) 현금(자산증가) 1,000,000 (대) 차입금(부채증가) 1,000,000

5. 7월 28일 업무에 사용할 목적으로 컴퓨터 1대를 ₩500,000에 현금으로 취득하다.

자산		부채		자본
비품 (+)₩500,000	=	₩0	+	₩0
현금 (−)₩500,000				

→ 자산인 비품의 증가는 차변에 기입, 자산인 현금의 감소는 대변에 기입

(차) 비품(자산증가) 500,000 (대) 현금(자산감소) 500,000

6. 7월 30일 어방㈜와 1년간 음식배달서비스 제공에 대한 계약을 체결하고, 당일에 필요한 음식 100인분을 배달하고 현금 ₩800,000을 받다.

자산		부채		자본
현금 (+)₩800,000	=	₩0	+	용역매출(수익) (+)₩800,000

→ 자산인 현금의 증가는 차변에 기입, 수익의 증가는 대변에 기입

(차) 현금(자산증가) 800,000 (대) 용역매출(수익발생) 800,000

7. 7월 30일 종업원 급여 ₩300,000을 현금으로 지급하다.

자산		부채		자본
현금 (−)₩300,000	=	₩0	+	급여(비용) (−)₩300,000

→ 비용인 급여의 발생은 차변에 기입, 자산인 현금의 감소는 대변에 기입

(차) 급여(비용발생) 300,000 (대) 현금(자산감소) 300,000

2.3 계정별 원장으로의 전기

전표나 분개장에 기록된 내용을 계정별 원장으로 전기하는 과정을 '전기(posting)'라고 한다. 여기서 계정별 원장이란, 각 계정별로 유지하고 있는 총계정원장(general ledger)과 보조원장(subsidiary ledger)을 말한다. 총계정원장은 기업의 자산, 부채, 자본, 수익, 비용에 속하는 모든 계정의 기록을 집합해 놓은 장부이며, 재무제표도 총계정원장을 기초로 작성된다. 또한 각 계정별로 관련된 모든 분개를 집합해 놓은 장부이기도 하다.

보조원장은 총계정원장의 기록만으로는 관리가 충분하지 않은 계정(예: 외상매출금이나 외상매입금 등)에 대하여 거래처별 또는 자산별로 그 내역을 구체적으로 기록하여 총계정원장을 보충하거나 기록의 정확성 여부를 검증하기 위한 장부이다. 특히 보조원장은 총계정원장의 모든 계정을 보조하는 것이 아니라 보조원장이 필요한 특정 계정에 대해서만 그 총계정원장의 보조적 기능을 수행한다.

전표나 분개장으로부터 총계정원장이나 보조부로 전기하는 방법은 차변에 분개가 되어 있는 계정은 해당 총계정원장의 차변에 전기하고, 대변에 분개가 되어 있는 계정은 해당 총계정원장의 대변으로 전기한다. 예를 들어, 7월 15일에 거래은행으로부터 현금 ₩1,000,000을 차입하였다고 가정하고, 이에 대한 분개와 T-계정으로의 전기 과정을 도식화하면 [그림 4-6]과 같다.

[그림 4-6]에서 알 수 있듯이 현금계정에는 현금의 유입과 유출이 수반되는 거래나 사건들의 기록만을 집계하고, 차입금계정에는 차입금의 발생과 상환에 대한 거래나 사건들의 기록만을 집계한다. 때문에 일정기간 동안의 현금 총유입액과 총유출액 및 잔액을 알고 싶으면 전표나 분개장 없이도 현금계정만으로 충분히 확인이 가능하다. 이는 모든 계정원장에서도 마찬가지이다. 이는 거래나 사건을 원인과 결과에 따라 증가와 감소로 구분하고, 차변과 대변으로 나누어 분개한 후, 분개의 내용에 따라 총계정원장에 기록을 하였기 때문이다.

각 계정별 총계정원장에서 잔액은 증가가 기록되는 쪽에 남게 된다. 자산의 대표적 계정인 현금계정을 살펴보면, 현금의 증가(유입)는 차변에 기록되고 현금의 감소(유출)는 대변에 기록된다. 따라서 현금 잔액은 차변에 남게 되는 것이다. 반

[그림 4-6] **분개와 전기 과정의 예시(T-계정)**

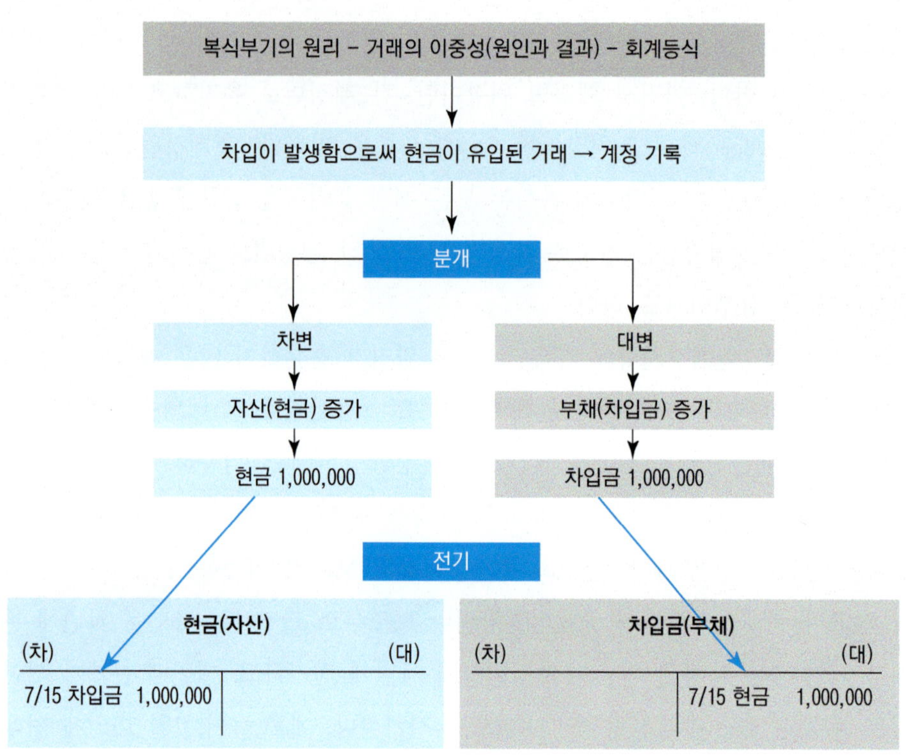

대로 부채와 자본의 경우는 증가가 대변에 기록되고, 감소가 차변에 기록되기 때문에 잔액은 대변에 남게 된다. 마찬가지로 수익은 대변에 잔액이 남고, 비용은 차변에 잔액이 남게 된다.

다음의 [예제 4-3]을 통해 거래의 식별, 측정 및 분개와 전기에 대해 보다 자세하게 학습해 보자.

예제 4-3 [전기(posting)]

나백신은 20×1년 7월 1일에 음식 배달을 주된 영업으로 하는 인제㈜를 설립하였다. 다음은 인제㈜의 7월 중 거래내역이다. 각 거래를 식별 및 측정한 후 분개하고, 원장에 전기하라.

1. 7월 15일 보통주식 1,000주를 주당 ₩5,000(액면금액)에 발행하고 주주들로부터 주식대금 전액을 현금으로 납입받다.

자산		부채		자본
현금 (+)₩5,000,000	=	₩0	+	자본금 (+)₩5,000,000

→ 자산인 현금의 증가는 차변에 기입, 자본인 자본금의 증가는 대변에 기입

(차) 현금(자산증가) 5,000,000 (대) 자본금(자본증가) 5,000,000

현금(자산)

(차)	(대)
7/15 자본금 5,000,000	

자본금(자본)

(차)	(대)
	7/15 현금 5,000,000

2. 7월 18일 건물을 임차하고 임차보증금 ₩2,000,000을 현금으로 지급하다.

자산		부채		자본
임차보증금 (+)₩2,000,000	=	₩0	+	₩0
현금 (−)₩2,000,000				

→ 자산인 임차보증금의 증가는 차변에 기입, 자산인 현금의 감소는 대변에 기입

(차) 임차보증금(자산증가) 2,000,000 (대) 현금(자산감소) 2,000,000

임차보증금(자산)

(차)	(대)
7/18 현금 2,000,000	

현금(자산)

(차)	(대)
7/15 자본금 5,000,000	7/18 임차보증금 2,000,000

3. 7월 21일 영업부에서 사용할 소형 트럭 1대를 ₩1,500,000에 구입하고, 대금은 나중에 지급하기로 하다.

자산		부채		자본
차량 (+)₩1,500,000	=	미지급금 (+)₩1,500,000	+	₩0

→ 자산인 차량운반구의 증가는 차변에 기입, 부채인 미지급금의 증가는 대변에 기입

(차) 차량운반구(자산증가) 1,500,000 (대) 미지급금(부채증가) 1,500,000

4. 7월 25일 거래은행으로부터 현금 ₩1,000,000을 차입하다.

자산		부채		자본
현금 (+)₩1,000,000	=	차입금 (+)₩1,000,000	+	₩0

→ 자산인 현금의 증가는 차변에 기입, 부채인 차입금의 증가는 대변에 기입

(차) 현금(자산증가) 1,000,000 (대) 차입금(부채증가) 1,000,000

현금(자산)

(차)	(대)
7/15 자본금 5,000,000	7/18 임차보증금 2,000,000
7/25 차입금 1,000,000	

차입금(부채)

(차)	(대)
	7/25 현금 1,000,000

5. 7월 28일 업무에 사용할 목적으로 컴퓨터 1대를 ₩500,000에 현금으로 취득하다.

자산		부채		자본
비품 (+)₩500,000	=	₩0	+	₩0
현금 (−)₩500,000				

→ 자산인 비품의 증가는 차변에 기입, 자산인 현금의 감소는 대변에 기입

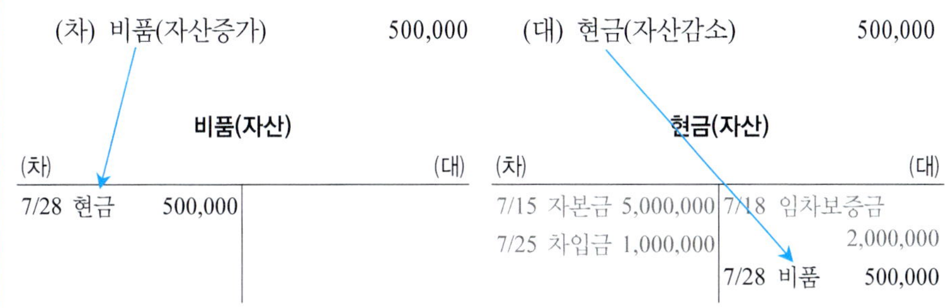

(차) 비품(자산증가) 500,000 (대) 현금(자산감소) 500,000

비품(자산)

(차)	(대)
7/28 현금 500,000	

현금(자산)

(차)	(대)
7/15 자본금 5,000,000	7/18 임차보증금 2,000,000
7/25 차입금 1,000,000	7/28 비품 500,000

6. 7월 30일 삼송㈜와 1년간 음식배달서비스 제공에 대한 계약을 체결하고, 당일에 필요한 음식 100인분을 배달하고 용역수수료 ₩1,300,000 중 ₩800,000은 현금으로 받고 나머지는 외상으로 하다.

자산		부채		자본
현금 (+)₩800,000	=	₩0	+	용역매출(수익) (+)₩1,300,000
매출채권 (+)₩500,000				

→ 자산인 현금의 증가는 차변에 기입, 수익의 증가는 대변에 기입

(차) 현금(자산증가) 800,000 (대) 용역매출(수익발생) 1,300,000
매출채권(자산증가) 500,000

현금(자산)

(차)	(대)
7/15 자본금 5,000,000	7/18 임차보증금 2,000,000
7/25 차입금 1,000,000	
7/30 용역매출 800,000	7/28 비품 500,000

용역매출(수익)

(차)	(대)
	7/30 제좌 1,300,000

매출채권(자산)

(차)	(대)
7/30 용역매출 500,000	

7. 7월 30일 종업원 급여 ₩300,000을 현금으로 지급하다.

자산		부채		자본
현금 (−)₩300,000	=	₩0	+	급여(비용) (−)₩300,000

→ 비용인 급여의 발생은 차변에 기입, 자산인 현금의 감소는 대변에 기입

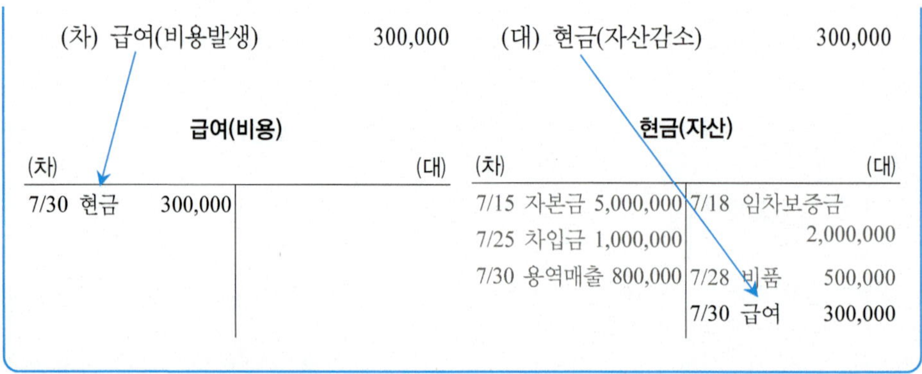

2.4 수정전시산표의 작성

수정전시산표(unadjusted trial balance)는 회계기간 중에 작성된 전표나 분개장의 내용이 총계정원장으로 모두 올바르게 전기가 이루어졌는지를 확인하기 위해 작성하는 표이다. 복식부기의 원리에 따라 회계거래를 차변과 대변에 동일 금액으로 기록하게 되면 대차평형의 원리가 성립되고, 전표 또는 분개장과 총계정원장의 차변과 대변 합계는 각각 일치하게 된다.

수정전시산표의 작성은 총계정원장에 설정되어 있는 모든 계정의 합계 및 잔액, 즉 자산, 부채, 자본, 수익, 비용의 합계 및 잔액을 차변과 대변에 각각 집계한다. 이때 자산과 비용계정의 합계 및 잔액은 차변에 집계되고, 부채, 자본 및 수익계정의 합계 및 잔액은 대변에 집계된다. 이렇게 집계된 모든 계정 합계 및 잔액의 차변과 대변 합계가 일치하는지를 통해 전표나 분개장으로부터 총계정원장으로의 전기의 정확성을 검증하게 된다. 만약 수정전시산표의 작성 결과 차변과 대변의 합계가 불일치할 경우는 그동안 수행해 온 분개와 전기의 과정에서 오류가 포함되었음을 의미하므로, 그동안의 분개와 전기에 대한 재검토가 필요한 상황이 된다.

회계등식과 시산표 등식을 비교하면 [그림 4-7]과 같다.

[그림 4-7] **회계등식과 시산표 등식의 비교**

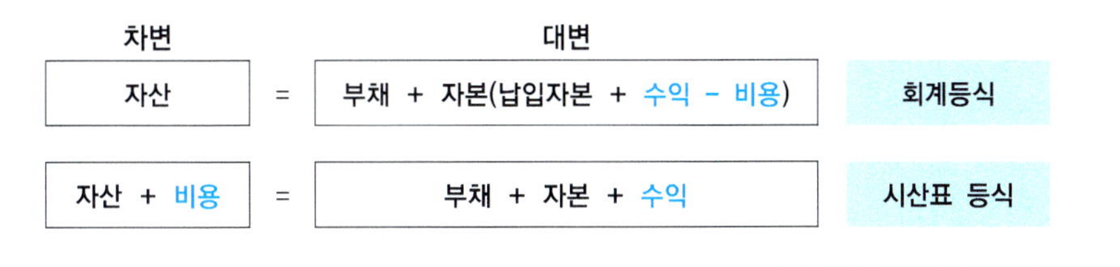

한편, 시산표의 종류에는 합계시산표, 잔액시산표와 합계잔액시산표가 있다.

합계시산표는 총계정원장의 모든 계정의 차변과 대변 합계를 집계하는 시산표이다. 잔액시산표는 총계정원장의 모든 계정의 차변과 대변 잔액을 집계하는 시산표이다. 그리고 합계잔액시산표는 총계정원장의 모든 계정의 차변과 대변의 합계와 잔액을 모두 집계하는 시산표이다. 실무적으로는 합계잔액시산표의 작성이 일반적이다. 합계잔액시산표의 양식은 <표 4-2>와 같다.

〈표 4-2〉 합계잔액시산표 양식 예시

합계잔액시산표

××주식회사 20×1년 1월 1일부터 20×1년 12월 31일까지 (단위: 원)

차변		계정과목	대변	
잔액	합계		합계	잔액
		〈자산〉		
		〈유동자산〉		
		〈당좌자산〉		
		현금및현금등가물		
		매출채권		
		기타		
		〈재고자산〉		
		상품과제품		
		원재료		
		기타		
		〈비유동자산〉		
		〈투자자산〉		
		〈유형자산〉		
		토지		
		건물		
		기계장치		
		차량운반구		
		비품		
		〈무형자산〉		
		〈기타비유동자산〉		
		임차보증금		
		기타		
		〈부채〉		
		〈유동부채〉		
		매입채무		
		단기차입금		
		미지급금		
		〈비유동부채〉		
		사채		
		장기차입금		
		기타		
		〈자본〉		
		자본금		
		주식발행초과금		
		이익잉여금		
		〈수익〉		
		매출		
		이자수익		
		임대료수익		
		〈비용〉		
		매출원가		
		급여		
		복리후생비		
		임차료		
		이자비용		
		보험료		
		합계		

일치

일치

앞의 [예제 4-3]에서 분개와 전기를 한 내용으로 수정전합계잔액시산표를 작성해 보기 위해 각 계정별 원장의 거래기록을 살펴보면 다음과 같다.

현금(자산)

(차)		(대)	
7/15 자본금	5,000,000	7/18 임차보증금	2,000,000
7/25 차입금	1,000,000	7/28 비품	500,000
7/30 용역매출	800,000	7/30 급여	300,000
잔액	4,000,000		

미지급금(부채)

(차)		(대)	
		7/18 차량운반구	1,500,000

매출채권(자산)

(차)		(대)	
7/30 용역매출	500,000		

차입금(부채)

(차)		(대)	
		7/25 현금	1,000,000

차량운반구(자산)

(차)		(대)	
7/21 미지급금	1,500,000		

자본금(자본)

(차)		(대)	
		7/15 현금	5,000,000

비품(자산)

(차)		(대)	
7/28 현금	500,000		

용역매출(수익)

(차)		(대)	
		7/30 제좌	1,300,000

임차보증금(자산)

(차)		(대)	
7/18 현금	2,000,000		

급여(비용)

(차)		(대)	
7/30 현금	300,000		

이를 이용하여 수정전합계잔액시산표를 작성하면 <표 4-3>과 같다.

〈표 4-3〉 인제㈜의 수정전합계잔액시산표

수정전합계잔액시산표

인제㈜ 20×1년 7월 15일부터 20×1년 7월 31일까지 (단위: 원)

차변		계정과목	대변	
잔액	합계		합계	잔액
		〈자산〉		
		〈유동자산〉		
		〈당좌자산〉		
4,000,000	6,800,000	현금및현금등가물	2,800,000	
500,000	500,000	매출채권		
		〈유형자산〉		
1,500,000	1,500,000	차량운반구		
500,000	500,000	비품		
		〈기타비유동자산〉		
2,000,000	2,000,000	임차보증금		
		〈부채〉		
		〈유동부채〉		
		차입금	1,000,000	1,000,000
		미지급금	1,500,000	1,500,000
		〈자본〉		
		자본금	5,000,000	5,000,000
		〈수익〉		
		용역매출	1,300,000	1,300,000
		〈비용〉		
300,000	300,000	급여		
8,800,000	11,600,000	합계	11,600,000	8,800,000

위의 수정전합계잔액시산표를 살펴보면, 차변과 대변의 계정별 합계의 합계액이 ₩11,600,000으로 일치하고 있고, 잔액의 합계액이 ₩8,800,000으로 일치하고 있다. 이는 인제㈜의 7월 15일부터 7월 31일까지의 모든 분개와 전기가 정확하게 잘 이루어졌음을 의미한다.

시산표의 작성은 일반적으로 결산을 준비하기 위한 전단계로 모든 계정에 대한 분개와 전기의 정확성을 검증하는데 그 목적이 있지만, 기업에 따라서는 결산시기가 아니어도 관리적 차원에서 주기적으로 시산표의 작성을 통해 각 계정에 대한 정확성을 검토하는 사례도 많다. 다만, 시산표의 작성으로 회계기록의 오류를 모두 발견할 수 있는 것은 아니다. 작성된 시산표의 차변과 대변의 합계가 모두 일치하더라도 오류가 존재할 수 있다. 거래나 사건에 대한 분개나 전기를 아예 누락한 경우나 2회 이상 전기한 경우, 분개한 내용을 전기하지 않은 경우, 분개한 내용의 계정과목이 잘못된 경우, 차변과 대변에 동시에 동일한 금액이 잘못 분개되거나 전기되는 경우 등은 시산표의 차변과 대변에 차이를 가져오지 않는 오류들이다. 즉, 계정과목의 오류나 차변과 대변에 동시에 잘못된 금액이 전기가 되면 시산표의 차변과 대변 합계는 일치하기 때문이다. 따라서 시산표상의 차변과 대변의 합계가 일치하지 않을 경우는 회계상 오류가 있음을 명확히 알 수 있지만, 차변과 대변의 합계가 일치한다고 해서 모든 회계거래가 완전하고 정확하게 기록되었음을 의미하지는 않는다. 그러므로 시산표의 작성 시 이러한 오류의 가능성에 유의하여야 한다.

다음의 [예제 4-4]를 통해 회계처리과정에서 발생하는 실수나 오류가 시산표에 어떠한 영향을 미치는지에 대해 알아보자.

예제 4-4 [시산표의 오류 수정]

㈜동방의 회계책임자인 나당신은 만신창이라는 회계담당자가 다음과 같은 실수를 하였음을 발견하였다.

1. 거래처에 현금으로 지급한 외상대금 ₩5,000의 분개를 다음과 같이 하였다.

(차) 매출원가	5,000	(대) 현 금	5,000

2. 매출채권을 현금으로 회수한 거래에 대한 분개 시 차변과 대변 모두에서 ₩6,900을 ₩9,600으로 잘못 기록하였다.
3. 차량운반구 ₩8,000을 외상으로 구입하고 다음과 같이 분개하였다.

(차) 비 품	6,000	(대) 미지급금	6,000

4. 선급보험료 ₩500을 지출하고 보험료계정의 차변으로 분개 및 전기하였다.
5. 전기요금 청구서 ₩2,500을 받았으나, 이에 대한 회계처리를 누락하였다.

요구사항

각각의 실수가 시산표의 차변과 대변에 미치는 영향을 분석하고, 정확한 시산표를 작성하기 위해 어떤 수정이 이루어지면 되는지를 설명하라.

1.

올바른 분개	만신창이 행한 분개
(차) 매입채무 5,000 (대) 현　금 5,000	(차) 매출원가 5,000 (대) 현　금 5,000

→ **시산표에 미치는 영향** : 계정과목 오류로 차변과 대변의 금액이 일치하므로, 시산표에 미치는 영향은 없다. 다만, 정확한 시산표의 작성을 위해 계정과목 오류를 다음과 같이 수정하여야 한다.

→ **수정분개** : (차) 매입채무 5,000 (대) 매출원가 5,000

2.

올바른 분개	만신창이 행한 분개
(차) 현　금 6,900 (대) 매출채권 6,900	(차) 현　금 9,600 (대) 매출채권 9,600

→ **시산표에 미치는 영향** : 금액기입 오류로 차변과 대변의 금액이 일치하므로, 시산표에 미치는 영향은 없다. 다만, 정확한 시산표 작성을 위한 금액 정정을 위해 다음과 같이 수정하여야 한다.

→ **수정분개** : (차) 매출채권 2,700 (대) 현　금 2,700

3.

올바른 분개	만신창이 행한 분개
(차) 차량운반구 8,000 (대) 미지급금 8,000	(차) 비　품 6,000 (대) 미지급금 6,000

→ **시산표에 미치는 영향** : 계정과목과 금액기입 오류가 동시에 발생하였으나 차변과 대변의 금액이 일치하므로, 시산표에 미치는 영향은 없다. 다만, 정확한 시산표의 작성을 위해 계정과목과 금액을 다음과 같이 수정하여야 한다.

→ **수정분개** : (차) 차량운반구 8,000 (대) 미지급금 2,000
비　품 6,000

4.

올바른 분개	만신창이 행한 분개
(차) 선급보험료 500 (대) 현　금 500	(차) 보험료 500 (대) 현　금 500

→ **시산표에 미치는 영향** : 계정과목 오류로 차변과 대변의 금액이 일치하므로, 시산표에 미치는 영향은 없다. 다만, 정확한 시산표의 작성을 위해 계정과목 오류를 다음과 같이 수정하여야 한다.

→ **수정분개** : (차) 선급보험료 500 (대) 보험료 500

5.

올바른 분개	만신창이 행한 분개
(차) 수도광열비 2,500 (대) 미지급비용 2,500	회계처리 없음

→ **시산표에 미치는 영향** : 차변과 대변에 동시에 같은 금액이 누락되어 시산표에 미치는 영향은 없다. 다만, 정확한 시산표의 작성을 위해 다음과 같이 수정하여야 한다.

→ **수정분개** : (차) 수도광열비 2,500 (대) 미지급비용 2,500

개념정리 문제

CONCEPTUAL **QUESTIONS**

1. 회계기간에 대해 설명하라.
2. 발생기준 회계에 대해 설명하라.
3. 발생기준 회계와 현금기준 회계를 비교 설명하라.
4. 회계의 순환과정에 대해 설명하라.
5. 거래의 이중성과 복식부기를 설명하라.
6. 분개(journal entry)란 무엇인가?
7. 전기(posting)란 무엇인가?
8. 시산표란 무엇이며, 어떤 목적으로 작성하는가?
9. 시산표의 한계점은 무엇인가?

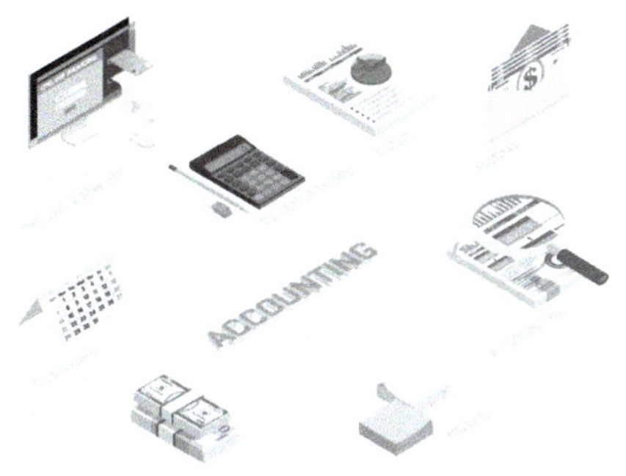

CHAPTER 05

회계의 순환과정Ⅱ: 기말 결산회계

IFRS ACCOUNTING PRINCIPLES

1. 결산수정분개와 전기
2. 수정후시산표와 정산표의 작성
3. 재무제표의 작성
4. 장부의 마감
5. 회계의 순환과정 종합

학습목표

본 장에서는 4장의 기중거래에 대한 회계처리 과정에 이어 기말 결산을 위한 회계처리 과정을 학습한다.

기말 결산을 위한 회계처리는 발생기준에 따라 기중거래에서 회계처리되지 않은 자산, 부채, 자본의 변동과 수익, 비용의 발생을 수정분개를 통해 발생기준 회계정보로 조정하는 것에서부터 출발한다. 그리고 수정분개가 반영된 수정후시산표를 작성하고, 재무제표를 작성하게 된다. 이어서 회계기간 동안 유지해 온 장부를 마감함으로써 한 회계기간이 마무리된다. 본 장에서는 결산수정분개의 유형과 방법, 정산표의 작성과 의미, 재무제표의 작성 및 장부의 마감 등 기말 결산을 위한 회계처리를 중심으로 학습한다.

본 장에서는 구체적으로 다음과 같은 내용들이 학습목표이다.

1. 결산수정분개의 정의를 서술할 수 있다.
2. 결산수정분개의 유형과 결산수정분개에 대해 이해할 수 있다.
3. 수정후시산표와 정산표의 차이점을 이해하고 작성을 할 수 있다.
4. 포괄손익계산서와 재무상태표의 작성을 할 수 있다.
5. 손익계정의 마감분개와 마감을 할 수 있다.
6. 재무상태표계정의 마감을 할 수 있고, 잔액의 이월에 대해 이해할 수 있다.

들어가며

아라비아 숫자와 복식부기의 탄생

중세시대는 숫자를 포함해 오늘날 우리가 대수롭지 않게 여기는 모든 것이 당시에는 존재하지 않았기 때문에 힘든 시대였을 것이다. 때문에 회계사(accountant)에게도 힘든 것은 마찬가지였을 것이다. 로마 숫자를 사용할지, 아라비아 숫자를 사용할지도 결정해야 했다. 오늘날 숫자 '0'이 없는 세상은 상상할 수 없을 것이다. 하지만 그 당시에 사람들은 '0'이 없어도 매우 잘 해냈다. 로마인들은 '0'을 알지 못했고, 중세의 상인들은 카이사르와 아우구스투스 시대의 선조들이 사용했던 체계로 계산했다. 하지만 우리는 그 방식을 추측만 할 뿐이다. 고대 로마인들이 어떻게 곱셈과 나눗셈을 했는지는 아직 밝혀지지 않았다. 아마 덧셈과 뺄셈은 어렵지 않게 해냈을 것이다.

그러다 피보나치로 알려진 이탈리아의 수학자 레오나르도 피자노 비골로가 1202년에 『주판 책, *Liberabaci*』을 출간하면서 새로운 세상이 열렸다. 드디어 유럽에 아라비아 수 체계가 소개되었고, 유럽인들은 숫자 '0'의 놀라움을 알게 되었다. 상인들에게 숫자는 업무 도구였다. 숫자 '0'이 소개되자 모두가 환영하지는 않았다. 많은 사람이 새로운 것에 대한 거부감을 표했고, 로마 숫자에 비해 더 간편한 아라비아 숫자는 낭시에는 회계사들에게소차도 호감을 불러일으키지 못했다. 아라비아 숫자는 천박한 이교도의 문자로 낙인되었기 때문이다. 하지만 상인들은 로마 숫자가 아라비아 숫자보다 위조하기가 더 어렵다는 점에서 로마 숫자보다 낫다고 공공연하게 주장하였다. 하지만 당시 로마 숫자는 귀족들이 사용하는 것이고, 아라비아 숫자는 평민들이 사용하는 것이라는 심리적 요인 때문에 중세 상인들은 아라비아 숫자를 쓰면 더 편리하게 계산을 할 수 있었음에도 로마 숫자로 채운 권위있고 고명한 장부를 고수하였다. 메디치 은행도 1500년까지 로마 숫자를 사용하였다. 또한 1520년 독일의 도시 프라이부르크에서는 로마 숫자로 표기되지 않은 회계장부를 증빙자료로 인정하지 않았다. 게다가 스코틀랜드에는 17세기가 될 때까지 아라비아 숫자가 발을 들여놓지 못했다. 하지만 유럽에서 오랫동안 천대를 받았던 아라비아 숫자는 오늘날 결국 최후의 승자가 되었다.

장부를 로마 숫자로 표기하면 숫자의 길이가 여간 길 뿐만 아니라 그만큼 실수투성이였다. 중세의 회계사들은 오류를 범하지 않기 위해 계산을 여러 번 다시 하는 역경을 피할 수 없었다. 그러다 차변 합계와 대변 합계가 반드시 일치하는, 그래서 계산이 틀릴 경우 바로 알아볼 수 있는 형식의 계정을 발전시켰다. 이것이 바로 오늘날까지 회계의 기본으로 활용되는 복식부기다. 이 같은 회계 방식은 근대 자본주의의 발전에 크게 기여하였는데, 독일의 경제학자 베르너 좀바르트는 다음과 같은 말을 남기기도 하였다. "복식부기가 경영학과 경제학에서 가지는 중요성은 코페르니쿠스가 천문학에서 가지는 중요성에 견줄 수 있다".

(자료 출처: 브런치(2018.3.29.), "복식부기의 탄생", 저자가 해당 내용의 일부를 편집함)

1 결산수정분개와 전기

4장에서 살펴본 기중 거래 대부분은 기업 내·외부와의 거래에서 증빙서류에 의해 식별이 용이한 거래나 사건을 위주로 회계처리가 이루어진다. 즉, 현금의 수취나 지급, 재화의 불출, 용역의 제공 등 거래의 실체 파악이 용이한 거래나 사건들이 기중 회계처리의 주된 내용이다.

하지만 기중에 발생한 거래나 사건이더라도 발생한 기간의 자산, 부채, 자본에 영향을 미치는 것이 아니거나, 현금의 수취나 지급이 없더라도 거래나 사건이 발생한 경우도 있다. 예를 들어, 특정일에 2년간의 임차료를 일시에 선납하고 건물을 임차하였다고 가정하자. 임차료 지급 시점에는 현금 자산이 감소한 만큼 비용(또는 자산)으로 회계처리가 이루어지게 된다. 하지만 2년간 임차료를 선지급한 것은 임차인 앞으로 2년 동안 임차 건물을 사용할 수 있는 권리 쿠폰을 받은 것과 같은 효과를 지닌다. 따라서 임차료로 지출한 현금이 비용으로 처리되기 위해서는 쿠폰이 사용되어야 한다. 즉, 쿠폰이 사용된 만큼이 비용에 해당하고, 미사용분은 사용권리인 자산으로 처리되어야 한다. 그리고 재무제표에는 정확하게 구분된 비용과 자산이 표시되어야 한다. 이것이 발생기준 회계이다.

결산수정분개(adjusting entry)는 회계기간 말에 각 계정의 잔액을 발생기준에 따라 재무제표에 정확하게 보고하기 위해 기중 회계처리의 내용이나 미인식된 거래나 사건에 대한 수정 회계처리를 하는 것을 말한다. 이러한 결산수정분개 역시 기중의 거래나 사건에 대한 분개와 동일하므로, 전표나 분개장을 통해 분개를 한 후, 해당 계정원장에 반드시 전기를 하여야 한다.

결산수정분개는 그 내용에 따라 이연(deferrals)항목, 발생(accruals)항목, 추정항목과 자산·부채의 평가항목의 네 가지 유형으로 구분된다.

1.1 이연항목

이연항목은 현금의 수취나 지급이 이루어졌으나 그에 대한 수익이나 비용이 다음 회계기간 이후에 발생하는 항목을 말한다. 이연수익(부채)은 재무상태표일 현재 현금을 수취하였으나 수익 인식기준을 만족하지 못해 다음 회계연도 이후로 수익 인식을 미루고 부채로 회계처리하는 항목이며, 선수수익(예: 선수임대료수익, 선수이자 등)으로 회계처리한다. 이연비용(자산)은 재무상태표일 현재 현금이 이미 지급되었으나, 비용 인식기준을 만족하지 못해 다음 회계연도 이후로 비용 인식을 미루고 자산으로 회계처리하는 항목이며, 선급비용(예: 선급보험료, 선급임차료 등)으로 회계처리한다. 이연수익인 선수수익과 이연비용인 선급비용에 대한 결산수정분개는 다음의 [예제 5-1]을 통해 학습해 보자.

예제 5-1 [이연항목]

인제㈜는 월 단위로 결산을 하는 기업으로, 7월 말 결산을 위해 수정이 필요한 항목은 다음과 같다. 단, 본 예제는 4장의 [예제 4-3]과 연결된 예제로, 7월 1일에 발생한 거래는 [예제 4-3]의 기중거래에 포함되어 있지 않다. 따라서 7월 1일의 거래는 [예제 4-3]의 기중거래에 추가하여 분개하고 해당 계정에 전기하여야 한다.

1. 7월 1일에 6개월간 보험료 ₩120,000을 현금으로 지급하다.
2. 7월 1일에 신규 단골 거래처 확보를 위해 현금 ₩1,000,000을 10개월간 빌려주고, 10개월간의 이자 ₩10,000을 현금으로 받았다.

요구사항

위의 각 항목에 대해 7월 31일에 필요한 결산수정분개를 하고, 관련 계정에 전기하라.

1. 선급비용(자산)
   - 7월 1일 회계처리(기중 회계처리)

(차) 보험료(비용발생) 120,000 (대) 현금(자산감소) 120,000

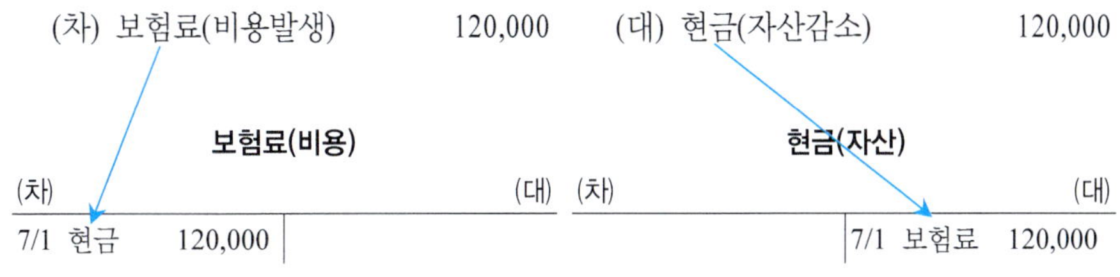

보험료(비용)

(차)		(대)
7/1 현금	120,000	

현금(자산)

(차)	(대)	
	7/1 보험료	120,000

☞ 보험료는 일반적으로 일정한 보험기간에 걸쳐 보험용역을 제공받기로 하고 지급하는 대가이다. 보험료에 대한 회계처리는 두 가지 방법으로 회계처리가 가능하다. 첫 번째는 위의 분개에서처럼 현금 지급 시점에 지급액 전액을 비용(보험료)으로 처리하는 방법이고, 두 번째는 현금 지급 시점에 보험료 전액을 자산(선급보험료)으로 처리하는 방법이다. 어느 방법을 사용하는지에 따라 결산수정분개는 달라진다.

7월 1일에 지급한 보험료 ₩120,000은 6개월간 보험용역을 제공받기로 한 계약의 대가로 지불한 것으로, 1개월의 대가는 ₩20,000(₩120,000 ÷ 6개월)이다. 7월 31일 현재 6개월 중 1개월의 보험용역을 이미 제공받았고(비용), 나머지 5개월분은 7월 이후에 보험용역을 제공받을 수 있는 권리가 부여되어 있는 것(자산)이다. 위의 분개는 두 가지 방법 중 첫 번째 방법에 의한 회계처리로 현금 지출액 ₩120,000이 모두 보험료로 장부상 인식되었다. 때문에 비용(보험료)이 과다하게 인식되어 있고, 아직 제공받지 못한 보험료에 해당하는 자산(선급보험료)은 과소 인식되어 있다. 따라서 7월 31일 현재의 정확한 재무제표 작성을 위해서는 아직 보험용역을 제공받지 않은 5개월분 비용(보험료) ₩100,000(₩120,000×5/6)을 자산(선급보험료)으로 대체시키는 결산수정분개가 필요하다.

- 7월 31일 회계처리(결산수정분개)

(차) 선급보험료(자산증가) 100,000 (대) 보험료(비용감소) 100,000

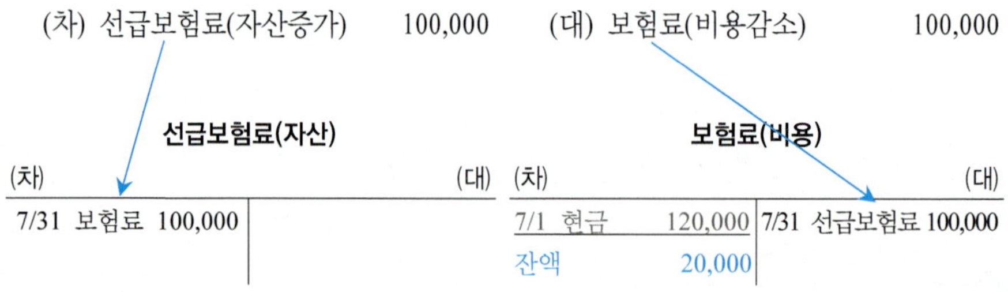

☞ 만약 7월 1일의 분개를 두 번째 방법으로 인식하였다면, 현금지출 시점에 지출액 ₩120,000 모두를 자산(선급보험료)으로 인식하였기 때문에 7월 한 달 동안 제공받은 보험용역에 대한 대가 부분인 비용(보험료)이 인식되어 있지 않다. 따라서 7월 31일 현재의 정확한 재무제표 작성을 위해서는 이미 보험용역을 제공받은 1개월분 비용(보험료) ₩20,000(₩120,000×1/6)을 비용(보험료)으로 대체시키는 결산수정분개가 필요하다.

☞ 이자수익은 자금을 대여한 기간에 대한 대가로 자금을 대여한 후에 받는 것이 일반적이다. 따라서 이자수익을 자금대여 이전에 받았을 경우는 두 가지 방법으로 회계처리가 가능하다. 첫 번째는 위의 분개에서처럼 현금 수취 시점에 지급액 전액을 수익(이자수익)으로 처리하는 방법이고, 두 번째는 현금 수취 시점에 이자수익 전액을 부채(선수이자)로 처리하는 방법이다. 어느 방법을 사용하는지에 따라 결산 수정분개는 달라진다.

7월 1일에 수취한 이자수익 ₩10,000은 10개월간 자금을 대여하기로 한 계약의 대가로 수취한 것으로, 1개월 대여로 받을 이자는 ₩1,000(₩10,000 ÷ 10개월)이다. 7월 31일 현재 10개월 중 1개월의 자금을 대여하였고(수익), 나머지 9개월분은 7월 이후에 자금을 대여할 의무가 부여되어 있는 것(부채)이다. 위의 분개는 두 가지 방법 중 첫 번째 방법에 의한 회계처리로 현금 수취액 ₩10,000이 모두 이자수익으로 장부상 인식되었다. 때문에 수익(이자수익)이 과다하게 인식되어 있고, 아직 제공하지 않은 자금대여에 대한 의무인 부채(선수수익)는 과소 인식되어 있다. 따라서 7월 31일 현재의 정확한 재무제표 작성을 위해서는 아직 자금을 대여하지 않은 9개월분 수익(이자수익) ₩9,000(₩10,000×9/10)을 부채(선수수익)로 대체시키는 결산수정분개가 필요하다.

- 7월 31일 회계처리(결산수정분개)

(차) 이자수익(수익감소) 9,000 (대) 선수이자(부채증가) 9,000

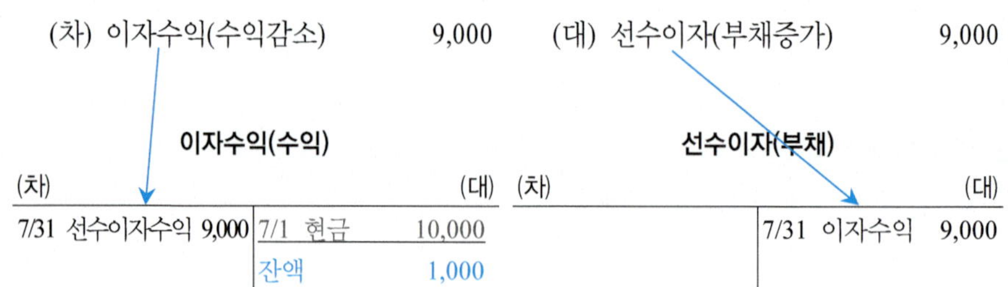

☞ 만약 7월 1일의 분개를 두 번째 방법으로 인식하였다면, 현금 수취 시점에 수취액 ₩10,000 모두를 부채(선수이자)로 인식하였기 때문에 7월 한 달 동안 제공한 자금대여분에 대한 대가인 수익(이자수익)이 인식되어 있지 않다. 따라서 7월 31일 현재의 정확한 재무제표 작성을 위해서는 이미 자금을 대여한 부분인 1개월분 수익(이자수익) ₩1,000(₩10,000×1/10)을 수익(이자수익)으로 대체시키는 결산수정분개가 필요하다.

- 7월 1일 회계처리(기중 회계처리)

(차) 현금(자산증가) 10,000 (대) 선수이자(부채증가) 10,000

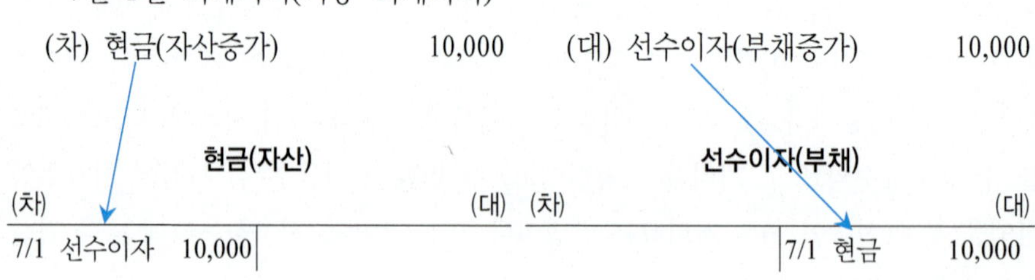

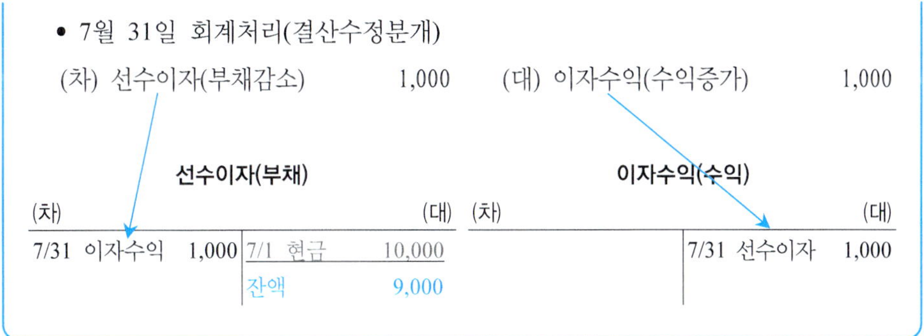

1.2 발생항목

발생항목은 수익이나 비용이 이미 발생하였음에도 현금의 수취나 지급이 다음 회계기간 이후에 이루어지는 항목을 말한다. 발생수익(자산)은 수익이 발생하였으나 재무상태표일 현재 현금이 수취되지 않아 기록이 이루어지지 않은 항목이며, 미수수익(예: 미수이자, 미수임대료 등)으로 회계처리한다. 발생비용(부채)은 비용이 발생하였으나 재무상태표일 현재 현금이 지급되지 않아 기록되지 않은 항목이며, 미지급비용(예: 미지급이자, 미지급임차료 등)으로 회계처리한다.

발생수익인 미수수익과 발생비용인 미지급비용에 대한 결산수정분개는 다음의 [예제 5-2]를 통해 학습해 보자.

예제 5-2 [발생항목]

인제㈜는 월 단위로 결산을 하는 기업으로, 7월 말 결산을 위해 수정이 필요한 항목은 다음과 같다. 단, 본 예제는 4장의 [예제 4-3]과 연결된 예제이다.

1. 4장의 [예제 4-3]의 7과 관련하여, 종업원에 대한 7월분 총급여는 ₩500,000으로 이 중 ₩300,000은 7월 30일에 현금으로 지급하고 나머지는 8월 10일에 지급하기로 하다.
2. 7월 1일 건물의 여유 공간을 월 ₩100,000에 1년간 임대하고, 7월분 임대료는 8월 2일에 받기로 하다.

요구사항

위의 각 항목에 대해 7월 31일에 필요한 결산수정분개를 하고, 관련 계정에 전기하라.

1. 미지급비용(부채)

• 급여 지급시 회계처리(기중 회계처리)

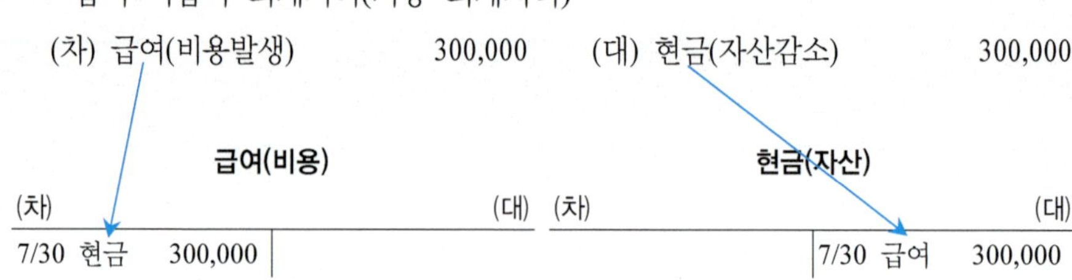

☞ 7월 중 총급여 발생액은 ₩500,000으로, 이 중 ₩300,000은 현금으로 지급되었고 나머지는 8월 2일에 지급할 예정이다. 종업원의 근로 제공에 대한 대가는 근로를 제공한 기간에 기업이 지불해야 할 의무를 부담한다. 즉, 근로의 대가에 대한 지불의무는 근로의 제공시점에 발생하는 것이다. 따라서 7월 31일까지 종업원으로부터 제공받은 근로의 대가 ₩500,000이 비용으로 인식되어야 하고, 이 중 지급하지 못한 ₩200,000에 대해 지급의무인 부채가 인식되어야 한다. 하지만 이러한 회계처리가 없었기 때문에 비용(급여)이 과소인식되고, 부채(미지급급여)가 과소인식되어 있다. 따라서 7월 31일 현재의 정확한 재무제표 작성을 위해서는 미지급된 비용(급여) ₩200,000을 증가시키고, 동액의 부채(미지급급여)를 증가시키는 결산수정분개가 필요하다.

• 7월 31일 회계처리(결산수정분개)

(차) 급여(비용증가) 200,000 (대) 미지급급여(부채증가) 200,000

급여(비용)

(차)		(대)
7/30 현금	300,000	
7/31 미지급급여	200,000	
잔액	500,000	

미지급급여(부채)

(차)	(대)	
	7/31 급여	200,000

2. 미수수익(자산)

• 7월 1일 회계처리(기중 회계처리)

회계처리 없음

☞ 7월 1일의 임대계약은 단순한 계약이므로 회계상 거래에 해당하지 않는다. 다만, 7월 31일까지 건물의 여유 공간을 임대하면 7월분 건물에 대한 사용료를 청구할 수 있는 권리가 발생하게 된다. 따라서 임대차계약이 이루어진 7월 1일에는 회계처리를 하지 않고, 1개월간의 임대가 완료되는 7월 31일에는 사용대가에 대한 청구권이 발생하므로, 이에 대한 회계처리가 필요하다. 즉, 7월 31일 현재 건물 임대에 따른 수익(임대료수익)을 인식하여야 함에도 인식하지 않았으므로 수익(임대료수익)이 과소인식되어 있고, 1개월분 임대료에 대한 청구권인 자산(미수임대료)이 과소인식되어 있다. 따라서 7월 31일 현재의 정확한 재무제표 작성을 위해서는 7월분 수익(임대료수익) ₩100,000을 증가시키고, 동 금액만큼의 자산(미수임대료)을 증가시키는 결산수정분개가 필요하다.

• 7월 31일 회계처리(결산수정분개)

(차) 미수임대료(자산증가) 100,000 (대) 임대료수익(수익증가) 100,000

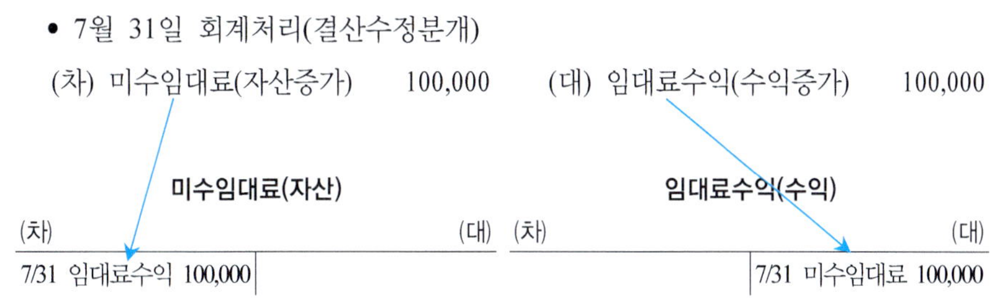

1.3 추정항목

추정항목(estimated items)은 당기에 발생한 거래나 사건의 결과가 미래의 불확실한 사건이나 상황의 발생으로 인해 영향을 받을 수 있는 경우, 그 영향의 크기를 측정하여 당기의 수익이나 비용으로 인식하는 항목을 말한다. 결산수정분개에서 추정항목을 인식하는 근거는 미래의 불확실한 사건이나 상황의 발생 원인이 당기의 거래나 사건에서 비롯되었기 때문이다. 추정항목의 대표적인 예는 매출채권에 대한 부실 가능성을 추정하여 손실예상액을 비용으로 인식하는 것이다. 기업이 외상으로 매출을 하였을 경우 대부분의 매출채권은 일반적으로 회수가 가능할 것이다. 하지만 일부 매출채권은 거래처의 부실 등으로 회수가 불가능할 수도 있다. 거래처의 부실 등으로 매출채권의 회수가 불가능해지는 경우 그로 인한 손실 발생시점은 다음 회계연도 이후일 수도 있지만, 해당 매출채권의 발생은 당해 연도 수익(매출)에서 비롯된 것이다. 따라서 당해 연도에 자산과 수익으로 인식된 거래나 사건의 결과가 차기 이후 연도에 손실을 초래하는 상황이 발생하게 되는 것이다. 수익비용 대응의 원칙에 따라 해당 손실을 초래하게 된 원인이 되는 수익이 인식된 시점에서 미래 기간에 발생가능성이 있는 손실을 추정하여 비용으로 대응 인식하여야 한다. 추정항목에는 대손상각비, 감가상각비, 제품보증비 등이 있다.

1.4 자산 · 부채 평가항목

회계 기말에 시장상황의 변화로 기업이 보유한 자산이나 부채의 가치가 상승하거나 하락하는 경우가 발생할 수 있다. 이 경우 정보이용자들에게 기업의 정확한 재무정보를 전달하기 위해서는 시장상황의 변화에 따른 자산, 부채, 자본의 변화 내용을 재무제표에 표시하여야 한다. 다만, 시장상황의 변화에 따른 자산, 부채, 자본의 변화 내용을 표시하는 상황은 장부가치(또는 취득원가)에 비해 시장가치가 하락하였을 경우에만 재무제표에 반영한다. 그리고 시장가치 하락에 대한 회계처리는 '손상차손' 또는 '○○평가이익' 또는 '○○평가손실'로 회계처리한다. 추정항목과 기타 수정항목에 대한 수정분개는 다음의 [예제 5-3]을 통해 학습해 보자.

예제 5-3 [추정항목 등]

인제㈜는 월 단위로 결산을 하는 기업으로, 7월 말 결산을 위해 수정이 필요한 항목은 다음과 같다. 단, 본 예제는 4장의 [예제 4-3]과 연결된 예제이며, 다음의 7월 10일 거래는 [예제 4-3]의 기중거래에 추가하여 분개하고 해당 계정에 전기하여야 한다.

1. 4장의 [예제 4-3]에서, 7월 중 외상으로 제공한 용역대금 ₩500,000 중 1%가 회수불가능할 것으로 예상된다.
2. 7월 10일에 복사용지 등 사무용비품 ₩150,000을 현금으로 구입하였는데, 이 중 ₩50,000이 7월 말 현재 미사용한 상태로 남아있다.

요구사항

위의 각 항목에 대해 7월 31일에 필요한 결산수정분개를 하고, 관련 계정에 전기하라.

1. 추정항목
   - 7월 용역매출에 대한 회계처리(기중 회계처리)

(차) 매출채권(자산증가) 500,000 (대) 용역매출(수익증가) 500,000

매출채권(자산)

(차)	(대)
7/30 용역매출 500,000	

용역매출(수익)

(차)	(대)
	7/30 매출채권 500,000

☞ 7월 중 발생하여 수익으로 인식한 외상매출액 ₩500,000 중 1%에 해당하는 ₩5,000이 회수가 불가능하여 대손의 가능성이 있으므로, 7월 31일 현재의 정확한 재무제표 작성을 위해서는 자산(매출채권 또는 외상매출금) 중 회수가 불가능한 부분으로 추정되는 ₩5,000을 감소시키는 결산수정분개가 필요하다.

- 7월 31일 회계처리(결산수정분개)

(차) 대손상각비(비용증가) 5,000 (대) 대손충당금(자산감소) 5,000

대손상각비(비용)

(차)	(대)
7/31 대손충당금 5,000	

대손충당금(자산차감)

(차)	(대)
	7/31 대손상각비 5,000

2. 기타 항목

- 7월 10일의 회계처리(기중 회계처리)

(차) 소모품비(비용발생) 150,000 (대) 현금(자산감소) 150,000

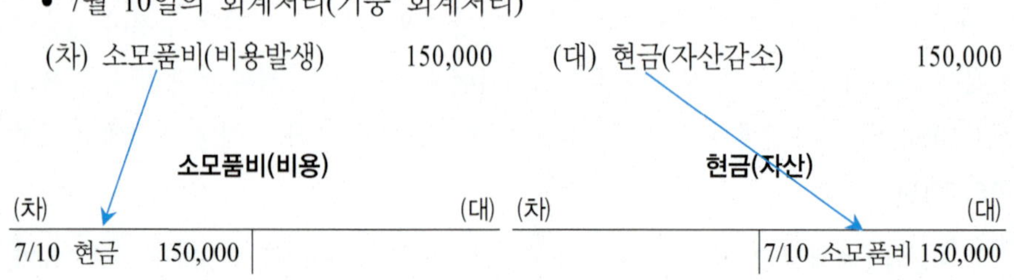

☞ 소모품은 일반적으로 단기간 내에 소비되거나 소멸되는 특성을 지닌 자산으로, 실무적으로는 두 가지 방법으로 회계처리하고 있다. 첫 번째는 위의 분개에서처럼 구입 시점에 구입 소모품 전액을 비용(소모품비)으로 처리하는 방법이고, 두 번째는 구입 시점에 구입 소모품 전액을 자산(소모품)으로 처리하는 방법이다. 어느 방법을 사용하더라도 상관은 없으나, 결산수정분개는 어떤 방법을 사용하는지에 따라 달라진다.

첫 번째 방법을 적용하였을 경우, 7월 10일에 구입한 소모품이 전부 다 소비 또는 소멸되었다고 보는 입장이므로, 아직 사용하지 않은 미사용 소모품이 있는 경우 비용(소모품비)이 과다하게 인식되고, 미사용 자산(소모품)이 과소인식된다. 따라서 7월 31일 현재의 정확한 재무제표 작성을 위해서는 미사용 소모품인 자산(소모품) 만큼 자산을 증가시키는 결산수정분개가 필요하다.

- 7월 31일 회계처리(결산수정분개)

(차) 소모품(자산증가) 50,000 (대) 소모품비(비용감소) 50,000

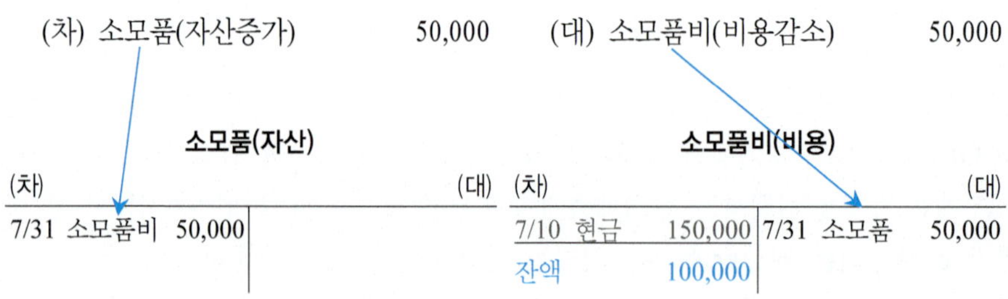

☞ 만약 7월 10일의 분개를 두 번째 방법으로 인식하였다면, 소모품 구입 시점에 구입액 ₩150,000 모두를 자산(소모품)으로 인식하였기 때문에 7월 한 달 동안 소비 또는 소멸된 소모품에 대한 비용(소모품비)이 인식되어 있지 않다. 따라서 7월 31일 현재의 정확한 재무제표 작성을 위해서는 이미 사용한 소모품을 비용(소모품비)으로 대체시키는 수정분개가 필요하다.

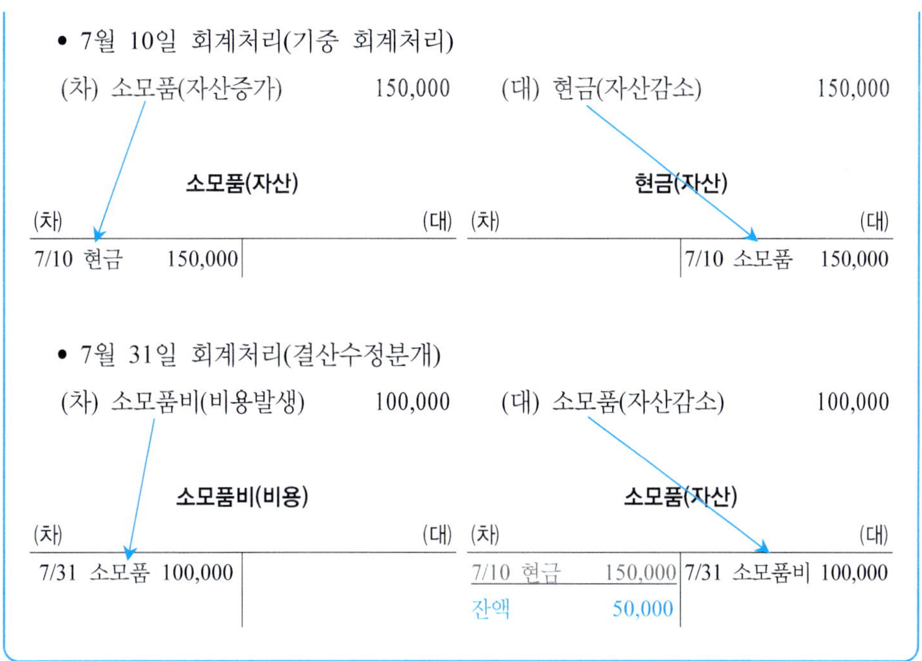

<표 5-1>은 지금까지 학습한 결산수정분개의 유형을 요약한 것이다.

〈표 5-1〉 결산수정분개의 유형

유 형	구성항목	내 용	예 시
이연항목	이연수익	현금을 수취하였으나 수익 인식기준을 충족하지 못해 부채로 기록하는 거래나 사건	선수임대료, 선수이자
	이연비용	현금을 지급하였으나 비용 인식시기가 도래하지 않아 자산으로 기록하는 거래나 사건	선급보험료, 선급임차료
발생항목	발생수익	수익 인식기준을 충족하는 거래나 사건이 발생하였으나 결산일 현재 현금을 수취하지 않은 경우	미수이자, 미수임대료
	발생비용	비용을 인식해야 하는 시기가 도래하였으나 결산일 현재 현금을 지급하지 않은 경우	미지급급여, 미지급이자
기타항목	추정항목	당기에 발생한 거래나 사건의 결과가 미래의 불확실한 사건이나 상황의 발생으로 영향을 받을 수 있는 경우	대손상각비, 감가상각비, 제품보증비
	자산 · 부채 평가항목	시장상황의 변화로 기업이 보유한 자산이나 부채의 가치가 상승하거나 하락하는 경우	손상차손, 유형자산평가손익, 금융상품평가손익

 수정후시산표와 정산표의 작성

결산수정분개와 관련 계정으로의 전기가 이루어지면 총계정원장의 일부 계정 잔액이 변동된다. 따라서 기중거래에 대한 회계처리에서와 마찬가지로 총계정원장의 모든 계정에 대한 차변과 대변 잔액이 일치하는지에 대한 재검증이 필요하다. 즉, 시산표의 재작성이 필요하다. 4장에서는 회계기간 중 발생한 거래나 사건을 분개하고 전기한 결과에 대한 정확성 검증을 위해 작성한 시산표를 작성하였고, 이를 '수정전시산표'라고 불렀다. 본 장에서의 결산수정사항에 대한 분개와 전기로 인해 일부 계정과목의 변화가 발생하고, 이에 따른 총계정원장의 모든 계정에 대한 차변과 대변 잔액을 재검증하기 위해 작성하는 시산표를 '수정후시산표(adjusted trial balance)'라고 한다. 수정후시산표에 포함된 모든 계정은 재무제표의 작성을 위한 모든 자료를 포함하는 것이다.

[예제 4-3]과 [예제 5-1]에서 [예제 5-3]까지의 내용을 토대로 수정후시산표를 작성해 보도록 하자. 수정후시산표의 작성을 위해 각각의 예제들에서 사용한 모든 계정원장을 집합하면 아래와 같다.

현금(자산)

(차)		(대)	
7/1 이자수익	10,000	7/1 보험료	120,000
7/15 자본금	5,000,000	7/1 대여금	1,000,000
7/25 차입금	1,000,000	7/10 소모품비	150,000
7/30 용역매출	800,000	7/18 임차보증금	2,000,000
		7/28 비품	500,000
		7/30 급여	300,000
잔액	2,740,000		

매출채권(자산)

(차)		(대)	
7/30 용역매출	500,000		

대손충당금(자산차감)

(차)		(대)	
		7/31 대손상각비	5,000

단기대여금

(차)		(대)	
7/1 현금	1,000,000		

선급보험료(자산)

(차)		(대)	
7/31 보험료	100,000		

미수임대료(자산)

(차)	(대)
7/31 임대료수익 100,000	

소모품(자산)

(차)	(대)
7/31 소모품비 50,000	

차량운반구(자산)

(차)	(대)
7/21 미지급금 1,500,000	

비품(자산)

(차)	(대)
7/28 현금 500,000	

임차보증금(자산)

(차)	(대)
7/18 현금 2,000,000	

미지급금(부채)

(차)	(대)
	7/21 차량운반구 1,500,000

차입금(부채)

(차)	(대)
	7/25 현금 1,000,000

미지급급여(부채)

(차)	(대)
	7/31 급여 200,000

선수이자(부채)

(차)	(대)
	7/31 이자수익 9,000

자본금(자본)

(차)	(대)
	7/15 현금 5,000,000

용역매출(수익)

(차)	(대)
	7/30 제좌 1,300,000

임대료수익(수익)

(차)	(대)
	7/31 미수임대료 100,000

이자수익(수익)

(차)	(대)
7/31 선수이자수익 9,000	7/1 현금 10,000
	잔액 1,000

소모품비(비용)

(차)	(대)
7/10 현금 150,000	7/31 소모품 50,000
잔액 100,000	

급여(비용)

(차)	(대)
7/30 현금 300,000	
7/31 미지급급여 200,000	
잔액 500,000	

보험료(비용)

(차)	(대)
7/1 현금 120,000	7/31 선급보험료 100,000
잔액 20,000	

대손상각비(비용)

(차)	(대)
7/31 대손충당금 5,000	

<표 5-2>는 [예제 4-3]과 [예제 5-1]에서 [예제 5-3]까지의 내용을 토대로 작성한 수정후합계잔액시산표의 결과이다.

〈표 5-2〉 인제㈜의 7월 말 수정후합계잔액시산표

수정후합계잔액시산표

인제㈜ 20×1년 7월 1일부터 20×1년 7월 31일까지 (단위: 원)

차변		계정과목	대변	
잔액	합계		합계	잔액
		〈자산〉		
		〈유동자산〉		
		〈당좌자산〉		
2,740,000	6,810,000	현금및현금등가물	4,070,000	
500,000	500,000	매출채권		
		대손충당금	5,000	5,000
1,000,000	1,000,000	단기대여금		
50,000	50,000	소모품		
100,000	100,000	선급보험료		
100,000	100,000	미수임대료		
		〈유형자산〉		
1,500,000	1,500,000	차량운반구		
500,000	500,000	비품		
		〈기타비유동자산〉		
2,000,000	2,000,000	임차보증금		
		〈부채〉		
		〈유동부채〉		
		미지급금	1,500,000	1,500,000
		미지급급여	200,000	200,000
		선수이자	9,000	9,000
		차입금	1,000,000	1,000,000
		〈자본〉		
		자본금	5,000,000	5,000,000
		〈수익〉		
		용역매출	1,300,000	1,300,000
	9,000	이자수익	10,000	1,000
		임대료수익	100,000	100,000
		〈비용〉		
500,000	500,000	급여		
20,000	120,000	보험료	100,000	
100,000	150,000	소모품비	50,000	
5,000	5,000	대손상각비		
9,115,000	13,344,000	합 계	13,344,000	9,115,000

위의 수정후합계잔액시산표를 살펴보면, 차변과 대변의 계정별 합계의 합계액이 ₩13,344,000으로 일치하고 있고, 잔액의 합계액이 ₩9,115,000으로 일치하고 있다. 이는 인제㈜의 7월 1일부터 7월 31일까지의 모든 기중거래와 결산수정사항에 대한 분개와 전기가 정확하게 이루어졌음을 의미한다.

수정후시산표에서 모든 기중거래와 결산수정사항에 대한 분개 및 전기가 오류없이 정확하게 이루어졌음이 확인되면, 수정후시산표를 근거로 재무제표를 직접 작성할 수 있다. 하지만 실무에서는 재무제표 작성을 위해 주로 정산표를 이용한다. 정산표(worksheet)는 선택적 절차이기는 하나, 실무적으로 자주 이용되고 있고, 재무제표를 작성하는데 있어서 시산표에 비해 편리하다. 이에 선택적 절차이지만 실무적 유용성을 고려하여 정산표에 대해 간단하게 살펴보기로 하자.

정산표는 기중거래의 결과를 보여주는 수정전시산표를 기초로 결산수정분개를 표시하여 수정후시산표를 작성하고, 수정후시산표의 계정들을 포괄손익계산서 계정과 재무상태표 계정으로 분류하여 약식 포괄손익계산서와 재무상태표를 작성하는 표이다. 실무에서 일반적으로 많이 사용하는 정산표는 '10위식 정산표'이며, <표 5-3>은 인제㈜의 10위식 정산표를 작성한 것이다.

〈표 5-3〉 인제㈜의 정산표(10위식)

정 산 표

인제㈜ 20×1년 7월 1일부터 20×1년 7월 31일까지 (단위: 천 원)

계정과목	수정전시산표		수정분개		수정후시산표		포괄손익계산서		재무상태표	
	차변	대변	차변	대변	차변	대변	차변	대변	차변	대변
현 금	2,740				2,740				2,740	
매출채권	500				500				500	
단기대여금	1,000				1,000				1,000	
차량운반구	1,500				1,500				1,500	
비 품	500				500				500	
임차보증금	2,000				2,000				2,000	
미지급금		1,500				1,500				1,500
차 입 금		1,000				1,000				1,000
자 본 금		5,000				5,000				5,000
용역매출		1,300				1,300		1,300		
이자수익		10	ⓑ9			1		1		
급 여	300		ⓒ200		500		500			
보 험 료	120			ⓐ100	20		20			
소모품비	150			ⓕ50	100		100			
합 계	8,810	8,810								
선급보험료			ⓐ100		100				100	
선수이자				ⓑ9		9				9
미지급급여				ⓒ200		200				200
임대료수익				ⓓ100		100		100		
미수임대료			ⓓ100		100				100	
대손상각비			ⓔ5		5		5			
대손충당금				ⓔ5		5				5
소 모 품			ⓕ50		50				50	
당기순이익							776 ◀	일치		▶ 776
합 계			464	464	9,115	9,115	1,401	1,401	8,490	8,490

* ⓐ: [예제 5-1]의 1, ⓑ: [예제 5-1]의 2, ⓒ: [예제 5-2]의 1, ⓓ: [예제 5-2]의 2
ⓔ: [예제 5-3]의 1, ⓕ: [예제 5-3]의 2

위의 정산표에서 수정전시산표와 수정후시산표는 잔액시산표이다. 작성된 내용을 살펴보면, 수정전시산표와 수정분개, 수정후시산표와 포괄손익계산서, 재무상태표의 차변과 대변은 일치하고 있다. 이는 시산표의 논리와 같은 이치이다. 그리고 시산표와는 달리 정산표에서는 당기순이익(또는 당기순손실)의 크기를 사전적으로 확인해 볼 수 있다. 따라서 정산표를 통해 시산표에서 보다 재무제표의 작성에 필요한 정보를 보다 효과적으로 파악할 수 있다는 장점이 있다.

 재무제표의 작성

수정후시산표나 정산표가 완성되면 시산표나 정산표의 내용을 가지고 직접적으로 재무제표를 작성할 수 있다. 2장에서 학습하였듯이, 재무제표에는 재무상태표와 포괄손익계산서, 자본변동표 및 현금흐름표의 4가지가 있다. 이 중 대표적 재무제표는 재무상태표와 포괄손익계산서이다. 재무상태표는 일정시점에서의 기업의 재무상태, 즉 자산, 부채, 자본의 상태를 나타내고, 포괄손익계산서는 일정기간 동안의 경영성과, 즉 수익, 비용 및 이익을 나타낸다.

재무제표의 작성은 먼저 수익과 비용계정으로부터 포괄손익계산서를 작성한다. 포괄손익계산서를 통해 당기의 경영성과를 나타내는 '당기순이익(net income)'을 먼저 계산한 후, 이를 자본 항목인 '이익잉여금(retained earnings)'으로 대체하여야만 재무상태표의 기말 이익잉여금이 확정되기 때문이다.

이러한 관계는 <표 2-4>와 <표 2-5>의 재무상태표와 포괄손익계산서의 관계를 통해 이해가 가능하다. 즉, 재무상태표의 기말 이익잉여금은 기초 이익잉여금에 당기순손익을 가감하고 배당금을 차감하여 계산하기 때문에 당기순손익의 확정이 먼저 이루어져야 한다. 그리고 포괄손익계산서의 작성이 완성되어 당기순손익이 확정되면 기말 이익잉여금을 확정한 후 자산, 부채 및 자본계정으로부터 재무상태표를 작성한다.

재무제표의 작성은 일반적으로 계정식과 보고식의 두 가지 형태로 작성되는데, 계정식은 주로 기업의 내부 관리용으로 작성되는 것이고, 외부 보고용 재무제표는 보고식으로 작성되어야 한다. 앞서 작성한 정산표의 내용을 토대로 포괄손익계산서를 계정식과 보고식으로 작성하면 <표 5-4>와 같다.

〈표 5-4〉 인제㈜의 포괄손익계산서

포괄손익계산서(계정식)

인제㈜ 20×1년 7월 1일부터 20×1년 7월 31일까지 (단위: 원)

급 여	500,000	용 역 매 출	1,300,000
보 험 료	20,000	임 대 료 수 익	100,000
소 모 품 비	100,000	이 자 수 익	1,000
대 손 상 각 비	5,000		
당 기 순 이 익	776,000		
합 계	1,401,000	합 계	1,401,000

포괄손익계산서(보고식)

인제㈜ 20×1년 7월 1일부터 20×1년 7월 31일까지 (단위: 원)

수익		1,401,000
용역매출	1,300,000	
임대료수익	100,000	
이자수익	1,000	
비용		(625,000)
급 여	500,000	
보험료	20,000	
소모품비	100,000	
대손상각비	5,000	
당기순이익		776,000
기타포괄손익		0
총포괄이익		776,000

<표 5-4>를 통해 계산된 당기순이익과 기초 이익잉여금을 이용하여 기말 이익잉여금 잔액을 계산하면 다음과 같다.

기초 이익잉여금	₩0
(+) 당기순이익	776,000
(−) 배당금지급액	0
기말 이익잉여금	₩776,000

기말 이익잉여금이 확정되면, 이제 재무상태표를 작성할 수 있다. <표 5-5>는 재무상태표를 계정식과 보고식으로 작성한 것이다.

〈표 5-5〉 **인제㈜의 재무상태표**

재무상태표(계정식)

인제㈜ 20×1년 7월 31일 현재 (단위: 원)

차변	금액	대변	금액
현 금	2,740,000	미 지 급 금	1,500,000
매 출 채 권	500,000	차 입 금	1,000,000
(대손충당금)	(5,000)	미 지 급 급 여	200,000
단 기 대 여 금	1,000,000	선 수 이 자	9,000
선 급 보 험 료	100,000	자 본 금	5,000,000
미 수 임 대 료	100,000	이 익 잉 여 금	776,000
소 모 품	50,000		
차 량 운 반 구	1,500,000		
비 품	500,000		
임 차 보 증 금	2,000,000		
합 계	8,485,000	합 계	8,485,000

재무상태표(보고식)

인제㈜ 20×1년 7월 31일 현재 (단위: 원)

과목			금액
자산			
유동자산			4,485,000
현금및현금성자산		2,740,000	
매 출 채 권	500,000		
대 손 충 당 금	(5,000)	495,000	
단 기 대 여 금		1,000,000	
선 급 보 험 료		100,000	
미 수 임 대 료		100,000	
소 모 품		50,000	
비유동자산			4,000,000
차 량 운 반 구		1,500,000	
비 품		500,000	
임 차 보 증 금		2,000,000	
자산총계			8,485,000
부채			
유동부채			2,709,000
미 지 급 금		1,500,000	
차 입 금		1,000,000	
미 지 급 급 여		200,000	
선 수 이 자		9,000	
부채총계			2,709,000
자본			
자 본 금			5,000,000
이익잉여금			776,000
자본총계			5,776,000
부채와자본총계			8,485,000

 장부의 마감

수정후시산표를 통해 회계기간 중에 발생되었거나 또는 수정이 필요한 사항에 대한 분개와 전기의 정확성이 확인되고, 재무제표의 작성이 마무리되면 기업은 당기와 차기의 기록 내용을 구분하고, 다음 회계연도의 기록을 준비하기 위해 당기의 장부를 마감한다. 장부의 마감은 먼저 수익, 비용계정을 마감하고, 이어서 자산, 부채, 자본계정을 마감한다.

4.1 수익과 비용계정의 마감

수익과 비용계정은 당기의 경영성과를 나타내는 계정으로 기말의 장부마감을 통해 소멸되는 계정이다. 즉, 당해 회계기간 동안의 거래잔액이 이월되지 않고 다음 회계연도에서는 새롭게 계정이 시작되는 특성을 가진 임시계정(temporary account)이기 때문이다. 여기서 '임시계정'이란 회계기간이 시작되면 개설되었다가 결산을 통해 소멸되는 계정을 말한다. 임시계정의 마감을 위해서는 수익과 비용을 한곳으로 모아 당기순이익을 계산할 수 있는 또 다른 임시계정이 필요하게 되는데, 이 계정이 '집합손익계정(income summary account)'이다. 따라서 집합손익계정은 수익과 비용을 마감시키는 역할을 하게 된다.

1) 수익계정의 마감

수익의 마감은 다음의 순서로 한다.

① 집합손익계정을 개설한다.

② 수익계정을 집합손익계정으로 대체한다. 모든 수익계정의 잔액은 대변에 있으므로, 수익계정의 소멸을 위해서는 차변에 같은 금액을 기입하여 해당 수익계정의 차변과 대변을 일치시킨 후 계정을 마감한다. 차변에 같은 금액을 기입하기 위해서는 반드시 분개가 전제되어야 하므로, 이때 집합손익계정을 이용하여 수익계정 마감분개를 하게 된다.

2절의 수정후시산표와 정산표 작성에서 근거가 되었던 총계정원장들 가운데 수익에 해당하는 용역매출원장에 대한 마감을 예시하면 다음과 같다.

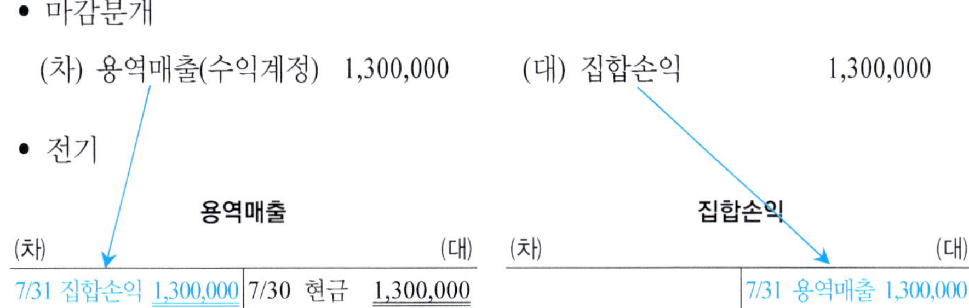

2) 비용계정의 마감

수익과 마찬가지로 비용계정도 집합손익계정으로 대체한다. 모든 비용계정의 잔액은 차변에 있으므로, 비용계정의 소멸을 위해서는 대변에 같은 금액을 기입하여 해당 비용계정의 차변과 대변을 일치시킨 후 계정을 마감한다. 이때 집합손익계정을 이용하여 비용계정 마감분개를 한다.

2절의 수정후시산표와 정산표 작성에서 근거가 되었던 총계정원장들 가운데 비용에 해당하는 급여원장의 마감을 예시하면 다음과 같다.

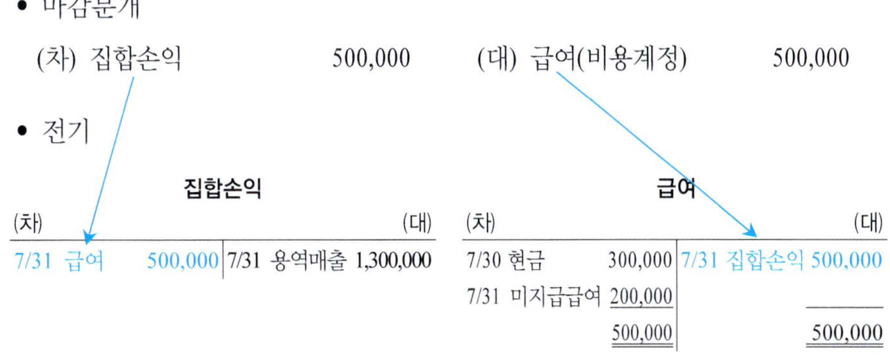

3) 집합손익계정의 마감

마지막으로 집합손익계정의 잔액을 이익잉여금계정으로 대체하고, 집합손익계정을 마감한다. 1)~2)의 과정을 거치면 집합손익계정의 대변에는 모든 수익계정들이 모이게 되고, 차변에는 모든 비용계정들이 모이게 된다. 따라서 집합손익계정의 차변(비용)과 대변(수익)을 비교하여 잔액이 발생하는 쪽이 대변(수익)이면 당기순이익이 발생하는 것이고, 차변(비용)이면 당기순손실이 발생하는 것이다. 그리고 발생한 당기순손익을 이익잉여금계정으로 대체하게 되면 집합손익은 자동적으로 소멸이 된다. 이때 집합손익계정의 당기순이익을 이익잉여금으로 대체하는 마감분개는 다음과 같다.

〈당기순이익이 발생하였을 경우〉

(차) 집합손익 ××× (대) 이익잉여금(자본) ×××

〈당기순손실이 발생하였을 경우〉

(차) 이익잉여금(자본)* ××× (대) 집합손익 ×××

* 이월된 이익잉여금이 없는 경우 '결손금' 계정을 사용

<표 5-6>은 인제㈜의 집합손익계정을 나타낸다.

〈표 5-6〉 인제㈜의 집합손익계정

집합손익			
급 여	₩500,000	용 역 매 출	₩1,300,000
보 험 료	20,000	임대료수익	100,000
소 모 품 비	100,000	이 자 수 익	1,000
대손상각비	5,000		
이익잉여금	776,000		
합 계	₩1,401,000	합 계	₩1,401,000

<표 5-6>의 집합손익을 마감하는 분개는 다음과 같다.

(차) 집합손익 776,000 (대) 이익잉여금(자본) 776,000

임시계정인 수익과 비용계정의 마감분개 절차를 도식화하면 다음 [그림 5-1]과 같다.

[그림 5-1] 수익과 비용계정의 마감절차

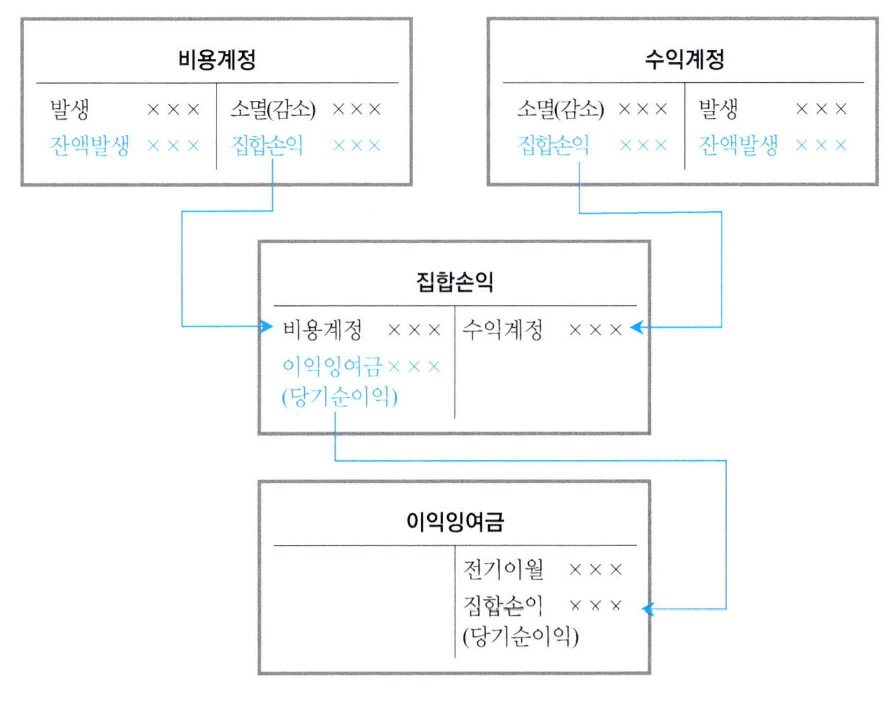

4.2 자산, 부채, 자본계정의 마감

임시계정인 수익, 비용계정과는 달리 자산, 부채, 자본계정은 영구계정(permanent account) 또는 실질계정(real account)으로 당기 이후에도 계속되는 장부이다. 즉, 한 회계기간이 종료되더라도 기말 잔액이 '0'이 아닌 이상 이월되어 계속적으로 유지·관리되는 장부이다. 예를 들어, 재무상태표일 현재 현금이 ₩10,000,000 남아있을 경우, 남은 현금 잔액은 다음 회계연도 경영활동을 위해 사용될 개시자원이므로 다음 회계연도에서 원활하게 사용이 가능하도록 이월하여야 한다. 따라서 재무상태표 계정인 자산, 부채, 자본계정의 마감은 수익, 비용계정과 같은 별도의 마감분개가 필요하지 않다.

자산, 부채, 자본계정의 마감은 다음과 같은 방법으로 마감한다.

① 자산계정은 항상 차변의 금액이 대변의 금액보다 크다. 이는 자산의 증가가 차변에 기록되기 때문이다. 따라서 자산계정의 기말 잔액은 항상 차변에 남게 된다. 그리고 마감을 위해 차변과 대변의 금액을 일치시키려면 잔액이 남는 차변의 상대편인 대변에 잔액과 동일한 금액을 기입하고 '차기이월'이라고 기록한 후 해당 계정을 마감한다.

② 부채와 자본계정은 항상 대변의 금액이 차변의 금액보다 크다. 이는 부채와 자본의 증가가 대변에 기록되기 때문이다. 따라서 부채와 자본계정의 기말 잔액은 항상 대변에 남게 된다. 그리고 마감을 위해 차변과 대변의 금액을 일치시키려면 잔액이 남는 대변의 상대편인 차변에 잔액과 동일한 금액을 기입하고 '차기이월'이라고 기록한 후 해당 계정을 마감한다.

참고로, 자산, 부채, 자본계정의 차기이월액은 다음 회계연도 첫 날짜에 '전기이월'이라고 장부에 기록되어 이월되고, 전기이월액은 다음 회계연도의 기초 자원이 된다. <표 5-7>은 자산, 부채, 자본계정의 이월에 대한 예시이다.

〈표 5-7〉 자산, 부채, 자본계정의 마감 예시

현금(자산)

7/1 이자수익	10,000	7/1 보험료	120,000
7/15 자본금	5,000,000	7/1 단기대여금	1,000,000
7/25 차입금	1,000,000	7/10 소모품비	150,000
7/30 용역매출	800,000	7/18 임차보증금	2,000,000
		7/28 비 품	500,000
		7/30 급 여	300,000
		7/31 차기이월	2,740,000
	6,810,000		6,810,000
8/1 전기이월	2,740,000		

미지급금(부채)

7/31 차기이월	1,500,000	7/21 차량운반구	1,500,000
		8/1 전기이월	1,500,000

자본금(자본)

7/31 차기이월	5,000,000	7/1 현 금	5,000,000
		8/1 전기이월	5,000,000

<표 5-7>을 자세히 살펴보면, 차기이월되는 금액은 모두 재무상태표의 해당 계정에 기록된 금액과 일치하는 것을 알 수 있다. 이는 재무상태표가 일정한 시점에서의 기업의 자산, 부채, 자본의 상태, 즉 재무상태를 나타내기 때문에 재무상태표일 현재 기업이 보유하거나 부담하고 있는 자산과 부채의 잔액 및 그에 따른 자본의 상태가 각 계정별 원장의 잔액을 통해 표시되는 것이다.

5 회계의 순환과정 종합

4장과 5장에 걸쳐 학습한 회계순환과정에 대해 요약 정리하면 다음과 같다. 회계순환과정은 한 회계기간 동안 발생한 거래나 사건을 다루는 기중거래에 대한 회계처리 과정과 기말에 재무제표의 작성을 위한 결산회계처리 과정으로 구분한다.

먼저, 기중거래에 대한 회계처리 과정을 살펴보면, ① 발생한 거래나 사건이 회계상 거래인지 여부를 식별하고, ② 회계상 거래에 해당할 경우 해당 거래나 사건을 화폐액으로 측정한다. ③ 측정된 금액을 전표나 분개장에 분개하여 기록하고, ④ 이를 각 계정원장으로 전기한다. 마지막으로 ⑤ 모든 거래나 사건에 대한 분개와 전기의 정확성을 검증하기 위해 수정전시산표를 작성한다. 여기서 수정전시산표의 작성은 결산을 위한 예비절차로서 회계순환과정에서의 선택적 절차에 해당하며, 기중거래에 대한 회계처리와 기말 결산회계처리의 가교적 역할을 한다. 때문에 기중거래에 대한 회계절차로 구분하는 경우도 있고, 기말 결산회계절차로 보는 경우도 있다.

기말 결산회계처리 과정을 살펴보면, ① 기중거래에서 누락되거나 수정이 필요한 사항들을 확인하여 이에 대한 수정분개를 수행하고, 수정분개와 관련된 계정원장에 전기한다. ② 결산수정분개와 전기를 포함한 당해 회계기간 중 발생한 모든 거래와 사건에 대한 분개와 전기의 정확성을 재검증하기 위해 수정후시산표 또는 정산표를 작성한다. ③ 작성한 수정후시산표 또는 정산표를 바탕으로 재무제표를 작성한다. ④ 임시계정인 수익과 비용계정을 마감하기 위한 마감분개와 전기를 한 후, 수익과 비용계정의 장부를 마감한다. ⑤ 영구계정인 자산, 부채, 자본계정의 장부를 마감한다.

한 회계기간 동안의 이러한 일련의 절차들이 모두 마무리되면 해당 회계기간은 종료가 되고, 다시 새로운 회계기간이 시작된다. [그림 5-2]는 회계순환과정의 전체를 요약한 것이다.

[그림 5-2] **회계의 순환과정**

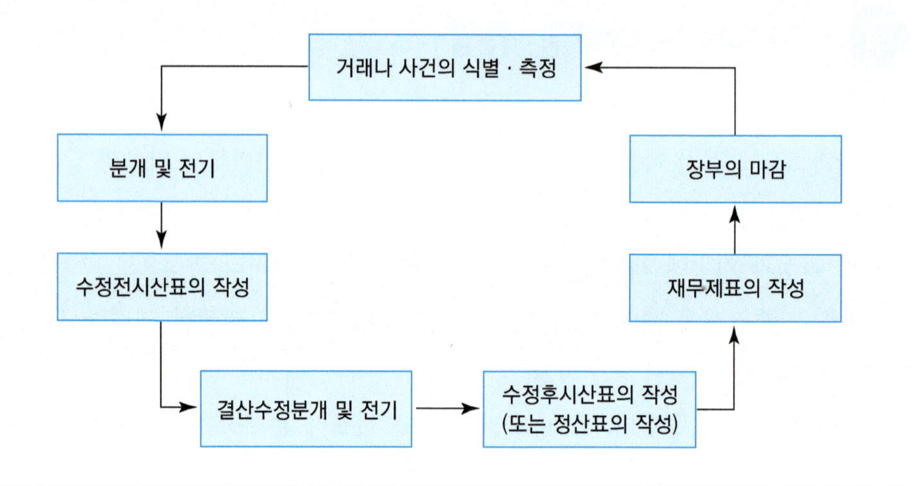

개념정리 문제

CONCEPTUAL **QUESTIONS**

1. 결산수정분개가 무엇이며, 왜 필요한지를 설명하라.
2. 결산수정분개를 유형별로 설명하라.
3. 발생항목과 이연항목을 비교하여 설명하라.
4. 수정후시산표와 수정전시산표의 차이에 대해 설명하라.
5. 수정후시산표와 정산표의 차이에 대해 설명하라.
6. 마감분개가 무엇이며, 왜 필요한지를 설명하라.
7. 손익계정의 마감절차에 대해 설명하라.
8. 재무상태표계정의 마감절차에 대해 설명하라.

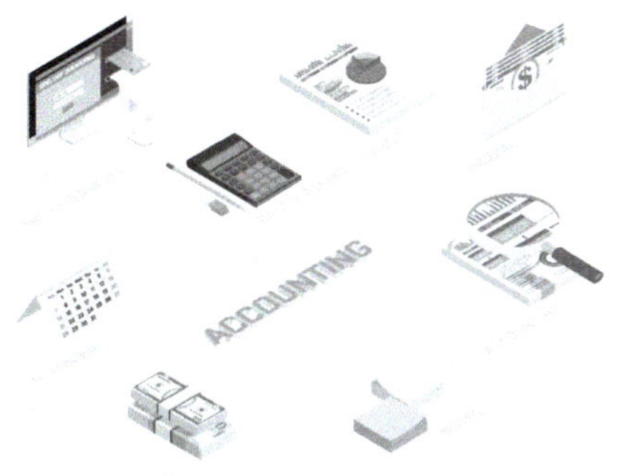

CHAPTER 06

상품매매기업의 회계순환과정

IFRS ACCOUNTING PRINCIPLES

1. 상품매매기업의 이해
2. 상품매매기업의 회계 특성
3. 재고자산(상품)계정에 대한 회계처리
4. 상품매매기업의 회계순환과정
5. 상품매매기업의 회계순환과정 종합

학습목표

본 장에서는 상품매매기업에서의 회계순환과정을 학습한다.

기업들은 다양한 방법으로 이익을 추구하고 있는데, 대표적으로 기업이 직접 재화를 생산하여 판매하는 것을 주업으로 하는 제조기업과 다른 기업이 제조한 재화를 구매하여 일정한 이익을 가산하여 판매하는 것을 주업으로 하는 상품매매기업(유통업)이 있다. 제조기업이나 상품매매기업과 서비스를 제공하는 기업 간의 차이는 판매용 재화를 보유하는지의 여부이다. 서비스기업의 경우는 용역제공을 주업으로 하기 때문에 회계기간 중 특별히 판매용 재화를 보유할 이유가 없다. 그러나 제조기업이나 상품매매기업은 제품이나 상품의 매매가 주업이기 때문에 반드시 재화를 보유하여야 한다. 따라서 제조기업이나 상품매매기업에서는 판매용 재화의 관리에 따른 회계처리가 필수적으로 수반된다. 본 장에서는 상품매매기업의 판매용 재화인 상품에 초점을 둔 회계순환과정에 대해 학습한다.

본 장에서는 구체적으로 다음과 같은 내용들이 학습목표이다.

1. 상품매매기업의 정의를 서술할 수 있다.
2. 상품매매기업의 회계 특성에 대해 서술할 수 있다.
3. 상품매매기업의 재고자산에 대한 회계처리를 할 수 있다.
4. 상품매매기업의 회계순환과정이 서비스기업과 어떤 차이를 가지는지에 대해 서술할 수 있다.

들어가며

"품목별로 가장 좋고, 싸며, 제일 큰 하나만 공략…
재고 없이 끊임없이 팔아치우는 게 우리의 힘"

미국 유통업계의 '스티브 잡스' 또는 '전설(legend)'로 불리는 코스트코의 창업자는 짐 시네갈(Sinegal)이다. 시네갈이 1983년에 창업한 코스트코는 미국 경제전문지 포천지(誌)가 선정한 '포천 500대 기업' 랭킹에서 24위(2012년)이다. 마이크로소프트(37위·매출 699억 달러)나 아마존(56위·480억 달러)보다 높다. 미국을 포함한 9개국에 매장 592개, 임직원 12만 8,000여 명, 멤버십 회원 6,400만 명, 889억 달러(약 101조 원)의 매출….

지난해 이런 '성적표'를 달성한 코스트코는 미국 기업 역사상 가장 짧은 시기인 6년 만에 매출 30억 달러를 달성했고, 주가와 매출은 상장 당시인 1992년과 비교해 각각 800%, 700% 올랐다. 월마트와 까르푸가 한국에서 2006년 철수할 때도 버텼던 코스트코는 한국에서 유일하게 살아남은 외국 유통기업이다. 코스트코의 서울 양재점 연간 매출(약 5,000억 원)은 세계 코스트코 매장을 통틀어 1등이다.

"월마트 같은 전통적인 유통기업은 가격을 어떻게 하면 높게 책정해 이윤을 늘릴까 고민한다. 하지만 코스트코는 어떻게 하면 가격을 더 낮춰 이익을 최소화할지 고민하는 역발상으로 성공했다."(존 뮬린스·런던비즈니스스쿨 교수)

시네갈 창업자는 코스트코의 성공비결을 4가지로 설명한다.

첫째, '법에 복종(obey the law)'이다. 편법을 동원한 로비와 관시(關係)가 절대적인 중국시장에 코스트코가 아직 진출하지 않은 중요 이유 중 하나는 이 원칙의 훼손을 우려한 때문이다.

둘째는 '고객을 정성껏 대우하라'이다. 코스트코는 창업 때부터 '마진 15%룰(rule)'을 엄수한다. 마진이 더 이상 생길 때는 가격을 낮춰 고객에게 혜택을 나눠준다. 월마트 등 대형할인점(20~25%), 백화점(50%)의 마진율보다 크게 낮다.

셋째는 '직원에게 최고의 혜택을 준다'이다. 코스트코 직원들의 연봉은 유통업계 평균보다 40% 정도 더 많다(시간당 평균 20달러). 매출의 1.25%(지난해 11억 1,200만 달러·약 1조 1,391억 원)를 직원 건강의료보험 및 복지혜택에 쏟아붓는다.

마지막으로 "제품 공급업자를 똑같은 비즈니스 파트너로 존중한다"이다.

"주주(株主)에 대한 보상은 맨 마지막으로 신경 쓸 일입니다. 월가는 매주 월~목요일까지 실적으로 회사를 평가하지만, 저희는 50년 뒤까지 평가받고 싶습니다. 장기적인 성공을 위해 고객이 구입하는 제품의 품질을 희생시킬 수 없고 직원들의 행복도 절대 양보할 수 없습니다."라고 시네갈 CEO는 말한다.

(자료 출처: Weekly Biz(2012.8.18.), 코스트코 창업자와의 인터뷰 기사 중에서)

 상품매매기업의 이해

기업이 이익을 추구하는 주된 영업활동이 무엇인가에 따라 제조기업, 상품매매기업, 서비스기업 등으로 분류된다. 앞 장에서 학습한 회계의 순환과정은 서비스기업을 가정하였다. 제조기업은 제품을 생산하는 과정을 거쳐 생산된 제품을 판매하는 기업으로, 제조기업의 회계순환과정을 이해하기 위해서는 제품의 생산과 관련된 원가계산에 대한 이해가 선행되어야 한다. 따라서 본 장에서는 상품매매기업의 회계순환과정을 다루기로 한다.

상품매매기업은 다른 기업이 제조하거나 가공한 재화를 현금 또는 외상으로 매입하여 일정한 이익을 가산하여 재판매함으로써 이익을 추구하는 기업이다. 이러한 상품매매기업은 도매기업(wholesale business entity)과 소매기업(retail trade entity)으로 나뉜다. 도매기업은 주로 소매기업에 재화를 공급하는 기업이며, 소매기업은 주로 최종소비자에게 직접 재화를 판매하는 기업을 말한다. 이들 도·소매기업들이 취급하는 재화를 회계에서는 '상품'이라고 한다.

일반적 의미의 상품(merchandise)은 경제주체의 의도에 따라 매매의 대상이 되는 재화나 용역을 말하는데, 회계에서는 제조공정을 거치지 않은 판매를 목적으로 보유하는 모든 재화를 '상품'이라고 한다. 예를 들어, 노트북을 직접 생산하여 판매하는 기업의 경우 노트북은 '제품'이 되고, 다른 기업이 생산한 노트북을 구매하여 다른 기업이나 소비자에게 판매하는 기업에서의 노트북은 '상품'이 된다.

상품매매기업에서의 '상품'은 일반적으로 한 회계기간 중에 구입하여 그 중 상당 부분이 판매되고 일부는 남아서 다음 회계기간으로 이월된다. 여기서 판매된 상품은 판매에 따른 원가로서 회계에서는 '매출원가'로 포괄손익계산서의 비용으로 보고되고, 판매되지 않은 상품은 '재고자산'으로 재무상태표의 자산으로 보고된다.

 상품매매기업의 회계 특성

서비스기업과 상품매매기업의 가장 큰 차이는 '상품'이라는 재고자산의 존재 여부이다. 즉, 서비스기업의 경우는 재화가 아닌 용역을 제공하기 때문에 용역수익 창출 과정에서 매출원가를 계산해야 하는 문제가 발생하지 않는다. 하지만 상품매매기업은 재화를 판매하는 것이 주업이기 때문에 판매되는 재화의 원가, 즉 매출원가의 계산이 중요한 문제가 된다. 따라서 서비스기업과 달리 상품매매기업의 주요 핵심 회계처리는 매출원가와 기말 재고액의 결정에 있다. 즉, 상품을 얼마를 주고 구매해서 얼마를 받고 판매하였는지와 총 구매 상품 중 얼마가 판매되지 않고 남았는지를 결정하는 것이 상품매매기업 회계의 핵심이다. 이는 기업이 보유하고 있는 판매가능한 상품 중 얼마가 판매되었고 얼마가 남아있는지를 재무제표에 표시하기 위함이다.

상품이 판매되는 경우 그 대가로 받는 금액을 '매출(sales revenue)'이라는 수익으로 인식하고, 판매한 상품의 취득원가를 '매출원가(cost of goods sold)'라는 비용으로 인식한다. 그리고 매출에서 매출원가를 차감하여 '매출총이익(gross sales margin)'을 계산한다. 예를 들어, 상품매매업을 영위하는 인제㈜가 ₩1,000,000의 상품을 구매하여 ₩700,000에 상당하는 상품을 거래처에 ₩1,500,000에 판매하였다고 가정하자. 여기서 수익인 매출액은 거래처에 판매한 대금인 ₩1,500,000이 되고, 비용인 매출원가는 판매한 상품의 취득원가인 ₩700,000이 되며, 매출 ₩1,500,000과 매출원가 ₩700,000, 그리고 매출에서 매출원가를 차감한 매출총이익 ₩800,000은 포괄손익계산서에 각각 수익, 비용과 이익으로 표시된다. 한편, 판매하고 남은 상품 ₩300,000은 재고자산으로 재무상태표에 표시된다. 이처럼 상품매매기업의 회계순환과정에서는 반드시 매출원가와 기말 재고자산을 결정하는 회계처리가 수반된다.

[그림 6-1]은 상품계정과 재무제표 간의 관계를 나타낸다.

[그림 6-1] 상품계정과 재무제표 간의 관계

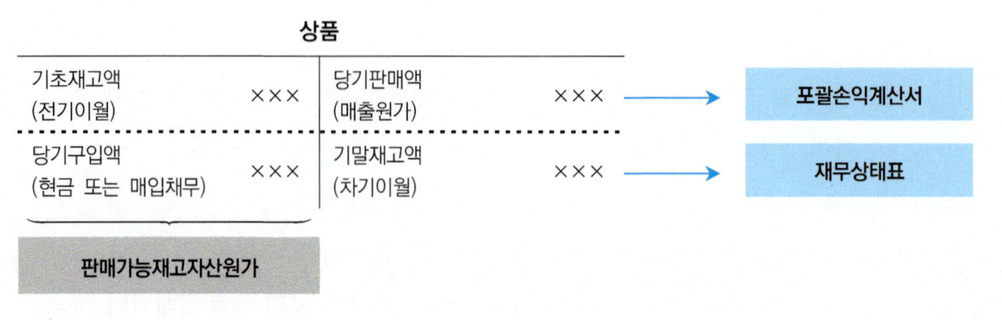

3 재고자산(상품)계정에 대한 회계처리

상품매매기업의 매출원가와 기말 재고자산의 결정은 회계처리 방법에 따라 다소 복잡한 문제를 가진다. 상품의 매출원가는 판매되는 시점에서의 상품의 취득원가를 일일이 파악하고 있어야만 계산이 가능하다. 하지만 한 회계기간 동안 빈번하게 거래되는 모든 상품의 취득원가를 판매시점에서 일일이 파악하는 것은 매우 어려운 일이다. 그리고 매출원가에 따라 이익의 크기가 결정되는 회계적 특성으로 매출원가의 결정은 특히 중요한 문제가 된다.

기업회계기준에서는 상품매매기업에서의 매출원가의 기록방법을 계속기록법과 실지재고조사법으로 구분하고 있다. 계속기록법은 매출이 이루어지는 시점마다 매출원가를 계산하는 방법이고, 실지재고조사법은 매출원가의 기록을 결산 시점에 한 번만 계산하는 방법이다.

3.1 계속기록법

계속기록법(perpetual inventory system)은 매출이 발생할 때마다 매출원가를 기록하는 방법이다. 상품의 구입과 판매시점에서 수량과 구입가격을 상품계정과 매출원가계정을 통해 일일이 기록하는 방법으로, 기중 언제라도 재고자산의 수량과 단가의 파악이 가능하다.

계속기록법에서는 재고자산의 판매가 이루어지면 매출을 인식함과 동시에 매출원가도 인식한다. 따라서 계속기록법에서의 매출원가에 대한 인식은 기중거래의 회계처리 과정에 해당된다. 예를 들어, 인제㈜가 7월 1일에 개업하면서 상품 100개를 개당 @₩1,000에 현금으로 구매하여 7월 10일에 개당 @₩1,500에 50개를 현금으로 판매하였다고 가정하자. 계속기록법에 의해 '상품'과 '매출원가'를 기록하는 경우의 회계처리는 다음과 같다.

- 7월 1일의 회계처리

(차) 상 품	100,000	(대) 현 금	100,000

- 7월 10일의 회계처리(매출 인식 분개)

(차) 현 금	75,000	(대) 매 출	75,000

- 7월 10일의 회계처리(매출원가 인식 분개)

(차) 매출원가	50,000	(대) 상 품	50,000

계속기록법에 의한 7월 10일의 분개를 살펴보면, 상품 매출로 수익 ₩75,000이 발생하였고, 이를 위해 ₩50,000의 상품이 제공되었음을 알 수 있다. 따라서 인제㈜의 7월 10일 현재 상품재고액은 ₩50,000임을 알 수 있다.

계속기록법하에서는 다음의 등식이 성립된다.

(기초상품재고액 + 당기상품매입액) − 매출원가 = 기말상품재고액

판매가능재고자산원가 − 매출원가 = 기말상품재고액

<표 6-1>은 계속기록법하에서의 '상품'계정에 대한 예시이다.

〈표 6-1〉 **상품계정-계속기록법 적용 시**

상품			
1/1 기초이월	×××	매출원가	×××
당기구입	×××	12/31 차기이월	×××
	×××		×××
1/1 전기이월	×××		

3.2 실지재고조사법

실지재고조사법(periodic inventory system)은 회계연도 말의 결산시점에 한꺼번에 매출원가를 기록하는 방법이다. 따라서 회계기간 중에는 매출원가가 얼마인지, 그리고 시점별로 상품재고액이 얼마인지를 알 수 없다. 회계기간 말에 재무제표에 매출원가와 상품재고액을 보고하기 위해서는 결산시점에 상품이 남아있는 창고로 가서 상품에 대한 실사(due diligence)를 하고, 이를 통해 매출원가와 기말상품재고액을 확정하여야 한다. 따라서 실지재고조사법에서의 매출원가의 인식은 결산을 위한 회계처리 과정에 해당된다.

실지재고조사법을 주로 사용하는 기업은 회계기간 중에 판매되는 재화의 취득원가를 일일이 파악하기 어려운 경우이다. 다양한 취득시기와 취득시기마다 다른 취득단가로 인해 판매되는 상품이 어느 시점에 얼마로 구매한 상품인지를 식별하는 것이 현실적으로 불가능한 경우에 실지재고조사법이 유용하다.

예를 들어, 인제㈜가 7월 1일에 A상품 100개를 개당 @₩1,000에 현금 구매, 7월 5일에 A상품 100개를 개당 @₩950에 현금 구매한 후, 7월 10일에 A상품 70개를 개당 @₩1,500에 현금으로 판매하였다고 가정하자. 이 경우 7월 10일에 판매한 70개의 상품이 7월 1일에 개당 @₩1,000에 구매한 상품을 판매한 것인지, 7월 5일에 개당 @₩950에 구매한 상품을 판매한 것인지를 파악하는 것은 현실적으로 어려울 수 있다. 상황에 따라서는 어느 시점에 얼마로 구매한 상품을 판매한 것인지를 파악하는 비용이 그러한 과정을 통해 얻는 효익에 비해 훨씬 클 수도 있다. 이런 경우에는 실지재고조사법이 유리하다. 실지재고조사법에 따라 인제㈜의 상품 구매와 판매에 대한 회계처리를 하면 다음과 같다.

• 7월 1일의 회계처리

(차) 매　입	100,000	(대) 현　금	100,000

• 7월 5일의 회계처리

(차) 매　입	95,000	(대) 현　금	95,000

• 7월 10일의 회계처리(매출 인식 분개)

(차) 현　금	105,000	(대) 매　출	105,000

• 7월 10일의 회계처리(매출원가 인식 분개)

회계처리 없음

실지재고조사법에 의한 7월 10일의 분개에서 위의 계속기록법에 의한 분개와의 차이를 살펴보면, 상품 구입 시 '매입(purchase)'이라는 계정과목을 사용하였다는 점이 다르다. 계속기록법은 상품의 기초이월액과 당기구입액 및 매출원가에 대한 기록을 '상품'이라는 단일계정에 직접 기록한다. 따라서 상품계정만으로도 당기의 매입액과 매출원가, 그리고 기말재고액까지 한눈에 파악이 가능하다. 반면에 실지재고조사법은 상품의 기초이월액과 당기구입액을 다른 계정에 각각 기록한다. 즉, 상품의 기초이월액은 '상품'계정에 기록하고, 당기구입액은 '매입'계정에 기록한다. 때문에 실지재고조사법에서는 상품계정과 매입계정의 복수계정을 유지하게 된다.

7월 10일의 분개 내용을 살펴보면, 상품 매출로 수익 ₩105,000이 발생하였다는 사실은 알 수 있지만, 매출원가가 얼마인지는 알 수 없다. 즉, ₩105,000의 수익을 얻기 위해 얼마에 구입한 상품을 제공하였는지에 대한 기록이 없다. 그리고 7월 10일의 장부상 상품재고액이 ₩195,000으로 판매가 전혀 이루어지지 않고 구입액이 그대로 남아있는 것으로 표시된다. 이는 실제 창고에 남아있는 상품재고액과 장부상의 상품재고액이 다름을 의미한다. 그렇기 때문에 결산시점에 실제로 남아있는 재고액을 파악하여 기말상품재고액으로 확정하고, 나머지는 전부 매출원가로 회계처리하게 된다.

실지재고조사법하에서는 다음의 등식이 성립된다.

(기초상품재고액 + 당기상품매입액) − 기말재고액 = 매출원가
판매가능재고자산원가 − 기말재고액 = 매출원가

<표 6-2>는 실지재고조사법하에서의 기중의 '상품'계정과 '매입'계정에 대한 예시이다.

〈표 6-2〉 **상품 및 매입계정–실지재고조사법 적용 시**

상품	
1/1 기초이월 ×××	

매입	
당기구입 ×××	

- 매출원가의 계산

실지재고조사법에서는 기중 판매거래가 발생하는 시점에 매출원가를 별도로 인식하지 않고 결산시점에 한꺼번에 매출원가를 인식한다. 따라서 매출원가의 인식을 위해 다음과 같은 결산수정분개를 하여야 한다.

① 판매가능재고자산원가를 산정하기 위해 상품 기초이월액을 매출원가계정으로 대체한다.

(차) 매출원가 ××× (대) 상 품 ×××

매출원가	
12/31 상품 ×××	

상품	
1/1 기초이월 ×××	12/31 매출원가 ×××

② 판매가능재고자산원가를 산정하기 위해 당기구입액을 매출원가계정으로 대체한다.

(차) 매출원가 ××× (대) 매 입 ×××

매출원가			
12/31 상품	×××		
12/31 매입	×××		

매입			
당기구입	×××	12/31 매출원가	×××

③ 매출원가 계산을 위해 실지재고조사를 통해 확인된 기말재고액을 상품계정으로 대체한다.

(차) 상 품 ××× (대) 매출원가 ×××

상품			
1/1 기초이월	×××	12/31 매출원가	×××
12/31 매출원가	×××		

매출원가			
12/31 상품	×××	12/31 상품	×××
12/31 매입	×××		

①~③번의 결산수정분개를 거치면 비로소 실지재고조사법하에서의 매출원가가 계산된다. 그리고 임시계정인 매입계정은 자동으로 마감되어 소멸된다.

계속기록법과 실지재고조사법의 회계처리방법을 비교하면 <표 6-3>과 같다.

〈표 6-3〉 **계속기록법과 실지재고조사법의 회계처리 비교**

시점	계속기록법	실지재고조사법
구입시점	(차) 상 품 ××× (대) 현 금 ×××	(차) 매 입 ××× (대) 현 금 ×××
판매시점	(차) 현 금 ××× (대) 매 출 ××× (차) 매출원가 ××× (대) 상 품 ×××	(차) 현 금 ××× (대) 매 출 ××× 매출원가에 대한 회계처리 없음
결산시점	회계처리 없음	(차) 매출원가 ××× (대) 상 품 ××× (차) 매출원가 ××× (대) 매 입 ××× (차) 상 품 ××× (대) 매출원가 ×××

상품매매기업의 회계순환과정

상품매매기업에서의 회계순환과정은 앞에서 학습한 매출원가와 기말상품재고액을 결정하는 것을 제외하고는 발생한 거래나 사건에 대한 분개와 전기를 포함한 모든 회계순환과정은 서비스기업과 동일하다.

4.1 상품매매기업의 기중 회계처리 과정

상품매매에 대한 거래를 제외하고 일반적 거래나 사건에 대한 기중 회계처리는 4장과 5장을 통해 학습한 서비스기업의 회계처리와 동일하다. 상품매매기업에서 상품매매가 수반되는 거래는 매출원가를 어느 시점에서 기록하는가에 따라 회계처리가 달라진다. 즉, 매출원가와 기말상품재고액을 계속기록법으로 하는지와 실지재고조사법으로 하는지에 따라 회계처리 과정에 차이가 있다. 계속기록법과 실지재고조사법 간의 기중 상품매매거래에 대한 회계처리의 차이를 [예제 6-1]을 통해 학습해 보자.

예제 6-1 [재고자산 기록방법]

대박상사는 상품을 매입해서 판매하는 것을 주된 목적으로 20×1년 9월 1일에 설립되었다.

1. 9월 1일 주당 액면금액이 ₩5,000인 보통주식 100주를 주당 ₩6,000에 발행하고 주주로부터 주식대금 전액을 현금으로 납입받다.
2. 9월 2일 상품 ₩300,000을 현금으로 구입하다.
3. 9월 8일 상품 ₩150,000을 외상으로 구입하다.
4. 9월 10일 거래처에 ₩100,000의 상품을 ₩200,000에 외상으로 판매하다.
5. 9월 12일 잡지에 광고를 내고 광고비 ₩50,000을 현금으로 지급하다.
6. 9월 17일 상품 외상구입대금 중 ₩100,000을 현금으로 지급하다.
7. 9월 22일 거래처에 ₩250,000의 상품을 ₩450,000에 판매하고, 대금 중 ₩150,000

은 현금으로 받고 나머지는 외상으로 하다.
8. 9월 28일　9월분 전기 및 수도요금 ₩30,000을 현금으로 지급하다.
9. 9월 30일　거래처로부터 외상대금 중 ₩300,000을 현금으로 받다.

1) 계속기록법에 의한 회계처리

1. 9월 1일　주당 액면금액이 ₩5,000인 보통주식 100주를 주당 ₩6,000에 발행하고 주주로부터 주식대금 전액을 현금으로 납입받다.

(분개)

(차) 현　금	600,000	(대) 자본금	500,000
		주식발행초과금	100,000

(전기)

현금

9/1제좌	600,000		

자본금

		9/1현금	500,000

주식발행초과금

		9/1현금	100,000

2. 9월 2일　상품 ₩300,000을 현금으로 구입하다.

(분개)

(차) 상　품	300,000	(대) 현　금	300,000

(전기)

상품

9/2현금	300,000		

현금

9/1자본금	600,000	9/2상품	300,000

3. 9월 8일　상품 ₩150,000을 외상으로 구입하다.

(분개)

(차) 상　품	150,000	(대) 매입채무	150,000

(전기)

상품			
9/2현금	300,000		
9/8매입채무	150,000		

매입채무			
		9/8상품	150,000

4. 9월 10일 거래처에 ₩100,000의 상품을 ₩200,000에 외상으로 판매하다.

(분개)

(차) 매출채권 200,000 (대) 상품매출 200,000

(차) 매출원가 100,000 (대) 상 품 100,000

(전기)

매출채권			
9/10상품매출	200,000		

상품매출			
		9/10매출채권	200,000

매출원가			
9/10상품	100,000		

상품			
9/2현금	300,000	9/10매출원가	100,000
9/8매입채무	150,000		

5. 9월 12일 잡지에 광고를 내고 광고비 ₩50,000을 현금으로 지급하다.

(분개)

(차) 광고선전비 50,000 (대) 현 금 50,000

(전기)

광고선전비			
9/12현금	50,000		

현금			
9/1자본금	600,000	9/2상품	300,000
		9/12광고선전비	50,000

6. 9월 17일 상품 외상구입대금 중 ₩100,000을 현금으로 지급하다.

(분개)

(차) 매입채무 100,000 (대) 현 금 100,000

(전기)

매입채무

차변		대변	
9/17현금	100,000	9/8상품	150,000

현금

차변		대변	
9/1자본금	600,000	9/2상품	300,000
		9/12광고비	50,000
		9/17매입채무	100,000

7. 9월 22일　거래처에 ₩250,000의 상품을 ₩450,000에 판매하고, 대금 중 ₩150,000은 현금으로 받고 나머지는 외상으로 하다.

(분개)

(차) 현　　금	150,000	(대) 상품매출	450,000
매출채권	300,000		
(차) 매출원가	250,000	(대) 상　　품	250,000

(전기)

현금

차변		대변	
9/1자본금	600,000	9/2상품	300,000
9/22상품매출	150,000	9/12광고비	50,000
		9/17매입채무	100,000

매출채권

차변		대변	
9/10상품매출	200,000		
9/22상품매출	300,000		

상품매출

차변		대변	
		9/10매출채권	200,000
		9/22제좌	450,000

매출원가

차변		대변	
9/10상품	100,000		
9/22상품	250,000		

상품

차변		대변	
9/2현금	300,000	9/10매출원가	100,000
9/8매입채무	150,000	9/22매출원가	250,000

8. 9월 28일　9월분 전기 및 수도요금 ₩30,000을 현금으로 지급하다.

(분개)

(차) 수도광열비	30,000	(대) 현　　금	30,000

(전기)

수도광열비			
9/28현금	30,000		

현금			
9/1자본금	600,000	9/2상품	300,000
9/22상품매출	150,000	9/12광고비	50,000
		9/17매입채무	100,000
		9/28수도광열비	30,000

9. 9월 30일 거래처로부터 외상대금 중 ₩300,000을 현금으로 받다.

(분개)

(차) 현 금 300,000 (대) 매출채권 300,000

(전기)

현금			
9/1자본금	600,000	9/2상품	300,000
9/22상품매출	150,000	9/12광고비	50,000
9/30매출채권	300,000	9/17매입채무	100,000
		9/28수도광열비	30,000

매출채권			
9/10상품매출	200,000	9/30현금	300,000
9/22상품매출	300,000		

계속기록법을 적용하는 경우 분개와 전기가 정확하게 이루어졌는지를 검증하기 위한 수정전합계잔액시산표는 <표 6-4>와 같다.

〈표 6-4〉 수정전합계잔액시산표-계속기록법 적용 시

수정전합계잔액시산표

대박상사 20×1년 9월 1일부터 20×1년 9월 30일까지 (단위: 원)

차변		계정과목	대변	
잔액	합계		합계	잔액
		〈자산〉		
		〈유동자산〉		
		〈당좌자산〉		
570,000	1,050,000	현금및현금성자산	480,000	
200,000	500,000	매출채권	300,000	
		〈재고자산〉		
100,000	450,000	상품	350,000	
		〈부채〉		
		〈유동부채〉		
	100,000	매입채무	150,000	50,000
		〈자본〉		
		자본금	500,000	500,000
		주식발행초과금	100,000	100,000
		〈수익〉		
		상품매출	650,000	650,000
		〈비용〉		
350,000	350,000	매출원가		
50,000	50,000	광고비		
30,000	30,000	수도광열비		
1,300,000	2,530,000	합 계	2,530,000	1,300,000

2) 실지재고조사법에 의한 회계처리

실지재고조사법과 계속기록법의 회계 차이는 상품의 매매가 수반되는 거래에 국한되므로, 해당 거래인 2, 3, 4, 7의 거래에 대해서만 분개와 전기를 살펴보도록 하자.

2. 9월 2일 상품 ₩300,000을 현금으로 구입하다.

(분개)

(차) 매 입 300,000 (대) 현 금 300,000

(전기)

매입			
9/2현금	300,000		

현금			
9/1자본금	600,000	9/2매입	300,000

3. 9월 8일 상품 ₩150,000을 외상으로 구입하다.

(분개)

(차) 매 입 150,000 (대) 매입채무 150,000

(전기)

매입			
9/2현금	300,000		
9/8매입채무	150,000		

매입채무			
		9/8매입	150,000

4. 9월 10일 거래처에 ₩100,000의 상품을 ₩200,000에 외상으로 판매하다.

(분개)

(차) 매출채권 200,000 (대) 상품매출 200,000

(전기)

매출채권			
9/10상품매출	200,000		

상품매출			
		9/10매출채권	200,000

7. 9월 22일 거래처에 ₩250,000의 상품을 ₩450,000에 판매하고, 대금 중 ₩150,000은 현금으로 받고 나머지는 외상으로 하다.

(분개)

(차) 현 금 150,000 (대) 상품매출 450,000
매출채권 300,000

(전기)

현금

차변		대변	
9/1자본금	600,000	9/2매입	300,000
9/22상품매출	150,000	9/12광고비	50,000
		9/17매입채무	100,000

매출채권

차변		대변	
9/10상품매출	200,000		
9/22상품매출	300,000		

상품매출

차변		대변	
		9/10매출채권	200,000
		9/22제좌	450,000

실지재고조사법을 적용하는 경우 분개와 전기가 정확하게 이루어졌는지를 검증하기 위한 수정전합계잔액시산표는 <표 6-5>와 같다.

〈표 6-5〉 **수정전합계잔액시산표-실지재고조사법 적용 시**

수정전합계잔액시산표

대박상사 20×1년 9월 1일부터 20×1년 9월 30일까지 (단위: 원)

차변		계정과목	대변	
잔액	합계		합계	잔액
		〈자산〉		
		〈유동자산〉		
		〈당좌자산〉		
570,000	1,050,000	현금및현금성자산	480,000	
200,000	500,000	매출채권	300,000	
		〈재고자산〉		
0	0	상품	0	
		〈부채〉		
		〈유동부채〉		
	100,000	매입채무	150,000	50,000
		〈자본〉		
		자본금	500,000	500,000
		주식발행초과금	100,000	100,000
		〈수익〉		
		상품매출	650,000	650,000
		〈비용〉		
450,000	450,000	매입		
50,000	50,000	광고비		
30,000	30,000	수도광열비		
1,300,000	2,180,000	합 계	2,180,000	1,300,000

4.2 상품매매기업의 결산회계처리 과정

1) 결산수정분개와 전기

상품매매기업의 일반적 결산수정분개는 서비스업과 동일하다. 다만, 매출원가와 상품의 기말재고액에 대한 결산수정분개는 크게 다르다. 본 장에서는 서비스업과 동일한 결산수정분개는 생략하고, 상품과 관련한 결산수정분개에 대해서만 살펴보기로 한다.

<표 6-3>에 알 수 있듯이, 매출원가에 대한 기록방법이 무엇인지에 따라 결산시점의 회계처리가 달라진다. 계속기록법을 적용하는 기업은 판매 시마다 매출원가를 인식하였기 때문에 결산을 위한 별도의 수정분개 없이 기말의 상품재고액을 장부에 의해 확인할 수 있다. 즉, 포괄손익계산서에 보고되어야 할 수익(매출), 비용(매출원가)과 재무상태표에 보고되어야 할 기말상품재고액을 단일의 '상품계정'을 통해 직접 확인이 가능하다. 반면에 실지재고조사법을 적용하는 기업은 기중에 매출원가를 따로 인식하지 않고 기말 결산시점에 한꺼번에 인식하므로, 기중거래를 기록한 장부를 통해 직접 매출원가나 상품의 기말재고액을 확인할 수가 없다. 따라서 실지재고조사법을 적용하는 기업에서는 매출원가와 기말재고액의 확정을 위한 별도의 결산수정분개가 필요하다.

[예제 6-1]에서 대박상사가 실지재고조사법을 사용하는 경우에만 결산수정분개가 발생하게 된다. 대박상사가 실지재고조사법을 적용하여 매출원가를 기록하고, 9월 30일에 창고에서 남아있는 것으로 확인된 상품의 재고가 ₩90,000이었다고 가정하자. 이 경우 결산수정분개와 전기는 다음과 같다.

① 판매가능재고자산원가를 산정하기 위해 상품 기초이월액을 매출원가계정으로 대체한다. 다만, 대박상사는 9월 1일에 설립되었기 때문에 기초에 이월된 상품재고액이 없다. 따라서 이 분개는 하지 않아도 된다. 단, 기초재고가 있는 경우는 다음과 같이 분개를 하여야 한다.

(차) 매출원가	×××	(대) 상 품	×××

② 판매가능재고자산원가를 산정하기 위해 당기구입액 ₩450,000을 매출원가 계정으로 대체한다.

(차) 매출원가 450,000 (대) 매 입 450,000

매출원가

9/30매입	450,000		

매입

9/2현금	300,000	9/30매출원가	450,000
9/8매입채무	150,000		
	450,000		450,000

③ 실지재고조사를 통해 확인된 기말재고액 ₩90,000을 매출원가의 확정을 위해 상품계정으로 대체한다.

(차) 상 품 90,000 (대) 매출원가 90,000

상품

1/1 전기이월	0		
12/31매출원가	90,000		

매출원가

9/30매입	450,000	9/30상품	90,000

2) 정산표의 작성

실지재고조사법을 적용하는 경우 분개와 전기가 정확하게 이루어졌는지를 검증하기 위한 수정전합계잔액시산표는 생략한다. 다만, 재무제표를 작성하기에 보다 많은 정보를 제공해주는 정산표를 작성해 보면 <표 6-6>과 같다.

〈표 6-6〉 **정산표(10위식)**

정산표

대박상사　　20×1년 9월 1일부터 20×1년 9월 30일까지　　(단위: 천 원)

계정과목	수정전시산표		수정분개		수정후시산표		포괄손익계산서		재무상태표	
	차변	대변	차변	대변	차변	대변	차변	대변	차변	대변
현금	570				570				570	
매출채권	200				200				200	
매입채무		50				50				50
자본금		500				500				500
주식발행초과금		100				100				100
상품매출		650				650		650		
매입	450			ⓐ450	0					
광고비	50				50		50			
수도광열비	30				30		30			
합계	1,300	1,300								
매출원가			ⓐ450	ⓑ90	360		360			
상품			ⓑ90		90				90	
당기순이익							210			210
합계			540	540	1,300	1,300	650	650	860	860

(당기순이익 210 ← 일치 → 210)

* ⓐ: ②의 결산수정분개, ⓑ: ③의 결산수정분개

3) 재무제표의 작성

<표 6-4>와 <표 6-6>을 토대로 계속기록법과 실지재고조사법을 적용할 경우의 대박상사의 재무제표를 작성할 수 있다. <표 6-4>를 이용하여 계속기록법을 적용하였을 경우 대박상사의 포괄손익계산서를 작성하면 <표 6-7>과 같다.

〈표 6-7〉 **계속기록법 적용 시 포괄손익계산서**

포괄손익계산서

대박상사　　20×1년 9월 1일부터 20×1년 9월 30일까지　　(단위: 원)

매출원가	₩350,000	상품매출	₩650,000
광고비	50,000		
수도광열비	30,000		
당기순이익	220,000		
합계	₩650,000	합계	₩650,000

<표 6-6>을 이용하여 실지재고조사법을 적용하였을 경우 대박상사의 포괄손익계산서를 작성하면 <표 6-8>과 같다.

〈표 6-8〉 실지재고조사법 적용 시 포괄손익계산서

포괄손익계산서

대박상사 | 20×1년 9월 1일부터 20×1년 9월 30일까지 | (단위: 원)

차변	금액	대변	금액
매출원가	₩360,000	상품매출	₩650,000
광 고 비	50,000		
수도광열비	30,000		
당기순이익	**210,000**		
합 계	₩650,000	합 계	₩650,000

여기서 계속기록법 적용 시 매출원가와 실지재고조사법 적용 시의 매출원가는 차이가 존재한다. 그 이유는 계속기록법에서는 상품 판매 시마다 정확한 매출원가를 계산하여 장부상에 인식하는데 반해 실지재고조사법은 기말 결산시점에서 창고에 남아있는 상품재고액을 기말상품잔액으로 보아 판매가능한 재고자산원가에서 기말상품재고액을 차감한 잔액을 매출원가로 인식하기 때문이다.

계속기록법을 적용하는 기업도 주기적으로 상품에 대한 실지재고조사를 수행하는데, 이 경우 장부상 상품재고액과 실제 창고에 존재하는 상품에 차이가 있는 경우는 별도의 '재고자산감모손실'에 대한 수정분개를 하여야 한다. 이에 대해서는 7장에서 보다 자세하게 설명할 것이다.

한편, <표 6-4>를 이용하여 계속기록법을 적용하였을 경우 대박상사의 재무상태표를 작성하면 <표 6-9>와 같다.

〈표 6-9〉 계속기록법 적용 시 재무상태표

재무상태표

대박상사 | 20×1년 9월 1일부터 20×1년 9월 30일까지 | (단위: 원)

차변	금액	대변	금액
현 금	₩570,000	매입채무	₩50,000
매출채권	200,000	자 본 금	500,000
상 품	100,000	주식발행초과금	100,000
		이익잉여금	220,000
합 계	₩870,000	합 계	₩870,000

<표 6-6>을 이용하여 실지재고조사법을 적용하였을 경우 대박상사의 재무상태표를 작성하면 <표 6-10>과 같다.

〈표 6-10〉 실지재고조사법 적용 시 재무상태표

재무상태표

대박상사 20×1년 9월 1일부터 20×1년 9월 30일까지 (단위: 원)

차변	금액	대변	금액
현 금	₩570,000	매입채무	₩50,000
매출채권	200,000	자 본 금	500,000
상 품	90,000	주식발행초과금	100,000
		이익잉여금	210,000
합 계	₩860,000	합 계	₩860,000

4) 장부의 마감

장부의 마감을 위한 분개와 장부마감 방법은 5장에서 학습한 서비스기업의 장부마감 방법과 동일하다. 먼저 수익과 비용계정을 집합손익계정으로 모으기 위한 마감분개를 행한 후 수익과 비용계정을 마감하고, 집합손익계정을 통해 당기순이익을 계산하여 이익잉여금으로 대체시키는 마감분개를 하면 집합손익은 자동으로 마감이 된다. 이렇게 집합손익계정의 마감이 완료되면 기말 이익잉여금이 확정되어 재무제표 요소인 자산, 부채, 자본계정의 마감이 가능해진다. [예제 6-1]에서 계속기록법을 적용하였을 경우 관련된 각 계정에 대한 마감절차는 다음과 같다.

(1) 수익과 비용계정의 마감 및 마감분개

수익계정은 잔액이 항상 대변에 남으므로, 장부마감을 위해서는 대변의 잔액과 동일한 금액을 차변에 기록하고 '집합손익'이라고 표시한다. 이에 대한 마감분개와 전기를 하면 다음과 같다.

(차) 상품매출 650,000 (대) 집합손익 650,000

상품매출

차변		대변	
9/30집합손익	650,000	9/10매출채권	200,000
		9/22제좌	450,000
	650,000		650,000

집합손익

차변		대변	
		9/30상품매출	650,000

비용계정은 잔액이 항상 차변에 남으므로, 차변 잔액과 동일한 금액을 대변에 기록하고 '집합손익'이라고 표시한다. 비용계정에 대한 마감분개와 전기는 다음과 같다.

(차) 집합손익 350,000 (대) 매출원가 350,000

매출원가

차변		대변	
9/10상품	100,000	9/30집합손익	350,000
9/22상품	250,000		
	350,000		350,000

집합손익

차변		대변	
9/30매출원가	350,000	9/30상품매출	650,000

(차) 집합손익 50,000 (대) 광고선전비 50,000

광고선전비

차변		대변	
9/12현금	50,000	9/30집합손익	50,000

집합손익

차변		대변	
9/30매출원가	350,000	9/30상품매출	650,000
9/30광고선전비	50,000		

(차) 집합손익 30,000 (대) 수도광열비 30,000

수도광열비

차변		대변	
9/28현금	30,000	9/30집합손익	30,000

집합손익

차변		대변	
9/30매출원가	350,000	9/30상품매출	650,000
9/30광고선전비	50,000		
9/30수도광열비	30,000		

집합손익계정으로부터 당기순이익을 계산하여 이익잉여금으로 대체하는 마감분개는 다음과 같다.

(차) 집합손익 220,000 (대) 이익잉여금 220,000

집합손익

차변		대변	
9/30매출원가	350,000	9/30상품매출	650,000
9/30광고비	50,000		
9/30수도광열비	30,000		
9/30이익잉여금	220,000		
	650,000		650,000

이익잉여금

차변		대변	
		9/30집합손익	220,000

(2) 자산, 부채 및 자본계정의 마감

자산계정은 잔액이 항상 차변에 남으므로, 장부 마감을 위해서는 차변의 잔액과 동일한 금액을 대변에 기록하고 '차기이월'이라고 표시한다. 이는 자산의 경우 한 회계기간 동안만 사용되는 임시계정이 아니라 여러 회계기간에 걸쳐 사용되는 영구계정이기 때문에 당해 연도의 잔액을 이월하여 다음 기간의 자원으로 활용하기 위한 것이다. 자산계정들을 마감과 이월하면 다음과 같다.

현금

차변		대변	
9/1자본금	600,000	9/2상품	300,000
9/22매출	150,000	9/12광고비	50,000
9/30매출채권	300,000	9/17매입채무	100,000
		9/28수도광열비	30,000
		9/30차기이월	570,000
	1,050,000		1,050,000
10/1전기이월	570,000		

매출채권

차변		대변	
9/10매출	200,000	9/30현금	300,000
9/22매출	300,000	9/30차기이월	200,000
	500,000		500,000
10/1전기이월	200,000		

상품

차변		대변	
9/2현금	300,000	9/10매출원가	100,000
9/8매입채무	150,000	9/22매출원가	250,000
		9/30차기이월	100,000
	450,000		450,000
10/1전기이월	100,000		

부채와 자본계정의 잔액은 항상 대변에 남는다. 따라서 장부마감을 위해서는 대변의 잔액과 동일한 금액을 차변에 기록하고 '차기이월'이라고 표시한다. 자산계정과 마찬가지로 영구계정으로 당해 기간에 이행하지 못한 채무는 다음 기간 이후에 상환해야 할 것이고, 투자자들이 가져가지 않고 기업 내부에 유보해 둔 자본은 언젠가 주주들이 가져갈 몫으로 유지하고 있어야 한다. 부채와 자본계정들의 마감과 이월은 다음과 같다.

매입채무

9/17현금	100,000	9/8상품	150,000
9/30차기이월	50,000		
	150,000		150,000
		10/1전기이월	50,000

자본금

9/30차기이월	500,000	9/1현금	500,000
		10/1전기이월	500,000

주식발행초과금

9/30차기이월	100,000	9/1현금	100,000
		10/1전기이월	100,000

이익잉여금

9/30차기이월	220,000	9/30집합손익	220,000
		10/1전기이월	220,000

5 상품매매기업의 회계순환과정 종합

본 장에서 학습한 상품매매기업의 회계순환과정에 대해 요약 정리하면 다음과 같다. 상품매매기업의 회계순환과정도 일반기업과 마찬가지로 한 회계기간 동안 발생한 거래나 사건을 다루는 기중거래에 대한 회계처리 과정과 재무제표 작성을 위한 결산회계처리 과정으로 구분한다.

상품매매기업의 회계처리는 상품매출에 대한 매출원가의 인식시점을 어느 시점으로 하는지에 따라 기중거래와 결산회계처리 과정의 내용이 달라진다. 상품매매거래를 제외한 모든 거래나 사건에 대한 회계처리 과정은 서비스기업과 동일하다.

매출원가의 인식시점에 따른 기록방법으로는 ① 판매시점마다 매출원가를 인식하는 계속기록법과 ② 판매시점에서는 매출원가를 별도로 인식하지 않고 결산시점에 한꺼번에 인식하는 실지재고조사법이 있다. 계속기록법하에서는 상품매매거래에 대한 회계처리가 일상적으로 발생하는 기중거래에 해당되어 결산수정분개를 하지 않지만, 실지재고조사법은 매출원가 계산을 위한 결산수정분개가 반드시 필요하다.

상품의 매매거래를 제외한 나머지 거래나 사건의 회계처리 및 모든 회계순환과정은 서비스기업들과 동일하다. [그림 6-2]는 상품매매기업의 매출원가 인식에 대한 흐름도이다.

[그림 6-2] **상품매매기업의 매출원가 인식 흐름도**

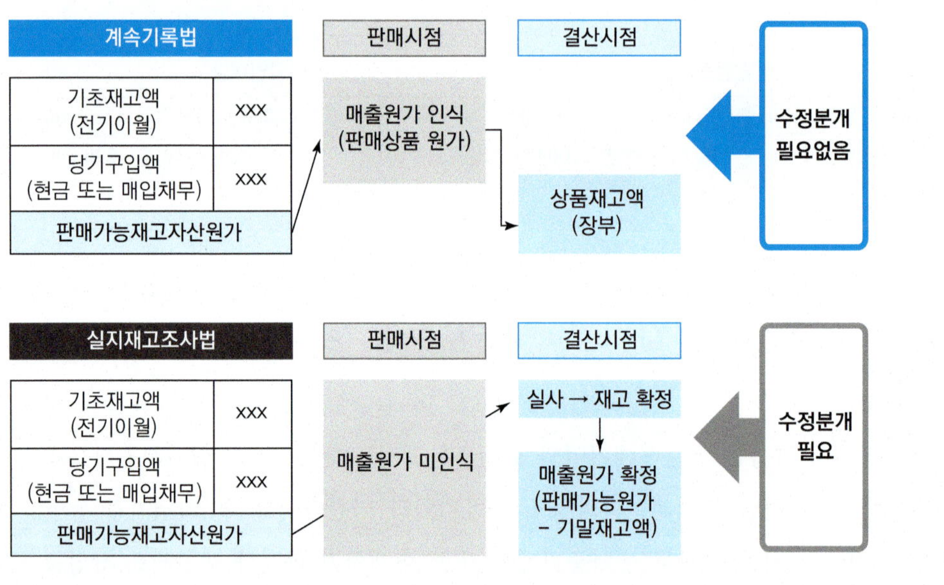

개념정리 문제

CONCEPTUAL **QUESTIONS**

1. 상품매매기업과 제조기업의 차이에 대해 설명하라.
2. 상품매매기업의 회계특성에 대해 설명하라.
3. 상품매매기업의 재고자산 회계의 특성에 대해 설명하라.
4. 계속기록법에서 매입, 매출에 대한 기록이 어떻게 이루어지는지 설명하라.
5. 실지재고조사법에서 매입, 매출에 대한 기록이 어떻게 이루어지는지 설명하라.
6. 계속기록법과 실지재고조사법의 차이를 설명하라.

PART

02

계정별 회계처리

CHAPTER 07

재고자산

IFRS ACCOUNTING PRINCIPLES

학습목표

본 장에서는 재고자산에 대한 회계처리를 다룬다.

재고자산은 유동자산으로 기업이 정상적인 영업활동과정에서 판매 목적으로 보유하거나 판매를 목적으로 기업이 직접 생산 중에 있는 자산뿐만 아니라 생산과정에 사용될 원재료나 소모품을 말한다. 재고자산은 판매를 통해 수익에 대응하는 비용인 매출원가로 인식되면서 영업이익의 주요 구성요소가 된다. 따라서 재고자산에 대한 회계처리의 이해는 기업이 제공하는 회계정보를 이해하는데 필수적이라고 할 수 있다. 본 장에서는 재고자산의 취득원가와 기록방법, 원가흐름의 가정에 따른 원가배분과 저가평가를 중심으로 학습한다.

본 장에서는 구체적으로 다음과 같은 내용들이 학습목표이다.

1. 재고자산의 정의와 종류에 대해 서술할 수 있다.
2. 재고자산의 취득원가를 외부구입과 자체 생산으로 구분하여 계산할 수 있다.
3. 재고자산의 기록방법에 대해 서술할 수 있다.
4. 재고자산의 원가흐름의 가정에 따른 원가배분을 할 수 있다.
5. 재고자산의 저가평가에 대한 회계처리를 할 수 있다.
6. 추정에 의한 재고자산의 평가에 대한 회계처리를 할 수 있다.

들어가며

재고자산으로 어떻게 비자금을 조성했을까?

최근 이명박 전 대통령에 대한 검찰 수사가 진행되고 있다. 여러 가지 의혹이 제기되고 있는 가운데 다스라는 자동차 부품회사의 비자금도 수사 대상이 되고 있다. 지난 주말 언론에서는 "분식회계를 통해 매년 수억 원에서 수십억 원씩 조성한 비자금의 규모가 350억 원에 이른다"고 보도했다.

언론이 보도한 문장을 한번 살펴볼 필요가 있다. 회계사 입장에서 볼 때 언론이 언급한 내용은 선후가 바뀌어 있다는 생각이 든다. 분식회계로 비자금을 조성할 수는 없다. 회계는 발생한 사실을 기록하는 것이지 돈을 만들어 낼 수 없기 때문이다. 좀 더 사실에 가까운 문구로 수정한다면 "회사의 자금을 매년 수억 원에서 수십억 원씩 빼돌려 비자금을 조성한 후 분식회계로 이를 숨겨왔다"가 보다 사실에 근접한 내용이다.

"다스는 재고조정을 했었어요. 매년 적게는 10억에서 많게는 30억, 40억까지. 당기순이익을 그만큼 줄였다고 보시면 돼요."

재고조정을 통해 매년 당기순이익을 조정해왔다는 진술이다. 재고는 재무상태표에 재고자산으로 기록된다. 그렇다면 재무상태표에 기록되는 재고자산을 조정해서 어떻게 당기순이익을 조정할 수 있을까? 손익계산서의 매출원가 항목을 들여다보자.

Ⅱ. 매출원가		23,724,370,711
(1) 제품매출원가	22,208,346,519	
1. 기초제품재고액	2,159,376,341	
2. 당기제품제조원가	22,994,411,364	
3. 타계정대체액	(180,070,348)	
4. 관세환급	(79,998,700)	
5. 기말제품재고액	(2,685,372,138)	

위 표를 들여다보면 더해주는 것과 빼주는 것들이 있다. 이것이 매출원가를 계산하는 방법이다. 매출원가는 '기초재고+당기제품제조원가-기말재고'로 계산된다. 기초재고와 당기제품제조원가가 변하지 않는다고 생각하고 기말재고의 크기를 늘려보기도 하고 줄여보기도 해보자. 기말재고를 늘리면 빼는 금액이 커지기 때문에 매출원가가 작아진다. 반대로 재고자산을 줄여보자. 그렇다면 빼는 금액이 작아

지기 때문에 매출원가가 커지게 된다. 즉, 매출원가는 비용이기 때문에 매출원가가 커지면 당기순이익이 줄어들고 매출원가가 작아지면 그만큼 당기순이익이 늘어나게 된다.

올해 새로 시작한 회사라서 기초재고가 없고 당기제품제조원가로 100원이 투입되었다고 생각해 보자. 회사의 기말재고자산은 50원이 남았다. 그렇다면 이 회사의 매출원가는 얼마일까? 100원에서 50원을 빼니 매출원가는 50원이다.

그런데 이 회사의 회장이 비자금으로 20원을 빼가고 나서 경리부장에게 알아서 하라고 지시했다. 회사의 현금(자산)이 20원 증발했으니 그 돈을 어디서 벌충할지 고민하던 경리부장은 20원만큼 비용을 늘려야겠다고 생각했다. 경험이 많은 경리부장은 고민 끝에 회계감사에서도 적발하기 힘든 매출원가를 늘려야겠다고 생각했다. 경리부장은 어떻게 했을까? 위의 산식을 생각해 보면 쉽다. 기말재고자산을 실제보다 20원만큼 더 작게 표시하면 된다. 그러면 매출원가가 20원 늘어난다. 즉, 비자금으로 회사에서 돈을 가져간 만큼 재고자산을 더 많이 사용한 것으로 처리한 것이다.

(자료 출처: 매일경제(2018.3.20.), “재고자산을 이용한 분식회계… 다스의 비자금 조성 방법”)

1 재고자산의 의의

기업이 보유하고 있는 자산이 동일한 자산이라고 하더라도 해당 자산의 보유 목적이 무엇인지에 따라 자산의 분류가 달라진다.

재고자산(inventory)은 기업이 정상적인 영업활동 과정에서 '판매'를 목적으로 보유하거나 판매를 위하여 기업이 직접 생산 중인 자산 또는 생산에 사용되기 위해 대기 중인 원재료와 소모품 등을 말한다. 이러한 재고자산의 종류는 기업이 어떤 영업활동을 하는지에 따라 달라진다. 앞에서 학습하였던 상품매매기업, 즉 유통업을 영위하는 기업에서는 판매를 목적으로 하는 재고자산만 존재하며, 이를 '상품(merchandise)'이라고 부른다. 하지만 판매용 재화를 직접 생산하는 제조기업은 판매 목적의 재고자산뿐만 아니라 생산 중에 있거나 생산에 직접 사용하기 위해 재고자산을 보유한다. 즉, 제조기업은 판매 목적의 '제품(finished goods)'과 생산에 사용하기 위해 대기 중인 원재료(raw materials), 생산과정 중에 있는 '재공품(work in process)'으로 불리는 재고자산을 보유한다. 그리고 용역제공을 주된 영업활동으로 하는 기업에서는 재고자산을 보유하는 경우가 거의 없으므로, 재고자산 회계에서 자유로운 편이다.

<표 7-1>은 기업에서 주로 사용되는 재고자산의 종류에 대한 설명을 요약한 것이다.

〈표 7-1〉 **기업의 영업활동과 재고자산의 종류**

기업유형	재고자산 종류	내 용
상품매매기업	상 품	외부로부터 구매하여 추가 가공 없이 판매 목적으로 보유하는 재고자산
제품제조기업	제 품	직접 제조 · 생산하여 판매를 목적으로 보유하는 재고자산
	반제품	직접 생산과정에서 추가적인 가공과정을 거치기 위해 대기 중인 재고자산으로, 완성품이 아닌 점에서는 제품과 다르고, 현재 상태로 판매가 가능하다는 점에서는 재공품과 다르다.
	재공품	제품을 생산하기 위한 제조과정 중에 있는 재고자산
	원재료	제품 생산에 사용하기 위해 보유하고 있는 원료 및 재료
	소모품	제품 생산과정에 부수적으로 사용되는 소모성의 재고자산

[그림 7-1] **영업활동 유형과 재고자산의 분류**

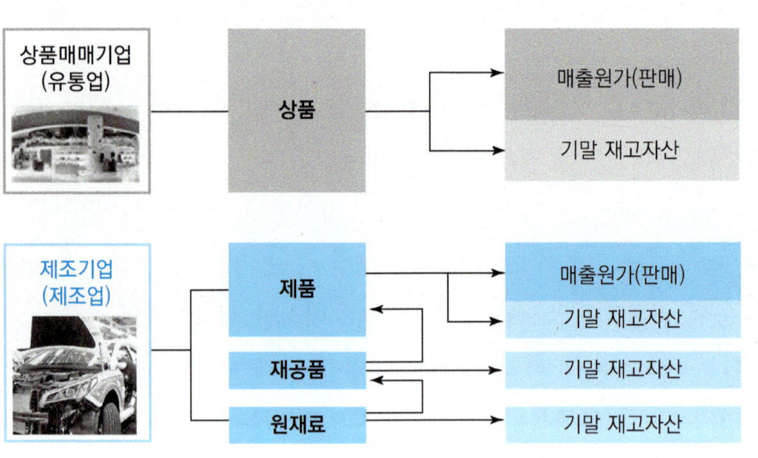

[그림 7-1]은 기업의 영업활동 유형과 보유목적에 따른 재고자산의 분류를 나타낸 것이다.

재고자산의 분류는 해당 기업의 주요한 영업활동이 무엇인지와 보유목적에 따라 달라짐을 주의해야 한다. 예를 들어, 부동산을 건설하여 판매하는 건설업의 경우 아파트를 지어서 분양하기 위해 보유하는 토지는 '용지'라는 계정을 사용하는 '재고자산'에 해당한다. 하지만 건설업을 영위하는 기업이 본사 사옥을 짓기 위해 보유하는 토지는 영업활동에 사용하기 위한 목적으로 보유하기 때문에 '토지'라는 '유형자산'에 해당한다. 따라서 동일한 자산이라도 자산의 분류기준은 해당 기업이 어떤 영업활동을 하는지와 해당 자산을 어떤 목적으로 보유하는지에 따라 달라진다. 그리고 이러한 분류기준에 의해 기업의 회계정보 내용이 완전히 다른 내용으로 제공되기 때문에 재고자산의 분류기준에 대한 명확한 이해가 필요한 것이다.

재고자산 회계처리의 중요한 시점은 취득 시점과 판매 시점, 그리고 기말 시점이다. 취득 시점에서는 취득원가를 얼마로 측정할 것인가의 회계처리 문제가 발생한다. 즉, 재고자산 취득과정에서 발생한 지출 중 어느 범위까지를 취득원가에 포함할 것인가의 문제이다. 판매 시점에서의 가장 중요한 회계처리 문제는 판매가능한 재고자산원가 중 판매에 따른 매출원가를 얼마로 측정하여 인식할 것인가의 문제가 발생한다. 그리고 기말 시점의 주요 회계처리는 재무상태표에 보고할 기말 재고자산을 얼마로 측정할 것인가의 문제가 발생한다.

[그림 7-2]는 각 시점별 재고자산에 대한 주요한 회계처리 사항을 요약한 것이다.

[그림 7-2] **재고자산의 시점별 주요 회계처리**

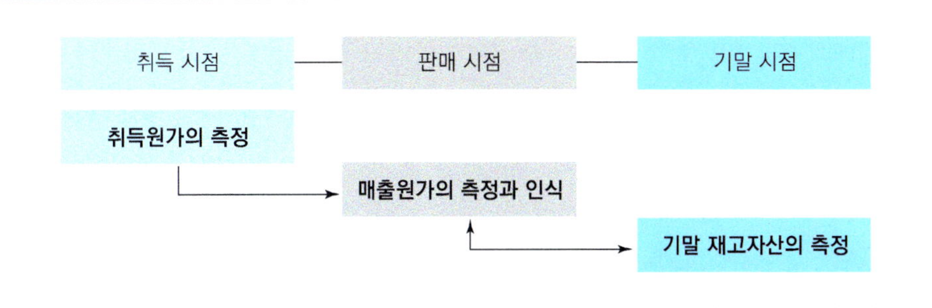

다른 측면에서 재고자산에 대한 회계처리는 궁극적으로 재무제표에 매출원가와 기말재고액을 어떻게 보고할 것인가의 문제이다. 따라서 매출원가와 기말재고액을 결정하는 것이 재고자산 회계의 핵심이다. 이를 위해서는 재고자산의 정확한 수량 파악과 금액을 측정하는 것이 중요하다. 즉, 매출원가는 (매출수량 × 단위당 원가)로 측정이 되고, 기말재고액은 (재고수량 × 단위당 원가)로 계산되기 때문이다.

[그림 7-3]은 재고자산 회계의 주요 내용을 요약한 것이다.

[그림 7-3] **재고자산 회계의 주요 내용**

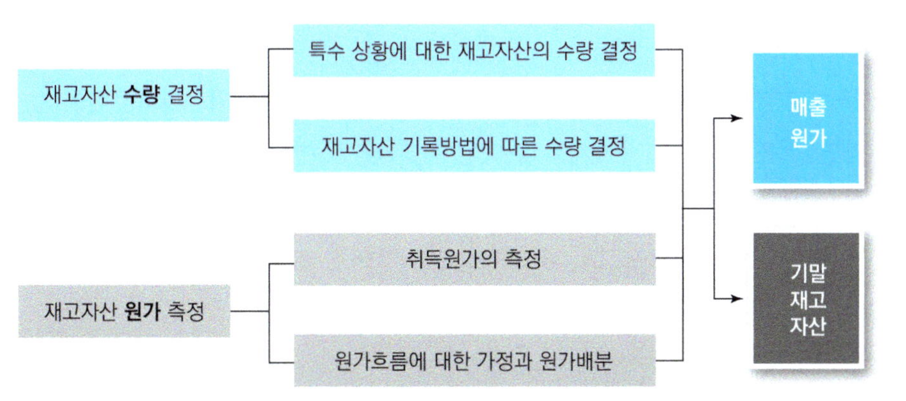

 재고자산의 수량 결정

2.1 재고자산 포함 범위의 결정

재고자산의 매매거래는 회계기간 내내 연속적으로 이루어지며, 결산일에서조차도 매매거래는 활발히 이루어질 수 있다. 따라서 일상적으로 빈번하게 일어나는 재고자산 매매거래에서 재고자산의 소유권이 판매자와 구매자 중 누구에게 있는지는 매우 중요한 사항이 된다. 즉, 재고자산 매매에 따른 소유가 누구에게 귀속되는지에 따라 매출원가와 기말 재고자산액이 달라지기 때문이다. 이와 같이 특정 기간에서의 재고자산 매매거래와 관련하여 재무제표에 보고하여야 할 재고자산에 포함되는지의 여부는 법적 소유권 이전 여부나 계약조건, 소유에 따른 위험부담 여부에 따라 결정된다.

기업에서 자주 나타나는 재고 관련 특수상황에서의 재고자산의 포함 여부를 살펴보면 다음과 같다.

1) 미착품

미착품(goods in transit)이란 결산일 현재 운송 중에 있어서 아직 도착하지 않은 상품이나 원재료를 말하며, '운송중인 재고자산'이라고도 부른다. 미착품의 경우 재고자산의 귀속은 계약조건에 따라 결정되며, 운송계약조건은 '선적지 인도기준(FOB shipping point)'과 '목적지 인도기준(FOB destination)'이 자주 사용된다.

선적지 인도기준은 판매자가 수출항의 본선 선상에 선적을 마침으로써 재고자산 인도에 대한 모든 의무를 이행하게 되는 운송계약조건으로, 재고자산이 운송 중이라면 소유권은 구매자에게로 귀속된다. 따라서 판매자는 재고자산을 판매한 것으로, 구매자는 재고자산을 구매한 것으로 회계처리가 이루어져야 한다. 즉, 선적지 인도기준으로 재고자산의 매매거래가 이루어진 경우, 운송 중인 재고자산은 구매자의 재고자산에 포함되어야 한다.

목적지 인도기준은 매매계약상 지정된 목적지에 도착한 시점에서 판매자의

[그림 7-4] FOB 선적지 인도조건과 FOB 목적지 인도조건

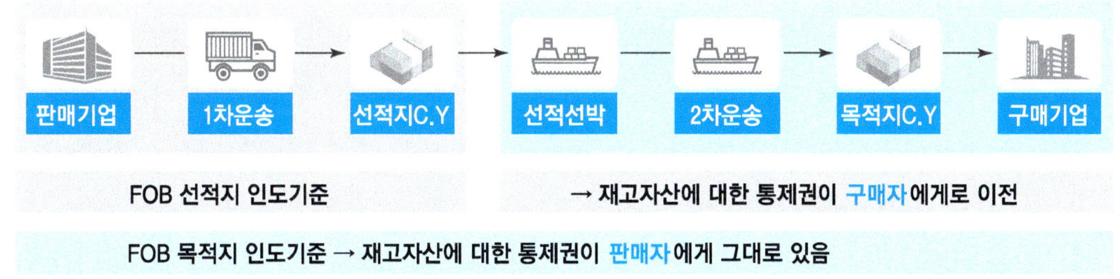

* C.Y : Container Yard, 선사가 컨테이너를 집적, 보관, 장치하는 항만 근처 지역에 있는 야적장

재고자산 인도에 대한 모든 의무 이행이 종료되는 운송계약조건으로, 재고자산이 운송 중이라면 소유권은 판매자에게로 귀속된다. 따라서 판매자는 해당 매매거래 대상의 재고자산을 판매한 것으로 회계처리할 수 없고, 구매자도 구매한 것으로 회계처리할 수 없다. 즉, 목적지 인도기준으로 재고자산의 매매거래가 이루어진 경우, 운송 중인 재고자산은 판매자의 재고자산에 포함되어야 한다.

[그림 7-4]는 가장 일반적으로 사용되는 FOB 선적지 인도조건과 FOB 목적지 인도조건을 나타낸 것이다.

2) 시송품

시송품(sales on approval)은 기업이 고객에게 상품이나 제품을 먼저 인도하고 고객이 사용해 본 후 매입하겠다는 의사표시를 하면 매매가 완료되는 거래에서의 재고자산을 말한다. 이를 '시용판매(approval sales)'라고 하는데, 판매기업이 소유권의 이전 없이 고객에게 재고자산을 물리적으로 이전한 거래이므로, 고객이 구매의사를 표시하는 시점에서 매출을 인식할 수 있다. 즉, 시송품은 고객이 구매의사를 표시하기 전까지는 판매자의 재고자산에 포함되어야 한다.

3) 적송품

적송품(consigned goods)은 위탁판매(consignment sales)에서 위탁자(판매자)가 재고자산을 수탁자(판매대리인)에게 위탁하여 판매하기 위해 전달한 재고자산을 말

한다. 위탁자의 입장에서 볼 때, 적송품은 판매한 재고자산이 아니라 판매의 위탁을 위해 수탁자에게 보낸 재고자산이다. 즉, 수탁자의 입장에서 볼 때, 적송품은 자신이 대가를 지불하고 구매한 재고자산이 아니라 타인으로부터 판매를 위탁받아 일시 보관하는 타인의 재고자산이다. 수탁자는 위탁판매용 재고자산에 대한 아무런 법적 소유권이 없으며 단지 판매대행에 따른 수수료를 목적으로 하기 때문이다. 위탁판매에서 수익의 인식은 수탁자가 재고자산을 판매한 시점에 이루어진다. 따라서 적송품은 수탁자가 판매하기 전까지는 위탁자의 재고자산에 포함되어야 한다. 그리고 적송품은 판매를 위해 위탁자가 수탁자에게 운송하는 과정에서 운반비가 발생하게 되는데, 이를 '적송운임'이라고 하며 적송품의 원가에 포함하여야 한다.

4) 재구매조건부 판매

재구매조건부 판매(sales with buyback agreement)는 판매 후 일정기간이 지나 판매자가 당해 상품을 구매자로부터 재구매하는 조건으로 이루어지는 판매를 말한다. 이는 기업이 상품이나 제품을 실질적으로 판매한 것이 아니라 일시적으로 제품을 담보로 자금을 조달한 형태의 거래에 해당한다. 즉, 법적으로 재고자산에 대한 소유권이 판매자에게서 구매자에게로 이전되지만, 재구매조건으로 인해 구매자가 해당 재고자산에 대한 완전한 통제권을 갖는다고 보기 어려우므로, 거래의 경제적 실질은 재고자산을 매개로 한 차입거래에 해당한다. 따라서 재구매조건부 판매는 경제적 실질에 따라 '차입거래'로 인식해야 하며, 관련 재고자산은 판매자의 재고자산에 포함되어야 한다.

5) 반품 가능 재고자산

기업의 거래는 매우 다양한 형태로 발생한다. 재고자산의 경우도 마찬가지이다. 재고자산을 판매한 후 일정기간 내로 반품이 가능한 계약조건이 부여된 판매거래에서의 재고자산은 다음과 같은 방법으로 회계처리가 가능하다.

① 과거의 경험이나 기타 관련 상황들에 근거하여 반품금액이나 반품률을 신뢰성있게 추정할 수 있는 경우는 판매한 시점에 추정되는 반품금액을 차감

한 금액에 대해 수익을 인식할 수 있다. 즉, 재고자산의 소유권이 판매자에게서 구매자에게로 이전되어 구매자의 재고자산에 포함되어야 한다.

② 반품금액이나 반품률을 신뢰성있게 추정할 수 없는 경우에는 구매자가 상품의 인수를 수락하거나 정해진 반품기간이 종료된 시점에 수익을 인식할 수 있다. 따라서 수익 인식시점까지 관련 재고자산은 판매자의 재고자산에 포함되어야 한다.

6) 특별주문에 의해 생산된 재고자산

구매자의 요청에 의해 특별주문 제작한 재고자산(제품)은 생산이 완료된 시점에 구매자에게 소유권이 이전되는 것으로 본다. 즉, 특별주문 제작한 재고자산의 생산 완료는 구매자의 검수과정이 종료된 상황으로, 일반적으로 해당 재고자산은 주문자 이외의 구매자에게는 판매가 불가능한 경우가 많기 때문이다. 따라서 특별주문에 의해 생산된 재고자산은 구매자의 사정으로 인도가 지연되더라도 구매자의 재고자산에 포함되어야 한다.

<표 7-2>는 특수한 상황에서의 재고자산의 귀속을 요약한 것이다.

〈표 7-2〉 **특수한 상황에서의 재고자산의 귀속**

재고 위치	거래유형	판매자 귀속	구매자 귀속	비 고
기업 내부	특별주문 생산재고		○	생산완료 시
기업 외부	미착품(운송 중 재고)		○	선적지 인도조건
		○		목적지 인도조건
	시송품(시용판매)		○	구매의사 표시
		○		구매의사 미표시
	적송품(위탁판매)	○		수탁자 판매 전까지
	재구매조건부 판매	○		
	반품조건부 판매		○	반품금액(률) 추정 가능
		○		반품금액(률) 추정 불가능

다음 [예제 7-1]을 통해 특수상황에서의 재고자산이 판매자와 구매자 중 누구의 재고자산에 포함되는지에 대해 자세하게 학습해 보자.

예제 7-1 [재고자산 포함 범위의 결정]

㈜삼방(결산일: 12/31)은 재고자산을 실지재고조사법에 따라 기록하고 있으며, 20×1년 12월 31일에 재고실사를 통해 상품 기말재고액이 ₩3,785,000임을 확인하였다. 그리고 20×1년 12월 31일 현재 거래처로부터 운송 중인 상품은 다음과 같다.

- 12월 10일에 일본 소재 거래처로부터 FOB 목적지 인도기준으로 상품 ₩2,570,000을 매입하였다. 거래처는 12월 18일에 동 상품을 선적장소에 인도하고 매출송장을 ㈜삼방에 발송하였다. 동 상품은 거래처가 지정한 선적회사에 의해 12월 19일 선적을 완료하였으며, 12월 31일 현재 운송 중으로, 20×2년 1월 3일에 목적지인 부산항에 도착할 예정이다.
- 12월 16일에 미국의 코코㈜로부터 FOB 선적지 인도기준으로 상품 ₩1,625,000을 매입하였다. 코코㈜는 해당 상품을 선적장소에 인도하였으며, ㈜삼방에 매출송장을 발송하였다. ㈜삼방이 지정한 선적회사에 의해 12월 23일에 선적을 완료하고, 12월 31일 현재 운송 중으로, 20×2년 1월 9일에 목적지인 ㈜삼방의 부산물류센터에 도착할 예정이다.
- 12월 18일에 시용판매를 위해 고객들에게 발송한 상품은 ₩780,000이며, 이 중 40%에 해당하는 상품에 대해서는 12월 31일 현재까지 고객으로부터 구매의사 표시가 없었다.
- 12월 21일에 어방㈜에 상품 ₩1,500,000에 대한 판매를 위탁하고, 적송운임 ₩10,000은 현금으로 지급하였다. 12월 31일 현재 어방㈜로부터 70%에 해당하는 상품이 판매되었다는 보고를 받았다.
- 12월 28일에 2개월 후 재구매하는 조건으로 인제㈜에 취득원가 ₩3,500,000인 상품을 ₩5,000,000에 현금으로 판매하였다.

요구사항

1. 위의 각 상황에 대한 재고자산 포함 여부를 설명하라.
2. 20×1년 12월 31일 현재 ㈜삼방의 정확한 기말재고액을 구하라.

1. 재고자산 포함 여부

- 12월 10일의 거래는 운송계약조건이 FOB 목적지 인도조건으로, 계약상 지정된 목적지에 도착한 시점에 판매자의 재고자산 인도에 대한 모든 의무가 완료되고 해당 거래를 매출(수익)로 인식할 수 있다. 그러므로 12월 31일 현재 운송 중인 상품 ₩2,570,000은 판매자의 재고자산에 포함된다.
- 12월 16일의 거래는 운송계약조건이 FOB 선적지 인도조건으로, 코코㈜는 수출항의 본선 선상에 선적을 마침으로써 재고자산 인도에 대한 모든 의무를 완료하고 해당 거래를 매출로 인식할 수 있다. 그러므로 12월 31일 현재 운송 중인 상품 ₩1,625,000은 구매자인 ㈜삼방의 재고자산에 포함된다.
- 12월 18일의 시용판매와 관련한 상품은 고객으로부터 구매의사표시가 있는 시점에 매출로 인식하므로, 12월 31일 현재 구매의사를 표시하지 않은 상품 ₩312,000(₩780,000×40%)은 ㈜삼방의 재고자산에 포함된다.
- 12월 21일의 위탁판매 관련 상품(적송품)은 수탁자인 어방㈜가 판매한 시점에 매출로 인식하여야 하므로, 12월 31일 현재 어방㈜가 판매하지 않은 상품 ₩453,000(₩1,510,000×30%)은 ㈜삼방의 재고자산에 포함된다.
- 12월 28일의 재구매조건부 판매는 거래의 경제적 실질이 차입거래에 해당하므로, 매출로 인식할 수 없다. 따라서 12월 31일 현재 동 상품의 원가 ₩3,500,000은 ㈜삼방의 재고자산에 포함하여야 한다.

2. 20×1년 12월 31일의 정확한 재고자산

구 분	금 액	비 고
• 12/31 현재 장부상 상품재고액	₩3,785,000	
• 12/10 FOB 도착지 인도기준	0	판매자의 재고자산
• 12/16 FOB 선적지 인도기준	1,625,000	
• 12/18 시용판매(시송품)	312,000	구매의사 미표시분
• 12/21 위탁판매(적송품)	453,000	수탁자 미판매분
• 12/28 재구매조건부 판매	3,500,000	차입거래
12/31의 정확한 상품재고액	₩9,675,000	

2.2 재고자산의 기록방법

기업회계기준에서는 매출원가의 기록방법을 계속기록법과 실지재고조사법으로 구분하고 있다. 계속기록법은 매출이 이루어지는 시점마다 매출원가를 계산하는 방법이고, 실지재고조사법은 매출원가의 기록을 결산시점에 한 번만 계산하는 방법이다.

1) 계속기록법

계속기록법(perpetual inventory system)은 매출이 발생할 때마다 매출원가를 기록하는 방법이다. 상품의 구입이나 제품의 완성시점과 판매시점에서 재고자산의 수량과 구입가격을 상품 또는 제품계정과 매출원가계정을 통해 일일이 기록하는 방법으로, 기중 언제라도 재고자산의 수량과 단가의 파악이 가능하다.

계속기록법에서는 재고자산의 판매가 이루어지면 매출을 인식함과 동시에 매출원가도 인식한다. 따라서 계속기록법에서의 매출원가에 대한 인식은 기중거래의 회계처리 과정에 해당된다. 예를 들어, 인제㈜가 7월 1일에 개업하면서 상품 100개를 개당 @₩1,000에 현금으로 구매하여 7월 10일에 개당 @₩1,500에 50개를 현금으로 판매하였다고 가정하자. 계속기록법에 의해 '상품'과 '매출원가'를 기록하는 경우의 회계처리는 다음과 같다.

- 7월 1일의 회계처리

(차) 상　품　100,000　(대) 현　금　100,000

- 7월 10일의 회계처리(매출 인식 분개)

(차) 현　금　75,000　(대) 매　출　75,000

- 7월 10일의 회계처리(매출원가 인식 분개)

(차) 매출원가　50,000　(대) 상　품　50,000

계속기록법에 의한 7월 10일의 분개를 살펴보면, 상품 매출로 수익 ₩75,000

이 발생하였고, 이를 위해 ₩50,000의 상품이 제공되었음을 알 수 있다. 따라서 인제㈜의 7월 10일 현재 상품재고액은 ₩50,000이 된다.

계속기록법하에서는 다음의 등식이 성립된다.

(기초상품재고액 + 당기상품매입액) − 매출원가 = 기말상품재고액

판매가능재고자산원가 − 매출원가 = 기말상품재고액

<표 7-3>은 계속기록법하에서의 '상품'계정에 대한 예시이다.

〈표 7-3〉 상품계정–계속기록법 적용 시

상품			
1/1 기초이월	×××	매출원가	×××
당기구입	×××	12/31 차기이월	×××
	×××		×××
1/1 전기이월	×××		

2) 실지재고조사법

실지재고조사법(periodic inventory system)은 회계연도 말 결산시점에 한꺼번에 매출원가를 기록하는 방법이다. 따라서 회계기간 중에는 매출원가가 얼마인지, 그리고 시점별로 상품재고액이 얼마인지를 알 수 없다. 회계기간 말에 재무제표에 매출원가와 상품재고액을 보고하기 위해서는 결산시점에 상품을 쌓아 둔 창고로 가서 상품에 대한 실사(due diligence)를 하고, 이를 통해 매출원가와 기말상품재고액을 확정하여야 한다. 따라서 실지재고조사법에서의 매출원가의 인식은 결산을 위한 회계처리 과정에 해당된다.

실지재고조사법을 주로 사용하는 기업은 회계기간 중에 판매되는 재화의 취득원가를 일일이 파악하기 어려운 경우이다. 다양한 취득시기와 취득시기마다 다른 취득단가로 인해 판매되는 상품이 어느 시점에 얼마로 구매한 상품인지를 식별하는 것이 현실적으로 불가능한 경우에 실지재고조사법이 유용하다.

예를 들어, 인제㈜가 7월 1일에 A상품 100개를 개당 @₩1,000에 현금 구매, 7월 5일에 A상품 100개를 개당 @₩950에 현금 구매한 후, 7월 10일에 A상품 70개를 개당 @₩1,500에 현금으로 판매하였다고 가정하자. 이 경우 7월 10일에 판매한 70개의 상품이 7월 1일에 개당 @₩1,000에 구매한 상품을 판매한 것인지, 7월 5일에 개당 @₩950에 구매한 상품을 판매한 것인지를 파악하는 것은 현실적으로 어려울 수 있다. 상황에 따라서는 어느 시점에 얼마로 구매한 상품을 판매한 것인지를 파악하는 비용이 그러한 과정을 통해 얻는 효익에 비해 훨씬 클 수도 있다. 이런 경우에는 실지재고조사법이 유리하다. 실지재고조사법에 따라 인제㈜의 상품 구매와 판매에 대한 회계처리를 하면 다음과 같다.

- 7월 1일의 회계처리

(차)	매 입	100,000	(대)	현 금	100,000

- 7월 5일의 회계처리

(차)	매 입	95,000	(대)	현 금	95,000

- 7월 10일의 회계처리(매출 인식 분개)

(차)	현 금	105,000	(대)	매 출	105,000

- 7월 10일의 회계처리(매출원가 인식 분개)

  회계처리 없음

실지재고조사법에 의한 7월 10일의 분개에서 위의 계속기록법에 의한 분개와의 차이를 살펴보면, 상품 구입 시 '매입(purchase)'이라는 계정과목을 사용하였다는 점이 다르다. 계속기록법은 상품의 기초이월액과 당기구입액 및 매출원가에 대한 기록을 단일계정인 '상품'계정에 직접 기록한다. 따라서 상품계정만으로도 당기의 매입액과 매출원가, 그리고 기말재고액까지 한눈에 파악이 가능하다. 반면에 실지재고조사법은 상품의 기초이월액과 당기구입액을 다른 계정에 각각 기록한다. 즉, 상품의 기초이월액은 '상품'계정에 기록하고, 당기구입액은 '매입'계정에 기록한다. 때문에 실지재고조사법에서는 상품계정과 매입계정의 복수계정을 유지하게 된다.

7월 10일의 분개 내용을 살펴보면, 상품 매출로 수익 ₩105,000이 발생하였다는 사실은 알 수 있지만, 매출원가가 얼마인지는 알 수 없다. 즉, ₩105,000의 수익을 얻기 위해 얼마에 구입한 상품을 제공하였는지에 대한 기록이 없다. 그리고 7월 10일의 장부상 상품재고액(매입계정)이 ₩195,000으로 판매가 전혀 이루어지지 않고 구입액이 그대로 남아있는 것으로 표시된다. 이는 실제 창고에 남아있는 상품재고액과 장부상의 상품재고액이 다름을 의미한다. 그렇기 때문에 결산시점에 실제로 남아있는 재고액을 파악하여 기말상품재고액으로 확정하고, 나머지는 전부 매출원가로 회계처리하게 된다.

실지재고조사법하에서는 다음의 등식이 성립된다.

(기초상품재고액 + 당기상품매입액) − 기말재고액 = 매출원가

판매가능재고자산원가 − 기말재고액 = 매출원가

<표 7-4>는 실지재고조사법하에서의 기중의 '상품'계정과 '매입'계정에 대한 예시이다.

〈표 7-4〉 **상품 및 매입 계정-실지재고조사법 적용 시**

상품		매입	
1/1 기초이월 ×××		당기구입 ×××	

- 매출원가의 계산

실지재고조사법에서는 기중 판매거래가 발생하는 시점에 매출원가를 별도로 인식하지 않고 결산시점에 한꺼번에 매출원가를 인식한다. 따라서 매출원가의 인식을 위해 다음과 같은 결산수정분개를 하여야 한다.

① 판매가능재고자산원가를 산정하기 위해 상품 기초이월액을 매출원가계정으로 대체한다.

(차) 매출원가 ××× (대) 상 품 ×××

매출원가			
12/31 상품	×××		

상품			
1/1 기초이월	×××	12/31 매출원가	×××

② 판매가능재고자산원가를 산정하기 위해 당기구입액을 매출원가계정으로 대체한다.

(차) 매출원가 ××× (대) 매　입 ×××

매출원가			
12/31 상품	×××		
12/31 매입	×××		

매입			
당기구입	×××	12/31 매출원가	×××

③ 실지재고조사를 통해 확인된 기말재고액을 상품계정으로 대체한다.

(차) 상　품 ××× (대) 매출원가 ×××

상품			
1/1 기초이월	×××	12/31 매출원가	×××
12/31 매출원가	×××		

매출원가			
12/31 상품	×××	12/31 상품	×××
12/31 매입	×××		

①~③번의 결산수정분개를 거치면 비로소 실지재고조사법하에서의 매출원가가 계산된다. 그리고 임시계정인 매입계정은 자동으로 마감되어 소멸된다.

계속기록법과 실지재고조사법의 회계처리방법을 비교하면 <표 7-5>와 같다.

〈표 7-5〉 계속기록법과 실지재고조사법의 회계처리 비교

시점	계속기록법	실지재고조사법
구입시점	(차) 상　품 ××× (대) 현　금 ×××	(차) 매　입 ××× (대) 현　금 ×××
판매시점	(차) 현　금 ××× (대) 매　출 ×××	(차) 현　금 ××× (대) 매　출 ×××
	(차) 매출원가 ××× (대) 상　품 ×××	매출원가에 대한 회계처리 없음
결산시점	회계처리 없음	(차) 매출원가 ××× (대) 상　품 ×××
		(차) 매출원가 ××× (대) 매　입 ×××
		(차) 상　품 ××× (대) 매출원가 ×××

[그림 7-5] **재고자산 기록방법에 따른 매출원가 인식 흐름도**

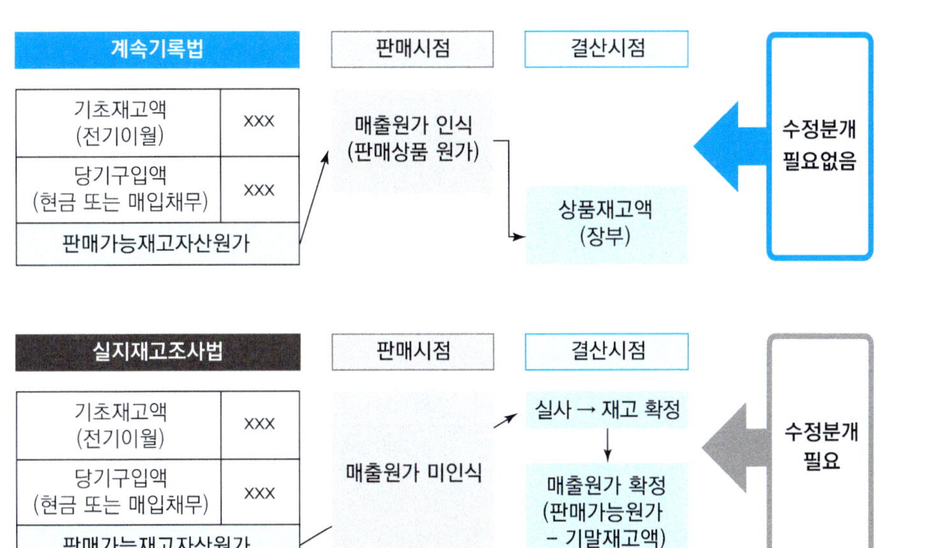

다음 [예제 7-2]를 통해 계속기록법과 실지재고조사법에 대해 자세하게 학습해 보자.

예제 7-2 [재고자산 기록방법]

다음은 상품매매업을 영위하는 인제㈜의 9월 중 상품거래 내역이다.

1. 기초 상품재고액은 ₩55,000이다.
2. 9월 2일 ㈜어방상사로부터 상품 ₩270,000을 현금으로 매입하였다.
3. 9월 10일 원가 ₩150,000의 상품을 ₩250,000에 외상으로 판매하였다.
4. 9월 15일 상품 ₩105,000을 외상으로 매입하였다.
5. 9월 22일 원가 ₩200,000의 상품을 ₩365,000에 외상으로 판매하였다.
6. 9월 26일 9월 15일에 매입한 상품 중 ₩5,000의 상품을 반품하였다.
7. 9월 30일에 상품재고액을 실사한 결과 ₩70,000의 상품이 남아있었다.

요구사항

위의 각 거래를 일자별로 계속기록법과 실지재고조사법에 따라 회계처리하라.

1. 9월 중 거래에 대한 회계처리

<table>
<tr><th rowspan="2">일자</th><th colspan="4">계속기록법</th><th colspan="4">실지재고조사법</th></tr>
<tr><th colspan="2">차변</th><th colspan="2">대변</th><th colspan="2">차변</th><th colspan="2">대변</th></tr>
<tr><td>9/2</td><td>상 품</td><td>270,000</td><td>현 금</td><td>270,000</td><td>매 입</td><td>270,000</td><td>현 금</td><td>270,000</td></tr>
<tr><td rowspan="2">9/10</td><td>매출채권</td><td>250,000</td><td>매 출</td><td>250,000</td><td>매출채권</td><td>250,000</td><td>매 출</td><td>250,000</td></tr>
<tr><td>매출원가</td><td>150,000</td><td>상 품</td><td>150,000</td><td colspan="4">회계처리 없음</td></tr>
<tr><td>9/15</td><td>상 품</td><td>105,000</td><td>매입채무</td><td>105,000</td><td>매 입</td><td>105,000</td><td>매입채무</td><td>105,000</td></tr>
<tr><td rowspan="2">9/22</td><td>매출채권</td><td>365,000</td><td>매 출</td><td>365,000</td><td>매출채권</td><td>365,000</td><td>매 출</td><td>365,000</td></tr>
<tr><td>매출원가</td><td>200,000</td><td>상 품</td><td>200,000</td><td colspan="4">회계처리 없음</td></tr>
<tr><td>9/26</td><td>매입채무</td><td>5,000</td><td>상 품</td><td>5,000</td><td>매입채무</td><td>5,000</td><td>매 입*</td><td>5,000</td></tr>
</table>

* 반품이 중요할 경우는 '매입환출'이라는 계정과목으로 표시함.

2. 기중거래의 분개에 대한 전기

상품 (계속기록법)

차변			대변		
9/1	전기이월	55,000	9/10	매출원가	150,000
9/2	현 금	270,000	9/22	매출원가	200,000
9/15	매입채무	105,000	9/26	매입채무	5,000

상품 (실지재고조사법)

차변			대변
9/1	전기이월	55,000	

매출원가

차변			대변
9/10	상 품	150,000	
9/22	상 품	200,000	

매입

차변			대변		
9/2	현 금	270,000	9/26	매입채무	5,000
9/15	매입채무	105,000			

3. 9월 30일의 회계처리

<table>
<tr><th rowspan="2">구분</th><th colspan="2">계속기록법</th><th colspan="4">실지재고조사법</th></tr>
<tr><th>차변</th><th>대변</th><th colspan="2">차변</th><th colspan="2">대변</th></tr>
<tr><td>기초재고
→매출원가</td><td colspan="2" rowspan="3">회계처리 없음</td><td>매출원가</td><td>55,000</td><td>상 품</td><td>55,000</td></tr>
<tr><td>당기매입
→매출원가</td><td>매출원가</td><td>370,000</td><td>매 입</td><td>370,000</td></tr>
<tr><td>매출원가
→기말재고</td><td>상 품</td><td>70,000</td><td>매출원가</td><td>70,000</td></tr>
</table>

• 실지재고조사법하에서만 전기가 이루어짐.

상품

9/1	전기이월	55,000	9/30	매출원가	55,000
9/30	매출원가	70,000			

매입

9/2	현 금	270,000	9/26	매입채무	5,000
9/15	매입채무	105,000	9/30	매출원가	370,000

매출원가

9/30	상 품	55,000	9/30	상 품	70,000
9/30	매 입	370,000			

3 재고자산의 원가

재고자산은 기업이 판매 목적으로 보유하는 자산으로, 취득원가는 재고자산의 판매가 가능한 상태로 이르게 하는데까지 발생한 원가로서, 취득과정에 직접적으로 관련된 모든 원가로 결정된다.

3.1 취득원가의 결정

1) 상품의 취득원가

상품은 기업 외부로부터 구입하여 판매하는 자산이다. 따라서 상품의 취득원가는 구입 시 지불한 상품의 대가(매입가격)뿐만 아니라 해당 상품을 판매가 가능한 장소까지 운송하는 과정에 직접적으로 발생한 모든 부대원가를 포함한다. 예를 들어, 상품을 해외로부터 수입을 하는 경우는 해외에서 국내로의 운송비와 세관 통관 시 수입관세[1)]의 부담, 컨테이너 부두 이용료와 하역작업료, 그리고 국내 판매장소로의 운송비 등 상품이 판매될 수 있는 상태에 이르기까지는 다양한 부대원가가 발생한다.

1) 수입관세의 경우 구매 후 일정한 환급조건을 만족하여 사후적으로 환급을 받을 경우는 취득원가에서 차감하여야 한다.

이러한 직접 부대원가는 모두 상품의 취득원가에 포함된다. 다만, 매입가격에 대한 할인이나 매입에누리와 환출은 총매입원가에서 직접 차감한다. 여기서 매입할인(purchase discounts)은 계약에서 정한 일정한 조건에 따른 할인으로, '현금할인'이라고도 한다. 매입할인의 조건이 2/10, *n*/30이라고 할 경우, 현금할인기간은 구입일로부터 10일이고, 할인율은 2%이며, 해당 채무의 상환기일은 30일이라는 의미이다.

매입에누리(purchase allowance)는 구매한 상품이 하자가 있거나 정상품에 미달하는 경우 상품을 반환하는 대신에 구입가격을 할인받는 것을 말하며, 매입환출(purchase returns)은 매입한 상품을 반품하는 것을 말한다. 매입할인이나 매입에누리 및 환출은 모두 매입가격을 낮추는 역할을 하기 때문에 총매입원가에서 직접 차감하는 것이다.

[예제 7-3]을 통해 상품의 취득원가에 대해 학습해 보자.

예제 7-3 [상품의 취득원가]

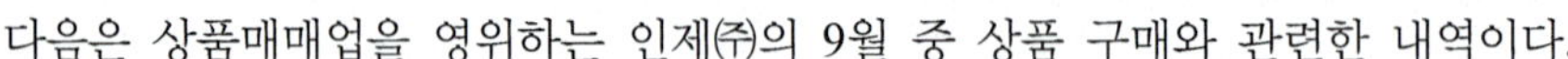

다음은 상품매매업을 영위하는 인제㈜의 9월 중 상품 구매와 관련한 내역이다.

기초재고	₩55,000	당기매입	₩700,000
운반비	35,000	수입관세	16,000
컨테이너 부두 이용료	10,000	하역작업료	20,000
구매부 직원 급여	500,000	알선수수료	5,000
매입할인	5,000	매입에누리	2,000
기말재고	34,000		

* 구매부서 직원은 재고자산, 유형자산 등 구매와 관련한 모든 업무를 담당한다.

요구사항

위에 제시된 자료로 인제㈜의 9월 중 상품 취득원가를 결정하고, 매출원가를 계산하라.

1. 상품의 취득원가

항 목	금 액
당기 매입액	₩700,000
운반비	35,000
수입관세	16,000
컨테이너 부두 이용료	10,000
하역작업료	20,000
알선수수료	5,000
매입할인	(5,000)
매입에누리	(2,000)
매입원가(취득원가)	₩779,000

2. 상품의 매출원가

항 목	금 액
기초 재고액	₩55,000
당기 매입액	779,000
기말 재고액	(34,000)
당기 매출원가	₩800,000

지금까지는 상품의 취득원가와 관련한 일반적 기준을 살펴보았다. 만약 기업이 다양한 자산을 일괄구매하였거나 장기연불조건으로 취득하였을 경우의 취득원가 결정은 일반적 기준으로 측정하기 어렵다.

(1) 일괄취득

두 종류 이상의 자산을 동시에 하나의 금액으로 일괄구매하여 각각의 자산에 대한 취득원가를 알 수가 없는 경우 각 자산의 공정가치(fair value)를 기준으로 일괄구입원가를 각 자산에 배분하여 재고자산의 취득원가를 결정한다.

[예제 7-4]를 통해 일괄취득 시 재고자산의 취득원가를 결정해 보자.

예제 7-4 [일괄취득]

상품매매업을 하는 인제㈜는 판매점 확장을 위해 최근에 ㈜어방을 흡수합병하였다. 인제㈜가 ㈜어방으로부터 인수한 자산의 내역은 다음과 같으며, 인수대금으로 총 ₩8,000,000을 지급하였다.

	장부가액	공정가치
상 품	₩1,200,000	₩1,500,000
토 지	4,500,000	5,000,000
건 물	3,000,000	3,500,000
비 품	500,000	0
	₩9,200,000	₩10,000,000

요구사항

위에 제시된 자료로 인제㈜가 취득한 상품의 원가를 결정하고, 회계처리를 하라.

- 자산별 취득원가는 공정가치를 기준으로 배분한다.

자산의 종류	공정가치	안분비율	취득원가
상 품	₩1,500,000	₩8,000,000 × (1,500/10,000)	₩1,200,000
토 지	5,000,000	₩8,000,000 × (5,000/10,000)	4,000,000
건 물	3,500,000	₩8,000,000 × (3,500/10,000)	2,800,000
비 품	0	–	
	₩10,000,000		₩8,000,000

따라서 상품의 취득원가는 ₩1,200,000이다.

- 회계처리

(차) 상 품	1,200,000	(대) 현 금	8,000,000
토 지	4,000,000		
건 물	2,800,000		

(2) **장기연불조건 취득**

재고자산을 장기연불조건으로 취득하는 경우 계약에 실질적으로 이자요소가 포함되어 있다면 해당 금융요소는 취득원가에서 제외하고, 대금이 지급되는 기간 동안 발생하는 이자비용은 기간비용으로 처리하여야 한다. 자산의 취득금액은 취득 당시의 현금가격으로 측정하여야 하지만, 장기간 신용구매에서는 현금가격에 비해 구매가격이 높은 것이 일반적이기 때문에 이자요소만큼 가격이 높게 책정되어 있다. 따라서 당해 이자요소가 취득원가에 포함되면 재고자산이 과대인식되는 효과가 발생한다. 장기연불조건에 의한 취득 시 매입원가의 결정은 다음의 [예제 7-5]를 통해 학습해 보자.

예제 7-5 [장기연불조건 취득]

상업용 트럭의 판매를 주업으로 하는 차차㈜는 20×1년 1월 1일에 상업용 대형트럭을 ₩20,000,000에 매입하고, 매입대금은 매년 말에 ₩4,000,000씩 5회에 걸쳐 분할지급하기로 하였다. 동일 위험에 대한 시장이자율은 연 3%라고 가정하자.

요구사항

1. 위에 제시된 자료로 차차㈜의 재고자산에 대한 취득원가를 결정하라.
2. 취득일과 제1회 할부금 지급일에 필요한 분개를 하라.

1. 취득원가의 결정

₩4,000,000 × PVAF(3%, 5)* = ₩4,000,000 × 4.57971 = ₩18,318,840

(*정상연금의 현재가치표 참조 – 부록 A-4)

따라서 20×1년 1월 1일 현재 동 트럭을 현금가격으로 구입할 경우 지불할 금액은 ₩18,318,840으로, 이 금액이 취득원가가 된다. 그리고 매입가격 ₩20,000,000과 현금가격 ₩18,318,840의 차이 ₩1,681,160은 이자요소로서 5년에 걸쳐 인식해야 할 이자비용에 해당된다.

2. 분개

• 취득일

(차) 재고자산(상품)	18,318,840	(대) 장기성매입채무	20,000,000
현재가치할인차금	1,681,160		

• 제1회 할부금 지급일

(차) 장기성매입채무	4,000,000	(대) 현　금	4,000,000
이자비용*	549,565	현재가치할인차금	549,565

* ₩18,318,840 × 3% = ₩549,565

2) 제품의 취득원가

제품(products)은 제조기업이 판매를 위하여 직접 생산한 재고자산으로, 외부로부터 구매한 직접재료원가와 제조과정에서 발생한 전환원가로 구성된다. 외부로부터 구입하는 직접재료원가는 원재료의 매입가격에 직접 부대원가를 가산하고 매입할인, 매입에누리와 환출을 차감하여 계산된다.

제조과정에서의 전환원가(conversion costs)는 원재료를 공정에 투입하여 제품으로 완성하는데 발생하는 직접노무원가와 제조간접원가를 말하며, 가공원가라고도 불린다. 여기서 직접노무원가는 특정 제품을 완성하는데 직접적으로 투입된 인건비로 제품별로 집계가 용이하다. 제조간접원가는 전기료, 수도료, 소모품비, 수선비, 공장 감가상각비 등과 같이 특정 제품의 생산에 국한되지 않고 기업이 생산하는 모든 제품과 관련성을 갖는 부대원가로서, 제품별 집계가 어렵다는 특성이 있다. 그래서 제품의 취득원가 결정에서 제조간접원가의 배부가 중요한 문제로 대두된다. 제조간접원가의 배부에 대한 학습은 추후 '원가회계'를 통해 보다 자세하게 학습하기 바란다.

제품의 취득원가 구성요소를 요약하면 [그림 7-6]과 같다.

[그림 7-6] **제품 취득원가의 구성요소**

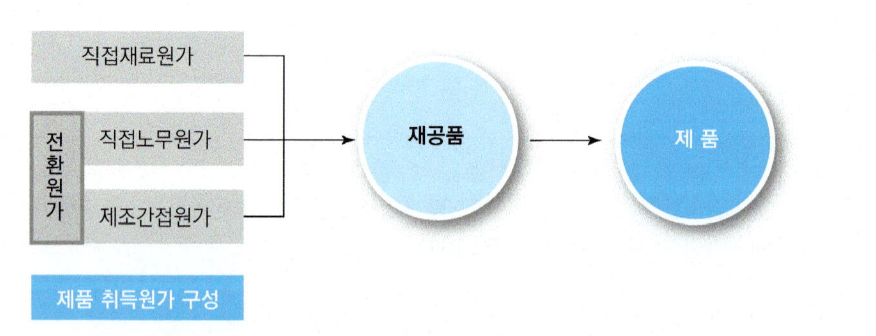

원재료의 구입이나 제품 생산에 직접적 관련이 없거나 합리적인 방법으로 배분하기 어려운 원가는 제품의 원가에 포함하지 않고 기간비용(period costs)으로 처리하여야 한다. 여기서 기간원가는 발생한 기간에 비용으로 처리하는 판매비나 일

반관리비를 말한다. 다음의 원가는 재고자산의 원가에 포함하여서는 안 되며, 발생 기간의 비용으로 인식해야 한다.

① 재료원가, 노무원가 및 제조간접원가 중 비정상적으로 낭비된 부분
② 후속 생산단계에 투입하기 전에 보관이 필요하지 않은 상황에서 발생한 보관료
③ 재고자산을 현재의 장소에 현재의 상태로 이르게 하는데 기여하지 않은 간접관리원가
④ 판매활동을 위해 직접 지출된 비용(판매원가)

3) 기타원가

재고자산의 취득원가에 포함되는 기타원가(other costs)는 재고자산을 판매가 가능한 상태에 이르게 하는데 발생한 직접 부대원가만을 포함한다. 이는 해당 지출이 재고자산이 취득과정에서 필수적으로 수반되어야 하고, 그 지출이 합리적이어야 함을 의미한다. 예를 들어, 재고자산을 판매할 장소까지 운송해야 하는 경우 운송담당자의 실수로 교통벌과금을 부과받았다고 가정하자. 이 경우 발생한 지출은 명확하게 재고자산을 판매가 가능한 장소까지 운송하는 과정에서 발생하였으므로 재고자산의 원가에 포함되어야 할 것으로 보인다. 하지만 지출의 필수성과 합리성을 따져보면 결과는 달라진다. 즉, 모든 운송과정에서 필수적으로 교통벌과금이 수반되지는 않기 때문에 필수적이라고 볼 수 없으며, 따라서 해당 지출을 취득원가에 포함하는 것은 합리적이지도 않다. 취득원가는 재무제표에 보고될 매출원가와 기말재고액에 직접적인 영향을 미치는 만큼 그 결정에서 신중하여야 한다.

재고자산의 취득과 관련한 차입원가(borrowing costs)는 재고자산의 성격에 따라 달라진다. 일상적·반복적 대량판매를 목적으로 구입하는 재고자산과 관련하여 발생한 차입원가는 기간원가로 처리한다. 이는 차입원가를 재고자산에 배분하는 효익보다 배분을 위한 비용이 더 크기 때문이다. 하지만 제작기간이 길고 많은 비용이 드는 경우는 차입원가를 취득원가에 포함시키는 것이 회계정보의 유용성 측면에서 유리하다.

K-IFRS에서는 적격자산[2)]의 취득, 건설 또는 제조와 직접 관련된 차입원가는 당해 자산의 취득원가에 포함하도록 정하고 있다.

3.2 재고자산의 원가배분방법

기업은 회계기간 내내 재고자산을 취득하거나 생산하고 이를 판매하며, 일정량의 재고를 보유하고 있으며, 상품이나 원재료의 가격은 수시 변동이 가능하므로 시점에 따라 취득원가가 달라질 수 있다. 그렇기 때문에 기말에 남아있는 재고수량에 대한 취득원가를 얼마로 결정할 것인지는 중요한 문제가 된다. 즉, 남아있는 재고자산이 어느 시점에서 얼마에 구입한 것인지에 대한 결정이 가능해야만 재무제표에 보고될 재고자산과 매출원가의 결정이 가능하기 때문이다. 이렇게 재무상태표에 인식될 기말재고액과 포괄손익계산서에 인식될 매출원가로 구분하는 것을 '원가배분'이라고 한다.

가격이 수시로 변동하는 상황에서 취득시점이 상이한 재고자산을 보유하고 있는 경우 정확한 원가배분을 위해서는 개별 재고자산에 대한 취득원가를 취득시점별로 추적이 가능하도록 시스템화하고, 이에 따라 재고자산의 실물흐름과 원가흐름을 완전하게 일치시켜야 한다. 하지만 이러한 시스템을 갖추어 운영한다는 것은 적지 않은 비용부담과 물리적으로 관리의 어려움이 따르기 때문에 일부 기업을 제외하고는 현실적으로 적용이 어렵다. 따라서 원가흐름에 대한 가정이 필요하며, 이는 궁극적으로 재고자산의 단위당 단가를 결정하기 위한 것이다.

재고자산의 원가흐름에 대한 가정으로는 개별법, 평균원가법, 선입선출법과 후입선출법이 있다. K-IFRS에서는 원가흐름에 대한 가정으로 개별법, 평균원가법과 선입선출법만 인정하고 있다. 따라서 기업회계기준에 따라 적용이 가능한 원가배분방법은 개별법과 평균원가법, 선입선출법이다. 원가배분방법에 따라 기말재고액과 매출원가가 다르게 결정된다.

---

2) 재고자산, 제조설비자산, 전력생산설비, 무형자산, 투자부동산 등

다음은 인제㈜의 10월 동안 발생한 상품 관련 거래 내역으로, 원가배분방법별로 기말재고액과 매출원가가 어떻게 달라지는지를 살펴보기 위한 기본 예제이다.

〈인제㈜의 상품 관련 거래 내역〉

일 자	구 분	수 량	단 가	금 액
10월 1일	기초재고	200개	@₩700	₩140,000
7일	매　　입	700개	720	504,000
16일	매　　출	500개	1,350	
23일	매　　입	400개	740	296,000
25일	환　　출	(50개)		(37,000)
29일	매　　출	550개	1,380	
31일	재　　고	200개		

1) 개별법

개별법(specific identification method)은 매입과 판매되는 재고자산의 단가를 개별적으로 파악하여 매출원가와 기말재고액을 결정하는 방법으로, 실제의 물량흐름과 장부상의 물량흐름이 일치하는 장점을 가진 기록방법이다. 개별법은 물량의 흐름과 원가흐름이 일치하기 때문에 원가흐름에 대한 가정이 사실상 필요하지 않으며, 개별 재고자산의 식별이 가능한 경우에 사용이 가능하다. 주로 소량의 고가품목이나 특정 프로젝트별로 재고자산을 생산하는 기업에서 사용되며, 귀금속, 조선, 플랜트, 건설 등이 대표적이다.

다음의 [예제 7-6]을 통해 개별법에 대해 학습해 보자.

예제 7-6 [개별법]

기본 예제로 주어진 인제㈜의 상품거래 내역에서 10월 31일 재고수량 200개에 대한 구성은 다음과 같이 확인되었다.

- 기초재고분　50개
- 10월 7일 매입분　100개
- 10월 23일 매입분　50개

▶ **요구사항**

1. 개별법을 적용하여 10월 31일의 기말재고액을 계산하라.
2. 개별법 적용 시의 매출원가를 계산하라.

1. 기말재고액의 계산

취득일	수량(개)	단 가	금 액
기초재고	50	@₩700	₩35,000
10월 7일 매입	100	720	72,000
10월 23일 매입	50	740	37,000
계	200		₩144,000

2. 매출원가의 계산

- 판매가능재고자산원가

취득일	수량(개)	단 가	금 액
기초재고	200	@₩700	₩140,000
10월 7일 매입	700	720	504,000
10월 23일 매입	400	740	296,000
10월 25일 환출	(50)	740	(37,000)
계	1,250		₩903,000

- 매출원가 = 판매가능재고자산원가 − 기말재고액
  = ₩903,000 − ₩144,000 = ₩759,000

2) 평균원가법

평균원가법은 재고자산의 매매가 취득시점과 관계없이 평균적으로 이루어졌다는 가정에 따라 재고자산의 단위당 원가를 결정하는 방법이다. 즉, 재고자산의 취득시점을 구분하지 않고 일정기간 동안 판매가능재고자산원가를 판매가능재고수량으로 나눈 평균단가를 이용하여 기말재고액과 매출원가를 결정한다. 평균법은 재고자산에 대한 단위당 평균원가(평균단가)의 결정시기에 따라 두 가지 방법으로 나뉜다.

첫 번째 방법은 결산시점에서 한 번 평균단가를 결정하는 방법으로, '가중평균원가법(weighted average method)’ 또는 ‘총평균법’이라고 한다. 총평균법을 적용하려면 재고자산의 기록방법이 실지재고조사법이어야 한다. 그 이유는 총평균법은 평균단가를 결산시점에 한 번만 산정하기 때문에 기중의 판매거래에 대한 매출원가를 인식할 수 없으므로 기중에 매출원가를 인식하지 않고 기말 시점에서 매출원가를 결정하는 실지재고조사법에서 적용이 가능하다. 총평균법에 의한 평균단가의 산정은 다음 식과 같다.

$$\frac{\text{기초재고액} + \text{당기매입액}}{\text{기초재고수량} + \text{당기매입수량}} = \text{단위당 총평균원가}$$

두 번째 방법은 재고자산의 매입이 이루어지는 시점마다 평균단가를 결정하는 방법으로, ‘이동평균법(moving average method)’이라고 한다. 즉, 재고자산 매입시점에서의 판매가능재고자산원가를 당시의 판매가능재고수량으로 나누어 평균단가를 산정하는 방법이다. 이동평균법은 재고자산의 기록방법 중 재고자산의 판매시점마다 매출원가를 결정하는 계속기록법을 사용할 때 적용하는 방법이다. 이동평균법에 의한 평균단가의 산정은 다음 식과 같다.

$$\frac{\text{직전 재고액} + \text{신규 매입액}}{\text{직전 재고수량} + \text{신규 매입수량}} = \text{단위당 이동평균원가}$$

평균원가법은 계산이 간편하다는 장점이 있으나, 원가흐름이 실제 물량흐름과 일치하지 않을 수 있다는 단점이 있다.

다음의 [예제 7-7]을 통해 평균원가법에 대해 학습해 보자.

예제 7-7 [평균원가법]

인제㈜의 10월 동안의 상품 거래내역은 다음과 같다.

일 자	구 분	수 량	단 가	금 액
10월 1일	기초재고	200개	@₩700	₩140,000
7일	매 입	700개	720	504,000
16일	매 출	500개	1,350	
23일	매 입	400개	740	296,000
25일	환 출	(50개)		(37,000)
29일	매 출	550개	1,380	
31일	재 고	200개		

요구사항

1. 실지재고조사법을 사용한다고 가정하고, 평균원가법을 적용하여 10월 31일의 기말재고액과 매출원가를 계산하라.
2. 계속기록법을 사용한다고 가정하고, 평균원가법을 적용하여 10월 31일의 기말재고액과 매출원가를 계산하라.

1. 실지재고조사법

- 판매가능재고자산의 원가 = ₩903,000(= ₩140,000 + ₩504,000 + ₩296,000 − ₩37,000)

- 총평균원가의 산정

$$\frac{₩140{,}000 + ₩763{,}000}{200개 + 1{,}050개} = @₩722.4$$

- 기말재고액의 계산

  200개 × @₩722.4 = ₩144,480

- 매출원가의 계산

  ₩903,000 − ₩144,480 = ₩758,520

2. 계속기록법

• 매매시점별 이동평균원가의 산정과 매출원가 및 기말재고액

취득일	수량 (개)	구매단가	판매가능 재고자산원가	평균단가	매출원가	재고액
기초재고	200	@₩700	₩140,000	@₩700	-	₩140,000
10월 7일 매입	700	720	644,000	715.56	-	644,000
10월 16일 매출	(500)				₩357,780	286,220
10월 23일 매입	400	740	582,220	727.78		582,220
10월 25일 환출	(50)	740	545,220	726.96		545,220
10월 29일 매출	(550)				₩399,828	₩145,392
계					₩757,608	

따라서 계속기록법 사용 시 이동평균원가법 적용에 따른 매출원가는 ₩757,608이고, 기말재고액은 ₩145,392이다.

3) 선입선출법

선입선출법(first-in first-out method: FIFO method)은 먼저 취득한 재고자산이 먼저 판매되었다는 가정하에 재고자산의 평균단가를 결정하는 방법이다. 따라서 가장 먼저 구매한 재고자산부터 판매가 되었다고 보아 가장 최근에 구매한 재고자산의 원가가 기말재고에 남게 된다. 실지재고조사법을 사용하는 경우 기말에 남아 있는 재고에 대한 실사 후, 가장 최근에 구입한 단가를 적용하여 기말재고액을 확정하고, 판매가능재고자산원가에서 기말재고액을 차감하여 매출원가를 결정한다. 즉, 구입시점에 따른 재고층(inventory layer)을 확인하여 먼저 입고된 것부터 순서대로 매출원가에 반영하고, 가장 늦게 입고된 순서로 기말재고액이 결정된다. 따라서 선입선출법의 원가흐름에 대한 가정은 실제 물량의 흐름과 비교적 유사하다고 볼 수 있다.

그리고 선입선출법은 기말재고액이 현행원가에 근접한 가액으로 재무상태표에 반영되는 장점이 있어 정보이용자들에게 유용할 수 있다. 하지만 현행 매출액에 과거의 매출원가가 대응된다는 점에서는 수익비용의 대응이 적절하게 이루어

지지 않는 단점도 있다. 또한 물가가 지속적으로 상승할 경우 현행 매출가격에 과거의 매출원가가 대응됨으로써 실제이익이 아닌 지상이익(paper profit)이 발생하고, 이로 인해 세금부담이 가중될 수도 있다.

재고자산의 기록방법에서도 확인하였듯이 실지재고조사법과 계속기록법의 등식원리가 다르기 때문에 매출원가가 어느 시점에 인식되는지에 따라 매출원가와 기말재고액을 결정하는 접근방법이 다르다. 하지만, 두 방법 중 어느 방법을 사용하더라도 선입선출법을 적용할 경우 매출원가와 기말재고액은 동일하게 결정된다.

다음의 [예제 7-8]을 통해 선입선출법에 대해 학습해 보자.

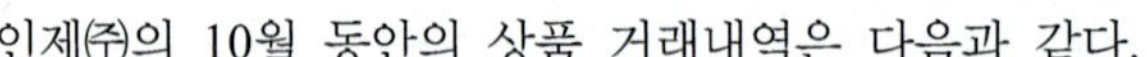

예제 7-8 [선입선출법]

인제㈜의 10월 동안의 상품 거래내역은 다음과 같다.

일 자	구 분	수 량	단 가	금 액
10월 1일	기초재고	200개	@₩700	₩140,000
7일	매 입	700개	720	504,000
16일	매 출	500개	1,350	
23일	매 입	400개	740	296,000
25일	환 출	(50개)		(37,000)
29일	매 출	550개	1,380	
31일	재 고	200개		

요구사항

1. 실지재고조사법을 사용한다고 가정하고, 선입선출법을 적용하여 10월 31일의 기말재고액과 매출원가를 계산하라.
2. 계속기록법을 사용한다고 가정하고, 선입선출법을 적용하여 10월 31일의 기말재고액과 매출원가를 계산하라.

1. 실지재고조사법
   - 판매가능재고자산의 원가 = ₩903,000(= ₩140,000 + ₩504,000 + ₩296,000 − ₩37,000)

- 기말재고액의 계산

  10월 23일의 순매입수량이 350(=400-50)개이므로, 기말재고수량인 200개는 10월 23일에 매입한 것이다.

  따라서 기말재고액은 200개 × @₩740 = ₩148,000이 된다.

- 매출원가의 계산

  ₩903,000 - ₩148,000 = ₩755,000

2. 계속기록법

<table>
<tr><th>취득일</th><th>수량(개)</th><th>구매단가</th><th>판매 재고층</th><th>매출원가</th><th>재고액</th></tr>
<tr><td>기초재고</td><td>200</td><td>@₩700</td><td></td><td></td><td>₩140,000</td></tr>
<tr><td>10월 7일 매입</td><td>700</td><td>720</td><td></td><td></td><td>644,000</td></tr>
<tr><td rowspan="2">10월 16일 매출</td><td rowspan="2">(500)</td><td rowspan="2"></td><td>200×@₩700</td><td rowspan="2">₩356,000</td><td rowspan="2">288,000</td></tr>
<tr><td>300×@₩720</td></tr>
<tr><td>10월 23일 매입</td><td>400</td><td>740</td><td></td><td></td><td>584,000</td></tr>
<tr><td>10월 25일 환출</td><td>(50)</td><td>740</td><td></td><td></td><td>547,000</td></tr>
<tr><td rowspan="2">10월 29일 매출</td><td rowspan="2">(550)</td><td rowspan="2"></td><td>400×@₩720</td><td rowspan="2">399,000</td><td rowspan="2">₩148,000</td></tr>
<tr><td>150×@₩740</td></tr>
<tr><td colspan="4">계</td><td>₩755,000</td><td></td></tr>
</table>

따라서 계속기록법 사용 시 선입선출법 적용에 따른 매출원가는 ₩755,000이고, 기말재고액은 ₩148,000이다.

4) 원가흐름의 비교

원가흐름에 대한 가정과 원가배분방법을 살펴본 결과, 동일 기업의 동일한 재고자산 거래내역으로 매출원가와 기말재고액을 결정하였음에도 원가배분방법에 따라 매출원가와 기말재고액이 달라짐을 확인할 수 있었다.

다음의 <표 7-6>은 각 원가배분방법에 따른 매출액, 매출원가, 매출총이익 및 기말재고액을 나타낸 것이다.

〈표 7-6〉 **원가배분방법에 따른 매출원가, 기말재고액**

구 분		개별법	평균원가법		선입선출법
			총평균법	이동평균법	
계속기록법	매출액	₩1,434,000		₩1,434,000	₩1,434,000
	매출원가	759,000		757,608	755,000
	매출총이익	675,000		676,392	679,000
	기말재고액	144,000		145,392	148,000
실지재고 조사법	매출액	₩1,434,000	₩1,434,000		₩1,434,000
	매출원가	759,000	758,520		755,000
	매출총이익	675,000	675,480		679,000
	기말재고액	144,000	144,480		148,000

<표 7-6>을 살펴보면, 선입선출법에 따른 원가배분에서 기말재고액이 상대적으로 크고, 매출원가가 낮게 나타난다. 이러한 현상은 물가가 상승하는 추세인 경우 더욱 심화될 것이다. 따라서 물가가 상승하는 시점에서 선입선출법을 적용할 경우 지상이익의 발생으로 세부담의 증가와 주주들의 배당압력 등에 의한 현금유출의 가능성이 높아질 수 있다.

5) 추정에 의한 원가배분

앞에서 재고자산의 원가배분방법으로 개별법, 평균원가법과 선입선출법에 대해 살펴보았다. 이러한 원가배분방법은 재고자산의 종류별로 원가배분이 이루어지는 방법이다. 그래서 재고자산의 종류가 매우 많거나 화재 또는 재해로 인해 대규모 재고자산의 소실이 발생하여 정상적인 재고 파악이 불가능한 경우는 위의 원가배분방법을 적용하기가 사실상 불가능하다. 따라서 이러한 상황에서의 재고자산 원가배분방법으로 소매재고법과 매출총이익률법이 사용된다.

(1) 소매재고법

소매재고법(retail inventory method)은 백화점이나 마트처럼 매우 많은 종류의 재고자산을 취급하는 기업에서 주로 사용하는 방법으로, '매출가격환원법'이라고도 한다. 취급품목이 매우 많은 백화점이나 마트의 경우 빈번한 상품의 변동과 가

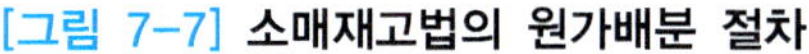
[그림 7-7] 소매재고법의 원가배분 절차

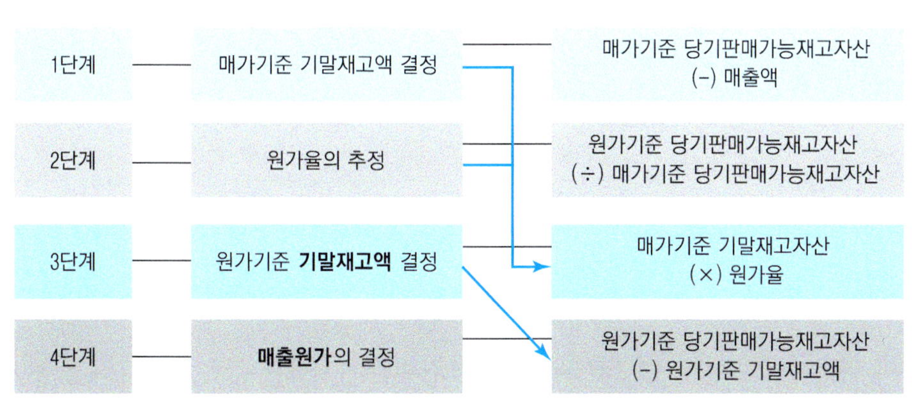

격 변화, 구입 시 취득원가에 포함되는 부대원가의 상품별 배분 등의 복잡한 문제가 존재한다. 따라서 각 상품별 재고수량과 단위당 원가를 유지·관리하기 위해서는 많은 시간과 노력을 필요로 하는 점을 해소하기 위해 비용-효익 측면을 고려하여 정보가 중요하게 왜곡되지 않으면서 재고자산을 평가하는 방법으로 소매재고법을 적용하는 것이다.

소매재고법에서의 재고자산기록방법은 실지재고조사법을 사용하며, 기말재고자산의 소매가격(매가)에 원가율을 적용하여 기말재고자산의 원가를 추정하는 방법으로 재고자산에 대한 원가배분 절차는 [그림 7-7]과 같다.

[그림 7-7]의 두 번째 단계인 원가율 추정시 순인상액과 순인하액은 매가기준 당기판매가능재고자산에 가감하여야 한다. 즉, 소매업의 경우 판매가격의 변동이 수시로 발생하기 때문에 이를 고려하기 위해 원가율 추정시 인상액과 인하액을 가감하여야 정확한 판매가격을 결정할 수 있다.

그리고 [그림 7-7]은 소매재고법을 적용하는 일반적인 절차이다. 원가흐름에 대한 가정에 따라 원가배분이 이루어질 경우 개별법의 적용이 불가능한 업종에서 소매재고법을 적용하므로, 평균원가법과 선입선출법만이 적용 가능하다.

먼저 평균원가법의 경우, 재고자산이 기초재고액과 당기매입액의 구분없이 평균적으로 판매되었다는 가정하에 원가배분이 이루어지므로, [그림 7-7]의 두 번째 단계인 원가율 추정은 판매가능재고자산을 이용하여 다음과 같이 계산한다.

$$2단계:\ 원가율 = \frac{원가}{판매가격} = \frac{기초재고자산 + 당기매입액}{기초재고자산 + 당기매입액 + 순인상액 - 순인하액}$$

선입선출법의 경우, 먼저 입고된 재고가 먼저 출고된다는 가정하에서 원가배분이 이루어지므로, [그림 7-7]의 두 번째 단계인 원가율 추정은 기초재고액과 당기매입액을 구분하여 다음과 같이 계산한다. 하지만 대부분의 경우 기말재고는 당기매입재고에서 남을 가능성이 크므로, 당기매입재고에 대한 원가율만 계산해도 무방할 것이다.

$$2단계:\ 기초재고\ 원가율 = \frac{원가}{판매가격} = \frac{기초재고자산}{기초재고자산}$$

$$2단계:\ 당기매입재고\ 원가율 = \frac{원가}{판매가격} = \frac{당기매입액}{당기매입액 + 순인상액 - 순인하액}$$

[예제 7-9]를 통해 소매재고법에 대해 학습해 보자.

예제 7-9 [소매재고법]

어방상사는 상품소매업을 영위하는 기업으로, 10월 중 상품 관련 사항은 다음과 같다.

구 분	취득원가	판매가격(매가)
기초재고액	₩1,500,000	₩1,875,000
당기매입액	8,700,000	14,390,000
당기매출액		12,800,000
인상액		200,000
인상취소액		50,000
인하액		100,000
인하취소액		60,000

요구사항

1. 평균원가법을 적용하여 10월 31일의 기말재고액과 매출원가를 계산하라.
2. 선입선출법을 적용하여 10월 31일의 기말재고액과 매출원가를 계산하라.

1. 평균원가법
   - 매가기준 기말재고액
     - 매가기준 판매가능재고액 = 기초재고액 + 당기매입액 + 순인상액 − 순인하액
       ₩1,875,000 + ₩14,390,000 + (₩200,000 − ₩50,000) − (₩100,000 − ₩60,000) = ₩16,375,000
     - 매가기준 기말재고액 : ₩16,375,000 − ₩12,800,000 = ₩3,575,000
   - 원가율 추정 : 원가기준 판매가능재고액 ÷ 매가기준 판매가능재고액

$$\frac{₩1,500,000 + ₩8,700,000}{₩1,875,000 + ₩14,390,000 + (₩200,000 - ₩50,000) - (₩100,000 - ₩60,000)}$$

= 62.3%

   - 원가기준 기말재고액 = 매가기준 기말재고액 × 원가율
     = ₩3,575,000 × 62.3% = ₩2,227,225
   - 매출원가 배분 = 원가기준 판매가능재고액 − 원가기준 기말재고액
     = ₩10,200,000 − ₩2,227,225 = ₩7,972,775

2. 선입선출법 : 기초재고는 모두 판매되었으므로, 당기매입액에 대한 원가율 계산 필요
    - 매가기준 기말재고액 : ₩3,575,000
    - 원가율의 추정 : 원가기준 당기매입액 ÷ (매가기준 당기매입액 + 순인상액 − 순인하액)

$$\frac{₩8,700,000}{₩14,390,000+(₩200,000-₩50,000)-(₩100,000-₩60,000)}$$
$$=60\%$$

    - 원가기준 기말재고액 = ₩3,575,000 × 60% = ₩2,145,000
    - 매출원가 배분 = ₩10,200,000 − ₩2,145,000 = ₩8,055,000

(2) **매출총이익률법**

매출총이익률법(gross margin ratio method)은 경험치 등에 의해 미리 추정된 매출총이익률을 매출액에 곱하여 매출총이익을 구한 후 매출액에서 매출총이익을 차감하여 매출원가를 배분하고, 판매가능재고자산원가에서 매출원가를 차감하여 기말재고액에 배분하는 방법이다. 매출총이익률법의 재고자산 원가배분 절차는 [그림 7-8]과 같다.

[그림 7-8] **매출총이익률법의 원가배분 절차**

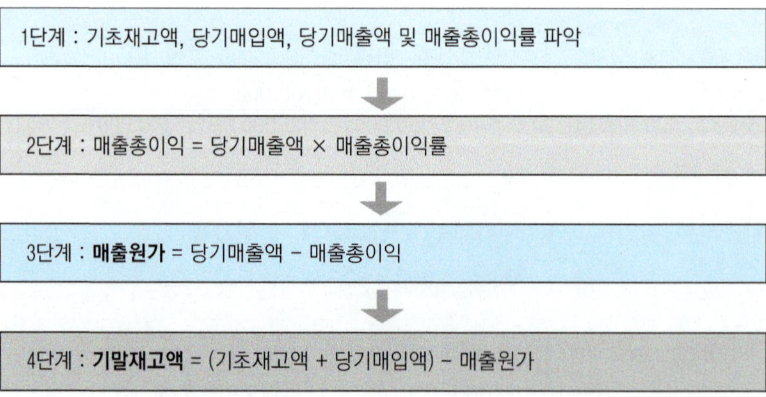

[예제 7-10]을 통해 매출총이익률법에 대해 학습해 보자.

예제 7-10 [매출총이익률법]

어방상사는 상품소매업을 영위하는 기업으로, 상품계정의 기록은 실지재고조사법을 사용하고 있다. 10월 31일 태풍 '메뚜기'의 영향으로 폭우가 쏟아져 보유하고 있던 상품이 모두 소실되었다. 10월 1일부터 10월 26일까지의 상품 관련 사항은 다음과 같다.

구 분	금 액
기초재고액	₩1,500,000
매 입 액	13,500,000
매 출 액	17,000,000

* 과거기간 평균 매출총이익률은 25%로 추정됨

요구사항

대풍으로 인해 소실된 기말재고액을 계산하라.

1. 매출총이익 = ₩17,000,000 × 25% = ₩4,250,000
2. 매출원가 = ₩17,000,000 − ₩4,250,000 = ₩12,750,000
3. 기말재고액 = (₩1,500,000 + ₩13,500,000) − ₩12,750,000 = ₩2,250,000

4 재고자산의 평가

지금까지 학습한 기록방법과 원가배분방법에 의한 기말재고액의 결정은 취득원가에 근거하여 이루어졌다. 그러나 기말 시점에서 재고자산의 진부화나 물리적 손상 등으로 가격이 하락하였거나 장부상 수량이 실제 수량에 미달하는 상황이 발생하게 되면, 취득금액으로 계산된 기말재고액은 실질적인 가치 하락분을 반영하지 못한다. 이에 재고자산의 수량 부족이나 가치 하락에 따른 재고자산 평가의 문제가 발생하게 된다. 재고자산의 평가와 관련한 문제는 두 가지로 구분된다. 첫째는 실제 수량과 장부상 수량의 차이에 대한 회계처리이고, 둘째는 진부화 등에 따른 취득원가와 순실현가능가치의 차이에 대한 회계처리이다.

4.1 수량 부족에 대한 회계처리

계속기록법을 사용하여 재고자산 거래를 기록할 경우 구매시점과 판매시점에서 재고자산의 입·출고 내역을 계속 기록하게 되므로, 언제든지 재고자산계정을 통해 재고수량을 파악할 수 있다. 하지만 장부상 수량이 실제 수량과 항상 일치하지 않을 수 있다. 즉, 도난이나 파손, 증발 등에 의해 장부상 재고수량에 비해 실제 재고수량이 적을 수도 있다는 것이다. 그러므로 기업은 기중에는 계속기록법을 사용하여 재고관리를 해 오다가 기말 시점에 실사를 통해 정확한 기말재고량을 파악하는 경우가 대부분이다. 이때 실사 수량이 장부상 수량보다 적을 경우 해당 부족분만큼 재고자산을 감소시켜야 하는데, 이를 '재고자산감모손실(inventory obsolescence)'이라고 한다. 결산수정분개를 통해 재고자산감모손실이 발생한 부분만큼 기말재고액을 감소시키는 동시에 비용으로 인식한다.

한편, 재고자산감모손실은 정상적인 영업활동과정에서 불가피하게 발생하는 경우와 비정상적으로 발생하는 경우로 나누어서 회계처리가 이루어진다. 여기서 정상적인 재고자산감모손실이란 재고자산의 취득이나 제조 또는 보관 과정에서 필수불가결하게 발생하는 것을 말하며, 회계에서는 이를 '원가성이 있다'고 표현하고, 매출원가에 가산한다. 예를 들어, 휘발성이 강한 액체를 재고자산으로 취급하는 기업의 경우 해당 재고자산에 대해 아무리 보관을 잘한다고 하더라도 자연적인 증발현상이 발생하게 된다. 따라서 이 기업은 자연적 또는 합리적 증발에 대해 발생의 정상성이 있다고 보고 감모손실을 매출원가에 가산하는 것이다. 반면에 도난이나 파손 등에 의한 비정상적 감모손실은 재고관리의 부실에 따른 감모손실로, 회계에서는 '원가성이 없다'고 표현한다. 원가성이 없는 비정상감모손실은 '재고자산감모손실'로 하여 영업외비용으로 처리하는 것이 타당하다.

재고자산감모손실에 대한 회계처리는 다음과 같다.

재고자산감모손실 = (장부수량 - 실제수량) × 단위당 취득원가
= 부족수량 × 단위당 취득원가

- 원가성이 있는 재고자산감모손실

(차) 매출원가 ××× (대) 재고자산 ×××

- 원가성이 없는 재고자산감모손실

(차) 재고자산감모손실 ××× (대) 재고자산 ×××

실지재고조사법에서는 기중에 재고자산의 판매와 관련한 매출원가를 인식하지 않음에 따라 기중의 재고자산의 출고에 대해서는 관리하지 않는다. 실지재고조사법에서는 기말 실사를 통해 확인된 재고수량을 기말재고액으로 결정하고 나머지는 모두 매출원가로 처리하게 되므로, 재고자산감모손실에 대해 별도로 회계처리가 필요하지 않다. 즉, 재고자산감모의 원인이 무엇이든 모두 매출원가로 반영이 되는 것이다. 이처럼 실지재고조사법은 기중 회계처리의 편리성이라는 장점이 있는 반면에 재고자산이 비효율적으로 관리되는 단점이 있다.

4.2 저가에 의한 재고자산 평가

정보이용자들은 재고자산을 통해 미래기간에 얼마만큼의 현금유입이 가능할지를 예측하고, 이를 의사결정에 반영하여야 하는데, 재고자산의 실질적 가치 하락 부분이 재무제표에 반영되지 않게 되면 표현의 충실성이 낮아져 정보의 유용성이 저하된다. 따라서 K-IFRS에서는 결산일 현재 재고자산의 취득원가와 순실현가능가치를 비교하여 이 중 낮은 금액을 재고자산으로 측정하도록 규정하고 있다. 이를 '저가법(lower of cost or market: LCM)'이라고 한다. 여기서 '순실현가능가치(net realisable value: NRV)'는 정상적인 영업과정의 예상판매가격에서 완성을 위한 추가적인 예상원가와 예상판매원가를 차감한 금액, 즉 순매각금액을 말한다.

저가법에 의한 재고자산의 평가는 순실현가능가치가 취득원가보다 하락한 경

우에만 인식되며, (취득원가 - 순실현가능가치)를 '재고자산평가손실'로 인식하고 매출원가에 가산한다. 재고자산감모손실의 경우는 재고자산을 직접 차감하는 회계처리를 하였으나, 재고자산평가손실은 재고자산 차감계정인 '재고자산평가충당금'계정을 설정하여 재고자산을 감소시키는 회계처리를 한다. 그 이유는 재고자산 수량 부족은 영구적 손실로 회복이 불가능하기 때문에 재고자산을 제거(write-off)하는 회계처리가 필요하지만, 재고자산평가는 가격으로 인해 발생하는 손실이므로 발생일 이후 가격의 회복가능성이 있기 때문에 재고자산을 직접 제거하지 않고 충당금을 설정한다.

재고자산평가손실을 인식한 이후에 재고자산의 가치가 상승할 경우, 가치가 상승한 부분을 '재고자산평가충당금환입'이라는 계정으로 인식하고 매출원가에서 차감한다. 이때 가치 상승분의 인식은 취득원가를 초과하지 못한다. 즉, 당초 취득원가까지만 환입이 가능하고, 그 이상의 가치 상승에 대해서는 인식하지 않는다. 저가법의 회계처리는 다음과 같다.

- 재고자산평가손실이 발생한 시점(취득원가 〉 순실현가능가치)

재무상태표의 재고자산 = Min(취득원가, 순실현가능가치)

재고자산평가손실 = (단위당 취득원가 - 단위당 순실현가능가치) × 실제수량
= 취득원가 - 순실현가능가치

(차) 재고자산평가손실 ××× (대) 재고자산평가충당금 ×××

- 재고자산의 가치가 상승한 시점(장부금액 〈 순실현가능가치)

재무상태표의 재고자산 = Min(장부가액, 순실현가능가치)

재고자산평가충당금환입 = Min[(순실현가능가치 - 장부금액), 재고자산평가충당금]

(차) 재고자산평가충당금 ××× (대) 재고자산평가충당금환입 ×××

1) 저가법의 적용방법

기업이 보유한 재고자산이 단일품목일 경우는 위의 방법으로 충분하다. 하지만 대부분의 기업에서 2가지 이상 품목의 재고자산을 보유하는 것이 일반적이다. 이 경우에는 재고자산 품목에 따라 순실현가능가치의 변동이 서로 다르게 나타날 수 있다. 즉, 품목 A의 순실현가능가치는 취득원가보다 높지만 품목 B는 순실현가능가치가 취득원가보다 낮을 수 있다. 그런데 (A+B)의 순실현가능가치가 취득원가보다 높거나 낮을 수도 있다. 이런 상황에서 저가법을 어떻게 적용하면 될까?

K-IFRS에서는 재고자산의 항목별(종목별) 적용을 원칙으로 하고 있으며, 재고자산 총액을 기준으로 한 저가법의 적용은 인정되지 않는다. 다만, 재고자산 항목이 유사하거나 다른 항목과 구분하여 저가법을 적용할 수 없는 경우에 한해 유사항목의 재고자산끼리 묶어서 조별로 저가법을 적용할 수 있도록 허용하고 있다. <표 7-7>을 통해 보다 자세하게 살펴보자.

〈표 7-7〉 저가법 적용방법 예시

구분		취득원가	순실현가능가치	항목기준	조별기준	총액기준
A	Aa	₩100,000	₩90,000	₩90,000		
	Ab	120,000	125,000	120,000		
소계		220,000	215,000	210,000	215,000	
B	Ba	375,000	400,000	375,000		
	Bb	355,000	350,000	350,000		
소계		730,000	750,000	725,000	730,000	
총계		₩950,000	₩965,000	₩935,000	₩945,000	₩950,000

<표 7-7>에서 재고자산의 종류는 A와 B의 2가지로, 세부 항목은 Aa, Ab, Ba, Bb의 4가지가 있다. 먼저 항목별 기준을 살펴보면, Aa와 Bb는 취득원가가 순실현가능가치보다 큰 것으로 나타나 저가법 적용대상이 되므로, 기말재고액을 각각 ₩100,000 → ₩90,000, ₩355,000 → ₩350,000으로 총 ₩15,000만큼 감소시켜야 한다. Ab와 Ba는 취득원가가 순실현가능가치보다 작은 것으로 나타나 저가법 적용대상이 아니다. 따라서 항목별 기준에 의한 기말재고자산 평가액은 ₩935,000이 된다.

조별기준을 살펴보면, A조의 경우 취득원가 총액이 ₩220,000이고, 순실현가능가치가 ₩215,000으로 취득원가가 순실현가능가치보다 크다. 따라서 기말재고액을 ₩220,000 → ₩215,000으로 ₩5,000만큼 감소시켜야 한다. B조는 취득원가가 ₩730,000이고, 순실현가능가치가 ₩750,000으로 취득원가가 순실현가능가치보다 작으므로 저가법 적용대상이 아니다. 따라서 조별기준에 의한 기말재고자산 평가액은 ₩945,000이 된다. 마지막으로 총액기준을 살펴보면, A, B의 총취득원가는 ₩950,000이고 순실현가능가치는 ₩965,000으로 취득원가가 순실현가능가치보다 작으므로 저가법 적용대상이 아니다. 따라서 총액법에 의한 기말재고평가액은 취득원가인 ₩950,000이 된다.

<표 7-7>을 통해 살펴보았듯이, 기말재고액의 크기가 항목별 기준을 적용하였을 때 가장 작게 나타나 조별기준이나 총액기준에 비해 보수적으로 재고자산을 평가한다. 이러한 결과는 조별이나 총액의 경우 각 재고자산의 집단 내에서 평가이익과 평가손실이 상쇄되는 효과가 발생하기 때문이다.

기말재고자산 평가에서 수량 부족과 가치 하락이 동시에 발생할 경우는 수량 부족에 따른 재고자산감모손실을 먼저 처리한 후, 가치 하락에 따른 재고자산평가손실을 인식하는 것이 타당하다.

[예제 7-11]을 통해 재고자산의 평가에 대해 학습해 보자.

예제 7-11 [재고자산 평가]

인제㈜의 10월 동안 상품 거래내역은 다음과 같다. 인제㈜는 상품의 매매거래를 기록하기 위해 계속기록법을 사용하고 있다.

일 자	구 분	수 량	단 가	금 액
10월 1일	기초재고	200개	@₩700	₩140,000
7일	매 입	700개	720	504,000
16일	매 출	500개	1,350	
23일	매 입	400개	740	296,000
25일	환 출	(50개)		(37,000)
29일	매 출	550개	1,380	
31일	재 고	200개	*재고실사 결과 180개 보유로 확인됨.	

- 10월 31일 재고실사 결과 180개를 보유하고 있는 것으로 확인되었다.
- 부족 수량 중 10개는 원가성이 있고, 나머지 10개는 원가성이 없는 것으로 확인되었다.
- 인제㈜는 단일품목 상품을 판매하며, 10월 31일 현재 단위당 순실현가능가치는 @₩700이다.

요구사항

1. 선입선출법을 적용한다고 가정하고, 10월 31일의 기말재고액과 매출원가, 재고자산감모손실 및 재고자산평가손실을 계산하라. 그리고 재고자산 감모손실과 평가손실에 대한 회계처리를 하라.
2. 평균법을 적용한다고 가정하고, 10월 31일의 기말재고액과 매출원가, 재고자산감모손실 및 재고자산평가손실을 계산하라. 그리고 재고자산 감모손실과 평가손실에 대한 회계처리를 하라.

1. 선입선출법

- 장부상 매출원가와 기말재고액의 평가

취득일	수량(개)	구매단가	판매 재고층	매출원가	재고액
기초재고	200	@₩700		–	₩140,000
10월 7일 매입	700	720			644,000
10월 16일 매출	(500)		200×@₩700 300×@₩720	₩356,000	288,000
10월 23일 매입	400	740		–	584,000
10월 25일 환출	(50)	740			547,000
10월 29일 매출	(550)		400×@₩720 150×@₩740	399,000	₩148,000
계				₩755,000	

- 재고 수량부족에 대한 감모손실액 = (200 − 180) × @₩740 = ₩14,800
  → 이 중 10개에 해당하는 ₩7,400은 원가성이 있으므로 매출원가로, 나머지는 감모손실로 처리

- 재고자산평가손실액 = ₩133,200 − (180개 × @₩700) = ₩7,200
  → 재고자산평가손실은 매출원가 가산 항목

- 따라서 선입선출법에 의한 기말재고액은 ₩126,000(=₩148,000−₩14,800−₩7,200)이며, 매출원가는 ₩769,600(=₩755,000+₩7,400+₩7,200), 재고자산감모손실은 ₩7,400이다.

- 재고자산감모손실에 대한 회계처리

(차) 매출원가	7,400	(대) 상 품	14,800
재고자산감모손실	7,400		

- 재고자산평가손실에 대한 회계처리

(차) 재고자산평가손실 (또는 매출원가)	7,200	(대) 재고자산평가충당금	7,200

2. 이동평균법

- 장부상 매출원가와 기말재고액의 평가

취득일	수량(개)	구매 단가	판매가능 재고자산원가	평균 단가	매출원가	재고액
기초재고	200	@₩700	₩140,000	@₩700	–	₩140,000
10월 7일 매입	700	720	644,000	715.56	–	644,000
10월 16일 매출	(500)				₩357,780	286,220
10월 23일 매입	400	740	582,220	727.78		582,220
10월 25일 환출	(50)	740	545,220	726.96		545,220
10월 29일 매출	(550)				399,828	₩145,392
계					₩757,608	

- 재고 수량부족에 대한 감모손실액=(200−180)×@₩726.96=₩14,540
  → 이 중 10개에 해당하는 ₩7,270은 원가성이 있으므로 매출원가로, 나머지는 감모손실로 처리

- 재고자산평가손실액=₩130,852−(180개×@₩700)=₩4,852
  → 재고자산평가손실은 매출원가 가산 항목

- 따라서 이동평균법에 의한 기말재고액은 ₩126,000(=₩145,392−₩14,540−₩4,852)이며, 매출원가는 ₩769,730(=₩757,608+₩7,270+₩4,852), 재고자산감모손실은 ₩7,270이다.

• 재고자산감모손실에 대한 회계처리

(차) 매출원가	7,270	(대) 상　품	14,540
재고자산감모손실	7,270		

• 재고자산평가손실에 대한 회계처리

(차) 재고자산평가손실 (또는 매출원가)	4,852	(대) 재고자산평가충당금	4,852

[그림 7-9]는 재고자산의 평가에 대한 회계처리를 요약한 것이다.

[그림 7-9] **재고자산의 평가(순서)**

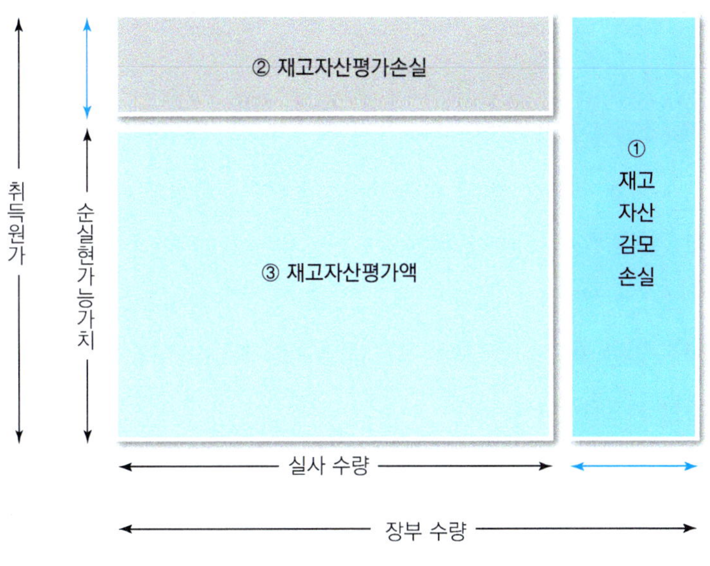

개념정리 문제

1. 재고자산의 의의에 대해 서술하라.
2. 제조기업과 유통기업의 재고자산의 종류에 대해 설명하라.
3. 재고자산의 시점별 주요 회계처리에 대해 설명하라.
4. 재고자산 회계의 핵심은 무엇인가?
5. 운송 중인 재고자산의 소유권 결정에 대해 설명하라.
6. 시송품은 무엇이며, 재고자산 소유권의 결정은 어떻게 하는지 설명하라.
7. 적송품은 무엇이며, 재고자산 소유권의 결정은 어떻게 하는지 설명하라.
8. 재구매조건부 판매에 대해 설명하라.
9. 반품 가능 조건부 재고자산 판매에 대한 회계처리를 설명하라.
10. 특별주문에 의해 생산된 재고자산의 소유권에 대해 설명하라.
11. 재고자산 기록방법에 대해 설명하라.
12. 계속기록법과 실지재고조사법에서 매출원가를 결정하는 방법을 비교하여 설명하라.
13. 외부에서 구입한 재고자산의 취득원가 범위에 대해 설명하라.
14. 자가제조한 재고자산의 취득원가 범위에 대해 설명하라.
15. 재고자산의 원가배분방법에 대해 설명하라.
16. 총평균법과 이동평균법의 차이를 설명하라.
17. 재고자산 평가에 저가법을 적용해야 하는 이유를 설명하고, 어떤 측정기준을 이용하는지 설명하라.
18. 매출총이익률법에 대해 설명하라.
19. 소매재고법에 대해 설명하라.
20. 재고자산감모손실과 재고자산평가손실에 대한 회계처리를 비교 설명하라.

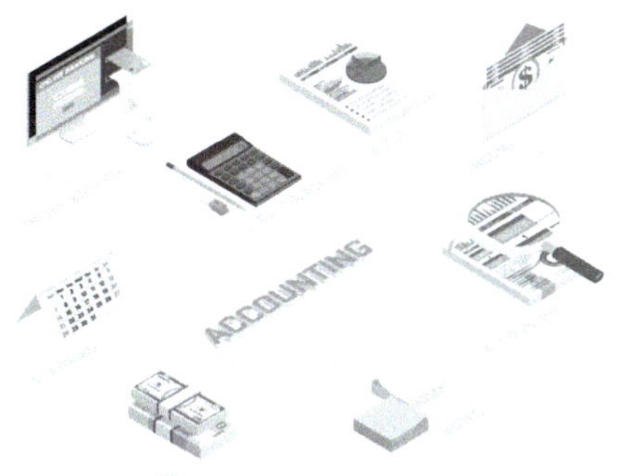

CHAPTER 08

유형자산과 무형자산

IFRS ACCOUNTING PRINCIPLES

1. 유형자산의 의의
2. 유형자산의 취득원가
3. 감가상각
4. 후속원가
5. 유형자산의 제거
6. 무형자산

학습목표

본 장에서는 유형자산의 의의를 살펴보고, 유형자산의 취득원가 결정, 감가상각 및 후속원가 측정을 학습한다. 또한 무형자산의 의의에 대해 논하고 무형자산의 회계처리방법을 살펴본다. 본 장의 핵심적인 주제는 유형자산 회계처리이다.
본 장에서는 구체적으로 다음과 같은 내용들이 학습목표이다.

1. 유형자산의 정의와 종류에 대해 서술할 수 있다.
2. 유형자산의 취득원가를 거래별로 계산할 수 있다.
3. 유형자산의 감가상각방법에 따른 회계처리를 할 수 있다.
4. 유형자산의 후속원가를 자본적 지출과 수익적 지출로 구분하여 회계처리할 수 있다.
5. 무형자산의 정의를 서술할 수 있고 개발비와 영업권의 회계처리를 할 수 있다.

들어가며

유형자산

유형자산은 장기적으로 영업활동에 사용하는 물리적 실체를 가진 자산이다. 기업은 영업활동을 수행하면서 다양한 유형자산을 취득하여 사용한다. [표 1]은 삼성전자의 2020년 연결재무상태표를 제시하고 있다. 삼성전자의 2020년 자산총계는 약 378조 원이며, 비유동자산은 약 180조 원이다. 비유동자산 중 유형자산은 약 129조 원이다. 자산 대비 유형자산의 비율은 약 34.1%이며, 비유동자산 대비 유형자산의 비율은 약 71.6%이다. 삼성전자의 비유동자산 대부분을 유형자산이 차지하고 있다.

[표 1] 삼성전자 연결재무상태표

연결재무상태표

제52기 2020.12.31 현재
제51기 2019.12.31 현재
제50기 2018.12.31 현재

(단위: 백만 원)

	제52기	제51기	제50기
자산			
유동자산	198,215,579	181,385,260	174,697,424
현금및현금성자산	29,382,578	26,885,999	30,340,505
단기금융상품	92,441,703	76,252,052	65,893,797
단기상각후원가금융자산	2,757,111	3,914,216	2,703,693
단기당기손익-공정가치금융자산	71,451	1,727,436	2,001,948
매출채권	30,965,058	35,131,343	33,867,733
미수금	3,604,539	4,179,120	3,080,733
선급비용	2,266,100	2,406,220	4,136,167
재고자산	32,043,145	26,766,464	28,984,704
기타유동자산	3,754,462	4,122,410	3,688,144
매각예정분류자산	929,432	0	0
비유동자산	180,020,139	171,179,237	164,659,820
상각후원가금융자산	0	0	238,309
기타포괄손익-공정가치금융자산	12,575,216	8,920,712	7,301,351
당기손익-공정가치금융자산	1,202,969	1,049,004	775,427
관계기업 및 공동기업 투자	8,076,779	7,591,612	7,313,206
유형자산	128,952,892	119,825,474	115,416,724
무형자산	18,468,502	20,703,504	14,891,598
순확정급여자산	1,355,502	589,832	562,356
이연법인세자산	4,275,000	4,505,049	5,468,002
기타비유동자산	5,113,279	7,994,050	12,692,847
자산총계	378,235,718	352,564,497	339,357,244

자료: 전자공시시스템, 삼성전자 2020년 사업보고서.

[표 2]의 주석에서 제시하는 바와 같이, 삼성전자의 유형자산 계정과목에는 토지, 건물 및 구축물, 건설중인자산 등이 있다. 이는 삼성전자의 유형자산을 성격과 용도에 따라 분류한 것이다.

[표 2] 유형자산에 대한 주석

10. 유형자산:

가. 당기 및 전기 중 유형자산의 변동내역은 다음과 같습니다.

(1) 당기

(단위: 백만 원)

구 분	토지	건물및구축물	기계장치	건설중인자산	기타	계
기초장부금액	9,774,554	30,469,620	52,149,936	23,930,019	3,501,345	119,825,474
- 취득원가	9,828,309	48,839,439	211,416,021	23,930,019	10,061,981	304,075,769
- 감가상각누계액(손상 포함)	(53,755)	(18,369,819)	(159,266,085)	-	(6,560,636)	(184,250,295)
일반취득 및 자본적 지출(*1)	141,197	8,524,794	32,907,696	(3,443,884)	1,281,811	39,411,614
감가상각	(45,707)	(2,978,741)	(22,780,113)	-	(1,311,174)	(27,115,735)
처분 · 폐기	(20,308)	(276,235)	(108,935)	(618)	(104,829)	(510,925)
손상(환입)	-	(3,627)	(316,723)	-	(4,806)	(325,156)
매각예정분류	(29,275)	(540,258)	(181,744)	(8,947)	(6,390)	(766,614)
기타(*2)	(48,305)	(643,549)	(675,987)	(300,653)	102,728	(1,565,766)
기말장부금액	9,772,156	34,552,004	60,994,130	20,175,917	3,458,685	128,952,892
- 취득원가	9,850,942	55,026,369	233,056,501	20,175,917	10,496,584	328,606,313
- 감가상각누계액(손상 포함)	(78,786)	(20,474,365)	(172,062,371)	-	(7,037,899)	(199,653,421)

자료: 전자공시시스템, 삼성전자 2020년 사업보고서.

1 유형자산의 의의

1.1 유형자산의 정의

유형자산(property, plant and equipment)은 재화나 용역의 생산이나 제공, 타인에 대한 임대 또는 관리활동에 사용할 목적으로 보유하는 물리적 형태가 있는 자산으로서 한 회계기간을 초과하여 사용할 것이 예상되는 자산이다. 이 정의에 따르면, 유형자산은 영업활동에 사용하는 물리적 실체가 있는 자산이며, 장기적으로 사용하는 자산이다. 유형자산은 시세차익 등 투자를 목적으로 보유하는 자산이 아니라, 재화나 용역의 생산이나 제공, 타인에 대한 임대 또는 관리활동에 사용할 용도로 영업활동에 사용하는 자산이다. 영업활동은 장기적인 활동이기 때문에 유형자산은 사용기간이 장기적인 특징을 갖는다. 유형자산의 또 다른 특징은 물리적 형태가 있다는 것이다. 물리적 형태란 권리로 표시되는 저작권 등과 달리 실체가 있는 자산이다.

1.2 유형자산의 분류

유형자산의 유형은 기업의 영업에서 특성과 용도가 비슷한 자산의 집합이다. 다음은 개별 유형의 예이다.

① 토지
② 건물
③ 기계장치
④ 선박
⑤ 항공기
⑥ 차량운반구
⑦ 집기
⑧ 사무용비품
⑨ 생산용식물

[그림 8-1] 유형자산의 분류

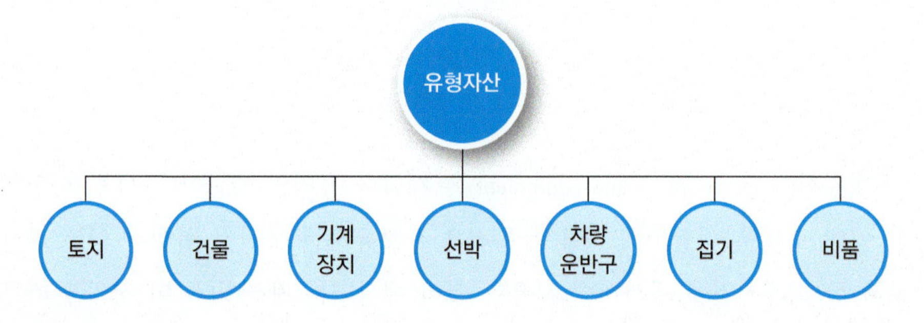

2 유형자산의 취득원가

2.1 인식

유형자산의 원가는 인식시점의 현금가격상당액이다. 유형자산으로 인식되기 위해서는 다음의 인식기준을 모두 충족하여야 한다.

① 자산으로부터 발생하는 미래경제적효익이 기업에 유입될 가능성이 높다.
② 자산의 원가를 신뢰성 있게 측정할 수 있다.

2.2 취득원가의 구성요소 및 결정

1) 취득원가의 구성요소

유형자산을 인식하는데 있어서 고려할 사항은 유형자산에 대한 취득원가를 산정하는 것이다. 유형자산의 취득원가는 경영진이 의도하는 방식으로 자산을 가동하는데 필요한 장소와 상태에 이르게 하는데 직접 관련되는 원가이다. 예를 들어, 기계의 취득원가는 매입가격에 더하여 경영진이 의도하는 방식으로 자산을 가동하는데 필요한 장소와 상태에 이르게 하는데 직접 관련되는 원가(운반비, 설치비 등)가 부가된다. 즉, 경영진이 의도하는 방식으로 자산을 가동하는데 필요한 장소와 상태에 이른 후에 발생한 지출은 유형자산의 취득원가로 인식하지 않는다.

유형자산의 원가는 다음과 같이 구성된다.

① 관세 및 환급불가능한 취득 관련 세금을 가산하고 매입할인과 리베이트 등을 차감한 구입가격
② 경영진이 의도하는 방식으로 자산을 가동하는데 필요한 장소와 상태에 이르게 하는데 직접 관련되는 원가
③ 자산을 해체, 제거하거나 부지를 복구하는데 소요될 것으로 최초에 추정되는 원가. 회사가 자산을 해체, 제거하거나 부지를 복구할 의무는 해당 유형자산을 취득한 시점에 또는 해당 유형자산을 특정 기간 동안 재고자산 생산 이외의 목적으로 사용한 결과로서 발생한다.

유형자산의 취득원가를 결정하는 식을 간단히 나타내면 다음과 같다.

유형자산의 취득원가 = 총매입가격 + 직접관련원가(운송비 + 설치비 + 설치준비비 + 시험가동비 + 전문가수수료 + 관세) − 매입할인 − 리베이트

[그림 8-2] **유형자산의 취득원가 구성**

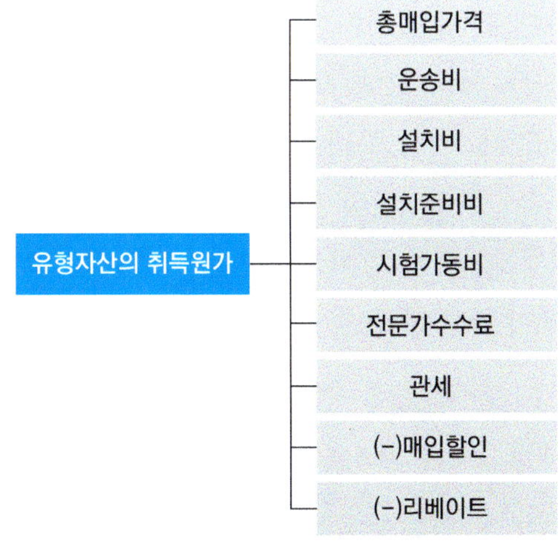

유형자산은 토지, 건물, 기계장치, 선박 등 다른 자산에 비하여 그 규모 및 금액이 상대적으로 크다. 그러므로 유형자산 취득 시 다양한 거래가 이루어진다. 예컨대, 건물을 취득하면서 현금을 지출할 수 있으며, 미래에 현금을 지불하기로 약정하고 취득할 수도 있다. 또한 유형자산을 취득하고 그 대가로 주식을 발행하는 경우도 있으며, 유형자산을 교환하거나 일괄하여 취득할 수도 있다. 이와 같은 상황별 유형자산 취득 시 유형자산의 취득원가가 어떻게 결정되는가를 살펴보자.

2) 토지의 취득원가

토지의 취득원가는 토지를 취득하여 기업이 의도하는 사용목적에 적합한 상태에 이르게 하는데 지출된 원가를 모두 포함한다. 토지를 사용하기 위해서는 소유권을 갖추어야 하며, 취득한 토지를 이용하기 위해서는 배수시설이 필요하다. 또한 토지의 표면이 울퉁불퉁하다거나 경사가 심하다면 기업은 그 토지를 사용하기 위하여 토지를 정지하거나 토지성형을 해야 한다. 이들 원가는 토지를 사용하기 위한 직접관련원가이므로 토지의 원가에 가산된다.

또한 건물을 신축하기 위하여 구건물이 있는 토지를 매입할 경우, 기업은 기존 건물을 철거해야만 토지를 사용할 수 있다. 건물을 철거할 경우, 철거비용이 발생할 뿐 아니라 철거과정에서 나온 부산물을 판매할 수도 있다. 철거비용은 토지를 원래의 목적대로 사용하기 위하여 지출된 직접관련원가이므로 토지의 원가에 가산된다. 같은 맥락으로, 부산물을 처분하여 수취한 금액은 토지의 원가에서 차감된다.

한편, 토지를 취득한 후 토지 위에 각종 부대시설이 조성된다. 예를 들어, 가로등, 울타리, 주차장, 도로 등이 있다. 토지 위에 건설한 구조물(건물 제외)을 '구축물(structures)'이라고 하는데, 이들 부대시설과 관련하여 발생한 원가는 구축물계정 원가로 구성된다. 그러나 부대시설의 내용연수가 영구적(비한정)이거나, 사후유지 및 관리를 국가나 지방자치단체 등이 책임지는 경우에는 그 부대시설에 지출된 원가는 토지 취득원가에 포함된다.

> 토지의 취득원가 = 토지의 구입가격 + 취득세와 등록세 + 중개수수료 + 정지비용 + 토지구획정리 및 배수로 공사비용 + 성형 및 절토비용 + 철거관련비용 − 철거관련수익 + 내용연수가 비한정인 구축물 + 토지매수자가 매도자의 금융비용을 부담하기로 한 가액 등

[예제 8-1]을 통해 토지 취득원가가 어떻게 결정되는가를 학습해 보자.

예제 8-1 [토지의 취득원가]

한국㈜는 20×1년 기중에 토지를 ₩10,000,000에 현금으로 매입하였다. 한국㈜가 토지를 매입한 목적은 토지 위에 신축건물을 건설하기 위한 것이다. 매입 시 토지에는 낡은 구건물이 있었는데, 이 건물을 철거하면서 철거비용이 ₩1,500,000 현금 지출되었고, 철거과정에서 폐기물 매각수입은 ₩300,000이었다. 구건물 철거 후 토지의 배수공사에 ₩200,000, 토지정지비용에 ₩50,000이 모두 현금지출되었다. 토지매입에 따른 추가비용으로 취득세 ₩700,000 및 중개수수료 ₩900,000이 현금지출되었다. 한국㈜ 경영진이 의도하는 방식으로 토지를 사용할 수 있게 된 날짜는 7월 1일이다.

요구사항

1. 토지의 취득원가를 계산하라.
2. 7월 1일 회계처리 및 부분재무상태표를 제시하라(위 거래의 토지에 한정해서 표시).

1. 토지의 취득원가

토지의 취득원가 = ₩10,000,000 + ₩1,500,000 − ₩300,000 + ₩200,000 + ₩50,000 + ₩700,000 + ₩900,000 = ₩13,050,000

2. 회계처리

(차) 토　지	13,050,000	(대) 현　금	13,050,000

재무상태표

한국㈜	20×1년 7월 1일 현재	(단위: 원)
자산		
비유동자산		
토지		13,050,000
자산총계		×××
부채		
자본		
부채와자본총계		×××

3) 기계장치의 취득원가

기계장치를 매입한 경우 기계의 취득원가는 매입가격, 운송비, 보험료, 설치비, 취득과 관련된 전문가수수료, 시운전비 등이 포함된다. 이는 가동준비직접원가를 포함하여 기계장치를 본래의 목적에 사용할 수 있도록 준비하는데 직접 관련되는 원가는 모두 기계장치의 취득원가에 포함되기 때문이다. [예제 8-2]를 통해 기계장치 취득원가가 어떻게 결정되는가를 학습해 보자.

기계장치의 취득원가 = 구입가격 + 운송비 + 보험료 + 설치비 + 취득과 관련된 전문가 수수료 + 시운전비 등

예제 8-2 [기계장치의 취득원가]

한국㈜는 20×1년 기중에 생산용 기계장치 한 대를 취득하였다. 기계장치를 취득하면서 지출한 금액은 다음과 같다. 기계장치 매입가격은 ₩5,000,000이다. 운송비 ₩150,000은 판매자가 부담하였다. 그리고 설치비 ₩90,000, 시운전비 ₩400,000이 추가로 지출되었다. 한국㈜ 경영진이 의도하는 방식으로 기계를 사용할 수 있게 된 날짜는 7월 1일이다. 모든 거래는 현금으로 이루어졌다.

요구사항

1. 기계장치의 취득원가를 계산하라.
2. 7월 1일 회계처리 및 부분재무상태표를 제시하라(위 거래의 기계장치에 한정해서 표시).

1. 기계장치의 취득원가

기계장치의 취득원가 = ₩5,000,000 + ₩90,000 + ₩400,000 = ₩5,490,000

2. 회계처리

(차) 기계장치	5,490,000	(대) 현　금	5,490,000

재무상태표

한국㈜	20×1년 7월 1일 현재	(단위: 원)
자산		
비유동자산		
기계장치		5,490,000
자산총계		×××
부채		
자본		
부채와자본총계		×××

4) 일괄취득 시 취득원가

일괄취득(lump sum purchase)이란 여러 종류의 자산을 단일금액으로 한꺼번에 취득하는 것이다. 일괄취득하는 경우에는 개별 자산을 각각 취득하는 것보다 일반적으로 일정한 할인혜택을 받을 수 있다. 그러므로 개별 자산의 취득원가를 각각 구분하는 것이 어려울 수 있다. 따라서 일괄취득 시 지급한 금액을 적절한 방법에 따라 개별 자산에 배분해야 한다. 여기서 적절한 방법, 즉 배분기준은 상대적 공정가치이다. 예를 들어, 건물과 토지를 취득하면서 일괄하여 ₩5,000,000을 지출한 경우 건물의 취득원가와 토지의 취득원가를 확인하기 어렵다. 그러므로 건물의 공정가치가 ₩3,000,000이고 토지의 공정가치가 ₩7,000,000이라고 한다면, 일괄취득하기 위해 지출한 ₩5,000,000을 30%($\frac{3,000,000}{3,000,000+7,000,000}$) 비율로 안분한 ₩1,500,000이 건물의 취득원가가 된다. 그리고 일괄취득하기 위해 지출한 ₩5,000,000을 70%($\frac{7,000,000}{3,000,000+7,000,000}$)의 비율로 안분한 ₩3,500,000이 토지의 취득원가가 된다. 일괄취득 시 유형자산 취득원가는 매도자의 상대적 장부가액으로 배분하지 않고 상대적 공정가치 비율로 배분한다. [예제 8-3]을 통해 기계장치 취득원가가 어떻게 결정되는가를 학습해 보자.

일괄취득 시 취득원가 → 상대적 공정가치 비율로 배분

예제 8-3 [일괄취득]

한국㈜는 20×1년 7월 1일에 경기㈜의 장부가치 ₩3,500,000이며 공정가치가 ₩5,000,000인 토지와 장부가치 ₩2,700,000이며 공정가치가 ₩3,000,000인 건물을 취득하면서 일괄하여 ₩6,000,000을 매도자에게 지불하였다. 이는 유형자산을 일괄하여 취득하였기 때문에 개별로 자산을 취득하였을 때보다 상대적으로 저렴하게 취득한 것이다.

요구사항

1. 토지와 건물의 취득원가를 계산하라.
2. 7월 1일 회계처리를 하라.

1. 토지와 건물의 취득원가

$$\text{토지의 취득원가} = ₩6,000,000 \times \frac{₩5,000,000}{₩8,000,000} = ₩3,750,000$$

$$\text{건물의 취득원가} = ₩6,000,000 \times \frac{₩3,000,000}{₩8,000,000} = ₩2,250,000$$

2. 회계처리

(차) 토 지	3,750,000	(대) 현 금	6,000,000
건 물	2,250,000		

5) 현물출자 시 취득원가

현물출자(investment in kind)란 유형자산을 취득하고 그 대가로 주식을 발행하여 교부하는 것이다. 현물출자 시 유형자산의 취득원가는 원칙적으로 취득한 유형자산의 공정가치이다. 그러나 취득한 유형자산의 공정가치를 신뢰성 있게 측정할 수 없다면, 발행한 주식의 공정가치가 유형자산의 취득원가이다. 한편, 비상장주식과 같이 주식시장을 이용할 수 없는 주식의 발행으로 유형자산을 취득하였다면, 그 유형자산의 취득원가는 가치평가기법이나 감정가액 등을 이용한 주식의 공정가치로 추정한다.

> 현물출자 시 취득원가 → 유형자산의 공정가치(or 주식의 발행가액 or 가치평가기법에 의한 공정가치 or 감정가액)

[예제 8-4]를 통해 현물출자로 유형자산을 취득한 경우 취득원가가 어떻게 결정되는가를 학습해 보자.

예제 8-4 [현물출자]

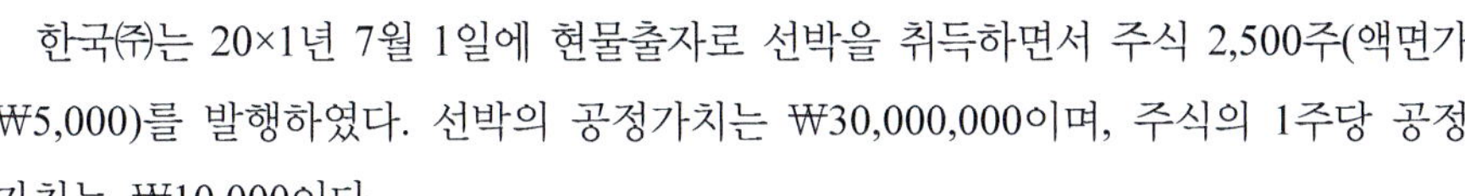

한국㈜는 20×1년 7월 1일에 현물출자로 선박을 취득하면서 주식 2,500주(액면가 ₩5,000)를 발행하였다. 선박의 공정가치는 ₩30,000,000이며, 주식의 1주당 공정가치는 ₩10,000이다.

요구사항

1. 선박의 취득원가를 계산하라.
2. 7월 1일 회계처리를 하라.

1. 선박의 취득원가

   선박의 취득원가 = ₩30,000,000

2. 회계처리

(차) 선　박	30,000,000	(대)	자본금	12,500,000
			주식발행초과금	17,500,000

* 자본금: 2,500주 × ₩5,000 = ₩12,500,000
* 주식발행초과금: ₩30,000,000 − ₩12,500,000 = ₩17,500,000

6) 장기연불조건구매 시 취득원가

연불매매(deferred-payment contracts)란 계약 당사자 간의 약관에 의하여 매매대금을 2회 이상 분할하여 월부·연부 또는 기타 부불방법에 의해 결제하는 것을 조건으로 체결된 거래를 말한다. 매매 목적물을 인도한 다음날부터 최종부불금의 지급일까지가 1년 이상이면 장기연불매매로 정의하고 그 결제가 2회 이상 분할되

어 이루어지는 것을 '장기할부판매'라 한다.[1)]

이와 같이 장기연불로 취득한 유형자산의 취득원가는 취득 시 지불한 금액과 미래 장기간에 걸쳐 지급하기로 한 지불금액의 현재가치로 추정한다. 예를 들어, 20×1년 1월 1일에 한국㈜가 건물을 취득하면서 ₩1,000,000의 현금을 지불하고 ₩500,000을 각각 20×1년 말과 20×2년 말에 지불하기로 하였다고 가정하자. 단, 미래가치를 현재가치로 교환하는 유효이자율은 12%이다. 건물의 취득원가는 20×1년 초에 지불한 ₩1,000,000, 20×1년 말과 20×2년 말에 지불할 각각 ₩500,000의 현재가치를 합한 금액인 ₩1,845,025(=₩1,000,000+₩500,000×$PVAF_{(12\%,2)}$)이다. 이 거래에 대한 회계처리와 부분재무상태표는 다음과 같다.

(차) 건 물	1,845,025	(대) 현 금	1,000,000
현재가치할인차금	154,975	장기성미지급금	1,000,000

재무상태표

한국㈜	20×1년 1월 1일 현재	(단위: 원)
자산		
비유동자산		
건물		1,845,025
자산총계		×××
부채		
비유동부채		
장기성미지급금	1,000,000	
현재가치할인차금	(154,975)	845,025
자본		
부채와자본총계		×××

[예제 8-5]를 통해 장기연불조건의 기계장치 취득원가가 어떻게 결정되는가를 학습해 보자.

1) 출처: 매경시사용어사전

예제 8-5 [장기연불조건]

한국㈜는 20×1년 1월 1일에 ₩5,000,000 비품을 취득하면서 계약금으로 ₩1,000,000을 지급하고 잔금은 매년 12월 31일에 ₩2,000,000씩 2회 분할지급하기로 하였다. 비품 취득일 현재 비품의 현금가격상당액은 총지급액을 연 10% 이자율로 할인한 현재가치와 동일하다.

요구사항

1. 비품의 취득원가를 계산하라.
2. 1월 1일 회계처리 및 부분재무상태표를 제시하라(위 거래의 비품에 한정해서 표시).

1. 비품의 취득원가

비품 취득원가 = ₩1,000,000 + ₩2,000,000 × $PVAF_{(10\%,2)}$

= ₩4,471,080

2. 회계처리

(차) 비　품	4,471,080	(대) 현　금	1,000,000
현재가치할인차금	528,920	장기성미지급금	4,000,000

재무상태표

한국㈜	20×1년 1월 1일 현재	(단위: 원)
자산		
비유동자산		
비품		4,471,080
자산총계		×××
부채		
비유동부채		
장기성미지급금	4,000,000	
현재가치할인차금	(528,920)	3,471,080
자본		
부채와자본총계		×××

7) 교환거래 시 취득원가

교환에 의한 취득이란 유형자산을 취득하면서 취득자가 보유하고 있는 다른 유형자산을 제공하는 것이다. 교환거래 시 유형자산의 취득원가는 상업적 실질(commercial substance)이 있는지 여부에 따라 다음과 같이 인식한다.

① 상업적 실질이 있는 경우: 제공한 자산의 공정가치(혹은 취득한 자산의 공정가치가 명확한 경우 취득한 자산의 공정가치)로 인식한다.

② 상업적 실질이 없는 경우: 제공한 자산의 장부금액으로 인식한다.

③ 공정가치를 측정할 수 없는 경우: 제공한 자산의 장부금액으로 인식한다.

상업적 실질이 있는 경우는 다음과 같다.

① 취득한 자산과 관련된 현금흐름의 구성(위험, 유출입시기, 금액)이 제공한 자산과 관련된 현금흐름의 구성과 다르다.

② 교환거래의 영향을 받는 영업 부분의 기업특유가치가 교환거래의 결과로 변동한다.

③ 위 ①이나 ②의 차이가 교환된 자산의 공정가치에 비하여 유의적이다.

<표 8-1>은 비화폐성 자산의 교환 시 어떻게 취득원가가 결정되는가를 요약한 표이다.

〈표 8-1〉 교환 시 취득원가

구 분	취득원가	
상업적 실질이 있는 경우	제공한 자산의 공정가치가 명확한 경우	제공한 자산의 공정가치
	취득한 자산의 공정가치가 명확한 경우	취득한 자산의 공정가치
상업적 실질이 결여된 경우	제공한 자산의 장부금액	
공정가치를 측정할 수 없는 경우	제공한 자산의 장부금액	

[예제 8-6]을 통해 상업적 실질이 있는 교환의 취득원가와 상업적 실질이 없는 교환의 취득원가가 어떻게 결정되는가를 학습해 보자.

예제 8-6 [교환거래]

한국㈜는 20×1년 7월 1일에 경기㈜가 소유하고 있는 기계장치(장부가액 ₩1,700,000, 공정가치 ₩2,200,000)와 한국㈜의 기계장치(장부가액 ₩1,600,000, 공정가치 ₩2,500,000)를 교환취득하였다. 이 거래는 상업적 실질이 있으며 취득한 자산의 공정가치보다 제공한 자산의 공정가치가 보다 더 명백하다.

요구사항

1. 기계장치의 취득원가를 계산하라.
2. 이 거래가 상업적 실질이 있으며, 제공한 자산의 공정가치보다 취득한 자산의 공정가치가 더 명백하다고 가정할 경우의 기계장치 취득원가를 계산하라.
3. 이 거래가 상업적 실질이 없는 경우의 기계장치 취득원가를 계산하라.
4. 물음 1의 7월 1일 회계처리를 하라.

1. 기계장치의 취득원가 : ₩2,500,000
2. 기계장치의 취득원가 : ₩2,200,000
3. 기계장치의 취득원가 : ₩1,600,000
4. 회계처리

(차) 기계장치	2,500,000	(대) 기계장치	1,600,000
		유형자산처분이익	900,000

8) 차입원가의 자본화

적격자산(qualifying assets)은 의도된 용도로 사용하거나 판매가능한 상태에 이르게 하는데 상당한 기간을 필요로 하는 유형자산으로 '건설중인자산'이라고도 한다. 적격자산의 취득과 관련되는 차입원가는 당해 자산취득원가의 일부를 구성한다. 이 차입원가는 당해 자산을 취득하지 않았더라면 회피가능하였을 원가로 취득원가의 일부이다. 차입원가는 자금의 차입과 관련하여 발생하는 이자이며, 이를 자산의 취득원가에 포함하는 것을 자본화라고 한다. 본서에서는 적격자산의 취득원가 회계처리는 생략한다.

 감가상각

3.1 감가상각의 의의

감가상각(depreciation)이란 자산의 감가상각대상금액을 그 자산의 내용연수에 걸쳐 체계적으로 배분하는 것이다. 여기서 감가상각대상금액이란 취득원가에서 잔존가치를 차감한 것이다. 감가상각은 토지계정과 같이 내용연수가 비한정인 자산은 감가상각을 적용하지 않는다. 감가상각은 건물, 기계장치 등에 적용된다. 다음의 자료는 삼성전자㈜의 유형자산과 관련된 주석사항이다.

2.9 유형자산

유형자산은 역사적 원가에서 감가상각누계액과 손상차손누계액을 차감하여 표시하고 있습니다. 역사적 원가는 자산의 취득에 관련된 지출을 포함합니다. 후속원가는 자산으로부터 발생하는 미래의 경제적효익이 연결회사에 유입될 가능성이 높으며 그 원가를 신뢰성 있게 측정할 수 있는 경우에 한하여 자산의 장부금액에 포함하거나 별도의 자산으로 인식하고 있습니다. 대체된 부분의 장부금액은 제거하고 있으며 그 외의 모든 수선 및 유지비는 발생한 기간의 비용으로 인식하고 있습니다.

연결회사의 유형자산은 취득원가에서 연결회사가 추정한 추정내용연수에 따라 정액법에 의하여 상각됩니다. 토지는 상각되지 않으며, 자본화차입금이자를 포함한 장기건설자산의 취득에 사용된 원가는 관련 자산의 추정내용연수 동안 상각됩니다.

자산별로 연결회사가 사용하고 있는 대표추정내용연수는 다음과 같습니다.

구 분	대표추정내용연수
건물 및 구축물	15, 30년
기계장치	5년
기 타	5년

연결회사는 매 회계연도 말에 유형자산의 감가상각방법, 잔존가치와 경제적 내용연수를 검토하고 필요한 경우 조정을 하고 있습니다. 자산의 장부금액이 추정 회수가능액을 초과하는 경우 자산의 장부금액을 회수가능액으로 즉시 감소시키고 있습니다. 자산의 처분손익은 처분대가와 자산의 장부금액의 차이로 결정되며, 손익계산서에 '기타수익' 또는 '기타비용'으로 표시하고 있습니다.

자료: 전자공시시스템, 삼성전자 2020년 사업보고서.

유형자산은 사용에 따른 마모나 노후화 등으로 물리적 가치가 감소하게 된다. 이러한 물리적 가치의 감소부분에 대해 수익비용대응원칙에 따라 원가배분하는 과정을 감가상각이라 한다. 예를 들어, 한국㈜가 20×1년 기초에 기계장치 ₩1,000을 취득했다고 가정하자(12월 결산법인). 이 기계장치의 내용연수는 5년이며, 잔존가치는 없다. 다음은 기계장치의 시간흐름도이다.

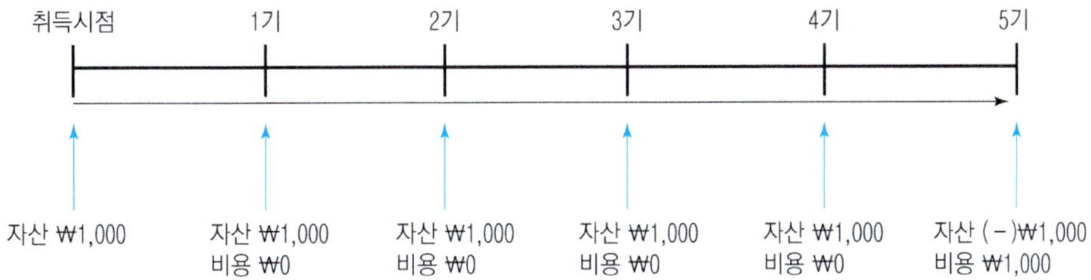

위 시간흐름도가 제시하는 바와 같이 한국㈜가 기계장치에 대하여 원가배분을 하지 않는다면 수익비용대응원칙에 위배되며 자산이 과대계상된다. 따라서 정확한 경영성과를 표시하기 위해서 수익과 비용을 대응하기 위한 감가상각을 하여야 한다. 한국㈜가 감가상각을 할 경우, 각 연도별 자산과 비용의 구성은 다음과 같다.

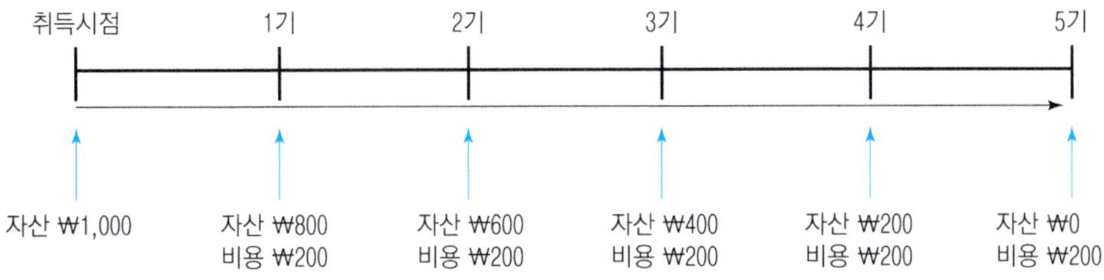

유형자산의 취득 후 내용연수에 걸쳐 체계적인 방법으로 비용에 배분하는 과정을 기록하기 위한 회계처리는 다음과 같다.

(차) 감가상각비	×××	(대) 감가상각누계액	×××

여기서 감가상각비(depreciation expense)는 회계요소 중 비용으로 포괄손익계산서에서 그 금액이 인식되며, 감가상각누계액은 자산의 차감계정으로 유형자산의

가액을 차감시키는 방법으로 재무상태표에 인식된다.

3.2 감가상각의 용어

감가상각비의 계산을 하기 위해서는 취득원가, 잔존가치, 내용연수, 감가상각대상금액, 장부가액의 용어를 이해해야 한다.

① **취득원가** : 자산을 취득하기 위하여 자산의 취득시점이나 건설시점에서 지급한 현금 또는 현금성자산이나 제공한 기타 대가의 공정가치[2)]

② **잔존가치** : 자산이 이미 오래되어 내용연수 종료시점에 도달하였다는 가정하에 자산의 처분으로부터 현재 획득할 금액에서 추정 처분부대원가를 차감한 금액의 추정치

③ **내용연수** : 기업이 자산을 사용할 수 있을 것으로 예상하는 기간이나 자산에서 얻을 것으로 예상하는 생산량 또는 이와 비슷한 단위 수량

④ **감가상각대상금액** : 자산의 취득원가 – 잔존가치

⑤ **장부금액(미상각잔액)** : 감가상각누계액과 손상차손누계액을 뺀 후에 인식되는 자산 금액

3.3 감가상각의 방법

유형자산의 감가상각방법은 기업마다 다양할 수 있으나 K-IFRS에서 인정하는 5가지 방법을 제시하고자 한다. 감가상각대상금액으로 감가상각하는 방법에는 정액법, 연수합계법, 생산량비례법이 있으며, 장부금액(미상각잔액)으로 감가상각하는 방법에는 정률법과 이중체감법이 있다. 이 중 정액법과 생산량비례법은 단위당 감가상각액이 균등하게 배분되는 '균등상각법'에 해당하고, 정률법, 이중체감법 및 연수합계법은 감가상각 기간이 지남에 따라 점차 감가상각액이 감소하는 '체감잔액법'에 해당한다.

---

2) 측정일에 시장참여자 사이의 정상거래에서 자산을 매도할 때 받거나 부채를 이전할 때 지급하게 될 가격.

정확한 재무정보의 산출을 위해 감가상각방법은 기업 상황에 맞게 체계적이고 합리적인 방법을 선택하여야 한다. 예를 들어, 유형자산을 취득한 초기에 해당 유형자산의 조업능력이 높고 시간이 지날수록 조업능력이 떨어진다면 해당 유형자산의 취득 초기에 감가상각비를 많이 인식하고 내용연수가 지날수록 감가상각비를 적게 인식하는 방법을 선택하여야 하므로, 체감잔액법이 체계적이고 합리적일 것이다. 반면에 매년 거의 일정한 수준의 조업도를 유지하는 경우라면 해당 유형자산의 감가상각비를 매년 일정하게 인식할 수 있는 균등상각법을 선택하는 것이 타당할 것이다.

1) 정액법

정액법(straight-line method)은 유형자산의 미래경제적효익이 내용연수에 걸쳐 매년 일정하게 감소한다고 가정하고 유형자산의 원가를 배분하는 방법이다. 정액법은 내용연수에 걸쳐 매년 일정액을 상각하는 방법으로, 감가상각률은 내용연수의 역수가 된다. 정액법에서의 연간 감가상각비는 다음과 같이 계산한다.

$$감가상각비 = 감가상각대상금액 \times \frac{1}{내용연수}$$

2) 연수합계법

연수합계법(sum-of-the-years'-digit method)은 취득 초기에 감가상각비를 많이 인식하고 내용연수 기간이 경과할수록 감가상각비를 적게 인식하는 방법이다. 각 연도의 감가상각비는 내용연수를 나타내는 숫자로부터 1까지 나열하여 이들을 합산한 값을 분모로 하고, 잔존 내용연수에 해당하는 숫자를 분자로 하여 계산한다. 연수합계법에서의 연간 감가상각비는 다음과 같이 계산한다.

$$감가상각비 = 감가상각대상금액 \times \frac{당해연도\ 현재\ 잔존내용연수}{내용연수\ 합계^{*}}$$

* 내용연수 합계는 'n(n + 1)/2'로 쉽게 계산이 가능함.

3) 생산량비례법

생산량비례법(units-of-production method)은 예상 산출량이나 사용시간에 비례하여 감가상각비를 인식하는 것이다. 즉, 내용연수 기간 동안의 총생산량을 추정하고, 연도별로 실제 생산량을 기준으로 감가상각대상금액을 배분하여 감가상각비를 계산하는 방법이다. 생산량비례법에서의 연간 감가상각비는 다음과 같이 계산한다.

$$\text{감가상각비} = \text{감가상각대상금액} \times \frac{\text{당해연도 실제생산량(사용량)}}{\text{내용연수 기간 동안의 총예상생산량(사용량)}}$$

4) 정률법

정률법(constant percentage method)은 기초장부가액(미상각잔액)에 일정한 상각률을 곱하여 연간 감가상각비를 계산하는 방법이다. 장부가액이란 취득원가에서 전기말의 감가상각누계액을 차감한 금액이다. 이 방법은 내용연수 초기에 더 많은 감가상각비를 인식하고 기간이 경과할수록 감가상각비를 적게 인식하는 방법이다. 정률법에서의 연간 감가상각비는 다음과 같이 계산한다. 단, 내용연수가 끝나는 기간 말의 감가상각비는 잔존가치를 고려해야 한다.

$$\text{감가상각비} = \text{(기초)장부가액(미상각잔액)} \times \text{상각률*}$$

$$\text{*상각률} = 1 - \sqrt[n]{\frac{\text{잔존가치}}{\text{취득원가}}}$$

5) 이중체감법

이중체감법(double declining-balance method)은 정액법 상각률의 2배를 상각률로 사용하는 방법이다. 이중체감법은 정률법과 마찬가지로 기초장부금액(미상각잔액)에 정액법 상각률의 2배를 곱하여 연간 감가상각비를 인식한다. 이중체감법도 내용연수 초기에는 감가상각비를 더 많이 인식하고 내용연수가 경과할수록 감가상각비를 적게 인식한다. 단, 내용연수가 종료되는 기간 말의 감가상각비는 잔존가치를 고려해야 한다. 이중체감법은 미상각잔액(기초장부금액)에 상각률을 곱하여 감가상각하므로, 내용연수가 종료되기 전에 감가상각대상금액을 모두 상각하거나

[그림 8-3] 감가상각방법

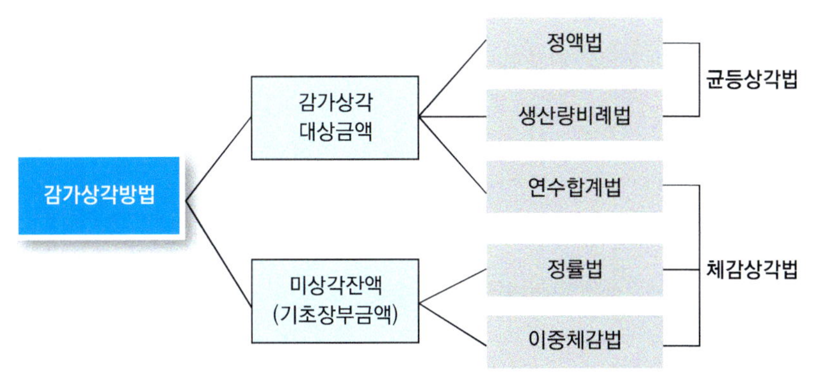

내용연수가 종료되었음에도 감가상각대상금액 중 일부가 상각되지 않고 남는 경우가 있다. 그러므로 내용연수가 종료되는 시점에 잔존가치를 고려하여 감가상각을 수행해야 한다.

[그림 8-3]은 유형자산 감가상각방법을 요약한 것이다. 내용연수와 잔존가치가 변동하지 않을 때의 각 기간 감가상각비가 매 기간 동일한 것을 균등상각법이라고 하며, 내용연수 동안 감가상각액이 매 기간 감소하는 것을 체감상각법이라고 한다.

감가상각과 관련하여 다음 예제들을 학습해 보자.

예제 8-7 [감가상각방법]

한국㈜는 20×1년 기초(12월 결산법인)에 기계장치 ₩5,000,000을 현금으로 취득하였으며, 기계장치의 내용연수는 5년이며 잔존가치는 ₩500,000이다. 이 기계장치를 이용한 5년간의 추정총생산량은 100,000개이며, 20×1년, 20×2년, 20×3년, 20×4년, 20×5년 매기의 실제 생산량은 각각 40,000개, 30,000개, 20,000개, 7,000개, 3,000개였다. 정률법의 비율은 0.369이다.

요구사항

1. 정액법에 따른 연도별 감가상각비를 계산하고, 20×1년 회계처리를 하라.
2. 정액법에 따른 20×1년 말의 부분재무상태표 및 부분포괄손익계산서를 제시하라.
3. 연수합계법에 따른 연도별 회계처리를 하라.

4. 생산량비례법에 따른 연도별 회계처리를 하라.
5. 정률법에 따른 연도별 회계처리를 하라.
6. 이중체감법에 따른 연도별 회계처리를 하라.

1. 정액법

• 연도별 감가상각비 계산식

(단위: 원)

연도	감가상각비 계산식	감가상각비	감가상각누계액	장부금액
20×1말	$(5,000,000-500,000)\times\frac{1}{5}$	900,000	900,000	4,100,000
20×2말	$(5,000,000-500,000)\times\frac{1}{5}$	900,000	1,800,000	3,200,000
20×3말	$(5,000,000-500,000)\times\frac{1}{5}$	900,000	2,700,000	2,300,000
20×4말	$(5,000,000-500,000)\times\frac{1}{5}$	900,000	3,600,000	1,400,000
20×5말	$(5,000,000-500,000)\times\frac{1}{5}$	900,000	4,500,000	500,000

• 연도별 회계처리

20×1말	(차) 감가상각비	900,000	(대) 감가상각누계액	900,000

2. 20×1년 말의 부분재무상태표 및 부분포괄손익계산서

재무상태표

한국㈜	20×1년 12월 31일 현재	(단위: 원)
자산		
비유동자산		
기계장치	5,000,000	
감가상각누계액	(900,000)	4,100,000
자산총계		×××
부채		
자본		
부채와자본총계		×××

포괄손익계산서

한국㈜ 20×1년 1월 1일부터 20×1년 12월 31일까지 (단위: 원)

Ⅰ. 매출액
Ⅱ. 매출원가
Ⅲ. 매출총이익
Ⅳ. 판매비와관리비
:
감가상각비 900,000
:
Ⅴ. 영업이익

Ⅵ. 당기순이익 ×××

3. 연수합계법

• 연도별 감가상각비 계산식

(단위: 원)

연도	감가상각비 계산식	감가상각비	감가상각누계액	장부금액
20×1말	(5,000,000 − 500,000) × $[\frac{5}{(15)}]$	1,500,000	1,500,000	3,500,000
20×2말	(5,000,000 − 500,000) × $[\frac{4}{(15)}]$	1,200,000	2,700,000	2,300,000
20×3말	(5,000,000 − 500,000) × $[\frac{3}{(15)}]$	900,000	3,600,000	1,400,000
20×4말	(5,000,000 − 500,000) × $[\frac{2}{(15)}]$	600,000	4,200,000	800,000
20×5말	(5,000,000 − 500,000) × $[\frac{1}{(15)}]$	300,000	4,500,000	500,000

• 연도별 회계처리

20×1말	(차) 감가상각비	1,500,000	(대) 감가상각누계액	1,500,000
20×2말	(차) 감가상각비	1,200,000	(대) 감가상각누계액	1,200,000
20×3말	(차) 감가상각비	900,000	(대) 감가상각누계액	900,000
20×4말	(차) 감가상각비	600,000	(대) 감가상각누계액	600,000
20×5말	(차) 감가상각비	300,000	(대) 감가상각누계액	300,000

4. 생산량비례법

• 연도별 감가상각비 계산식

(단위: 원)

연도	감가상각비 계산식	감가상각비	감가상각누계액	장부금액
20×1말	$(5,000,000 - 500,000) \times [\frac{40,000}{100,000}]$	1,800,000	1,800,000	3,200,000
20×2말	$(5,000,000 - 500,000) \times [\frac{30,000}{100,000}]$	1,350,000	3,150,000	1,850,000
20×3말	$(5,000,000 - 500,000) \times [\frac{20,000}{100,000}]$	900,000	4,050,000	950,000
20×4말	$(5,000,000 - 500,000) \times [\frac{7,000}{100,000}]$	315,000	4,365,000	635,000
20×5말	$(5,000,000 - 500,000) \times [\frac{3,000}{100,000}]$	135,000	4,500,000	500,000

• 연도별 회계처리

20×1말	(차) 감가상각비	1,800,000	(대) 감가상각누계액	1,800,000
20×2말	(차) 감가상각비	1,350,000	(대) 감가상각누계액	1,350,000
20×3말	(차) 감가상각비	900,000	(대) 감가상각누계액	900,000
20×4말	(차) 감가상각비	315,000	(대) 감가상각누계액	315,000
20×5말	(차) 감가상각비	135,000	(대) 감가상각누계액	135,000

5. 정률법

• 연도별 감가상각비 계산식

(단위: 원)

연도	감가상각비 계산식	감가상각비	감가상각누계액	장부금액
20×1말	5,000,000 × 0.369	1,845,000	1,845,000	3,155,000
20×2말	(5,000,000 − 1,845,000) × 0.369	1,164,195	3,009,195	1,990,805
20×3말	[5,000,000 − (1,845,000 + 1,164,195)] × 0.369	734,607	3,743,802	1,256,198
20×4말	[5,000,000 − (1,845,000 + 1,164,195 + 734,607)] × 0.369	463,537	4,207,339	792,661
20×5말	792,661 − X = 500,000; X = 292,661	292,661	4,500,000	500,000

• 연도별 회계처리

20×1말	(차) 감가상각비	1,845,000	(대) 감가상각누계액	1,845,000
20×2말	(차) 감가상각비	1,164,195	(대) 감가상각누계액	1,164,195
20×3말	(차) 감가상각비	734,607	(대) 감가상각누계액	734,607
20×4말	(차) 감가상각비	463,537	(대) 감가상각누계액	463,537
20×5말	(차) 감가상각비	292,661	(대) 감가상각누계액	292,661

6. 이중체감법

• 연도별 감가상각비 계산식

(단위: 원)

연도	감가상각비 계산식	감가상각비	감가상각누계액	장부금액
20×1말	5,000,000 × 0.4	2,000,000	2,000,000	3,000,000
20×2말	(5,000,000 − 2,000,000) × 0.4	1,200,000	3,200,000	1,800,000
20×3말	[5,000,000 − (2,000,000 + 1,200,000)] × 0.4	720,000	3,920,000	1,080,000
20×4말	[5,000,000 − (2,000,000 + 1,200,000 + 720,000)] × 0.4	432,000	4,352,000	648,000
20×5말	648,000 − X = 500,000; X = 148,000	148,000	4,500,000	500,000

• 연도별 회계처리

20×1말	(차) 감가상각비	2,000,000	(대) 감가상각누계액	2,000,000
20×2말	(차) 감가상각비	1,200,000	(대) 감가상각누계액	1,200,000
20×3말	(차) 감가상각비	720,000	(대) 감가상각누계액	720,000
20×4말	(차) 감가상각비	432,000	(대) 감가상각누계액	432,000
20×5말	(차) 감가상각비	148,000	(대) 감가상각누계액	148,000

예제 8-8 [감가상각방법 비교]

[예제 8-7]을 이용하여 정액법, 연수합계법, 정률법, 이중체감법에 따른 한국㈜의 20×1년 감가상각금액 크기를 비교하고, 감가상각비가 감가상각방법에 따라 당기순이익 크기에 미치는 영향을 비교하라.

1. 감가상각금액의 크기 비교

감가상각방법 \ 연도	20×1말	20×2말	20×3말	20×4말	20×5말	합계
정액법	₩900,000	₩900,000	₩900,000	₩900,000	₩900,000	₩4,500,000
연수합계법	1,500,000	1,200,000	900,000	600,000	300,000	4,500,000
정률법	1,845,000	1,164,195	734,607	463,537	292,661	4,500,000
이중체감법	2,000,000	1,200,000	720,000	432,000	148,000	4,500,000

정액법의 감가상각비는 매 기간 동일하나 연수합계법, 정률법, 이중체감법은 내용연수 초기에 감가상각비가 높고 후반으로 갈수록 감가상각비가 낮아진다. 정액법과 같이 매기 일정액의 감가상각비를 인식하는 방법을 균등상각법이라 한다. 내용연수 초반부에 감가상각비를 많이 인식하고 후반부로 갈수록 감가상각비를 적게 인식하는 방법은 체감상각법이라 한다.

2. 감가상각비가 감가상각방법에 따라 당기순이익 크기에 미치는 영향

20×1년 말: 이중체감법 < 정률법 < 연수합계법 < 정액법

20×2년 말: 이중체감법 = 연수합계법 < 정률법 < 정액법

20×3년 말: 정액법 = 연수합계법 < 정률법 < 이중체감법

20×4년 말: 정액법 < 연수합계법 < 정률법 < 이중체감법

20×5년 말: 정액법 < 연수합계법 < 정률법 < 이중체감법

기업이 어떤 감가상각방법을 적용하는가에 따라 감가상각비가 달라지기 때문에 감가상각방법에 따라 기업의 당기순손익이 달라지며 세전이익을 기초로 부과하는 법인세도 달라진다. 한국㈜가 감가상각방법으로 정액법을 선택한 경우와 이중체감법을 선택한 경우를 살펴보자. 이중체감법을 적용하면 정액법과 비교하여 초기 연도에 많은 감가상각비를 인식하기 때문에 초기 연도의 이익이 상대적으로 적으며, 초기 연도의 법인세액이 적다. 즉, 정액법에 비해 이중체감법을 적용하면 초기 연도에 현금흐름유출이 적어진다. 그러나 이중체감법을 적용하면 후기 연도로 갈수록 정액법에 비해 당기순이익 및 세전이익이 증가하여 법인세액이 증가하게 된다.

6) 기중취득

앞에서 살펴본 감가상각은 유형자산의 취득이 회계연도 초(예: 1월 1일) 또는 회계연도 말(예: 12월 31일)에 이루어졌다고 가정하고 학습하였다. 그러나 실무적으로 자산의 취득은 회계기간 중 지속적으로 이루어진다. 따라서 기중취득한 자산에 대한 감가상각을 기초나 기말에 취득한 자산과 동일한 방식으로 계산하게 될 경우 해당 자산의 감가상각이 과다하게 이루어진다. 즉, 자산을 취득한 회계연도에 영업활동에 실제로 사용한 기간은 12개월에 미달하지만 감가상각은 12개월분을 인식하게 되는 것이다. 따라서 기중취득자산에 대한 감가상각은 취득일 이후

실제로 영업활동에 사용한 기간에 대해서만 이루어져야 한다. 그리고 기중에 취득한 자산에 대한 취득연도의 감가상각은 일 단위 또는 월 단위로 계산이 가능하다. 예를 들어, 한국㈜가 20×1년 7월 1일에 내용연수 2년, 잔존가치가 영(0)인 기계장치를 ₩1,500,000에 구입하고, 감가상각방법은 정액법을 적용하며, 기중취득자산에 대해서는 월 단위로 감가상각을 한다고 가정하자. 이 경우 한국㈜는 20×1년도에 6개월분(7/1 ~ 12/31)에 해당하는 ₩375,000(=(₩1,500,000 ÷ 2년) × (6/12))을 동 기계장치에 대한 감가상각비로 인식하여야 한다. [그림 8-4]는 기중취득자산의 내용연수와 회계연도별 감가상각기간을 나타낸 것이다.

[그림 8-4] **기중취득자산의 감가상각 대상 기간과 회계연도**

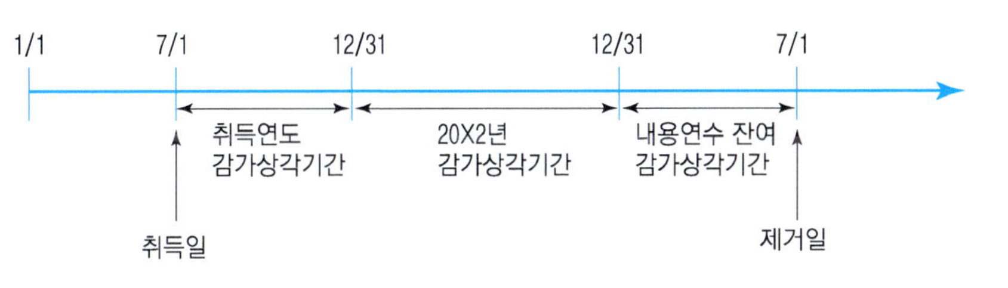

기중취득 유형자산에 대한 감가상각은 특별한 사유가 없는 한 일관되게 적용하여야 한다.

다음 [예제 8-9]를 통해 기중취득자산에 대한 감가상각을 자세하게 학습해 보자.

예제 8-9 [기중취득]

매년 12월 31일이 결산일인 한국㈜는 20×1년 10월 1일에 ₩2,400,000의 기계장치를 구입하였다. 동 기계의 내용연수는 2년이며, 잔존가치는 없다. 취득시점에 한국㈜는 동 기계장치의 총사용시간을 100,000시간으로 추정하였으며, 20×1년, 20×2년 및 20×3년의 실제 사용시간은 각각 20,000시간, 70,000시간, 10,000시간이었다고 가정하자.

요구사항

정액법, 생산량비례법, 정률법 및 연수합계법을 적용할 경우, 연도별 감가상각비를 계산하라. 단, 정률법에 의한 상각률은 0.777이다.

1. 정액법에 의한 연도별 감가상각비

(단위: 원)

연도	계산식	금액
20×1년	(2,400,000 − 0) × (1/2) × (3/12)	300,000
20×2년	(2,400,000 − 0) × (1/2)	1,200,000
20×3년	(2,400,000 − 0) × (1/2) × (9/12)	900,000
계		2,400,000

2. 생산량비례법

(단위: 원)

연도	계산식	금액
20×1년	(2,400,000 − 0) × (1/100,000시간) × 20,000시간	480,000
20×2년	(2,400,000 − 0) × (1/100,000시간) × 70,000시간	1,680,000
20×3년	(2,400,000 − 0) × (1/100,000시간) × 10,000시간	240,000
계		2,400,000

3. 정률법

(단위: 원)

연도	계산식	금액
20×1년	2,400,000 × 0.777 × (3/12)	466,200
20×2년	(2,400,000 − 466,200) × 0.777	1,502,563
20×3년	(2,400,000 − 1,968,763) × 0.777	431,237*
계		2,400,000

* 내용연수의 마지막 연도에서는 잔존가치를 제외한 나머지 장부금액을 전부 감가상각비로 인식해야 함.

4 연수합계법

(단위: 원)

연도	계산식	금액
20×1년	(2,400,000 − 0) × (2/3) × (3/12)	400,000
20×2년	(2,400,000 − 0) × (2/3) × (9/12) + (2,400,000 − 0) × (1/3) × (3/12)	1,400,000
20×3년	(2,400,000 − 0) × (1/3) × (9/12)	600,000
계		2,400,000

* 기중취득자산에 대해 연수합계법을 적용할 경우, 회계연도와 상각률 기준연도가 달라 같은 회계연도 내에서 두 가지의 다른 상각률을 적용하여 감가상각비를 계산한다는 점에 유의하여야 한다.

4 후속원가

영업활동에 사용하기 위해 취득한 유형자산은 취득 후 사용하는 과정에서 마모나 노후화, 진부화 등으로 인해 수리, 개선 또는 증설 등이 필요함에 따라 이를 위한 지출이 발생할 수 있다. 유형자산의 취득시점 이후에 발생하는 지출을 '후속원가(subsequent costs)'라고 하며, 이에 대한 회계처리는 두 가지 방법이 있다. 첫 번째 방법은 지출되는 후속원가의 효과가 해당 유형자산의 미래경제적효익을 증가시킬 경우 해당 지출액을 유형자산의 취득원가에 가산하는 '자본적 지출(capital expenditure)'로 처리하는 방법이다. 두 번째 방법은 지출되는 후속원가의 효과가 해당 유형자산이 가진 본래의 용역잠재력을 유지시키는 정도에 그치는 '수익적 지출(revenue expenditure)'로, 해당 지출액을 발생 기간의 비용으로 처리하는 방법이다. 여기서 자본적 지출과 수익적 지출의 구분은 후속원가의 지출이 해당 자산의 미래경제적효익의 증가를 가져오는지의 여부에 따라 달라진다. 즉, 후속원가의 지출로 인해 해당 자산의 ① 내용연수 증가, ② 생산능력 증가, ③ 원가절감이나 품질향상 중 하나 이상의 결과가 나타날 경우, 해당 지출이 미래경제적효익의 증가를 가져온다고 보아 자본적 지출로 처리한다.

한편, 유형자산의 사용기간 중 정기적으로 발생하는 종합검사나 분해수리, 주요 부품의 교체 등과 관련한 지출로서, 해당 지출을 별개의 감가상각대상자산으로 구분하여 감가상각할 수 있고, 자산 인식요건을 충족하는 경우는 자본적 지출로 처리할 수 있다. 자본적 지출의 예로는 건물의 증축, 냉난방시설 또는 엘리베이터 설치, 기계장치의 주요 부품이나 항공기 엔진 교체 혹은 대체 등이 있으며, 수익적 지출의 예로는 파손된 유리창 교체나 건물 도색, 자주 마모되는 기계의 부품 교체

[그림 8-5] **후속원가의 회계처리**

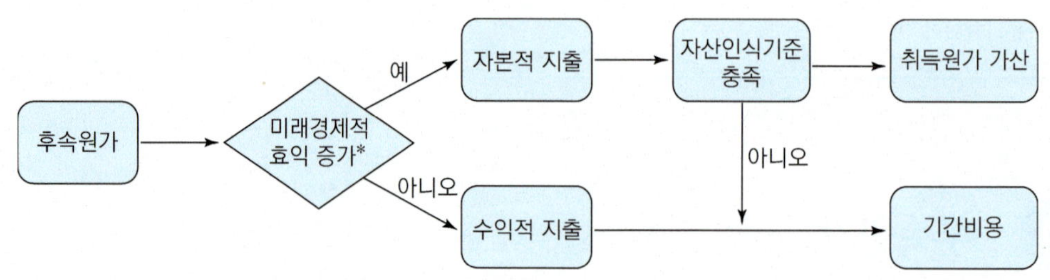

* 내용연수 증가, 생산능력 증가, 원가절감이나 품질향상 등

등이 있다.

자본적 지출이 발생한 경우의 감가상각은 다음과 같다. ① 기존 자산의 장부금액에 자본적 지출을 가산한 금액을 새로운 취득원가로 간주하고 해당 자산의 잔존내용연수나 자본적 지출로 인하여 변경된 내용연수에 걸쳐 감가상각한다. ② 기존 자산과 분리할 수 있는 자본적 지출은 지출이 발생한 시점부터 해당 자산의 잔존 내용연수에 걸쳐 감가상각한다.

다음 [예제 8-10]을 통해 후속원가에 대해 보다 자세하게 학습해 보자.

예제 8-10 [자본적 지출과 수익적 지출]

매년 12월 31일이 결산일인 한국㈜의 20×6년 중 발생한 유형자산에 대한 후속원가는 다음과 같다.

- 20×1년 1월 1일에 신축한 본사 사옥은 3층 건물로 사세 확장에 따른 직원 수의 증가로 사무실 공간이 부족함에 따라 20×6년 1월 1일에 건물을 5층으로 증축하고, 엘리베이터와 중앙제어식 냉난방설비를 설치하였다. 건물 증축에 ₩7,750,000, 증축된 부분에 대한 외벽 도색에 ₩500,000이 지출되었다. 또한 엘리베이터와 냉난방설비의 설치에 각각 ₩1,500,000과 ₩800,000의 지출이 발생하였다. 기존 건물의 내용연수는 20년이며, 20×6년 1월 1일의 장부금액은 ₩11,250,000(취득원가 ₩15,000,000, 감가상각누계액 ₩3,750,000)이다. 건물의 잔존가치는 영(0)

으로 추정된다.

- 20×6년 7월 1일에 제품의 불량률을 낮추고 생산능력 향상을 위해 기계장치에 부착된 엔진을 ₩1,000,000에 교체하였으며, 이로 인해 제품의 불량률이 현저하게 줄었고, 생산능력도 향상되었다. 그리고 엔진 교체 시 기계장치에 부착되어 있던 모든 볼트와 너트를 교체하고 ₩50,000을 지출하였다. 기존 기계장치의 장부금액은 ₩2,000,000(취득원가 ₩3,000,000, 감가상각누계액 ₩1,000,000)이며, 잔존 내용연수는 3년, 추정 잔존가치는 영(0)이다.
- 한국㈜가 소유하고 있는 제품 운송용 선박은 2년마다 정기적으로 엔진에 대한 종합검사를 하여야 한다. 20×6년 말에 해당 선박의 정기종합검사를 위해 대규모 분해수리를 하고 ₩5,000,000을 지출하였다. 동 지출은 자산의 인식기준을 충족한다.

요구사항

1. 20×6년에 한국㈜가 지출한 후속원가에 대해 회계처리하라.
2. 한국㈜가 감가상각방법으로 정액법을 채택하고 있을 경우, 20×6년의 건물, 기계장치 및 선박(정기종합검사)의 감가상각비를 계산하고, 회계처리를 하라.

1. 후속원가에 대한 회계처리

• 20×6.1.1	(차) 건 물	10,050,000	(대) 현 금	10,550,000
	수 선 비	500,000		
• 20×6.7.1	(차) 기계장치	1,000,000	(대) 현 금	1,050,000
	수 선 비	50,000		
• 20×6.12.31	(차) 선 박	5,000,000	(대) 현 금	5,000,000

2. 감가상각비의 계산과 회계처리

- 감가상각비의 계산

(단위: 원)

자산명	계산식	금액
건물	(11,250,000 + 10,050,000) × (1/15)	1,420,000
기계장치	(2,000,000 + 1,000,000) × (1/3)	1,000,000
선박	5,000,000 × (1/2)	2,500,000
계		4,920,000

• 회계처리

(차) 감가상각비	4,920,000	(대) 감가상각누계액-건물	1,420,000
		감가상각누계액-기계장치	1,000,000
		감가상각누계액-선박 (정기종합검사)	2,500,000

5 유형자산의 제거

유형자산은 미래경제적효익이 기대되지 않을 때 제거한다. 즉, 유형자산은 매각이나 교체, 멸실, 수용 등의 방법으로 제거된다. 회계기간 중 유형자산을 제거하면 제거일까지의 감가상각비를 인식하여야 하며, 유형자산 제거로 발생하는 손익은 당기손익(기타손익)으로 인식한다. 유형자산을 제거하는 것에 따른 현금유입이 장부금액보다 크면 유형자산처분이익이 발생하고, 현금유입이 장부금액보다 작으면 유형자산처분손실이 발생한다.

유형자산처분손익 = 처분가액 – 처분시점의 장부가액

[예제 8-11]을 통해 유형자산 처분 시 회계처리를 학습해 보자.

예제 8-11 [유형자산의 제거]

한국㈜는 20×1년 1월 1일에 ₩12,000,000의 건물을 취득하였다. 건물의 내용연수는 10년이며, 잔존가치는 없는 것으로 추정되었다. 한국㈜는 감가상각방법으로 정액법을 적용하고 있다. 20×2년 4월 1일에 현금 ₩9,500,000을 받고 건물을 처분하였다.

요구사항

1. 20×1년 초, 20×1년 기말 및 20×2년 4월 1일 회계처리를 하라.
2. 20×2년 건물을 처분하기 직전의 부분재무상태표를 제시하라.

1. 회계처리

(1) 20×1.1.1 (차) 건 물 12,000,000 (대) 현 금 12,000,000

(2) 20×1.12.31 (차) 감가상각비 1,200,000 (대) 감가상각누계액 1,200,000

* 감가상각비: $(₩12,000,000 - ₩0) \times \frac{1}{10} = ₩1,200,000$

(3) 20×2.4.1 (차) 감가상각비 300,000 (대) 감가상각누계액 300,000

* 감가상각비: $(₩12,000,000 - ₩0) \times \frac{1}{10} \times \frac{3}{12} = ₩300,000$

(차)	현 금	9,500,000	(대) 건 물	12,000,000
	감가상각누계액	1,500,000		
	유형자산처분손실	1,000,000		

* 유형자산처분손실 계산식: (₩9,500,000 - ₩10,500,000) = - ₩1,000,000

2. 건물 처분 직전의 부분재무상태표

재무상태표

한국(주) 20×2년 4월 1일 현재 (단위: 원)

자산	
유형자산	
건 물	12,000,000
감가상각누계액	(1,500,000)
	10,500,000
자산총계	×××
부채	
자본	
부채와자본총계	×××

무형자산

6.1 무형자산의 정의 및 인식

무형자산(intangible assets)은 물리적 실체는 없지만 식별가능한 비화폐성자산[3] 이다. 여기서 식별가능하다는 것은 다음에 해당하는 경우이다.

① 자산이 분리가능하다. 즉, 기업의 의도와는 무관하게 기업에서 분리하거나 분할할 수 있고, 개별적으로 또는 관련된 계약, 식별가능한 자산이나 부채와 함께 매각, 이전, 라이선스, 임대, 교환할 수 있다.

② 자산이 계약상 권리 또는 기타 법적 권리로부터 발생한다. 이 경우 그러한 권리가 이전가능한지 여부 또는 기업이나 기타 권리와 의무에서 분리가능한지 여부는 고려하지 아니한다.

무형자산으로 인식되기 위해서는 다음의 인식기준을 모두 충족해야 한다.

① 자산으로부터 발생하는 미래경제적효익이 기업에 유입될 가능성이 높다.

② 자산의 원가를 신뢰성 있게 측정할 수 있다.

무형자산의 종류에는 브랜드(상표와 그와 관련된 상품명, 방식, 조리법, 전문기술과 같은 보충적 자산의 집단), 라이선스, 소프트웨어, 특허권, 저작권, 어업권, 프랜차이즈 등이 있다. 그러나 기업이 보유하고 있는 우수한 조직력이나 숙련된 종업원 등은 무형자산으로 인식하지 않는다. 이들은 기업의 미래경제적효익을 가져오는 무형의 자산이나, 식별가능하지 않고 자산의 원가를 신뢰성 있게 측정할 수 없기 때문이다. 무형자산을 분류하면 [그림 8-6]과 같다.

---

3) 비화폐성자산이란 확정되었거나 결정가능한 화폐금액으로 받을 자산이 아닌 것을 말한다.

[그림 8-6] 무형자산의 분류

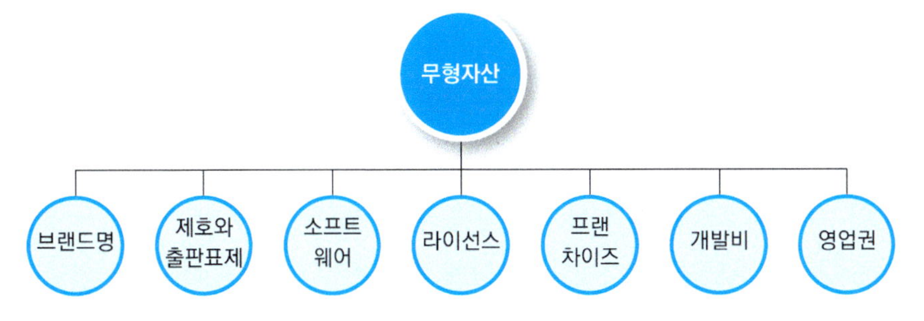

6.2 무형자산의 취득과 상각

무형자산을 최초로 인식할 때는 원가로 인식한다. 개별 취득하는 무형자산의 원가는 일반적으로 신뢰성 있게 측정할 수 있다. 특히 현금이나 기타 화폐성자산으로 구입대가를 지급하는 경우에는 좀 더 신뢰성 있게 원가를 측정할 수 있다.

개별 취득하는 무형자산의 원가는 다음 항목으로 구성된다.

① 구입가격(매입할인과 리베이트를 차감하고 수입관세와 환급받을 수 없는 제세금을 포함한다)

② 자산을 의도한 목적에 사용할 수 있도록 준비하는데 직접 관련되는 원가

예를 들어, 한국㈜가 20×1년 1월 1일에 ₩50,000을 현금으로 지급하고 특허권(patents)을 취득하였다고 가정하자. 특허권의 내용연수는 5년이다. 이 거래의 회계처리는 다음과 같다.

(차) 특허권	50,000	(대) 현　금	50,000

내용연수가 유한한 무형자산은 유형자산과 마찬가지로 내용연수 동안 체계적인 방법으로 배분한다. 유형자산의 원가배분을 감가상각이라고 하는 반면, 무형자산의 원가배분은 상각(amortization)이라고 한다. 무형자산의 상각은 자산이 경영자가 의도하는 방식으로 운영할 수 있는 장소와 상태에 이르렀을 때부터 시작한다.

무형자산의 상각방법은 자산의 경제적효익이 소비될 것으로 예상되는 형태를

반영하여야 한다. 무형자산의 상각대상금액을 내용연수 동안 체계적으로 배분하기 위해 다양한 방법을 사용할 수 있다. 이러한 상각방법에는 정액법, 체감잔액법과 생산량비례법 등이 있다.

상각방법은 자산이 갖는 미래경제적효익의 소비형태에 기초하여 선택하고, 미래경제적효익의 예상되는 소비형태가 달라지지 않는다면 매 회계기간에 일관성 있게 적용한다. 다만, 그 형태를 신뢰성 있게 결정할 수 없는 경우에는 정액법을 사용한다.

예를 들어, 한국㈜가 20×1년 1월 1일에 ₩50,000으로 특허권을 취득하였다면, 한국㈜는 20×1년 기말에 특허권상각에 대한 회계처리를 해야 한다. 한국㈜는 12월 결산법인이고, 특허권의 내용연수는 5년, 잔존가치는 없으며, 상각방법은 정액법이다. 이 거래의 회계처리는 다음과 같다.

- 직접차감할 경우

(차) 특허권상각비	10,000	(대) 특허권	10,000

- 간접차감할 경우

(차) 특허권상각비	10,000	(대) 특허권상각누계액	10,000

6.3 개발비

개발비(development cost)는 내부적으로 창출된 무형자산으로 자산의 인식기준을 충족한다. 내부적으로 창출한 무형자산이 인식기준을 충족하는지를 평가하기 위하여 무형자산의 창출과정을 연구단계와 개발단계로 구분하는데, 연구단계(또는 내부 프로젝트의 연구단계)에서 발생하는 지출은 무형자산으로 인식하지 않는다. 연구단계에서 발생한 지출은 발생시점에 비용으로 인식한다. 연구활동의 예는 다음과 같다.

① 새로운 지식을 얻고자 하는 활동
② 연구결과나 기타 지식을 탐색, 평가, 최종 선택, 응용하는 활동
③ 재료, 장치, 제품, 공정, 시스템이나 용역에 대한 여러 가지 대체안을 탐색하는 활동

④ 새롭거나 개선된 재료, 장치, 제품, 공정, 시스템이나 용역에 대한 여러 가지 대체안을 제안, 설계, 평가, 최종 선택하는 활동

개발단계는 연구단계보다 훨씬 더 진전되어 있는 상태이기 때문에 어떤 경우에는 내부 프로젝트의 개발단계에서 무형자산을 식별할 수 있으며, 그 무형자산이 미래경제적효익을 창출할 것임을 제시할 수 있다. 개발활동의 예는 다음과 같다.

① 생산이나 사용 전의 시제품과 모형을 설계, 제작, 시험하는 활동
② 새로운 기술과 관련된 공구, 지그, 주형, 금형 등을 설계하는 활동
③ 상업적 생산 목적으로 실현가능한 경제적 규모가 아닌 시험공장을 설계, 건설, 가동하는 활동
④ 신규 또는 개선된 재료, 장치, 제품, 공정, 시스템이나 용역에 대하여 최종적으로 선정된 안을 설계, 제작, 시험하는 활동

개발활동의 개발단계에서 발생한 지출은 다음의 여섯 가지 무형자산 인식기준을 충족한 경우에만 무형자산(개발비)으로 인식할 수 있다.

① 무형자산을 사용하거나 판매하기 위해 그 자산을 완성할 수 있는 기술적 실현가능성
② 무형자산을 완성하여 사용하거나 판매하려는 기업의 의도
③ 무형자산을 사용하거나 판매할 수 있는 기업의 능력
④ 무형자산이 미래경제적효익을 창출하는 방법. 그 중에서도 특히 무형자산의 산출물이나 무형자산 자체를 거래하는 시장이 존재함을 제시할 수 있거나 또는 무형자산을 내부적으로 사용할 것이라면 그 유용성을 제시할 수 있다.
⑤ 무형자산의 개발을 완료하고 그것을 판매하거나 사용하는데 필요한 기술적, 재정적 자원 등의 입수가능성
⑥ 개발과정에서 발생한 무형자산 관련 지출을 신뢰성 있게 측정할 수 있는 기업의 능력

무형자산의 취득원가 및 상각과 관련하여 다음 예제를 학습하여 보자.

예제 8-12 [무형자산의 취득원가 및 상각]

한국㈜는 20×1년 7월 1일에 다음의 거래가 발생하였다. 무형자산의 내용연수는 모두 10년이며, 잔존가치는 없다. 상각방법은 정액법이다.

컴퓨터소프트웨어	₩5,000
브랜드	12,000
프랜차이즈	70,000
내부적으로 창출한 영업권	35,000
연구비	3,000
경상개발비	8,000
개발비	23,000
특허권	50,000
사업결합영업권	100,000
저작권	20,000

요구사항

1. 20×1.7.1에 무형자산으로 재무상태표에 인식되어야 할 금액은 얼마인가?
2. 20×1년 말 시점에 무형자산의 상각비를 계산하고, 상각에 대한 회계처리를 하라.
3. 20×1년 말 시점에 무형자산과 관련한 부분재무상태표를 제시하라.

1. ₩280,000

* 무형자산 계산식: 컴퓨터소프트웨어 ₩5,000 + 브랜드 ₩12,000 + 프랜차이즈 ₩70,000 + 개발비 ₩23,000 + 특허권 ₩50,000 + 사업결합영업권 ₩100,000 + 저작권 ₩20,000 = ₩280,000

2. 20×1년 12월 31일

- 상각비 계산

상각비: (₩280,000 − ₩0) $\times \frac{1}{10} \times \frac{6}{12}$ = ₩14,000

- 회계처리

(차) 무형자산상각비	14,000	(대) 무형자산상각누계액	14,000

3. 부분재무상태표

재무상태표

한국㈜		20×1년 12월 31일 현재		(단위: 원)
자산			부채	
유동자산				
비유동자산				
무형자산				
컴퓨터소프트웨어	5,000		자본	
브랜드	12,000			
프랜차이즈	70,000			
개발비	23,000			
특허권	50,000			
영업권	100,000			
저작권	20,000			
	280,000			
상각누계액	(14,000)			
		266,000		
자산총계		×××	부채와자본총계	×××

6.4 영업권

영업권(goodwill)은 동종 산업의 다른 기업에 비해 우수한 인력, 숙련된 기술, 경영노하우를 갖는 것을 의미한다. 내부적으로 창출된 영업권은 원가를 신뢰성 있게 측정할 수 없고 식별가능한 자산이 아니기 때문에 무형자산으로 인식하지 않는다. 그러나 영업권을 사업결합으로 유상취득하는 경우에는 무형자산으로 인식한다.

영업권은 합병회사(취득자)가 피합병회사(피취득자)의 식별가능한 순자산 공정가치를 초과하여 지급한 대가를 말한다. 순자산의 공정가치보다 적게 사업결합의 대가를 지급하고 취득하는 경우에는 염가매수차익이 발생한다.

예를 들어, 20×1년 1월 1일 한국㈜가 경기㈜를 사업결합했다고 가정하자. 한국㈜는 취득자이며, 경기㈜는 피취득자이다. 다음은 한국㈜와 경기㈜의 재무상태표이다. 경기㈜의 기계장치의 공정가치는 4억 원이며, 토지의 공정가치는 3억 원이다. 그 외 자산과 부채의 공정가치는 장부가치와 동일하다. 한국㈜는 경기㈜를 사업결합하면서 사업결합의 대가로 한국㈜ 주식(액면총액 17억 원, 공정가치 17억 원)을 발행 · 교부하였다.

사업결합 전의 한국㈜와 경기㈜의 재무상태표는 다음과 같다.

[사업결합 전]

재무상태표

한국㈜ 20×1년 1월 1일 현재 (단위: 억 원)

자산		부채	
유동자산		유동부채	
현금	105	매입채무	40
		비유동부채	
비유동자산		장기차입금	20
유형자산			
건물	20	자본	
토지	30	자본금	100
무형자산			
개발비	5		
자산총계	160	부채와자본총계	160

재무상태표

경기㈜ 20×1년 1월 1일 현재 (단위: 억 원)

자산		부채	
유동자산		유동부채	
현금	5	매입채무	4
		비유동부채	
비유동자산		장기차입금	1
유형자산			
토지	2	자본	
기계장치	3	자본금	9
무형자산			
특허권	4		
자산총계	14	부채와자본총계	14

사업결합 시 한국㈜는 대가로 17억 원의 주식을 발행 · 교부하고, 경기㈜의 자산인 현금 5억 원, 토지 2억 원(공정가치 3억 원), 기계장치 3억 원(공정가치 4억 원), 특허권 4억 원, 매입채무 4억 원, 장기차입금 1억 원을 일괄 인수하였다. 사업결합 시

경기㈜ 자산의 공정가치는 16억 원, 부채의 공정가치는 5억 원으로 순자산공정가치는 11억 원이다. 한국㈜는 경기㈜ 순자산의 공정가치 11억 원을 취득하면서 이 전대가로 한국㈜ 주식(액면총액 17억 원, 공정가치 17억 원)을 발행·교부하였다. 한국㈜는 사업결합과정에서 경기㈜의 무형의 자산인 영업권에 대한 대가로 6억 원을 지불한 것이므로 이 6억 원은 한국㈜의 영업권으로 계상된다.

사업결합 시 한국㈜의 사업결합 회계처리는 다음과 같다.

(차)	현 금	500,000,000	(대) 자본금	1,700,000,000
	토 지	300,000,000	매입채무	400,000,000
	기계장치	400,000,000	장기차입금	100,000,000
	특허권	400,000,000		
	영업권	600,000,000		

사업결합 후 한국㈜의 재무상태표는 다음과 같다.

[사업결합 후]

재무상태표

한국㈜	20×1년 1월	1일 현재	(단위: 억 원)
자산		부채	
유동자산		유동부채	
현금	110	매입채무	44
		비유동부채	
비유동자산		장기차입금	21
유형자산			
건물	20	자본	
토지	33	자본금	117
기계장치	4		
무형자산			
개발비	5		
특허권	4		
영업권	6		
자산총계	182	부채와자본총계	182

개념정리 문제

CONCEPTUAL **QUESTIONS**

1. 유형자산의 의의에 대해 서술하라.
2. 유형자산을 분류하라.
3. 유형자산의 취득원가 구성에 대해 설명하라.
4. 감가상각의 의의에 대해 서술하라.
5. 취득원가, 잔존가치, 내용연수, 감가상각대상금액, 장부가액에 대한 용어를 설명하라.
6. 감가상각방법을 열거하고 각각의 방법을 설명하라.
7. 자본적 지출과 수익적 지출에 대해 설명하라.
8. 무형자산의 의의에 대해 서술하라.
9. 무형자산의 식별가능성에 대한 용어를 설명하라.
10. 무형자산을 분류하라.
11. 개발비의 인식요건에 대해 서술하라.
12. 영업권의 회계처리에 대해 서술하라.

CHAPTER 09

금융자산

IFRS ACCOUNTING PRINCIPLES

1. 금융자산의 의의
2. 현금및현금성자산
3. 매출채권
4. 장 · 단기 금융자산(유가증권)

학습목표

본 장에서는 금융자산의 의의를 살펴보고, 현금및현금성자산, 매출채권과 같은 금융자산에 대하여 학습하고, 금융자산인 유가증권의 회계처리방법을 논의한다. 본 장의 핵심적인 주제는 유가증권회계처리이다.

본 장에서는 구체적으로 다음과 같은 내용들이 학습목표이다.

1. 금융자산의 정의를 서술할 수 있다.
2. 현금및현금성자산을 정의할 수 있고, 현금및현금성자산에 대한 회계처리를 할 수 있다.
3. 매출채권 손상 회계처리 및 양도 회계처리를 할 수 있다.
4. 회계학적으로 유가증권을 분류하고, 채무증권과 지분증권의 회계처리를 할 수 있다.

들어가며

금융자산

금융자산은 미래에 현금을 수취할 계약상 권리에 해당하는 것이다(기업회계기준서 제1032호, AG4). 금융자산의 일반적인 예로서, 현금, 매출채권, 대여금, 투자사채 등이다. 예를 들어, 매출채권은 한 거래 당사자가 현금을 수취할 계약상 권리에 해당하므로 금융자산이다.

[표 1]에서는 SK하이닉스의 연결재무상태표를 제시하고 있다. SK하이닉스의 현금및현금성자산, 단기금융상품, 매출채권, 단기투자자산 및 장기투자자산 중 유가증권은 SK하이닉스의 금융자산이다. 기업은 여유자금이 있을 때, 투자수익을 얻기 위하여 금융상품에 투자한다. 유가증권은 지분상품과 채무상품으로 구분할 수 있다. 지분상품은 대표적으로 다른 기업이 발행한 주식을 들 수 있으며, 채무상품은 다른 기업이나 기관에서 발행한 채권으로 사채 및 국채 등이 있다.

[표 1] SK하이닉스 연결재무상태표

구 분	제73기	제72기	제71기
[유동자산]	16,570,953	14,457,602	19,894,146
• 현금및현금성자산	2,975,989	2,306,070	2,349,319
• 단기금융상품	436,708	298,350	523,579
• 단기투자자산	1,535,518	1,390,293	5,496,452
• 매출채권	4,931,322	4,261,674	6,319,994
• 재고자산	6,136,318	5,295,835	4,422,733
• 기타	555,098	905,380	782,069
[비유동자산]	54,602,900	50,790,748	43,764,189
• 관계기업 및 공동기업 투자	1,166,244	768,767	562,194
• 장기투자자산	6,139,627	4,381,812	4,325,550
• 유형자산	41,230,562	39,949,940	34,952,617
• 무형자산	3,400,278	2,571,049	2,678,770
• 기타	2,666,189	3,119,180	1,245,058
자산총계	71,173,853	65,248,350	63,658,335
[유동부채]	9,072,360	7,961,966	13,031,852
[비유동부채]	10,192,396	9,350,502	3,774,152
부채총계	19,264,756	17,312,468	16,806,004
[지배기업의 소유지분]	51,888,541	47,921,102	46,845,719
• 자본금	3,657,652	3,657,652	3,657,652
• 자본잉여금	4,143,736	4,143,736	4,143,736
• 기타포괄손익누계액	(405,453)	(298,935)	(482,819)
• 기타자본항목	(2,503,122)	(2,504,713)	(2,506,450)
• 이익잉여금	46,995,728	42,923,362	42,033,601
[비지배지분]	20,556	14,780	6,612
자본총계	51,909,097	47,935,882	46,852,331

자료: 전자공시시스템, SK하이닉스 2020년 사업보고서.

금융자산의 의의

'금융자산(financial asset)'은 주식이나 채권, 예금, 신탁 등을 가리킨다. 그리고 '금융상품(financial instruments)'은 금융기관이 취급하는 정기예금 · 정기적금 · 사용이 제한되어 있는 예금 및 기타 정형화된 상품 등으로, 단기적 자금운용 목적으로 소유하거나 만기까지의 기한이 1년 내에 도래하는 단기금융상품과 단기금융상품에 속하지 않는 정기예금 등의 장기금융상품으로 구분된다. K-IFRS에서는 금융상품을 거래당사자 어느 한쪽에게는 금융자산을 발생시키고 다른 상대방에게 금융부채나 지분상품을 발생시키는 모든 계약으로 정의하고 있다. 여기서 금융자산은 (1) 현금, (2) 거래상대방에게서 현금 등 금융자산을 수취할 계약상 권리, (3) 다른 기업의 지분상품, (4) 잠재적으로 유리한 조건으로 거래상대방과 금융상품을 교환하기로 한 계약상 권리, (5) 일정 요건 하의 자기지분상품으로 결제하거나 결제할 수 있는 계약으로서 수취할 자기지분상품의 수량이 변동가능한 비파생상품[1]을 말한다.

현금은 교환의 수단이 되기 때문에 금융자산이다. 그러므로 요구불예금도 금융자산에 해당한다. 다른 기업이 발행한 주식도 보유자에게는 금융자산에 해당한다.

[그림 9-1] **금융자산**

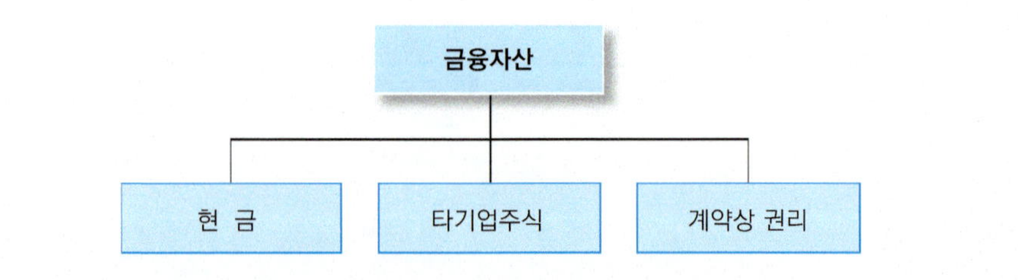

1) 비파생상품은 파생상품이 아닌 상품이다. 파생상품은 다음의 세 가지 특성을 모두 가진 금융상품이나 그 밖의 계약이다(기업회계기준서 제1109호, 부록A).

(1) 기초변수의 변동에 따라 가치가 변동한다. 기초변수는 이자율, 금융상품가격, 일반상품가격, 환율, 가격 또는 비율의 지수, 신용등급 또는 신용지수나 그 밖의 변수를 말한다. 다만, 비금융변수의 경우에는 계약의 당사자에게 특정되지 아니하여야 한다.

(2) 최초 계약 시 순투자금액이 필요하지 않거나 시장 요소의 변동에 비슷한 영향을 받을 것으로 예상되는 다른 유형의 계약보다 적은 순투자금액이 필요하다.

(3) 미래에 결제된다.

미래에 거래상대방으로부터 현금을 수취할 계약상의 권리로서의 금융자산에는 매출채권, 받을어음, 대여금, 투자사채 등이 있다. 그러므로 금융자산을 분류하면 앞의 [그림 9-1]과 같다.

2 현금및현금성자산

2.1 현금및현금성자산

현금및현금성자산(cash and cash equivalents)은 유동성이 가장 높은 단기금융자산이다. 현금은 화폐가 수반된 거래를 회계처리하기 위한 계정과목이며, 현금에는 현금과 통화대용증권이 있다. 통화대용증권에는 타인발행당좌수표, 타인발행가계수표, 자기앞수표, 송금수표, 우편환, 지급기일도래 공사채이자표, 배당금지급통지서, 국세환급통지서 등이 있다. 그러나 우표, 선일자수표 등은 현금과목이 아니다.

현금성자산은 유동성이 높은 단기금융자산으로 (1) 확정된 금액의 현금으로 전환이 가능하고, (2) 가치변동의 영향이 크지 않으며, (3) 취득일로부터 만기가 3개월 이내인 경우에만 현금성자산으로 분류된다. 단기금융자산으로는 초단기수익증권(MMF), 양도성예금증서(CD), 기업어음(CP), 어음관리계좌(CMA), 환매조건부채권(RP) 등이 있다. 현금및현금성자산을 분류하면 [그림 9-2]와 같다.

[그림 9-2] **현금및현금성자산**

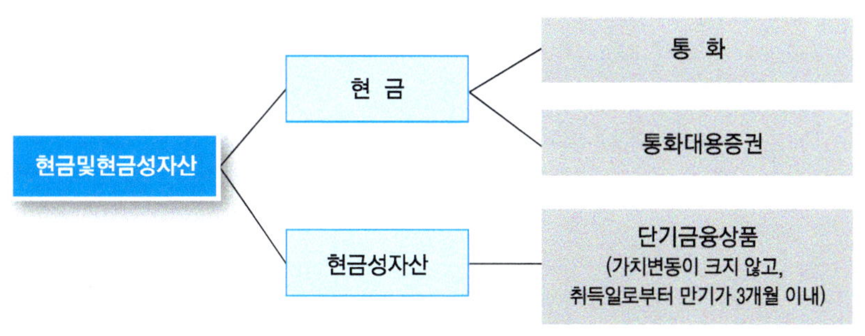

[예제 9-1]을 통해 현금및현금성자산, 단기금융상품 및 장기금융상품을 분류해 보자.

예제 9-1 [현금및현금성자산]

한국㈜는 20×1년 기말에 다음과 같은 금융자산을 보유하고 있다. 한국㈜의 결산일은 12월 31일이다.

(1) 환매조건부채권 ₩50,000
(취득일은 11월 1일, 만기일은 20×2년 1월 31일)
(2) 어음관리계좌 ₩1,200,000
(취득일은 9월 1일, 만기일은 20×2년 1월 31일)
(3) 요구불예금 ₩5,000,000
(4) 배당금지급통지서 ₩20,000
(5) 만기가 2년 남은 정기예금 ₩350,000

요구사항

위의 자산을 현금및현금성자산, 단기금융상품 및 장기금융상품으로 분류하고, 그 이유를 설명하라.

현금및현금성자산 (1), (3), (4); 단기금융상품 (2); 장기금융상품 (5)

번호	금융자산	분류	분류이유
(1)	환매조건부채권	현금및현금성자산	단기금융상품으로 취득일로부터 만기가 3개월 이내인 경우이므로 현금및현금성자산
(2)	어음관리계좌	단기금융상품	단기금융상품으로 취득일로부터 만기가 5개월이므로 단기금융상품
(3)	요구불예금	현금및현금성자산	요구불예금은 현금
(4)	배당금지급통지서	현금및현금성자산	통화대용증권이므로 현금및현금성자산
(5)	만기가 2년 남은 정기예금	장기금융상품	만기가 1년을 초과하므로 장기금융상품

2.2 소액현금

소액현금(petty cash fund)은 현금과 동일하다. 그러나 현금을 소액현금계정으로 거래를 구체적으로 회계처리하는 것은 기업 내 각 부서에서 소액으로 현금을 지급해야 하는 경우, 회계팀을 통하여 지출하면 번거롭기 때문이다. 회계팀은 일정 금액을 각 부서에 미리 지급한 후에 정기적으로 사용한 금액을 보고 받고 다시 그 금액을 보충해주는 방법을 채택하고 있다. 이를 소액현금제도라고 지칭한다. 예를 들어, 20×1년 5월 1일에 한국㈜의 회계부는 영업부에 1개월분의 운영비 ₩1,000,000을 지급하였다(정액전도제). 운영비를 지급하기 전 한국㈜의 현금잔액은 ₩9,000,000이었다. 이에 대한 회계처리와 재무상태표는 다음과 같다.

(차) 소액현금	1,000,000	(대) 현 금	1,000,000

재무상태표

한국㈜	20×1년 5월 1일 현재	(단위: 원)
자산		
유동자산		
현금및현금성자산		9,000,000
비유동자산		
자산총계		×××
부채		
자본		
부채와자본총계		×××

위 재무상태표에서 소액현금 지출 후에도 현금및현금성자산이 ₩9,000,000으로 동일한 것은 소액현금이 현금및현금성자산에 포함되기 때문에 현금및현금성자산 금액은 변화가 없다. 즉, 소액현금은 기중에 관리 목적으로 나타나는 현금에 대한 임시계정이다.

위의 소액현금 지출과 관련하여 20×1년 5월 31일에 한국㈜의 영업부에서 다음과 같은 지출을 보고하였다.

소모품 구입	₩400,000
교통비	250,000
택배비	150,000
계	₩800,000

위의 거래를 회계부에서는 다음과 같이 회계처리한다.

(차) 소모품비	400,000	(대) 소액현금	800,000
여비교통비	250,000		
운반비	150,000		
(차) 소액현금	800,000	(대) 현 금	800,000

2.3 당좌예금

당좌예금(current account)이란 요구불예금의 하나로 예금가입자가 당좌수표나 어음을 발행할 수 있고 은행이 예금자의 청구에 따라 예금의 잔액범위 내에서 지급할 것을 약정한 예금이다. 기업이 당좌예금을 개설하기 위해서는 은행에 보증금을 예치하여야 하는데, 이를 당좌개설보증금(별단예금)이라고 하며 당좌예금 계좌를 이용하는 기간 동안 예치하여야 하는 보증금이기 때문에 장기보증금에 해당한다. 따라서 계정과목은 당좌개설보증금으로 하고 비유동자산(장기투자금융자산)으로 분류한다.

한편, 기업이 당좌예금을 개설하여 거래를 행할 때, 당좌예금 잔액을 초과하여 당좌수표가 결제될 수 있도록 은행과 약정을 할 수 있는데, 이 계정과목은 당좌차월이며 단기차입금으로 공시된다.

당좌예금은 소액현금과 동일하게 현금및현금성자산이다. 거래를 인식하기 위해 구체적인 계정과목으로 당좌예금 계정과목을 사용하나 재무상태표에 공시할 때는 현금및현금성자산으로 통합된다.

당좌예금과 관련하여 다음 예제를 학습해 보자.

예제 9-2 [당좌예금]

한국㈜는 20×1년 중 다음과 같은 당좌예금 관련 거래를 행하였다. 한국㈜의 결산일은 12월 31일이다. 20×1년 3월 31일 현금잔액은 ₩7,000,000이다.

(1) 한국㈜는 20×1년 4월 1일에 대한은행과 당좌거래약정을 체결하고, 당좌개설보증금 ₩5,000,000을 현금으로 지급하였다. 또한, 당좌차월계약을 체결하였으며 그 한도는 ₩100,000이다. 동 일자에 한국㈜는 현금 ₩300,000을 당좌예금계좌에 입금하였다.

(2) 한국㈜는 20×1년 4월 15일에 매입채무 ₩250,000을 당좌수표를 발행하여 결제하였다.

(3) 한국㈜는 20×1년 6월 20일에 매입채무 ₩90,000을 당좌수표를 발행하여 결제하였다.

(4) 한국㈜는 20×1년 11월 1일에 대한㈜의 거래처로부터 회수한 매출채권 ₩700,000을 현금으로 회수하였으며, 회수한 현금 중 ₩200,000을 당좌예금계좌에 입금하였다.

요구사항

위의 당좌거래와 관련하여 일자별 회계처리를 하라.

- 회계처리

(1) 20×1년 4월 1일

(차) 당좌개설보증금	5,000,000	(대) 현　　금	5,000,000
(차) 당좌예금	300,000	(대) 현　　금	300,000

(2) 20×1년 4월 15일

(차) 매입채무	250,000	(대) 당좌예금	250,000

(3) 20×1년 6월 20일

(차) 매입채무	90,000	(대) 당좌예금	50,000
		당좌차월	40,000

(4) 20×1년 11월 1일

(차) 현　　금	700,000	(대) 매출채권	700,000
(차) 당좌차월	40,000	(대) 현　　금	200,000
당좌예금	160,000		

2.4 은행계정조정표

기업은 정기적으로 당좌예금계정의 거래내역 및 잔액과 은행의 당좌예금거래 내역 및 잔액을 비교한다. 은행계정조정표(bank reconciliation)는 기업이 당좌예금과 관련하여 관리하고 있는 당좌예금출납장 잔액과 은행의 당좌거래원장 잔액이 일치하지 않는 경우, 일치하지 않는 원인을 파악하고 이를 정정하기 위하여 작성하는 표이다. 다음은 은행의 거래보고서 내역과 기업의 당좌예금계정 내역 간의 차이를 조정하는 사항들이다.

1) 은행 측의 조정사항

(1) **미기입예금** : 기업이 기말 직전에 예금하였으나 은행에서 입금처리하지 못한 예금이다. 아직 은행거래보고서에 입금이 기록되지 않은 경우로 은행 측이 조정하며 은행 측 잔액에서 그 금액을 가산하다.

(2) **미결제수표** : 기업이 대금지급을 위하여 기발행한 수표가 아직 은행에서 지급되지 않은 것을 말한다. 기발행미인출수표 혹은 미결제수표라고 한다. 은행이 기록하지 않은 출금액으로 은행이 조정하여 은행 측 잔액에서 그 금액을 차감한다.

(3) **은행기입오류** : 은행의 기입오류에 따른 원인이므로 은행에서 조정하며, 그 금액을 은행 측 잔액에서 가산 혹은 차감한다.

2) 기업 측의 조정사항

(1) **미통지예금** : 은행 측 잔액에는 예금이 기록되어 있으나 기업의 당좌예금계정에 아직 기록되지 않은 경우이다. 기업 측이 조정하며 기업의 당좌예금

잔액에서 그 금액을 가산한다.

(2) 부도수표(어음) : 기업이 거래처로부터 받은 수표나 어음을 입금하였으나, 수표나 어음 발행인의 예금잔액부족으로 부도처리되어 은행에서 입금을 취소한 금액이다. 부도수표(어음)는 기업의 당좌예금잔액에서 차감 조정하여야 한다.

(3) 기업기입오류 : 기업의 기입오류에 따른 원인이므로 기업에서 조정하며, 그 금액을 기업의 당좌예금잔액에서 가산 혹은 차감한다.

은행 및 기업의 조정사항 요약과 은행계정조정표 양식은 다음과 같다. 조정 후 은행 측 잔액과 기업 측 잔액은 항상 일치한다.

〈표 9-1〉 **은행 및 기업의 조정사항**

조정사항	조정주체	가산/차감	회계처리
미기입예금	은행	가산(+)	회계처리 없음
미결제수표	은행	차감(−)	회계처리 없음
미통지예금	기업	가산(+)	기업의 당좌예금을 증가시키는 회계처리
부도수표	기업	차감(−)	기업의 당좌예금을 감소시키는 회계처리

〈표 9-2〉 **은행계정조정표**

은행계정조정표

20××년 ××월 ××일 (단위: 원)

내 역	은행잔액		기업잔액
조정전잔액	×××		×××
미기입예금	+		
미결제수표	−		
미통지예금			+
부도수표			−
은행 측 기록오류	±		
회사 측 기록오류			±
조정후잔액	×××	=	×××

예제 9-3 [은행계정조정표]

한국㈜는 20×1년 3월 31일 현재 대한은행의 은행거래보고서에서 예금잔액이 ₩175,000이라는 통지를 받았다. 기업의 당좌예금계정 잔액은 ₩190,000이다. 차이 내역은 다음과 같다.

(1) 대한은행이 업무시간 이후에 한국㈜가 입금한 ₩10,000을 미기입하였다.
(2) 대한은행에 예입된 당좌수표 ₩50,000이 부도처리된 것으로 밝혀졌다.
(3) 3월분 은행수수료 ₩5,000이 한국㈜의 당좌예금계정에 반영되지 않았다.
(4) 한국㈜가 거래처에 발행한 수표 중 ₩20,000이 미결제수표로 남아있다.
(5) 대한은행은 한국㈜의 거래처로부터 매출채권 ₩30,000이 예입된 사실을 한국㈜에 통지하지 않았다.

요구사항

1. 은행계정조정표를 작성하라.
2. 위의 거래와 관련하여 한국㈜의 회계처리를 하라.

1. 은행계정조정표

은행계정조정표

20×1년 3월 31일 (단위: 원)

내 역	은행잔액	기업잔액
조정전잔액	175,000	190,000
미기입예금	10,000	
미결제수표	(20,000)	
미통지예금		30,000
부도수표		(50,000)
은행 측 기록오류		
회사 측 미기록(수수료)		(5,000)
조정후잔액	165,000	165,000

2. 회계처리

(차) 당좌예금	30,000	(대) 매출채권	30,000
(차) 매출채권(부도수표)	50,000	(대) 당좌예금	50,000
(차) 수수료비용	5,000	(대) 당좌예금	5,000

3 매출채권

3.1 매출채권의 의의

금융자산에 해당하는 수취채권(receivables)이란 기업이 영업활동을 수행하는 과정에서 미래에 현금을 수취할 권리를 획득할 수 있는 채권이다. 수취채권은 크게 매출채권(trade receivables)과 기타의 수취채권(nontrade receivables)으로 구분할 수 있다. 매출채권은 기업 고유의 활동, 즉 제품이나 상품의 판매, 용역의 제공 등과 같은 기업의 주된 영업활동으로부터 발생하는 채권이다. 매출채권은 외상매출금과 받을어음으로 구성된다. 외상매출금(account receivables)은 기업의 주된 영업활동에서 판매한 재화 또는 제공된 용역에 대한 현금을 수취할 권리를 구두로 약속한 채권이다. 받을어음(notes receivables)은 기업의 주된 영업활동에서 판매한 재화 또는 제공된 용역에 대한 현금을 수취할 권리를 문서로 약속한 채권이다.

기타의 수취채권은 기업의 주된 영업활동 이외의 거래, 즉 부수적인 기업활동에서 발생하는 채권이다. 이들 채권에는 미수금, 미수수익, 대여금, 장기미수금, 장기대여금 등이 있다.

[그림 9-3] **수취채권의 분류**

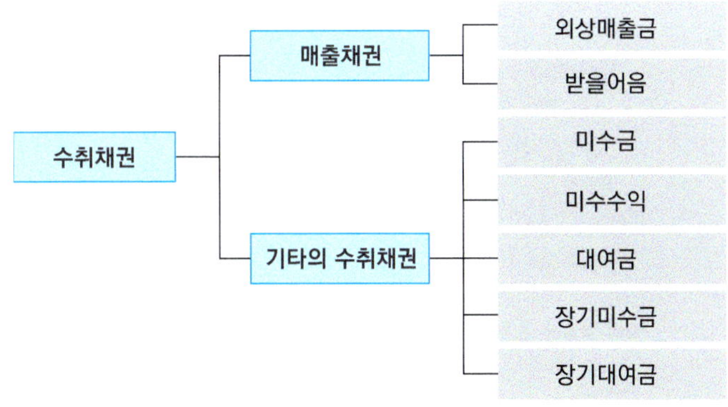

3.2 매출채권의 손상

기업의 신용매출이 증가하고 있으며, 신용매출은 대금회수가 제대로 이루어지지 않을 위험성을 갖는다. 매출채권의 손상(impairments)이란 매출채권의 전부 또는 일부가 회수될 수 없을 것으로 예상되는 경우를 말한다. 매출채권의 손상을 대손(bad debts)의 발생이라고도 부른다.

기업은 외부정보이용자들에게 매출채권에 관한 정보를 제공할 때 기말시점마다 손상금액을 추정하여 매출채권의 회수가능금액을 공시해야 한다. 예를 들어, 한국㈜가 20×1년 12월 31일 매출채권원장 잔액이 ₩1,000,000이고, 이를 평가한 금액이 ₩980,000이라고 하면 미래에 손상이 예상되는 금액, 즉 회수불가능한 금액이 ₩20,000이다. 단, 한국㈜의 20×1년 1월 1일의 대손충당금(provisions for impairment losses; 회수불가능 추정액) 잔액은 영(0)이라고 가정한다. 한국㈜는 기말수정분개를 통하여 매출채권의 회수가능액을 ₩980,000으로 공시하여야 한다. 기말수정분개는 다음과 같다.

(차) 대손상각비	20,000	(대) 대손충당금	20,000

부분재무상태표와 부분손익계산서는 다음과 같이 공시된다.

재무상태표

한국㈜	20×1년 12월 31일 현재	(단위: 원)
자산		
유동자산		
매출채권	1,000,000	
대손충당금	(20,000)	980,000
비유동자산		
자산총계		×××
부채		
자본		
부채와자본총계		×××

포괄손익계산서

한국㈜	20×1년 1월 1일부터 20×1년 12월 31일까지	(단위: 원)
Ⅰ. 매출액		
Ⅱ. 매출원가		
Ⅲ. 매출총이익		
Ⅳ. 판매비와관리비		
:		
대손상각비	20,000	
:		
Ⅴ. 영업이익		
Ⅵ. 당기순이익		×××

특정 매출채권의 회수가 불가능한 것으로 확정되는 경우 회수불가능한 금액을 매출채권계정에서 제거하고 그와 동시에 대손충당금계정에서 그 금액을 차감한다. 만약 대손충당금 잔액이 부족하면 대손상각비로 인식한다.

위 사례에서 한국㈜가 20×2년 5월 1일 매출채권 대손확정액이 ₩15,000인 경우와 ₩30,000인 경우의 회계처리는 다음과 같다.

- 대손확정액이 ₩15,000인 경우

(차) 대손충당금	15,000	(대) 매출채권	15,000

- 대손확정액이 ₩30,000인 경우

(차) 대손충당금	20,000	(대) 매출채권	30,000
대손상각비	10,000		

회수불가능한 매출채권, 즉 대손확정으로 제거된 매출채권을 회수하는 경우에는 이전의 대손회계처리를 취소하고 매출채권을 회수하는 분개를 행한다.

위 사례에서 한국㈜가 20×2년 5월 1일에 대손확정되었던 ₩15,000의 매출채권 중 20×2년 6월 1일에 ₩7,000이 회수된 경우의 회계처리는 다음과 같다.

(차) 매출채권	7,000	(대) 대손충당금	7,000
(차) 현　금	7,000	(대) 매출채권	7,000

위 두 분개를 합치면 다음과 같다.

(차) 현　금	7,000	(대) 대손충당금	7,000

[그림 9-4] 대손충당금계정

	대손충당금				
	(차)			(대)	
①당기대손발생액	매출채권	×××	전기이월	×××	
④결산일 현재 매출채권계정 잔액에 대한 대손추정액	차기이월	×××	매출채권	×××	②대손처리한 채권회수액
			대손상각비	×××	③당기대손충당금 보충설정액
		×××		×××	

매출채권의 손상에 대한 회계처리 내용을 대손충당금계정을 통해 요약하면 [그림 9-4]와 같다.

[그림 9-4]에서 ①은 회계기간 중 대손이 확정된 경우 대손충당금을 통해 매출채권을 제각한 결과이며, ②는 ①을 통해 제각처리되었던 매출채권이 회수되는 경우 감소시켰던 대손충당금을 회복시킨 결과이다. 그리고 ③은 해당 회계기간의 대손상각비 인식액을 나타내는 것으로, 보충법에 의해 설정된다. 기업회계기준에서는 매 회계기간 말의 매출채권계정 잔액에 대해 손상이 예상되는 금액을 대손충당금으로 보고하도록 하고 있다. [그림 9-4]에서의 ④가 이에 해당한다. 즉, 매년 말의 매출채권계정 잔액에 대해 손상이 예상되는 금액을 해당 회계연도의 대손충당금 잔액으로 보고하고, 관련 매출채권의 대손 발생 가능성이 있는 차기 이후로 대손충당금을 이월하여 대손이 확정되는 시점에서는 비용으로 처리하지 않고 대손충당금과 상계처리하도록 하고 있다. 이는 수익비용대응의 원칙에 따른 회계처리의 대표적 예이다. [그림 9-4]에서 ④의 매출채권계정 잔액에 대한 대손예상액이 확정되면, 대손예상액(대손충당금계정의 차기이월액)에서 결산일 현재 대손충당금계정의 잔액을 차감하여 당기에 설정하여야 할 대손상각비를 결정하고, 이에 대한 기말결산수정분개를 한다. [그림 9-4]의 ③이 이에 해당하는 것이다.

[예제 9-4]를 통해 매출채권 손상 회계처리를 학습해 보자.

예제 9-4 [매출채권손상]

한국㈜는 20×1년 초의 매출채권 잔액은 ₩1,000,000이며, 대손충당금 잔액은 ₩70,000이다. 매출채권과 관련된 자료는 다음과 같다.

(1) 3월 1일 : 대손확정된 매출채권은 ₩35,000이다.
(2) 5월 20일 : 전기에 대손확정된 매출채권 중 ₩3,000이 회수되었다.
(3) 7월 15일 : 회수불능으로 확정된 매출채권은 ₩20,000이다.
(4) 12월 31일 : 매출채권 잔액은 ₩2,000,000이며 미래현금흐름을 분석한 결과 매출채권의 회수가능금액은 ₩1,950,000이다.

요구사항

1. 12월 31일의 대손충당금 설정액과 잔액을 구한 후, 각 일자별 회계처리를 하라.
2. 12월 31일의 부분재무상태표와 부분포괄손익계산서를 제시하라.

1. • 대손충당금 설정액과 잔액

대손충당금

	(차)			(대)		
①당기대손발생액	3/1 매출채권	35,000	전기이월	70,000		
	7/15 매출채권	20,000				
			5/20 현금	3,000	②대손처리한 채권회수액
④결산일 현재 매출채권계정 잔액에 대한 대손추정액	차기이월	50,000				
			대손상각비	32,000	③당기대손충당금 보충설정액
		105,000		105,000	

• 회계처리

3월 1일	(차) 대손충당금	35,000	(대) 매출채권	35,000
5월 20일	(차) 현 금	3,000	(대) 대손충당금	3,000
7월 15일	(차) 대손충당금	20,000	(대) 매출채권	20,000
12월 31일	(차) 대손상각비	32,000	(대) 대손충당금	32,000

2. 부분재무상태표와 부분포괄손익계산서는 다음과 같이 공시된다.

재무상태표

한국㈜	20×1년 12월 31일 현재	(단위: 원)
자산		
유동자산		
매출채권	2,000,000	
대손충당금	(50,000)	1,950,000
비유동자산		
자산총계		×××
부채		
자본		
부채와자본총계		×××

포괄손익계산서

한국㈜	20×1년 1월 1일부터 20×1년 12월 31일까지	(단위: 원)
Ⅰ. 매출액		
Ⅱ. 매출원가		
Ⅲ. 매출총이익		
Ⅳ. 판매비와관리비		
:		
대손상각비	32,000	
:		
Ⅴ. 영업이익		
Ⅵ. 당기순이익		×××

3.3 매출채권의 양도

매출채권은 약정일에 대금을 회수하는 것이 일반적이지만, 기업은 자금을 조달하기 위해 만기일 이전이라도 매출채권을 양도하거나 담보함으로써 자금을 확보할 수 있다. 기업회계기준서는 매출채권의 양도를 법적 형식이 아닌 경제적 실질에 따라 제거조건을 충족하는 경우(위험과 보상을 이전한 경우)에는 매각회계처리하고, 제거조건을 충족하지 않는 경우(위험과 보상을 보유한 경우)에는 매출채권을 제거하지 않고 계속인식하도록 하고 있다. [그림 9-5]는 매출채권 제거에 대한 순서를 나타낸 것이다.

[그림 9-5] 금융자산 제거 순서도

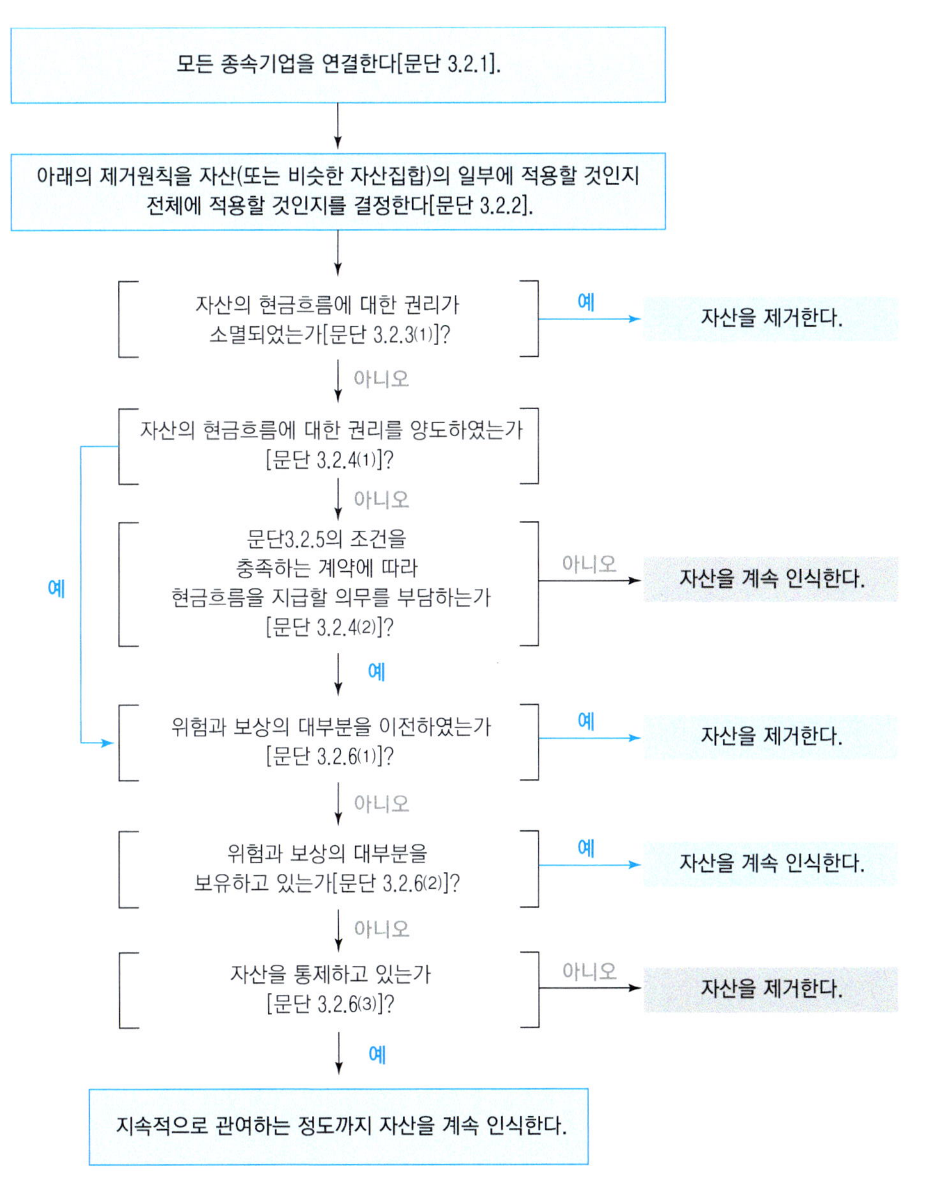

자료: 기업회계기준서 제1109호 B3.2.1

한국㈜가 20×1년 7월 1일 대한㈜에게 ₩1,000,000의 상품을 판매하고 대한㈜로부터 약속어음을 수취한 거래를 가정해 보자. 약속어음은 만기일이 3개월이며, 원금은 ₩1,000,000, 연 12%의 3개월 이자를 지급하기로 약정한 것이다. 한국㈜는 20×1년 9월 1일 현금의 회수를 촉진하기 위하여 이 받을어음을 전문금융기관에 ₩1,014,550에 양도하였다. 이와 관련하여 제거조건을 충족한 경우와 충족하지 않은 경우의 거래를 논의해 보자.

[그림 9-6] 받을어음의 양도

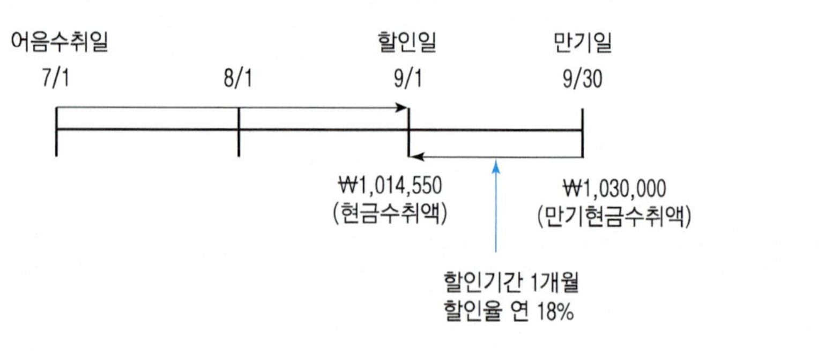

[그림 9-6]에서 20×1년 7월 1일에 한국㈜는 대한㈜에게 상품을 판매하고 받을어음을 수취하였다. 한국㈜는 3개월 후에 원금 ₩1,000,000과 3개월의 이자 ₩30,000을 지급받기로 되어 있다. 그런데 한국㈜는 2개월이 지난 시점인 9월 1일에 이 어음을 양도하였다. 어음을 양도한 9월 1일의 장부금액을 먼저 계산해 보자. 장부금액은 원금 ₩1,000,000과 2개월의 이자수익 ₩20,000(=₩1,000,000 × 12% × 2/12)을 합한 ₩1,020,000이다.

한편, 9월 1일 현금수취액 ₩1,014,550은 만기일의 수취예정액 ₩1,030,000(어음액면금액+만기이자)에서 할인일로부터 어음만기일까지의 기간에 해당하는 이자상당액 ₩15,450(=₩1,030,000 × 0.18 × 1/12)을 차감한 것이다. 따라서 한국㈜는 ₩1,020,000 장부금액(이자 포함)을 ₩1,014,550에 양도하였기 때문에 장부상 ₩5,450(=₩1,020,000 −₩1,014,550)의 양도손실을 인식하게 된다. 이 양도손실은 제거조건을 충족한 경우에는 매출채권처분손실이 되며 제거조건을 충족하지 않은 경우에는 이자비용이 된다. 단, 제거조건을 충족하지 않은 경우, 매출채권을 장부에서 제거하지 않고 매출채권 금액만큼을 단기차입금으로 계상한다. 제거조건을 충족한 경우와 충족하지 않은 경우의 회계처리는 다음과 같다.

• 제거조건을 충족한 경우

(차) 현 금	1,014,550	(대) 매출채권	1,000,000
매출채권처분손실	5,450	이자수익	20,000

• 제거조건을 충족하지 않은 경우

(차) 현 금	1,014,550	(대) 단기차입금	1,000,000
이자비용	5,450	이자수익	20,000

 장 · 단기 금융자산(유가증권)

4.1 유가증권의 의의

금융자산 중 유가증권은 채무증권[2]과 지분증권[3]으로 크게 나눌 수 있다. 채무상품은 다른 기업이나 기관에서 발행한 채권으로 사채 및 국·공채 등이 있다. 지분상품은 대표적으로 다른 기업이 발행한 주식을 들 수 있다. 유가증권을 분류하면 [그림 9-7]과 같다.

이들 채무증권과 지분증권은 사업모형(business model)과 현금흐름 특성조건(cash flow characteristics)에 따라 분류된다. 사업모형은 기업이 현금흐름을 창출하기 위해 금융자산을 관리하는 방식이며, 이러한 사업모형에는 수취목적 사업모형, 수취 및 매도목적 사업모형, 기타 사업모형이 있다. 수취목적 사업모형은 계약상의 현금흐름을 수취하기 위해 금융자산을 보유하는 것이다.[4]

2) 채무증권은 원금과 이자의 금액 및 지급시기가 명시된 금융상품이다.
3) 지분상품은 기업의 자산에서 모든 부채를 차감한 후의 잔여지분을 나타내는 모든 계약이다.
4) 기업회계기준서 제1109호 요약

[그림 9-7] 유가증권의 분류

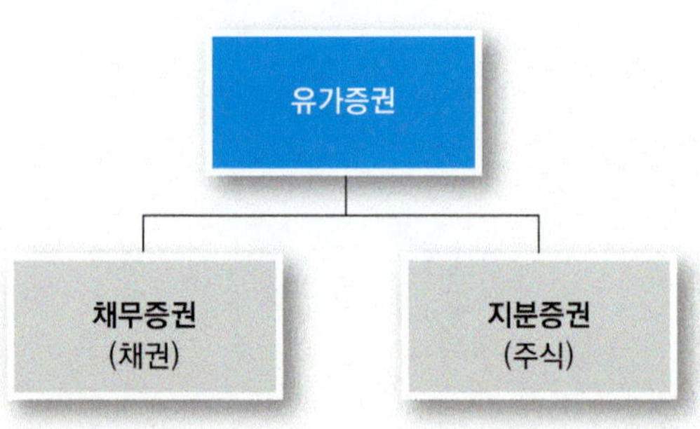

수취 및 매도목적 사업모형은 계약상의 현금흐름을 수취할 뿐 아니라 금융자산을 판매하기 위해 금융자산을 보유하는 것이다. 기타의 사업모형은 수취목적 사업모형이나 수취 및 매도목적 사업모형의 자격요건을 충족하지 못하는 모든 모형을 말한다.

현금흐름 특성조건이란 현금흐름과 관련된 금융자산의 계약조건을 말하며, 현금흐름이 원금과 원금에 대한 이자로 구성되어 있고, 원금과 이자가 지급될 약정된 일자가 있는 것이다.

기업이 채무증권을 취득하였을 때, 사업모형이 수취목적 사업모형이라고 하면 상각후원가측정금융자산(financial asset measured at amortised cost; 이하 AC금융자산)으로 분류하고, 사업모형이 수취 및 매도목적 사업모형이면 기타포괄손익공정가치측정금융자산(fair value through other comprehensive income; 이하 FVOCI금융자산)으로 분류한다. 상각후원가측정금융자산이나 기타포괄손익공정가치측정금융자산으로 분류되지 않는다면 당기손익공정가치측정금융자산(fair value through profit or loss; 이하 FVPL금융자산)으로 분류한다.

기업이 지분증권을 취득하였을 때, 지분증권은 현금흐름 특성이 없기 때문에 기업은 지분증권을 당기손익공정가치측정금융자산으로 분류해야 한다. 그러나 당기손익공정가치측정금융자산으로 분류되는 지분상품에 대해 기타포괄손익공정가치측정금융자산으로 선택할 수 있다. 그러나 일단 기타포괄손익공정가치측정금융자산으로 선택하면 이를 취소할 수 없다. 요약하면, 유가증권은 다음과 같이 분류할 수 있다. 유가증권의 회계적 분류를 요약하면 <표 9-3> 및 [그림 9-8]과 같다.

〈표 9-3〉 **유가증권의 회계적 분류**

금융상품	계정분류	분류근거	자산분류
채무증권	FVPL금융자산	FVOCI와 AC금융자산 이외	유동자산 or 비유동자산
	FVOCI금융자산	수취 및 매도목적 사업모형과 현금흐름 특성조건 충족	비유동자산
	AC금융자산	수취목적 사업모형과 현금흐름 특성조건 충족	비유동자산
지분증권	FVPL금융자산	현금흐름 특성조건 없음	유동자산 or 비유동자산
	FVOCI금융자산	경영자가 선택 가능	비유동자산

[그림 9-8] **유가증권의 분류와 측정**

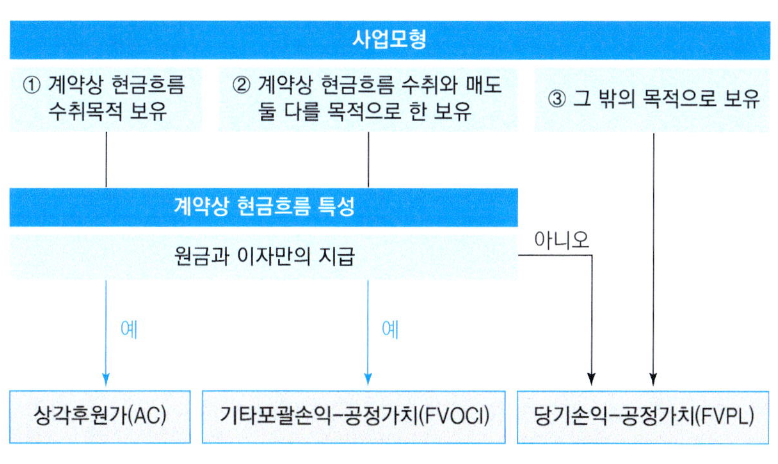

자료: K-IFRS 제1109호 금융상품 교육자료(한국회계기준원, 2018).

한편, 유가증권은 최초인식시점 회계처리, 후속측정 회계처리, 처분시점의 회계처리로 구분할 수 있다. 유가증권의 최초인식 시점에 FVPL금융자산은 공정가치, FVOCI금융자산과 AC금융자산은 공정가치에 거래원가를 더하여 취득원가가 결정된다. 여기서 거래원가란 금융자산이나 금융부채의 취득, 발행, 처분과 직접 관련된 증분원가이다. 증분원가는 그 금융상품의 취득, 발행, 처분이 없었다면 생기지 않았을 원가를 말한다.

후속측정 회계처리에서 FVPL금융자산 및 FVOCI금융자산은 공정가치로 측정되며, AC금융자산은 사업모형이 수취목적 사업모형이므로 후속측정에서 공정가치로 측정되지 않고 상각후원가로 측정된다.

유가증권의 처분 시 회계처리는 처분시점의 장부가액을 제거하고 수취금액(수수료비용 제외)에서 장부가액을 차감한 금액을 처분손익으로 인식한다. 또한 채무증권은 이자수익이 발생하며, 지분증권은 배당금수익이 발생한다. 이자수익과 배당금수익은 모두 당기손익이다. 이를 요약하면 <표 9-4>와 같다.

〈표 9-4〉 **유가증권의 분류별 측정과 평가손익**

금융상품	계정분류	취득원가	후속측정	공정가치 평가손익	이자수익 배당수익
채무증권	FVPL금융자산	공정가치	공정가치	당기손익	당기손익
	FVOCI금융자산	공정가치 + 수수료	공정가치	기타포괄손익	당기손익
	AC금융자산	공정가치 + 수수료	상각후원가 (현재가치)	–	당기손익
지분증권	FVPL금융자산	공정가치	공정가치	당기손익	당기손익
	FVOCI금융자산	공정가치 + 수수료	공정가치	기타포괄손익	당기손익

4.2 FVPL금융자산(채무증권)

기업이 채무증권을 취득하였을 때, 사업모형이 수취목적 사업모형이나 수취 및 매도목적 사업모형이 아니면, 즉 AC금융자산이나 FVOCI금융자산으로 분류되지 않으면 FVPL금융자산으로 분류한다.

한편, 기업이 지분증권을 취득하였을 때, 지분증권은 현금흐름 특성이 없기 때문에 기업은 지분증권을 FVPL금융자산으로 분류해야 한다.

예를 들어, 한국㈜가 20×1년 1월 1일에 민국㈜가 발행한 사채(액면금액 ₩1,000,000, 액면이자율 12%, 발행일 1월 1일, 만기 3년, 이자지급일 매년 12월 31일)를 현금매입하고 FVPL금융자산으로 분류하였다. 이 사채의 공정가치는 20×1년 1월 1일에 채권시장에서 ₩950,000이며, ₩2,000의 거래수수료를 지불하였다고 가정하자. FVPL금융자산의 취득원가는 공정가치이므로 ₩950,000으로 측정된다. FVPL금융자산의 거래원가는 취득원가에 가산하지 않고 별도의 비용계정으로 인식한다. 한국㈜의 20×1년 1월 1일 회계처리는 다음과 같다.

(차) FVPL금융자산	950,000	(대) 현　금	952,000
수수료비용	2,000		

한국㈜는 20×1년 12월 31일에 액면이자 ₩120,000(액면금액 ₩1,000,000 × 액면이자율 12% = ₩120,000)을 수취한다. 한편, 20×1년 12월 31일에 민국㈜가 발행한 동일한 사채의 공정가치가 ₩970,000에 거래되고 있다. 한국㈜가 기말에 보유하고 있는 FVPL금융자산의 후속측정은 공정가치로 해야 한다. 그러므로 한국㈜는 기말에 보유하고 있는 사채를 ₩970,000으로 측정하여 재무상태표에 표시될 수 있도록 ₩20,000(= ₩970,000 − ₩950,000)을 FVPL금융자산에 가산하는 분개를 한다. 다음은 한국㈜의 20×1년 12월 31일의 회계처리이다.

(차) 현　금	120,000	(대) 이자수익	120,000
FVPL금융자산	20,000	FVPL금융자산평가이익	20,000

한편, 한국㈜는 20×1년 6월 30일에 민국㈜가 발행한 사채(액면금액 ₩1,000,000, 액면이자율 12%, 발행일 20×1년 1월 1일, 만기 3년, 이자지급일 매년 12월 31일)를 타인 A(A는 20×1년 1월 1일 사채를 매입하였으며 6개월간 보유함)로부터 매입하였다고 가정하자. 20×1년 6월 30일에 채권시장에서의 민국㈜ 사채의 공정가치는 ₩945,000이며, 수수료비용은 ₩1,500이다. 한국㈜의 총매입금액(공정가치 + 미수이자 + 수수료비용)은 ₩1,006,500(= ₩945,000 + ₩60,000 + ₩1,500)이다.

미수이자의 계산을 위해서는 시장에서 채권을 거래하는 방식에 대한 이해가 필요하다. 이에 대해 살펴보자. 민국㈜가 사채를 발행한 것은 20×1년 1월 1일이다. 민국㈜는 사채액면에 명시되어 있는 대로, 20×1년 12월 31일에 동 사채를 보유하고 있는 보유자에게 ₩120,000의 이자를 지급한다. 그런데 채권시장에서는 민국㈜의 사채가 빈번하게 매도 및 매수거래가 되고 있다. 예컨대, 매도·매수가 1년 동안 12번 있었고 각 보유자가 1개월간 보유했다고 가정하면, 민국㈜는 기말에 12명의 보유자에게 각각 ₩10,000(=₩120,000÷12)씩을 지급해야 한다. 무척 번거로운 일이고, 개별 보유한 기간 동안 이자를 지급하는 것은 비용이 과다하게 들 수 있다. 그러므로 채권시장에서는 채권의 매도 및 매수가 이루어질 때, 이자를 수수하고 거래가 이루어진다.

[그림 9-9]에서와 같이, 한국㈜가 20×1년 6월 30일에 타인 A에게서 민국㈜가 발행한 주식을 매입할 때, 한국㈜는 공정가치(시장가치) 금액 ₩945,000을 A에게 지불할 뿐 아니라 A가 보유한 6개월 기간 동안의 이자 ₩60,000도 지불한다. A는 보유기간 동안의 이자를 수취하고 한국㈜에게 사채를 매도했으며, 한국㈜는 20×1년 12월 31일에 민국㈜로부터 이자 ₩120,000을 수취하여, 보유기간(6월 30일부터 12월 31일까지)의 이자 ₩60,000을 수취하고, A에게 지불한 ₩60,000을 다시 받게 된다. 이와 같이 이자지급일 사이에 사채의 매도 및 매수 시에는 거래상대방과 이자를 수수하게 된다.

[그림 9-9] 이자지급일 사이의 사채 취득

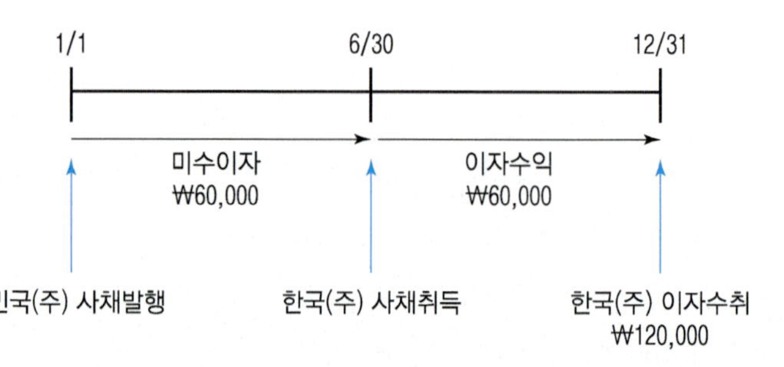

20×1년 6월 30일 한국㈜의 회계처리는 다음과 같다.

- 취득일

(차) FVPL금융자산	945,000	(대) 현 금	1,006,500
수수료비용	1,500		
미수이자	60,000		

그리고 20×1년 12월 31일에 민국㈜가 발행한 동일한 사채의 공정가치가 ₩975,000에 거래되고 있다고 가정하자. 한국㈜는 기말에 보유하고 있는 FVPL금융자산을 공정가치로 평가해야 한다. 그러므로 한국㈜는 기말에 보유하고 있는 사채를 ₩975,000으로 측정하여 재무상태표에 표시될 수 있도록 ₩30,000(=₩975,000−₩945,000)을 FVPL금융자산에 가산하는 다음과 같은 분개를 해야 한다.

• 기말

(차) 현　금	120,000	(대) 이자수익	60,000
		미수이자	60,000
(차) FVPL금융자산	30,000	(대) FVPL금융자산평가이익	30,000

20×1년 12월 31일 부분재무상태표와 부분포괄손익계산서는 다음과 같다.

재무상태표

한국㈜	20×1년 12월 31일 현재	(단위: 원)
자산		
유동자산		
FVPL금융자산		975,000
자산총계		×××
부채		
자본		
부채와자본총계		×××

포괄손익계산서

한국㈜	20×1년 1월 1일부터 20×1년 12월 31일까지	(단위: 원)
Ⅰ. 매출액		
Ⅱ. 매출원가		
Ⅲ. 매출총이익		
Ⅳ. 판매비와관리비		
Ⅴ. 기타비용		
이자수익		60,000
FVPL금융자산평가이익		30,000
Ⅵ. 당기순이익		×××

다만, FVPL금융자산은 유동자산과 비유동자산으로 분류할 수 있다. 다음은 카카오 기업의 2020년 연결재무상태표이다. 카카오의 유동자산분류인 FVPL금융자산은 약 1,350억 원이며, 비유동자산으로 분류된 FVPL금융자산은 약 3,030억 원이다. 본서에서는 약식으로 FVPL금융자산을 공시할 때 유동자산으로 분류하는 경우에 한하여 살펴보았다.

〈표 9-5〉 **카카오 2020년 연결재무상태표**

(단위: 원)

구 분	제26(당)기	제25기	제24기
	(2020.12.31)	(2019.12.31)	(2018.12.31)
자산			
[유동자산]	4,462,924,201,049	2,829,694,454,045	2,858,950,414,592
현금및현금성자산	2,877,513,939,692	1,918,225,198,949	1,247,013,249,518
단기금융상품	694,068,762,001	207,766,855,476	924,215,115,420
당기손익-공정가치 측정 금융자산	134,502,747,309	49,512,474,331	25,780,947,342
기타유동금융자산	225,055,175,264	252,486,445,359	207,655,813,171
기타	531,783,576,783	401,703,479,930	454,285,289,141
[비유동자산]	6,987,396,305,870	5,907,561,301,729	5,100,591,690,675
당기손익-공정가치 측정 금융자산	303,221,657,755	127,148,333,704	104,846,044,343
기타포괄손익-공정가치 측정 금융자산	702,575,375,014	419,265,484,312	329,344,718,026
관계기업 및 공동기업 투자	1,504,418,504,255	978,943,948,141	305,187,605,646
유형자산	430,667,589,746	349,818,319,321	314,811,843,577
무형자산	3,351,553,299,735	3,548,415,767,971	3,865,264,987,475
기타	694,959,879,365	483,969,448,280	181,136,491,608
[금융업자산]	503,649,732,037		
현금및현금성자산	16,802,652,216		
당기손익-공정가치 측정 금융자산	386,624,514,904		
기타포괄손익-공정가치 측정 금융자산			
유형자산	5,849,723,753		
무형자산	36,033,856,493		

자료: 전자공시시스템, 카카오 2020년 사업보고서.

[예제 9-5]에서 FVPL금융자산으로 분류된 채무증권의 회계처리를 학습해 보자.

예제 9-5 [FVPL금융자산(채무증권)]

한국㈜는 20×1년 1월 1일에 민국㈜가 발행한 사채(액면금액 ₩1,000,000, 액면이자율 10%, 발행일 1월 1일, 만기 5년, 이자지급일 매년 12월 31일)를 현금매입하고 FVPL금융자산으로 분류하였다. 20×1년 1월 1일에 채권시장에서의 동 사채의 공정가치는 ₩1,020,000이며, 거래수수료는 ₩5,000이었다. 동 사채의 20×1년 12월 31일 공정가치는 ₩850,000이며 한국㈜는 20×2년 4월 1일에 동 사채를 매각하여 액면이자를 포함하여 ₩910,000을 수취하였다. 거래수수료는 없었다. 단, 이자는 월할 계산이며 단위는 원이다.

요구사항

한국㈜의 취득일, 20×1년 12월 31일, 처분일의 회계처리를 하라.

1) 취득일 회계처리(20×1.1.1)

(차)	FVPL금융자산	1,020,000	(대) 현 금	1,025,000
	수수료비용	5,000		

2) 기말 회계처리(20×1.12.31)

(차)	현 금	100,000	(대) 이자수익	100,000
	FVPL금융자산평가손실	170,000	FVPL금융자산	170,000

* FVPL금융자산 평가손실(공정가치 변동분) 계산식: ₩1,020,000 + X = ₩850,000
  → X = (−)₩170,000

3) 처분일 회계처리(20×2.4.1)

(차)	현 금	910,000	(대) FVPL금융자산	850,000
			이자수익	25,000
			FVPL금융자산처분이익	35,000

* FVPL금융자산 처분이익 계산식: 공정가치 ₩885,000 − 장부가치 ₩850,000 = ₩35,000

4.3 FVPL금융자산(지분증권)

기업이 지분증권을 취득하였을 때, 지분증권은 현금흐름 특성이 없기 때문에 FVPL금융자산으로 분류해야 하며, 이와 관련한 회계처리 시점은 매매일과 결제일이다. 매매일은 지분증권의 매수 및 매도계약을 체결한 일자이며, 결제일은 지분증권의 소유일이 이전되는 날이다. 기업회계기준서에 따르면, 기업은 매매일과 결제일 중 하나를 선택하여 지분증권을 인식할 수 있다.

예를 들어, 한국㈜가 20×1년 8월 1일에 민국㈜가 발행한 주식 100주를 매매일의 주당 공정가치인 ₩2,000에 매수하는 계약을 체결하고 거래원가(중개수수료) ₩3,000은 현금지급하였고, 주식대금은 20×1년 8월 3일에 결제하였다고 가정하자. 또한 한국㈜의 결산일인 20×1년 12월 31일에 민국㈜의 주식은 주당 ₩2,500이라고 가정하자. 단, 한국㈜는 지분증권을 매매일에 인식하고 있다.

한국㈜가 매매일에 지분증권을 인식하기 때문에, 한국㈜는 20×1년 8월 1일에 금융자산인 주식을 인식한다. 한국㈜는 현금흐름 특성이 없는 지분증권인 주식을 취득하였으므로 이 주식은 FVPL금융자산으로 분류하여 인식하며, FVPL금융자산은 공정가치로 측정되는 자산이므로 20×1년 8월 1일의 공정가치인 ₩200,000(=100주 × ₩2,000)을 장부에 기록한다. FVPL금융자산은 거래원가를 취득원가에 가산하지 않기 때문에 중개수수료 ₩3,000은 수수료비용으로 계상한다. 다음은 취득일의 회계처리이다.

(차)	FVPL금융자산	200,000	(대) 미지급금	200,000
	수수료비용	3,000	현　금	3,000

한국㈜의 결제일, 즉 주식의 소유권이 이전되는 날인 20×1년 8월 3일에 한국㈜는 현금 ₩200,000을 지급한다. 다음은 20×1년 8월 3일 회계처리이다.

(차)	미지급금	200,000	(대) 현　금	200,000

후속측정 회계처리에서 FVPL금융자산은 공정가치로 측정되고 그 평가손익은 당기손익으로 인식된다. 20×1년 12월 31일에 민국㈜ 주식의 주당 공정가치는

₩2,500이므로, 한국㈜는 취득 시와 기말 시점에서의 공정가치 변동분 ₩50,000 (=₩250,000−₩200,000)을 인식해야 한다. 그러므로 한국㈜의 기말 회계처리는 다음과 같다.

(차) FVPL금융자산	50,000	(대) FVPL금융자산평가이익	50,000

[예제 9-6]을 통해 지분증권 취득 시 회계처리를 학습해 보자.

예제 9-6 [FVPL금융자산(지분증권)]

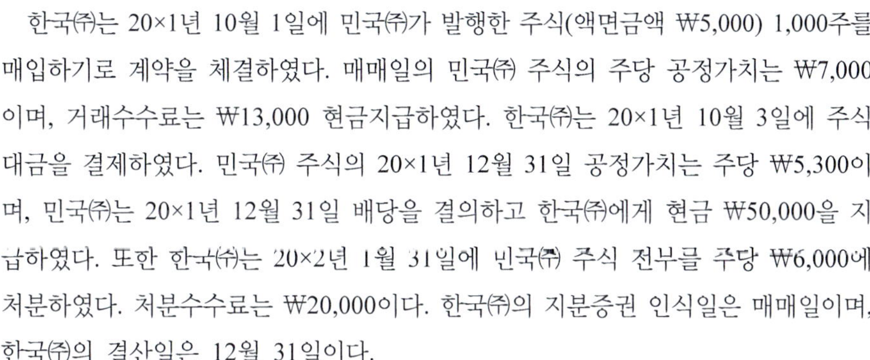

한국㈜는 20×1년 10월 1일에 민국㈜가 발행한 주식(액면금액 ₩5,000) 1,000주를 매입하기로 계약을 체결하였다. 매매일의 민국㈜ 주식의 주당 공정가치는 ₩7,000이며, 거래수수료는 ₩13,000 현금지급하였다. 한국㈜는 20×1년 10월 3일에 주식대금을 결제하였다. 민국㈜ 주식의 20×1년 12월 31일 공정가치는 주당 ₩5,300이며, 민국㈜는 20×1년 12월 31일 배당을 결의하고 한국㈜에게 현금 ₩50,000을 지급하였다. 또한 한국㈜는 20×2년 1월 31일에 민국㈜ 주식 전부를 주당 ₩6,000에 처분하였다. 처분수수료는 ₩20,000이다. 한국㈜의 지분증권 인식일은 매매일이며, 한국㈜의 결산일은 12월 31일이다.

요구사항

한국㈜의 취득일, 결제일, 20×1년 12월 31일, 처분일의 회계처리를 하라.

1) 취득일 회계처리(20×1.10.1)

(차) FVPL금융자산	7,000,000	(대) 미지급금	7,000,000
수수료비용	13,000	현 금	13,000

* FVPL금융자산: 1,000주 × ₩7,000 = ₩7,000,000

2) 결제일 회계처리(20×1.10.3)

(차) 미지급금	7,000,000	(대) 현 금	7,000,000

3) 기말 회계처리(20×1.12.31)

(차) FVPL금융자산평가손실	1,700,000	(대) FVPL금융자산	1,700,000

현 금	50,000	배당금수익	50,000

* FVPL금융자산 평가손실 계산식: ₩7,000,000 + X = ₩5,300,000 → X = (−)₩1,700,000

4) 처분일 회계처리(20×2.1.31)

(차) 현 금	5,980,000	(대) FVPL금융자산	5,300,000
		FVPL금융자산처분이익	680,000

* 처분시 모든 유가증권의 현금수취액은 처분가액 − 수수료비용이다.
처분시 공정가치 ₩6,000,000(1,000주 × ₩6,000) − 수수료비용 ₩20,000 = ₩5,980,000

* FVPL금융자산 처분이익은 현금수취액 − 지분증권의 장부가액이다.
현금수취액 ₩5,980,000 − 지분증권의 장부가액 ₩5,300,000 = ₩680,000

4.4 AC금융자산

AC금융자산은 다음 두 가지 조건을 모두 충족한다면 금융자산을 상각후원가로 측정한다.

① 계약상 현금흐름을 수취하기 위해 보유하는 것이 목적인 사업모형하에서 금융자산을 보유한다.

② 금융자산의 계약조건에 따라 특정일에 원금과 원금잔액에 대한 이자지급(이하 '원리금 지급')만으로 구성되어 있는 현금흐름이 발생한다.

여기서 계약상 현금흐름을 수취하기 위해 보유한다는 것은 채권의 원금 혹은 원금과 이자를 수취하기 위한 목적으로 보유하는 것이다. 그러므로 AC금융자산은 후속적인 가치 변동이 중요하지 않다. 원금과 이자의 의미는 다음과 같다.

① 원금은 최초 인식시점의 금융자산 공정가치이다.

② 이자는 화폐의 시간가치에 대한 대가, 특정 기간에 원금잔액과 관련된 신용위험에 대한 대가, 그 밖의 기본적인 대여 위험과 원가에 대한 대가뿐만 아니라 이윤으로 구성된다.

여기서 이자는 채권의 액면에 명시되어 있는 이자뿐만 아니라 화폐의 시간가치에 대한 대가도 포함된다. AC금융자산은 최초측정 시 공정가치에 거래원가를 더한 금액이 취득원가가 되며, 후속측정 시는 상각후원가로 공시되는데, 여기서 상각후원가로 공시되는 것에 대해 살펴보자.

예를 들어, 한국㈜는 20×1년 1월 1일에 민국㈜가 발행한 사채(액면금액 ₩1,000,000, 액면이자율 12%, 발행일 1월 1일, 만기 3년, 이자지급일 매년 12월 31일)를 ₩933,568에 매입하고 수수료 ₩20,000을 모두 현금지급하였다고 가정하자. 그리고 한국㈜는 동 사채를 AC금융자산으로 분류하였으며, 한국㈜는 12월 결산법인이다. 동 사채의 취득 당시 유효이자율은 14%이다.

① 취득원가는 매입가격(공정가치)에 거래원가를 가산하므로 ₩953,568(= ₩933,568 + ₩20,000)이다.

② AC금융자산은 후속측정을 상각후원가로 측정한다. 상각후원가의 의미는 역사적 유효이자율(14%)로 할인한 매기의 현재가치 측정속성을 말한다.

20×1년 초 AC금융자산의 현재가치는 ₩953,568이다. 이를 나타내면 [그림 9-10]과 같다.

[그림 9-10] **20×1년 초 AC금융자산의 현재가치**

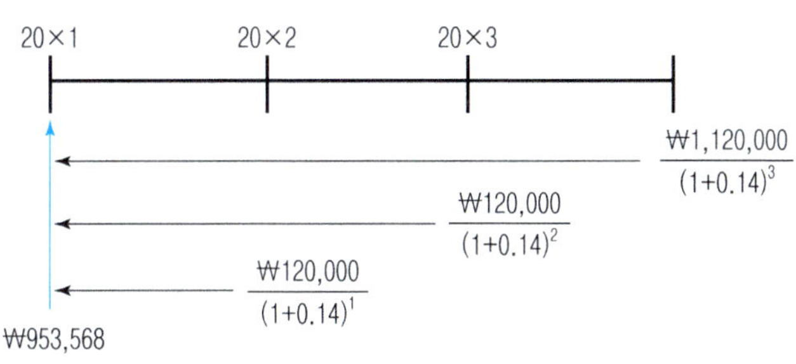

20×1년 말 AC금융자산의 현재가치는 ₩967,067이다. 20×1년 초 AC금융자산 ₩953,568에서 ₩13,499 증가한 AC금융자산 ₩967,067은 공정가치 변동분을 반영한 것이 아니라, 미래의 현금흐름 변동에 따른 현재가치를 반영한 것이다. 이를 상각후원가라고 부른다. 이를 나타내면 [그림 9-11]과 같다.

[그림 9-11] 20×2년 초 AC금융자산의 현재가치

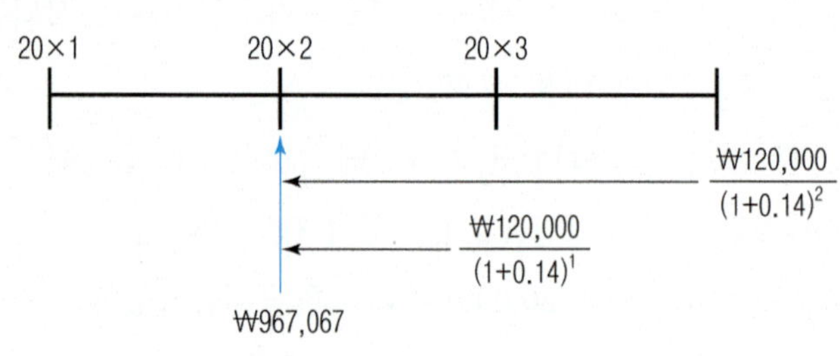

20×2년 말 AC금융자산의 장부금액은 1기 후의 미래현금흐름 ₩1,120,000(=원금 ₩1,000,000+이자 ₩120,000)을 14% 역사적 유효이자율로 할인한 현재가치인 ₩982,456이며, 이는 20×2년 말 상각후원가이다. 이를 나타내면 [그림 9-12]와 같다.

[그림 9-12] 20×3년 초 AC금융자산의 현재가치

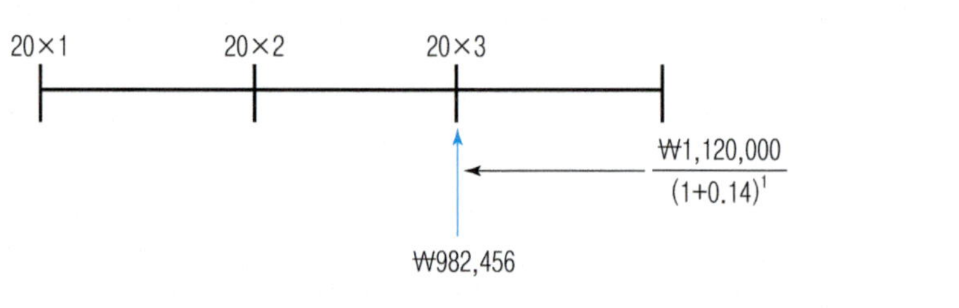

AC금융자산의 회계처리는 취득시점, 보유시점(이자 수취 및 상각후원가측정), 만기 원금회수로 구분할 수 있다. 다음은 한국㈜의 회계처리이다.

- 20×1년 초 취득시점 회계처리

(차) AC금융자산	953,568	(대) 현　금	953,568

- 20×1년 말 회계처리

(차) 현　금	120,000	(대) 이자수익	133,499
AC금융자산	13,499		

- 20×2년 말 회계처리

(차) 현　　금	120,000	(대) 이자수익	135,389
AC금융자산	15,389		

- 20×3년 말 회계처리(원금 수취)

(차) 현　　금	120,000	(대) 이자수익	137,544
AC금융자산	17,544		
(차) 현　　금	1,000,000	(대) AC금융자산	1,000,000

위 AC금융자산의 상각후원가금액을 측정하고 이자수익 회계처리를 간단하게 하는 방법이 유효이자율에 의한 장부금액조정표이다. 유효이자율에 의한 장부금액조정표를 작성하면, 현재가치계수표나 연금계수표를 사용하지 않고 상각후원가를 측정할 수 있다. 이 표는 취득원가와 유효이자율을 이용하여 취득원가를 만기금액으로 증가시키는 표이다. 위 예제를 활용하여 유효이자율법에 의한 장부금액조정표를 작성하면 다음과 같다.

일자	유효이자 (14%)	액면이자 (12%)	상각(증가)액 (유효이자 - 액면이자)	장부금액 (현재가치)
20×1년 초				₩953,568
20×1년 말	₩133,499	₩120,000	₩13,499	967,067
20×2년 말	135,389	120,000	15,389	982,456
20×3년 말	137,544	120,000	17,544	1,000,000
계	₩406,432	₩360,000	₩46,432	

유효이자는 장부가액에 14% 유효이자를 곱한 것이며, 액면이자는 채권 원금 ₩1,000,000에 액면이자율 12%를 곱한 것이다. 상각(증가)액은 유효이자에서 액면이자를 차감한 것이며, 상각후원가는 전기의 상각후원가(기초 장부금액)에 당기의 상각(증가)액을 더한 것이다.

위 장부금액조정표를 보면, 장부금액에서는 20×1년 초에는 취득원가가 제시되어 있고, 20×1년 말, 20×2년 말, 20×3년 말은 AC금융자산의 상각후원가(현재가치)가 나타나 있다. 유효이자는 액면이자와 상각액을 합한 이자수익을 제시하고 있으며, 액면이자는 AC금융자산을 보유하고 있는 동안의 현금수취액을, 상각액은 AC금융자산의 상각후원가 증가분을 나타내고 있다.

AC금융자산과 관련하여 [예제 9-7]을 학습해 보자.

예제 9-7 [AC금융자산]

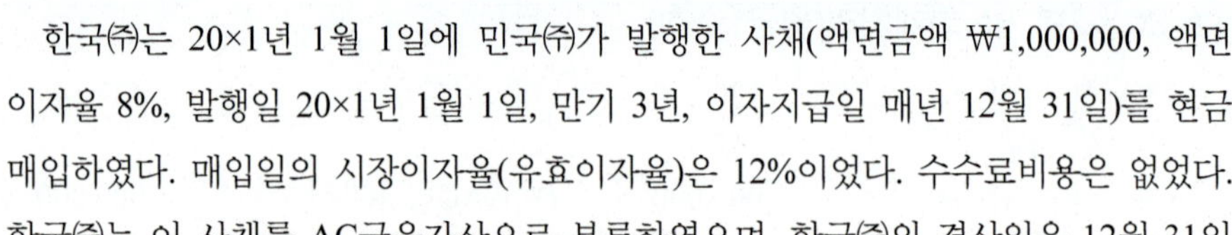

한국㈜는 20×1년 1월 1일에 민국㈜가 발행한 사채(액면금액 ₩1,000,000, 액면이자율 8%, 발행일 20×1년 1월 1일, 만기 3년, 이자지급일 매년 12월 31일)를 현금 매입하였다. 매입일의 시장이자율(유효이자율)은 12%이었다. 수수료비용은 없었다. 한국㈜는 이 사채를 AC금융자산으로 분류하였으며, 한국㈜의 결산일은 12월 31일이다. 단, 화폐의 시간가치계수표는 다음과 같다.

	기간말 단일금액 1원의 현재가치		정상연금 1원의 현재가치	
할인율 / 기간	8%	12%	8%	12%
1	0.9259	0.8929	0.9259	0.8929
2	0.8573	0.7972	1.7833	1.6901
3	0.7938	0.7118	2.5771	2.4018

요구사항

1. 한국㈜의 취득일의 취득원가를 결정하라.
2. 유효이자율법에 의한 장부금액조정표를 제시하라.
3. 한국㈜의 취득일부터 채권의 만기수취까지 필요한 분개를 하라.

해답

1. 취득원가는 ₩903,944이다.

$$₩903,944 = ₩80,000 \times PVAF(12\%,3) + ₩1,000,000 \times PV(12\%,3)$$
$$= ₩80,000 \times 2.4018 + ₩1,000,000 \times 0.7118$$

2. 유효이자율법에 의한 장부금액조정표

일자	유효이자 (12%)	액면이자 (8%)	증가액 (유효이자 - 액면이자)	장부금액 (현재가치)
20×1년 초				₩903,944
20×1년 말	₩108,473	₩80,000	₩28,473	932,417
20×2년 말	111,890	80,000	31,890	964,307
20×3년 말	115,693*	80,000	35,693	1,000,000
계	₩336,056	₩240,000	₩96,056	

* 단수조정

3. 회계처리

• 20×1년 초

(차) AC금융자산	903,944	(대) 현　　금	903,944

• 20×1년 말

(차) 현　　금	80,000	(대) 이자수익	108,473
AC금융자산	28,473		

• 20×2년 말

(차) 현　　금	80,000	(대) 이자수익	111,890
AC금융자산	31,890		

• 20×3년 말

(차) 현　　금	80,000	(대) 이자수익	115,693
AC금융자산	35,693		
(차) 현　　금	1,000,000	(대) AC금융자산	1,000,000

4.5 FVOCI금융자산

FVOCI금융자산은 다음 두 가지 조건을 모두 충족한다면 금융자산을 기타포괄손익공정가치로 측정한다.

① 계약상 현금흐름의 수취와 금융자산의 매도 둘 다를 통해 목적을 이루는 사업모형하에서 금융자산을 보유한다.

② 금융자산의 계약조건에 따라 특정일에 원리금 지급만으로 구성되어 있는 현금흐름이 발생한다.

FVOCI금융자산은 보유목적에 매도가 포함되기 때문에 공정가치측정이 중요하다. 또한 수취목적이 있으므로 수취만 하는 경우와 비교하여 당기손익에 차이가 없도록 관련 평가손익을 기타포괄손익으로 인식한다. 한편, 당기손익공정가치로 측정되는 '지분상품에 대한 특정 투자'에 대하여는 후속적인 공정가치 변동을 기타포괄손익으로 표시하도록 최초 인식시점에 FVOCI금융자산으로 선택할 수도 있다. 다만, 한번 선택하면 이를 취소할 수 없다.

요약하면, 기업이 유가증권을 취득할 때는 사업모형과 현금흐름 특성조건을 고려하여, 당기손익공정가치측정금융자산, 기타포괄손익공정가치측정금융자산, 상각후원가측정금융자산으로 분류한다. 다음은 SK하이닉스의 2020년 주석사항 5 금융상품의 범주별 분류이다.

〈표 9-6〉 SK하이닉스의 2020년 주석

(단위: 백만 원)

구 분	당기손익공정가치로 측정하는 금융자산	기타포괄손익공정가치로 측정하는 금융자산	상각후원가로 측정하는 금융자산	합 계
현금및현금성자산	–	–	2,975,989	2,975,989
단기금융상품	227,500	–	209,208	436,708
단기투자자산	1,535,518	–	–	1,535,518
매출채권(*)	–	512,458	4,418,864	4,931,322
기타수취채권	–	–	144,783	144,783
기타금융자산	–	–	383	383
장기투자자산	6,139,627	–	–	6,139,627
합 계	7,902,645	512,458	7,749,227	16,164,330

자료: 전자공시시스템, SK하이닉스 2020년 사업보고서.

본서에서는 FVOCI금융자산의 회계처리는 생략한다.

개념정리 문제

CONCEPTUAL **QUESTIONS**

1. 금융자산의 의의에 대해 설명하라.
2. 현금및현금성자산을 정의하라.
3. 소액현금, 당좌예금을 정의하라.
4. 매출채권의 양도에 대해 서술하라.
5. 유가증권의 회계적 분류와 측정에 대해 서술하라.

CHAPTER 10

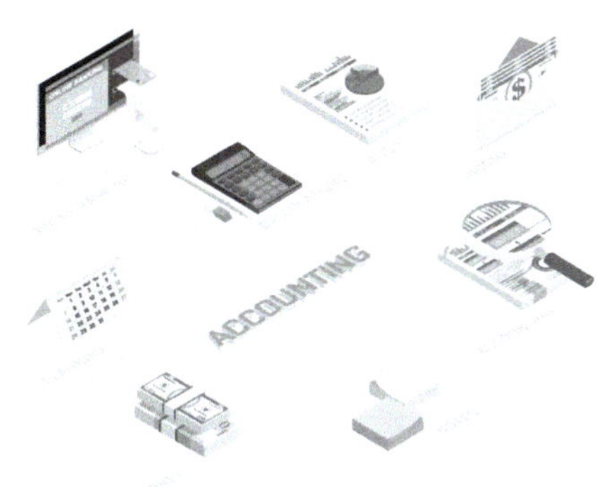

금융부채

IFRS ACCOUNTING PRINCIPLES

1. 금융부채의 의의
2. 유동부채
3. 비유동부채

학습목표

본 장에서는 금융부채의 의의를 살펴보고, 유동부채와 비유동부채의 정의 및 비유동부채의 회계처리에 대해 학습한다. 특히, 핵심적인 주제는 사채의 발행, 이자비용 인식 및 사채상환에 대한 회계처리이다.

본 장에서는 구체적으로 다음과 같은 내용들이 학습목표이다.

1. 금융부채의 정의를 서술할 수 있다.
2. 유동부채 및 비유동부채의 정의를 서술할 수 있다.
3. 사채의 발행, 이자비용 인식 및 사채상환에 관한 회계처리를 할 수 있다.

들어가며

금융부채

금융부채는 미래에 현금을 지급할 계약상 의무에 해당하는 것으로, 일반적인 예는 매입채무, 지급어음, 차입금, 사채 등이 있다. 예를 들어, 매입채무는 거래 당사자 중 일방이 현금을 지급할 계약상 의무에 해당하므로 금융부채이다. [표 1]에서는 네이버의 2020년도 부분연결재무상태표를 제시하고 있다. 네이버의 유동부채는 약 8조 원이며, 유동부채 중 매입채무, 당기손익공정가치측정금융부채, 차입금 등의 계정과목이 있다. 비유동부채는 약 8,500억 원이며, 매입채무, 당기손익공정가치측정금융부채, 장기차입금, 사채 등이 있다.

[표 1] 네이버 부분연결재무상태표

(단위: 원)

	2020년	2019년	2018년
부채			
유동부채	7,911,751,492,331	3,773,118,830,740	2,619,671,652,587
매입채무및기타채무 (주4,6,15)	689,280,186,019	1,211,070,361,564	896,276,258,656
당기손익-공정가치 측정 금융부채 (주5,6)	17,137,640,886	649,038,368	7,418,409,882
단기차입금 (주4,6,17)	576,223,326,575	559,584,776,483	349,846,018,275
유동성장기차입금			26,991,114
당기법인세부채	384,340,634,677	313,781,745,056	277,992,093,674
충당부채 (주18)	31,708,383,889	3,822,401,193	2,462,733,532
리스부채 (주12)	53,345,709,463	168,937,301,210	
기타유동부채 (주16)	1,484,474,330,127	1,515,273,206,866	1,085,649,147,454
매각예정부채 (주35)	4,675,241,280,695		
비유동부채	847,355,136,226	2,022,482,221,466	1,312,378,743,444
매입채무및기타채무 (주4,6,15)	68,448,327,272	42,469,680,072	23,370,588,587
당기손익-공정가치 측정 금융부채 (주5,6)	7,962,264,800	8,339,734,792	2,785,234,016
장기차입금 (주4,6,17)	150,678,259,061	50,039,880,125	100,061,591,213
사채 (주4,6,17)		752,270,184,693	711,561,946,218
순확정급여부채 (주19)	462,094,245,426	473,437,955,422	344,780,260,840
충당부채 (주18)	9,186,175,870	59,046,834,258	42,423,909,342
리스부채 (주12)	92,170,749,140	555,287,968,236	
이연법인세부채 (주27)	56,519,491,022	80,453,751,124	86,244,846,912
기타비유동부채 (주16)	295,623,635	1,136,232,744	1,150,366,316
부채총계	8,759,106,628,557	5,795,601,052,206	3,932,050,396,031

자료: 전자공시시스템, 네이버 2020년 사업보고서.

금융부채의 의의

부채(liabilities)는 과거사건의 결과로 경제적 자원을 이전해야 하는 현재의무이다. 부채가 존재하기 위해서는 (1) 기업에게 의무가 있으며, (2) 의무는 경제적 자원을 이전하는 의무이며, (3) 의무는 과거사건의 결과로 존재하는 현재의무이다.

금융부채란 미래에 현금을 지급할 계약상 확정의무에 해당하는 것이다. 금융부채의 일반적인 예는 매입채무, 지급어음, 차입금, 사채 등이 있다. [그림 10-1]은 금융부채를 예시한 것이다.

[그림 10-1] **금융부채**

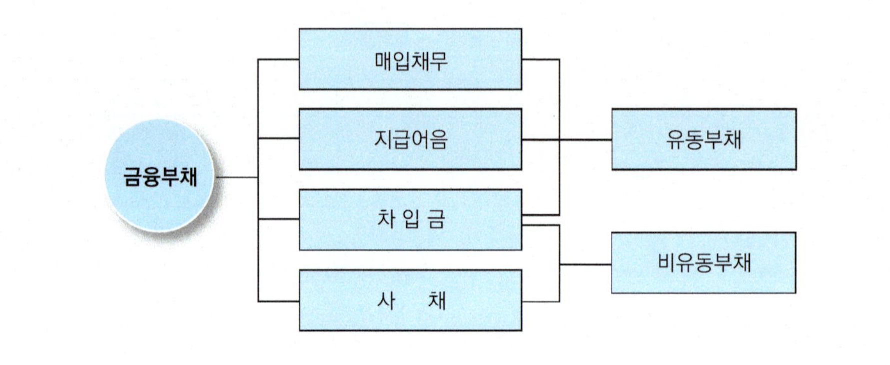

2 유동부채

재무상태표에 부채를 표시할 때 유동성과 비유동성으로 구분하여 공시한다. 유동성의 크기에 따라 유동부채(current liabilities)와 비유동부채(non-current liabilities)로 구분하여 표시하는데 부채는 다음의 경우에 유동부채로 분류한다.

(1) 정상영업주기 내에 결제될 것으로 예상하고 있다.
(2) 주로 단기매매목적으로 보유하고 있다.

(3) 보고기간 후 12개월 이내에 결제하기로 되어 있다.

(4) 보고기간 후 12개월 이상 부채의 결제를 연기할 수 있는 무조건의 권리를 가지고 있지 않다. 계약 상대방의 선택에 따라, 지분상품의 발행으로 결제할 수 있는 부채의 조건은 그 분류에 영향을 미치지 아니한다.

(1)~(4) 이외의 모든 부채는 비유동부채로 분류한다. 여기서 정상영업주기란 영업활동을 위한 자산의 취득시점부터 그 자산이 현금이나 현금성자산으로 실현되는 시점까지 소요되는 기간이다. 예컨대, 한국㈜의 주된 영업활동이 기계를 제조해서 판매하는 기업이라고 가정해 보자. 한국㈜는 기계를 만들기 위해 재료를 매입하고, 노무비와 경비를 들여 제조한다. 그리고 기계제품을 판매하고 현금을 수취하거나 매출채권을 보유한 다음 현금을 회수한다. 이 기간을 정상적인 영업주기라고 한다. 정상적인 영업주기 내에 결제될 것으로 예상되거나, 단기매매목적의 부채이거나, 보고기간 후 12개월 이내에 결제되기로 한 부채는 유동부채로 구분하여 재무상태표에 표시된다.

유동부채에는 매입채무, 미지급금, 미지급비용, 선수금, 선수수익, 예수금, 단기차입금 등이 있다. 매입채무 그리고 종업원 및 그 밖의 영업원가에 대한 미지급비용과 같은 유동부채는 기업의 정상영업주기 내에 사용되는 운전자본의 일부이다. 이러한 항목은 보고기간 후 12개월 후에 결제일이 도래한다 하더라도 유동부채로 분류한다.

기타 유동부채는 정상영업주기 이내에 결제되지는 않지만 보고기간 후 12개월 이내에 결제일이 도래하거나 주로 단기매매목적으로 보유한다. 이에 대한 예로는 기업회계기준서 제1109호에 따라 단기매매항목의 정의를 충족하는 일부 금융부채, 당좌차월, 비유동금융부채의 유동성 대체 부분, 미지급배당금, 법인세, 기타 지급채무 등이 있다.

위의 대부분의 계정과목들은 제2장에서 이미 설명하였기 때문에 본 장에서는 설명을 생략한다.

 비유동부채

비유동부채는 정상영업주기 내에 결제될 것으로 예상되지 않고, 단기매매목적으로 보유하고 있지 않으며, 보고기간 후 12개월 이후에 결제하기로 되어 있는 부채이다. 비유동부채의 예로는 금융부채 및 비금융부채가 있다. 금융부채에는 장기차입금, 사채, 장기매입채무, 장기미지급금 등이 있으며, 비금융부채에는 충당부채, 확정급여채무, 장기선수금, 장기선수수익 등이 있다. 비금융부채는 본서 제11장에서 다루며, 본 장에서는 비유동금융부채인 사채에 대하여 중점적으로 살펴보고자 한다.

3.1 사채의 의의

사채(corporate bonds)는 회사채의 줄임말로 기업이 불특정 다수인들로부터 장기자금을 차입하기 위하여 만기에 원금을 상환하고 일정한 이자를 지급하기로 표시한 채무증권이다. 국가와 지방자치단체가 발행하는 채권을 각각 국채와 공채라고 하며, 금융기관에서 발행하는 채권은 금융채라고 한다. 회사채는 상법상의 주식회사가 발행하는 채권이다.

[그림 10-2]는 회사채 견본을 보여주고 있는데, 발행회사는 삼성전자주식회사이며, 발행일과 상환일, 액면금액, 액면이자율, 이자지급방법 등이 표시되어 있다.[1] 액면금액(face value)은 발행회사가 사채취득권자에게 상환일에 지급을 약속한 금액이며, 액면이자율(face rate of interest)은 이자지급일에 사채를 소유한 자에게 현금으로 이자를 지급하기로 약정된 연간이자율이다.

---

1) 2019년 9월부터 주식, 사채 등의 전자등록에 관한 법률에 따라 전자증권제도가 시행되고 있다. 전자증권제도하에서는 실물채권 없이 전자등록기관의 전자등록부상 증권 발행과 소유관계에 관한 사항의 등록만으로 효력이 발생한다. 따라서 실무에서는 [그림 10-2]와 같은 실물채권의 이전을 수반하는 거래는 없다.

[그림 10-2] **회사채 견본**

자료: 금융감독원, 대학생을 위한 실용 금융.

사채는 상환기간이 1년 이하이면 '단기채', 상환기간이 1년을 초과하고 5년 이하인 채권은 '중기채'라고 하며, 상환기간이 5년을 초과하는 채권은 '장기채'라고 한다. 이자지급은 일반적으로 이자지급일에 정기적으로 이자를 제공하는 채권으로 '이표채'라고 하며, 보증(원리금의 상환을 발행회사 이외에 제3자가 보증) 유무에 따라 '보증채'와 '무보증채'로 구분한다.

다음은 LG화학의 증권발행실적보고서(2021년 2월 19일)이다. 발행 개요를 살펴보면, 주식회사 LG화학이 발행하는 사채의 종류는 무보증 일반사채로 총발행금액은 1조 2천억 원이며, 상환일은 2024년 2월 19일이다. 이와 같이 기업들이 자금을 조달하는 주된 수단으로 사채를 활용하는 것은 불특정다수인들로부터 거액의 자금을 조달할 수 있고 장기적으로 자금을 사용할 수 있는 이점이 있기 때문이다.

증권발행실적보고서

금융감독원장 귀하 2021년 02월 19일

회 사 명 : 주식회사 LG화학
대 표 이 사 : 신 학 철
본 점 소 재 지 : 서울특별시 영등포구 여의대로 128
(전 화) 02-3777-1114
(홈페이지) http://www.lgchem.com
작 성 책 임 자 : (직 책) 금융담당 (성 명) 이 동 열
(전 화) 02-3773-1114

Ⅰ. 발행개요

1. 기업개요

상장구분	기업규모	업종구분
유가증권	대기업	화학물질 및 화학제품 제조업; 의약품 제외

2. 발행 개요

(단위: 원)

총 발행금액 :	1,200,000,000,000

회차 : 54-1 (단위: 원)

구분	사채의 종류	회차별 발행총액	상환기일
무보증	일반사채	350,000,000,000	2024년 02월 19일

신용평가기관	신용평가등급
한국기업평가	AA+
NICE신용평가	AA+

자료: 전자공시시스템, LG화학 증권발행실적보고서(2021.2.10.).

3.2 사채의 발행금액

사채의 발행금액은 사채액면에서 발생하는 미래현금흐름(이자와 원금)을 사채발행일 현재 유효이자율(effective rate of interest)로 할인한 현재가치이다. 예를 들어, 한국㈜가 20×1년 1월 1일에 액면금액 ₩100,000, 액면이자율 연 10%, 만기 3년, 이자지급일 매년 12월 31일인 사채를 발행하였다고 가정하자. 이자와 원금의 미래현금흐름 형태는 [그림 10-3]과 같다.

[그림 10-3] 사채의 현금흐름

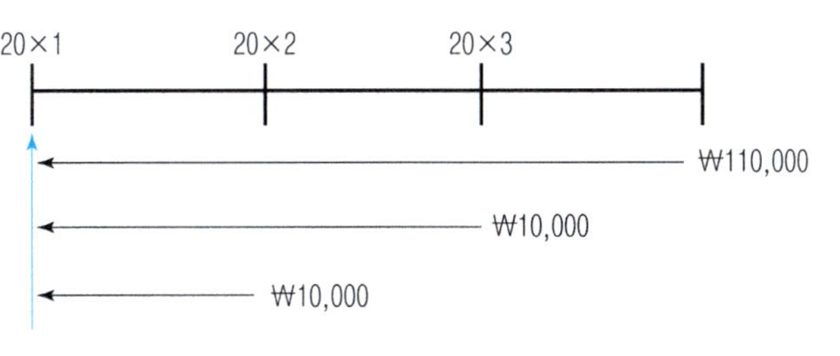

[그림 10-3]을 살펴보면, 한국㈜는 사채보유자에게 20×1년 말에 ₩10,000, 20×2년 말에 ₩10,000, 20×3년 말에 ₩110,000을 지급한다. 미래의 각각의 금액을 합한 ₩130,000은 현재의 금액 ₩130,000의 가치와 다르다. 그러므로 채권시장에서 한국㈜가 발행한 사채의 발행금액은 ₩130,000이 아닐 수 있다. 사채의 발행금액은 미래현금흐름과 유효이자율에 따라 달라진다. 따라서 사채의 발행금액을 산정하기 위해서는 미래의 이자와 원금을 현재가치로 전환해야 하며, 전환하는 수단이 유효이자율(시장이자율)이다. 여기서의 유효이자율이란 사채의 상환기간 동안 추정되는 미래현금흐름의 합계액을 사채의 현재가치와 정확히 일치시켜주는 이자율이다. 즉, 사채의 발행금액은 [그림 10-4]와 같이 결정된다.

[그림 10-4] 사채의 발행금액

그리고 유효이자율과 액면이자율의 관계에 따라 사채의 발행금액은 [그림 10-5]와 같이 결정된다. 액면이자율은 액면금액에 있는 이자지급액을 계산하기 위해 액면금액에 적용되는 이자율이다. 유효이자율은 투자자들이 기업에 자금을 조달해 줄 때 요구되는 이자율이다. 액면이자율과 시장이자율이 동일하면, 사채발행기업은 투자자로부터 액면금액의 자금을 조달하게 된다. 이를 '액면발행(issuing at a face value)'이라고 한다.

그러나 발행사채의 종류, 발행사채기업의 신용, 산업환경, 경제환경 등이 유효이자율에 영향을 미치기 때문에 유효이자율은 액면이자율과 다를 수 있다. 액면이자율이 유효이자율보다 낮은 경우, 투자자는 액면이자율보다 높은 유효이자율로 계산된 사채수익률을 요구하나 기업은 유효이자율보다 낮은 액면이자율을 투자자에게 제시하므로, 기업은 투자자에게 동일한 수익률을 보장하기 위하여 액면금액보다 낮은 금액으로 사채를 발행한다. 반면에, 액면이자율이 유효이자율보다 높다면, 기업은 시장보다 투자자에게 더 많은 수익률을 제공하므로 기업은 액면금액보다 높은 금액으로 사채를 발행한다. 사채가 액면금액보다 낮게 발행되는 것을 '할인발행(issuing at a discount)'이라고 하고, 사채가 액면금액보다 높게 발행되는 것을 '할증발행(issuing at a premium)'이라고 한다. 그러나 사채발행은 실제로 투자자에게 액면발행되거나 할인발행되는 것이 대부분으로 할증발행되는 경우는 거의 없다. 그러므로 본서에서는 사채할증발행과 관련된 회계처리는 발행일의 회계처리만을 다루고 발행일 이후의 사채할증발행 회계처리와 상환일의 회계처리는 생략한다.

[그림 10-5] **이자율과 사채발행금액**

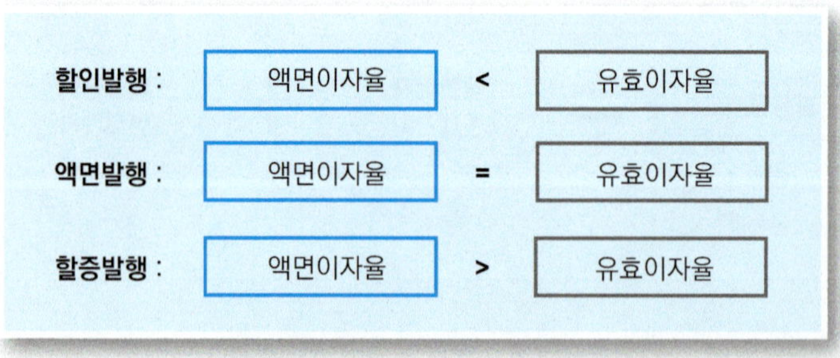

[예제 10-1]을 통해 사채의 발행금액이 어떻게 결정되는가를 학습해 보자.

예제 10-1 [사채의 발행금액]

한국㈜는 20×1년 1월 1일에 제조설비의 확장에 필요한 자금을 마련하기 위해 액면금액 ₩100,000, 액면이자율 연 10%, 만기 3년, 매년 12월 31일에 이자를 지급하는 회사채를 발행하였다.

요구사항

1. 사채발행일의 시장이자율(유효이자율)이 12%라고 가정하고 다음에 답하라.
   1) 사채의 발행금액을 계산하라.
   2) 사채발행일의 회계처리를 하라.
2. 사채발행일의 시장이자율이 10%라고 가정하고 다음에 답하라.
   1) 사채의 발행금액을 계산하라.
   2) 사채발행일의 회계처리를 하라.
3. 사채발행일의 시장이자율이 8%라고 가정하고 다음에 답하라.
   1) 사채의 발행금액을 계산하라.
   2) 사채발행일의 회계처리를 하라.

1. 시장이자율이 12%일 경우
   1) 사채의 발행금액

   한국㈜의 발행 사채와 관련한 미래 현금유출을 시간적으로 나타내면 다음과 같다.

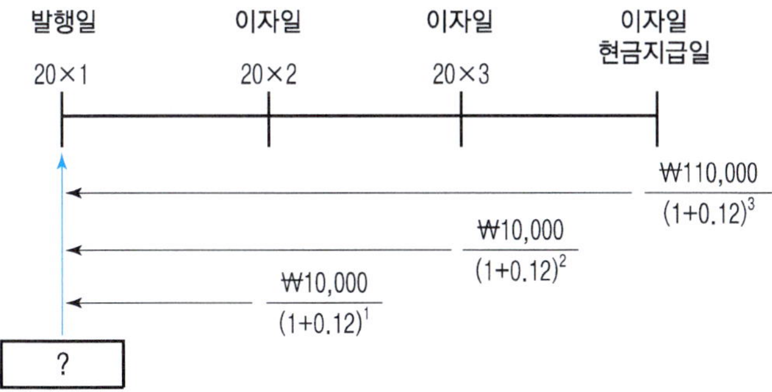

위의 그림에서 한국㈜의 사채와 관련한 미래 현금흐름을 살펴보면, 3년 후에 일

시에 지급되는 원금(액면금액) ₩100,000과 매년 말마다 지급되는 이자 ₩10,000의 두 가지 형태 현금흐름으로 구성되어 있음을 확인할 수 있다. 그리고 사채의 발행금액은 사채의 미래 현금흐름을 발행일의 시장이자율로 할인한 현재가치로 결정된다. 따라서 한국㈜의 사채 발행금액은 액면금액 ₩100,000과 매년 지급되는 이자 ₩10,000을 발행일의 시장이자율 12%로 할인한 것으로 결정된다. 한편, 사채의 발행금액을 결정하기 위한 두 가지의 미래 현금흐름은 지급방법에서 차이가 있다. 즉, 액면금액은 만기일에 일시에 지급하지만, 이자는 매년 말마다 같은 금액을 만기일까지 지급한다. 부록의 '화폐의 시간가치'편을 참조하면, 상환일에 일시 지급하는 액면금액은 단일금액의 현금흐름이고, 매년 말마다 지급되는 이자는 일정기간 동안 같은 금액을 반복적으로 지급하는 연금으로 매년 말에 지급이 이루어지기 때문에 정상연금에 해당된다. 따라서 이러한 현금흐름의 형태를 고려하여 한국㈜의 사채의 발행금액을 결정하면 다음과 같다.

- 액면이자의 현재가치: ₩10,000 × 2.40183($PVAF_{12\%,3}$) = ₩24,018
- 액면금액의 현재가치: ₩100,000 × 0.71178($PVF_{12\%,3}$) = 71,178

₩95,196

한국㈜는 20×1년 1월 1일에 매년 ₩10,000의 이자를 3기간 동안 지급하고, 만기에 ₩100,000의 원금을 지급하기로 약속하는 사채를 발행하여 채권시장에 판매하고 투자자들로부터 현금 ₩95,196을 수취하게 된다. 이와 같이 사채에 표시된 액면금액보다 낮은 가격으로 사채를 발행하는 것을 '할인발행'이라 한다.

이러한 할인발행은 채권시장에 형성되어 있는 시장이자율에 따라 결정되는데, 이는 [그림 10-5]를 참조하기 바란다.

2) 사채발행일의 회계처리

사채발행일에 한국㈜가 수취하는 현금은 ₩95,196이지만, 3년 후에 한국㈜가 투자자에게 상환해야 하는 액면금액(원금)은 ₩1,000,000이다. 이 경우 3년 후에 상환해야 할 금액과 발행일에 투자자로부터 수취하는 금액 간에는 ₩4,804만큼의 차이가 발생한다. 이는 사채의 미래 현금흐름을 현재가치로 할인한 결과로 발생한 것으로, 채권시장에 형성되어 있는 시장이자율(12%)이 한국㈜가 발행하는 사채의 액면이자율(10%)보다 높기 때문에 나타나는 현상이다. 즉, 시장이자율이 사채의 액면이자율보다 높은 상황에서 투자자들은 시장에 비해 수익률이 낮은 한국㈜의 사채에 투자하려 하지 않을 것이기 때문에, 한국㈜는 투자자들로 하여금 자기 기업의 사채에 투자하도록 유인하기 위해 채권시장에서 형성된 시장이자율을 보장할 수밖에 없게 된다. 이러한 논리에 의해 한국㈜는 투자자들에게 액면에 표시된 이자 이외에 추가적인 수익을 제공하기 위해 발행하는 사채를 액면금액 이하로 할인하여 발행하고, 상환일에 액면금액 전액을 지급하게 된다. 따라서 사채발행일의 회계처리에는 이러한 상황이 고려되어야 하며, 이를 고려한 사채발행일의 회계처리는 순액법과 총액법 중 기업이 선택할 수 있다. 두 가지 방법에 의해 사채발행일의 회계처리를 하면 다음과 같다.

① 순액법

(차) 현　금	95,196	(대) 사　채	95,196

② 총액법

(차) 현　금	95,196	(대) 사　채	100,000
사채할인발행차금	4,804		

* 여기서 사채할인발행차금은 부채의 차감계정이며 부채의 요소이다. 사채할인발행차금이 부채의 요소이기 때문에 정상계정은 차변이다. 즉, 사채할인발행차금의 증가는 차변이며, 사채할인발행차금의 감소는 대변이다.

2. 시장이자율이 10%일 경우

1) 사채의 발행금액

한국㈜의 발행 사채와 관련한 미래 현금유출을 시간적으로 나타내면 다음과 같다.

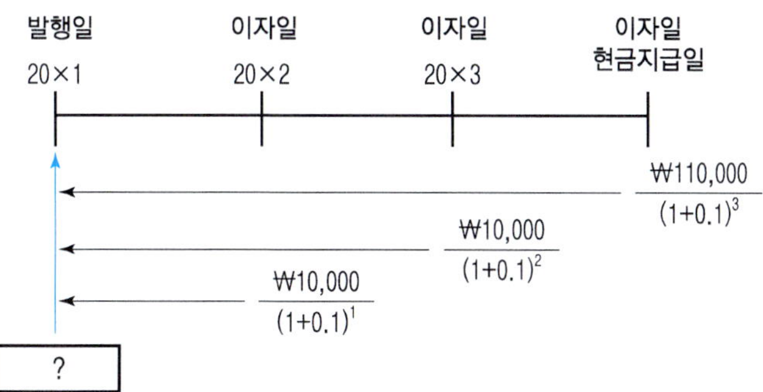

사채의 액면금액에 대한 현금흐름과 이자에 대한 현금흐름을 시장이자율 10%로 할인하여 사채의 발행가액을 결정하면 다음과 같다.

- 액면이자의 현재가치: ₩10,000 × 2.48685($PVAF_{10\%,3}$) = ₩ 24,868
- 액면금액의 현재가치: ₩100,000 × 0.75132($PVF_{10\%,3}$) = 75,132

₩100,000

한국㈜는 20×1년 1월 1일에 매년 ₩10,000의 이자를 3기간 동안 지급하고, 만기에 ₩100,000의 원금을 지급하기로 약속하는 사채를 발행하여 채권시장에 판매하고 투자자들로부터 현금 ₩100,000을 수취하게 된다. 이와 같이 사채에 표시된 액면금액과 동일한 가격으로 사채를 발행하는 것을 '액면발행'이라 한다.

2) 사채발행일의 회계처리

채권시장에 형성된 이자율이 10%이고, 한국㈜가 발행하는 사채의 액면이자율이 10%로 동일할 경우, 채권시장에서 투자자들은 한국㈜의 사채와 다른 투자기회들로부터 얻을 수 있는 수익이 동일하게 된다. 따라서 한국㈜는 1)의 경우처럼 사채의 발행금액을 액면금액 이하로 낮추어 발행하지 않아도 된다. 즉, 사채에 표시된 액면금액대로 사채를 발행하게 된다. 이에 대해 회계처리하면 다음과 같다.

(차) 현 금	100,000	(대) 사 채	100,000

3. 시장이자율이 8%일 경우

1) 사채의 발행금액

한국㈜의 발행 사채와 관련한 미래 현금유출을 시간적으로 나타내면 다음과 같다.

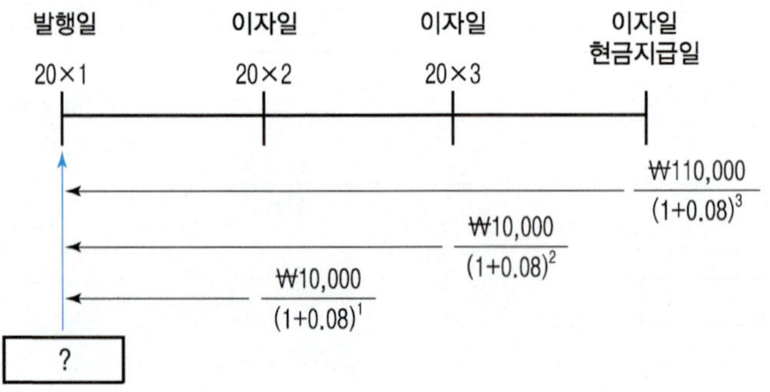

사채의 액면금액에 대한 현금흐름과 이자에 대한 현금흐름을 시장이자율 8%로 할인하여 사채의 발행가액을 결정하면 다음과 같다.

- 액면이자의 현재가치: ₩10,000 × 2.57710($PVAF_{8\%,3}$) = ₩ 25,771
- 액면금액의 현재가치: ₩100,000 × 0.79383($PVF_{8\%,3}$) = 79,383

₩105,154

한국㈜는 20×1년 1월 1일에 매년 ₩10,000의 이자를 3기간 동안 지급하고, 만기에 ₩100,000의 원금을 지급하기로 약속하는 사채를 발행하여 채권시장에 판매하고 투자자들로부터 현금 ₩105,154을 수취하게 된다. 이와 같이 사채에 표시된 액면금액보다 높은 가격으로 사채를 발행하는 것을 '할증발행'이라 한다. 실무적으로 이러한 할증발행은 매우 드문 현상이다.

2) 사채발행일의 회계처리

채권시장에 형성된 이자율이 8%이고, 한국㈜가 발행하는 사채의 액면이자율이 10%로 한국㈜의 사채 액면이자율이 더 높을 경우, 채권시장에서 투자자들은 다른 투자기회에 투자하는 것에 비해 한국㈜의 사채에 투자하였을 경우 더 높은 수익을 얻을 수 있으므로 한국㈜의 사채에 투자하고자 하는 투자자들이 많아질 것이다. 때문에 한국㈜는 액면금액보다 높은 발행가격을 결정함으로써 과잉경쟁을 방지할 수 있다. 이렇게 할증발행을 하는 경우에도 발행일의 회계처리를 순액법과 총액법 중 선택이 가능하다. 두 가지 방법에 의해 사채발행일의 회계처리를 하면 다음과 같다.

① 순액법

(차) 현 금	105,154	(대) 사 채	105,154

② 총액법

(차) 현 금	105,154	(대) 사 채	100,000
		사채할증발행차금	5,154

* 여기서 사채할증발행차금은 부채의 가산계정이며 부채의 요소이다. 사채할증발행차금이 부채의 요소이기 때문에 정상계정은 대변이다. 즉, 사채할증발행차금의 증가는 대변이며, 사채할증발행차금의 감소는 차변이다.

3.3 사채의 이자비용 인식

사채는 발행시점, 발행기간, 상환일 회계처리로 구분할 수 있다. 사채발행기업은 액면에 표시된 액면이자율로 계산된 이자를 발행기간 동안 투자자에게 지급한다. 사채발행시점에 액면이자율과 유효이자율이 일치하면, 기업은 투자자에게 이자지급시점에 액면이자율로 계산된 현금이자를 지급한다. 그러나 액면이자율이 유효이자율보다 낮은 경우, 기업은 액면금액에 액면이자율을 곱하여 계산한 이자(액면이자)를 매 이자지급일에 투자자에게 현금으로 지급하고, 발행금액에 유효이자율을 곱하여 계산한 이자(유효이자)와 액면이자와의 차이 금액을 사채할인발행차금에서 차감(발행금액 증가)하고, 동 금액만큼을 이자비용으로 인식한다.

1) 할인발행

사채가 할인발행된 경우, 기업은 할인발행금액과 액면금액 차이를 기간별 이자비용으로 배분하여 현금이자에 추가하여 이자비용으로 인식한다. 예를 들어, 한국㈜가 20×1년 기초에 액면금액 ₩100,000, 액면이자율 연 10%, 만기 3년, 이자지급일 매년 12월 31일인 사채를 발행하였으며, 사채발행일의 유효이자율이 12%라고 가정하자. [예제 10-1]과 같이 발행금액은 ₩95,196이다.

매 기간 말 현급지급하는 이자비용은 ₩10,000(=₩100,000 × 10%)이며, 액면금액과 할인발행금액의 차이 ₩4,804(=₩100,000 - ₩95,196) 이자비용이 발생한다. 사채발행시점에 이자를 선급한 성격인 ₩4,804은 발행기간 동안 배분되는데, 기업은 유효이자율법에 따라 이를 이자비용으로 인식한다. 발행일 이후 발행기간 동안의 이자지급에 대한 회계처리를 살펴보자.

• 20×1년 말

사채발행시점에 차입한 ₩95,196의 1년간 이자비용은 ₩11,424(=₩95,196 × 0.12)이다. 이 이자비용은 액면이자율 10%를 적용한 현금 ₩10,000과 사채할인발행차금 ₩1,424을 상각한 비용이다. 20×1년 말 장부금액은 ₩95,196에 사채할인발행차금 상각액인 ₩1,424만큼 가산한 ₩96,620(=₩95,196+₩1,424)이다. 회계처

리는 다음과 같다.[2)]

(차) 이자비용	11,424	(대) 현　금	10,000
		사채할인발행차금	1,424

- 20×2년 말

20×1년 말 장부금액 ₩96,620의 1년간 이자비용은 ₩11,594(=₩96,620 × 0.12)이다. 20×2년 말 장부금액은 ₩96,620에 사채할인발행차금 상각액인 ₩1,594만큼 가산한 ₩98,214(=₩96,620+₩1,594)이다. 회계처리는 다음과 같다.

(차) 이자비용	11,594	(대) 현　금	10,000
		사채할인발행차금	1,594

- 20×3년 말

20×2년 말 장부금액 ₩98,214의 1년간 이자비용은 ₩11,786(=₩98,214 × 0.12)이다. 20×3년 말 장부금액은 ₩98,214에 사채할인발행차금 상각액인 ₩1,786만큼 가산한 ₩100,000(=₩98,214+₩1,786)이다. 회계처리는 다음과 같다.

(차) 이자비용	11,786	(대) 현　금	10,000
		사채할인발행차금	1,786

<표 10-1>은 사채할인발행차금을 상각하기 위한 사채할인발행차금 상각표이다.

---

2) 위 회계처리를 총액법이라 하며, 이를 순액법으로 회계처리하면 다음과 같다.

(차) 이자비용	11,424	(대) 현　금	10,000
		사　채	1,424

본서에서는 총액법을 위주로 설명하겠다.

〈표 10-1〉 **사채할인발행차금 상각표**

일자	유효이자 (12%)	액면이자 (10%)	차감액 (유효이자 - 액면이자)	장부금액 (현재가치)
20×1년 초				₩95,196
20×1년 말	₩11,424	₩10,000	₩1,424	96,620
20×2년 말	11,594	10,000	1,594	98,214
20×3년 말	11,786	10,000	1,786	100,000
계	₩34,804	₩30,000	₩4,804	

사채할인발행차금 상각표를 살펴보면, 유효이자는 장부가액에 12% 유효이자율을 곱한 것이며, 액면이자는 사채액면금액 ₩100,000에 액면이자율 10%를 곱한 것이다. 할인차금 상각액은 유효이자에서 액면이자를 차감한 것이며, 장부금액은 기초의 장부금액에 당기의 사채할인발행차금 상각액을 가산한 것이다. 한국㈜의 발행기간 동안 이자비용은 총 ₩34,804이며, 이 이자비용은 현금이자 ₩30,000과 액면금액과 발행금액의 차이인 ₩4,804의 합이다. 발행기간 동안의 회계처리는 위 회계처리와 동일하다.

2) 액면발행

사채의 액면발행은 사채의 액면이자율과 발행일의 유효이자율이 일치하는 경우이다. 예를 들어, 한국㈜가 20×1년 기초에 액면금액 ₩100,000, 액면이자율 연 10%, 만기 3년, 이자지급일 매년 12월 31일인 사채를 발행하였으며, 사채발행일의 유효이자율이 10%라고 가정하자. [예제 10-1]과 같이 발행금액은 ₩100,000이다. 매 기간 말 현금지급하는 이자비용은 ₩10,000(=₩100,000 × 10%)이며, 액면금액과 발행금액의 차이는 없으므로 현금으로 지급되는 이자 이외에 할인발행에서와 같은 추가적인 이자비용은 발생하지 않는다. 발행기간 동안의 이자지급에 대한 회계처리는 다음과 같다.

- 20×1년 말

(차) 이자비용	10,000	(대) 현　금	10,000

• 20×2년 말

(차) 이자비용 10,000 (대) 현 금 10,000

• 20×3년 말

(차) 이자비용 10,000 (대) 현 금 10,000

[예제 10-2]를 통해 사채발행기간 동안의 회계처리를 학습해 보자.

예제 10-2 [사채발행기간 중 회계처리]

한국㈜는 20×1년 1월 1일에 액면금액 ₩500,000, 액면이자율 5%, 만기 2년인 사채를 발행하였다. 이자는 매 회계연도 말에 지급한다. 한국㈜의 결산일은 12월 31일이다.

요구사항

1. 사채발행일의 시장이자율(유효이자율)이 7%라고 가정하고 다음에 답하라.
   1) 사채의 발행금액을 계산하라.
   2) 사채발행일의 회계처리를 하라.
   3) 사채할인발행차금 상각표를 작성하라.
   4) 사채발행기간 중의 회계처리를 하라.
2. 사채발행일의 시장이자율이 5%라고 가정하고 다음에 답하라.
   1) 사채의 발행금액을 계산하라.
   2) 사채발행일의 회계처리를 하라.
   3) 사채할인발행차금 상각표를 작성하라.
   4) 사채발행기간 중의 회계처리를 하라.

1. 시장이자율이 7%일 경우

1) 사채의 발행금액

• 액면이자의 현재가치: ₩25,000 × 1.80802($PVAF_{7\%,2}$) = ₩45,201

• 액면금액의 현재가치: ₩500,000 × 0.87344($PVF_{7\%,2}$) = 436,720

₩481,921

2) 사채발행일의 회계처리

(차) 현 금	481,921	(대) 사 채	500,000
사채할인발행차금	18,079		

3) 사채할인발행차금 상각표

일자	유효이자 (7%)	액면이자 (5%)	차감액 (유효이자 - 액면이자)	장부금액 (현재가치)
20×1년 초				₩481,921
20×1년 말	₩33,735	₩25,000	₩8,735	490,656
20×2년 말	34,344*	25,000	9,344	500,000
계	₩68,079	₩50,000	₩18,079	

4) 사채발행기간 중 회계처리

• 20×1년 말

(차) 이자비용	33,735	(대) 현 금	25,000
		사채할인발행차금	8,735

• 20×2년 말

(차) 이자비용	34,344	(대) 현 금	25,000
		사채할인발행차금	9,344

2\. 시장이자율이 5%일 경우

1) 사채의 발행금액

• 액면이자의 현재가치: ₩25,000 × 1.85941($PVAF_{5\%,2}$) = ₩46,485

• 액면금액의 현재가치: ₩500,000 × 0.90703($PVF_{5\%,2}$) = 453,515

₩500,000

2) 사채발행일의 회계처리

(차) 현 금	500,000	(대) 사 채	500,000

3) 사채할인발행차금 상각표

사채발행 시 유효이자와 액면이자가 동일하므로 사채할인발행차금 상각표가 불필요하다.

4) 사채발행기간 중 회계처리

• 20×1년 말

(차) 이자비용	25,000	(대) 현 금	25,000

• 20×2년 말

(차) 이자비용	25,000	(대) 현 금	25,000

3.4 이자지급일 사이에 발행된 사채

사채는 권면에 표시된 발행일에 발행되지 않고 상황에 따라 표시된 발행일 이후에 발행되는 경우가 종종 있다. 사채의 권면에 표시된 발행일자가 20×1년 1월 1일이라도 실제 사채를 발행하는 일자는 그 이후가 될 수 있다는 것이다. 예를 들어, A기업이 발행일이 20×1년 1월 1일이고 이자지급일이 매년 12월 31일인 사채를 20×1년 7월 1일에 발행하였다고 가정해 보자. 이 경우 표시발행일부터 실제 발행일 사이의 기간에 대한 이자 문제가 발생한다. 즉, A기업의 실제 사채발행일자는 20×1년 7월 1일로, 이는 투자자가 A기업에 자금을 제공한 날이며, 이 날로부터 투자자는 이자를 수취할 권리를 가지게 된다. 하지만 A기업은 이자지급일인 20×1년 12월 31일에 투자자에게 권면에 표시된 발행일인 20×1년 1월 1일부터 12월 31일까지의 기간에 대한 이자를 지급하게 된다. 즉, 사채의 실제 발행일이 7월 1일임에도 불구하고 이자 지급은 권면에 표시된 발행일부터 기산되는 것이다. 따라서 A기업은 사채 발행시점에 권면에 표시된 발행일부터 실제 발행일 사이의 기간에 대한 경과이자를 투자자로부터 수취하여야 한다. 그러므로 이자지급일 사이에 사채가 발행되는 경우 사채의 발행금액은 표시발행일(권면상 발행일)의 발행금액에 실제발행일까지 발생한 이자상당액을 가산한 금액이 된다. 이자지급일 사이에 발행된 사채 회계처리를 [예제 10-3]에서 살펴보자.

발행금액 = 권면상 발행일의 발행금액 + 실제발행일까지의 이자상당액

예제 10-3 [이자지급일 사이에 발행된 사채]

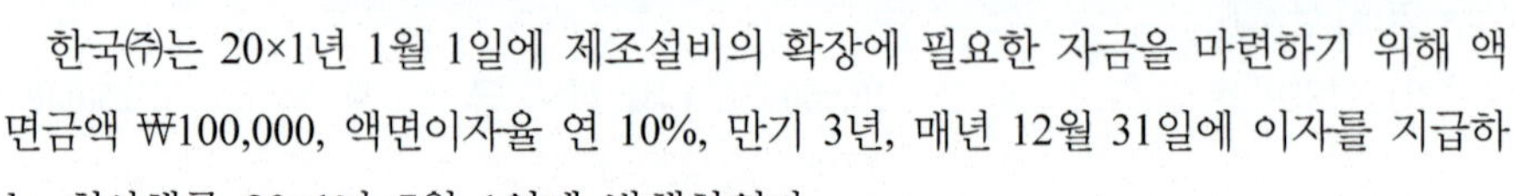

한국㈜는 20×1년 1월 1일에 제조설비의 확장에 필요한 자금을 마련하기 위해 액면금액 ₩100,000, 액면이자율 연 10%, 만기 3년, 매년 12월 31일에 이자를 지급하는 회사채를 20×1년 7월 1일에 발행하였다.

요구사항

1. 사채발행일의 시장이자율(유효이자율)이 12%라고 가정하고 다음에 답하라.
   1) 사채의 발행금액을 계산하라.
   2) 사채발행일의 회계처리를 하라.
2. 사채할인발행차금 상각표를 제시하라.
3. 20×1년 12월 31일 회계처리를 하라.

1. 시장이자율이 12%일 경우

1) 사채의 발행금액

한국㈜의 발행 사채와 관련한 미래 현금유출을 시간적으로 나타내면 다음과 같다.

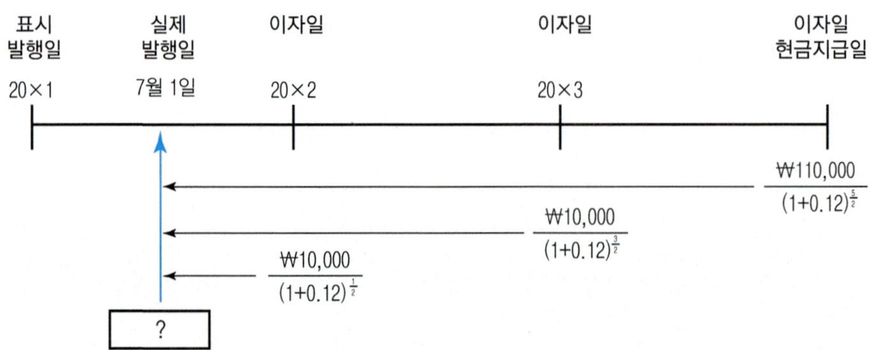

위의 그림에서 한국㈜의 사채와 관련한 미래 현금흐름을 살펴보면, 한국㈜의 사채 발행금액은 액면금액 ₩100,000과 매년 지급되는 이자 ₩10,000을 발행일의 시장이자율 12%로 할인한 것으로 결정된다. 20×1년 7월 1일에 발행된 사채는 발행금액을 계산식에 있어서 정수로 표시되지 않고 분수로 표시되어, 실제발행일에 사채

발행금액을 계산하기가 쉽지 않다. 이러한 점을 해결하기 위해 이자지급일 사이에 발행되는 사채의 금액은 사채권에 인쇄된 발행일의 현재가치(실제발행일의 유효이자 적용)에 발행 직전 이자지급일로부터 실제발행일까지의 사채할인발행차금 상각액을 가산하여 계산한다. 발행회사는 발행일에 발행금액과 함께 표시발행일부터 실제발행일까지의 기간에 발생한 액면이자를 투자자에게 받는다.

① 20×1년 1월 1일(사채권면 표시발행일)

- 액면이자의 현재가치: ₩10,000 × 2.40183($PVAF_{12\%,3}$) = ₩24,018
- 액면금액의 현재가치: ₩100,000 × 0.71178($PVF_{12\%,3}$) = 71,178

₩95,196

② 20×1년 7월 1일(실제발행일)

- 사채권면표시 발행일 현재가치: ₩95,196
- 사채권면 발행일과 실제발행일 사이의 이자비용:
  ₩95,196 × 12% × 6/12 = 5,712
- 사채권면 발행일과 실제발행일 사이의 현금이자:
  ₩100,000 × 10% × 6/12 = (5,000)

₩95,908

2) 사채발행일의 회계처리

(차) 현　　금	100,908	(대) 사　　채	100,000
사채할인발행차금	4,092	미지급이자	5,000

2. 사채할인발행차금 상각표

일자	유효이자 (12%)	액면이자 (10%)	차감액 (유효이자 - 액면이자)	장부금액 (현재가치)
20×1년 초				₩95,196
20×1년 7월 1일	₩5,712	₩5,000	₩712	95,908
20×1년 말	5,712	5,000	712	96,620
20×2년 말	11,594	10,000	1,594	98,214
20×3년 말	11,786	10,000	1,786	100,000
계	₩34,804	₩30,000	₩4,804	

3. 20×1년 12월 31일

발행회사는 발행일에 발행금액과 함께 표시발행일부터 실제발행일까지의 기간에 발생한 액면이자를 투자자에게 받기 때문에, 발행 직후 이자지급일에 표시발행일부터 발행 직후 이자지급일까지의 액면이자를 전액 투자자에게 지급한다.

- 이자비용: ₩95,196 × 12% × $\left(\frac{6}{12}\right)$ = ₩5,712
- 미지급이자: ₩100,000 × 10% × $\left(\frac{6}{12}\right)$ = ₩5,000
- 할인차금상각액: ₩5,712 − ₩5,000 = ₩712

(차) 이자비용	5,712	(대) 현　　금	10,000
미지급이자	5,000	사채할인발행차금	712

3.5 사채의 상환

1) 만기상환

사채를 권면에 표시된 상환일에 상환하는 것을 '만기상환'이라고 한다. 만기시점에 사채를 상환하면 상환금액과 액면금액이 일치하므로 사채상환손익은 발생하지 않는다. [예제 10-1]의 한국㈜가 발행한 사채가 만기상환되는 경우를 가정하여 회계처리를 살펴보자. 한국㈜는 20×1년 1월 1일에 제조설비의 확장에 필요한 자금을 마련하기 위해 액면금액 ₩100,000, 액면이자율 연 10%, 만기 3년, 매년 12월 31일에 이자를 지급하는 회사채를 발행하였고 만기일에 사채를 상환한 경우 다음과 같이 회계처리한다.

(차) 사　　채	100,000	(대) 현　　금	100,000

2) 조기상환

기업은 만기일 이전이라도 상황에 따라 조기상환(early redemption)을 할 수 있다. 기업은 시장이자율 변동에 따라 구사채를 조기상환하고 신사채를 발행할 수 있으며, 기업의 자금사정에 따라 만기일 이전에 사채권자에게 일정금액을 지불하고 사채를 매입한 후 소각할 수도 있다. 이와 같은 거래에서는 사채의 장부금액과 실제 상환금액이 상이할 수 있다. 이 경우 사채상환에 따른 이익 혹은 손실이 발생할 수 있다.

사채상환손익 = 상환금액 − 장부금액

[예제 10-4]를 통해 사채의 조기상환에 대한 회계처리를 학습해 보자.

예제 10-4 [조기상환]

한국㈜는 20×1년 1월 1일에 제조설비의 확장에 필요한 자금을 마련하기 위해 액면금액 ₩100,000, 액면이자율 연 10%, 만기 3년, 매년 12월 31일에 이자를 지급하는 회사채를 20×1년 1월 1일에 발행하였다. 발행금액은 ₩95,196이다. 사채발행일의 유효이자율은 12%이다.

요구사항

1. 20×1년 12월 31일에 사채 전부를 ₩120,000(미지급이자 포함한 금액)을 조기상환한 경우 사채상환손익을 계산하라.
2. 상환일 회계처리를 하라.
3. 20×1년 12월 31일에 사채 전부를 ₩90,000(미지급이자 포함한 금액)을 조기상환한 경우 사채상환손익을 계산하라.
4. 위 질문 3의 경우 상환일 회계처리를 하라.

1. 사채상환손익
   - 20×1년 12월 31일 장부금액:
     ₩95,196 + [(₩95,196 × 12%) − (₩100,000 × 10%)] = ₩96,620
   - 상환가액: ₩120,000 − (₩100,000 × 10%) = 110,000

     ₩13,380

2. 상환일 회계처리

(차) 사 채	100,000	(대) 현 금	120,000
사채상환손실	13,380	사채할인발행차금	3,380
미지급이자	10,000		

3. 사채상환손익

- 20×1년 12월 31일 장부금액:

  ₩95,196 + [(₩95,196 × 12%) − (₩100,000 × 10%)] = ₩96,620
- 상환가액: ₩90,000 − (₩100,000 × 10%) = 80,000

  ₩16,620

4. 상환일 회계처리

(차) 사 채	100,000	(대) 현 금	90,000
미지급이자	10,000	사채할인발행차금	3,380
		사채상환이익	16,620

개념정리 문제

CONCEPTUAL **QUESTIONS**

1. 금융부채의 의의에 대해 서술하라.
2. 유동부채와 비유동부채를 구분하여 설명하라.
3. 사채의 의의에 대해 서술하라.
4. 할인발행, 액면발행, 할증발행에 대한 용어를 설명하라.
5. 액면이자율, 시장이자율, 유효이자율에 대한 용어를 설명하라.

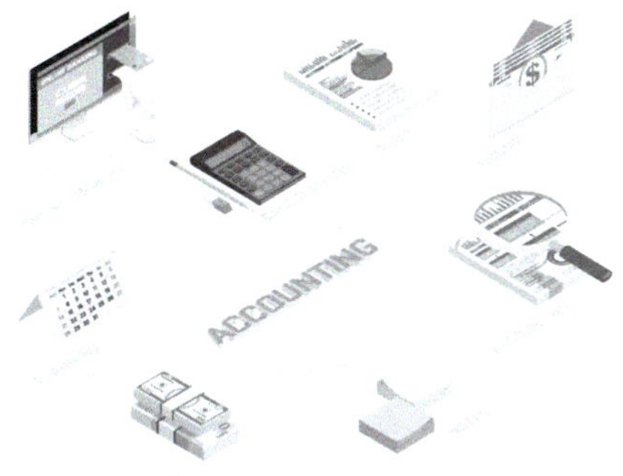

CHAPTER 11

비금융부채

IFRS ACCOUNTING PRINCIPLES

1. 비금융부채의 의의
2. 충당부채와 우발부채
3. 충당부채의 사례
4. 기타의 비금융부채

학습목표

본 장에서는 비금융부채의 의의를 살펴보고, 충당부채와 우발부채의 차이점 및 충당부채 회계처리를 살펴본다. 그리고 기타의 비금융부채에 대해서도 살펴본다. 이 장에서는 충당부채의 사례에 관해 중점적으로 학습한다.

본 장에서는 구체적으로 다음과 같은 내용들이 학습목표이다.

1. 비금융부채의 정의를 서술할 수 있다.
2. 충당부채와 우발부채를 비교하여 설명할 수 있다.
3. 사례를 통하여 충당부채를 인식할 수 있다.

들어가며

비금융부채

비금융부채는 미래에 현금을 지급할 계약상 의무에 해당하지 않는 것이다. 비금융부채에는 충당부채, 확정급여채무, 선수금, 선수수익 등이 있다. 비금융부채 중 선수금은 미래에 현금을 지급할 계약상의 의무가 아니라, 미래에 용역을 제공하거나 제품 혹은 상품을 인도하기로 한 것이기 때문에 비금융부채에 해당한다. [표 1]에서는 현대자동차의 유동부채와 비유동부채가 공시되어 있다. 현대자동차의 2020년 유동부채는 약 60조 원이며, 비유동부채는 약 74조 원이다. 비유동부채 중 순확정급여부채, 충당부채, 이연법인세부채가 비금융부채로 분류된다.

[표 1] 현대자동차 부분연결재무상태표

(단위: 백만 원)

	2020년	2019년	2018년
부채			
유동부채	59,459,528	53,314,096	49,438,414
매입채무	8,703,170	7,669,424	7,055,030
미지급금	6,123,714	6,060,100	5,425,460
단기차입금	13,780,670	12,570,693	12,249,850
유동성장기부채	16,104,005	15,778,558	14,104,927
당기법인세부채	548,733	370,100	150,802
충당부채	6,360,770	3,462,034	3,291,868
기타금융부채	100,328	9,970	44,288
기타부채	7,292,585	7,260,829	5,796,193
리스부채	141,478	132,388	
매각예정비유동부채	214,066		719,396
비유동부채	73,543,714	64,832,370	57,321,328
장기성미지급금	798,547	847,287	20,319
사채	48,795,361	41,805,814	36,956,114
장기차입금	12,726,724	11,217,088	9,985,250
순확정급여부채	247,566	412,598	433,247
충당부채	4,010,118	3,682,895	3,508,036
기타금융부채	459,507	175,196	297,506
기타부채	2,612,752	2,552,819	2,800,510
이연법인세부채	3,277,573	3,503,077	3,320,346
리스부채	615,566	635,596	
부채총계	133,003,242	118,146,466	106,759,742

자료: 전자공시시스템, 현대자동차 2020년 사업보고서.

1 비금융부채의 의의

비금융부채(non financial liabilities)는 금융부채의 정의를 충족하지 못하는 부채이다. 금융부채는 미래에 현금을 수취할 계약상 권리에 해당하는 금융자산에 대응하여 미래에 현금을 지급할 계약상 의무에 해당하는 것이다. 그러므로 비금융부채는 계약상 의무가 아니다. 이와 같은 비금융부채에는 법인세 관련부채와 의제의무의 성격인 충당부채가 있다. 또한 비금융부채는 금융부채와 달리 현금 등 금융자산을 지급할 계약상의 의무를 지지 않는다. 이와 같은 비금융부채에는 선수금이 있다. 선수금은 미래에 현금을 지급할 계약상의 의무가 아니라, 미래에 용역을 제공하거나 제품 혹은 상품을 인도하기로 한 것이다. 그러므로 선수금은 금융부채의 정의를 충족하지 않기 때문에 비금융부채에 해당한다.

2 충당부채와 우발부채

충당부채(provisions)란 부채의 정의에 충족하나 지출하는 시기 또는 금액이 불확실한 부채이다. 부채의 정의를 충족하고 지출하는 시기 또는 금액이 확실한 부채를 확정부채라고 한다.

우발부채(contingent liabilities)란 다음의 (1)이나 (2)에 해당하는 의무이다.

(1) 과거사건으로 생겼으나, 기업이 전적으로 통제할 수는 없는 하나 이상의 불확실한 미래 사건의 발생 여부로만 그 존재 유무를 확인할 수 있는 잠재적 의무

(2) 과거사건으로 생겼으나, 다음 (가)나 (나)의 경우에 해당하여 인식하지 않는 현재의무

(가) 해당 의무를 이행하기 위하여 경제적효익이 있는 자원을 유출할 가능성이 높지 않은 경우

(나) 해당 의무의 이행에 필요한 금액을 신뢰성 있게 측정할 수 없는 경우

충당부채는 결제에 필요한 미래 지출의 시기나 금액이 불확실하기 때문에 매입채무나 미지급비용과 같은 확정부채와 구별되며, 결제에 필요한 현금 등의 지출시기나 지출금액이 불확실하기 때문에 우발적인 부채와 유사하다고 할 수 있다. 그러나 충당부채는 우발부채와는 구별되는데, 우발부채는 기업이 통제할 수 없는 하나 이상의 불확실한 미래 사건의 발생 여부로만 부채의 존재 유무를 확인할 수 있는 것이며, 부채의 인식요건을 충족하지 못하는 부채이다.

<표 11-1>은 충당부채와 우발부채의 차이점을 요약한 것이다.

〈표 11-1〉 충당부채와 우발부채의 비교

구 분	요 건	공 시
충당부채	자원 유출이 필요할 가능성이 높은 현재의무가 존재한다.	충당부채로 공시
우발부채	자원 유출이 필요할 수는 있지만, 그렇지 않을 가능성이 높은 잠재적 의무 또는 현재의무가 존재한다.	우발부채로 주석공시
	자원 유출가능성이 희박한 잠재적 의무 또는 현재의무가 존재한다.	공시하지 않음

충당부채의 인식요건은 다음과 같다.

(1) 과거사건의 결과로 현재의무(법적의무나 의제의무)[1]가 존재한다.

(2) 해당 의무를 이행하기 위하여 경제적효익이 있는 자원을 유출할 가능성이 높다.

(3) 해당 의무를 이행하기 위하여 필요한 금액을 신뢰성 있게 추정할 수 있다.

---

1) 법적의무 : 다음 중 하나에서 생기는 의무
(1) 명시적 또는 암묵적 조건에 따른 계약
(2) 법률
(3) 그 밖의 법적 효력

의제의무 : 다음 조건을 모두 충족하는 기업의 행위에 따라 부담하게 되는 의무
(1) 과거의 실무관행, 발표된 경영방침, 구체적이고 유효한 약속 등으로 기업이 특정 책임을 부담할 것이라고 상대방에게 표명함.
(2) 위 (1)의 결과로 기업이 해당 책임을 이행할 것이라는 정당한 기대를 상대방이 갖도록 함.

위의 요건을 충족하지 못할 경우에는 충당부채로 인식할 수 없다.

[그림 11-1]은 충당부채와 우발부채를 구분하는 과정이다.

[그림 11-1] 충당부채와 우발부채의 의사결정도

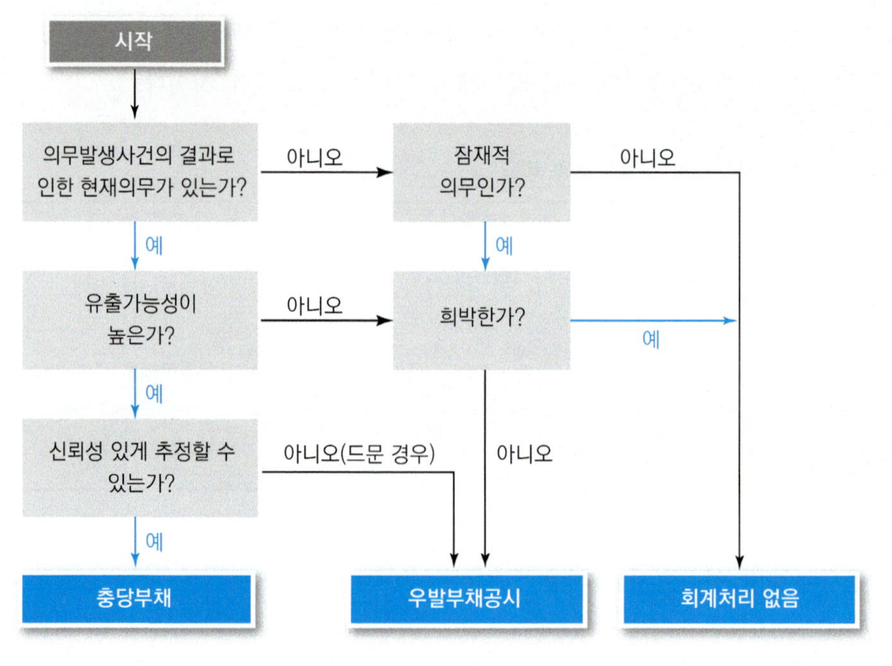

3 충당부채의 사례

[그림 11-2]에서는 현대자동차의 2020년 사업보고서의 재무에 관한 사항 중 충당부채에 관련된 주석사항이다. 현대자동차의 충당부채에는 판매보증충당부채, 기타장기종업원급여충당부채 및 기타충당부채가 있다.

[그림 11-2] **현대자동차의 충당부채**

15. 충당부채

(1) 당기말 및 전기말 현재 충당부채의 분류별 내역은 다음과 같습니다.

(단위: 백만 원)

계정명	당기말	전기말
판매보증충당부채	5,798,808	3,768,250
기타장기종업원급여충당부채	691,065	689,526
기타충당부채	263,034	-
계	6,752,907	4,457,776

자료: 전자공시시스템, 현대자동차 2020년 사업보고서.

이와 같이 기업이 충당부채로 재무제표에 인식할 수 있는 사례들을 살펴보기로 한다. 동 사례들은 기업회계기준서 제1037호의 사례들로서 이를 통해 충당부채 인식에 대한 학습을 하자.

3.1 제품보증

제품보증은 충당부채에 해당한다. 제조자는 제품을 판매하는 시점에 구매자에게 제품보증을 약속하며, 제조상 결함이 명백한 경우에는 판매계약 조건에 따라 수선이나 교체를 이행한다. 따라서 기업이 판매한 제품 중 일부에서 하자나 결함이 발생하였을 경우 제품보증에 따른 수선이나 교체 비용이 발생하게 된다. 그리고 이러한 제품보증에 따른 비용은 판매한 제품에서 하자가 발생하고, 그에 대한 수선이나 교체가 이루어지는 시점에 발생하지만, 제품보증에 따른 비용 부담 의무는 기업이 제품을 판매하는 시점에 이미 존재하게 된다. 즉, 제품보증은 과거 의무발생사건의 결과로 생기는 현재의무이며(의무발생사건은 제품보증을 포함한 제품의 판매이며, 이는 법적의무를 생기게 한다), 제품보증을 전체적으로 볼 때 해당 의무 이행에 따른 경제적효익이 있는 자원의 유출 가능성이 높다. 그러므로 제품보증원가 추정치는 충당부채에 해당한다.

3.2 오염된 토지

석유산업에 속한 기업은 오염을 일으키고 있지만 사업을 운영하는 특정 국가의 법률에서 요구하는 경우에만 오염된 토지를 정화한다. 이러한 사업이 운영되는 어떤 국가에서도 오염된 토지를 정화하도록 요구하는 법률이 제정되지 않았고, 그 기업은 몇 년 동안 그 국가의 토지를 오염시켰다. 20×0년 12월 31일 현재 이미 오염된 토지를 정화하도록 요구하는 법률 초안이 연말 후에 곧 제정될 것이 거의 확실하다. 이 경우 과거 의무발생사건의 결과로 생기는 현재의무(의무발생사건은 토지의 오염이며 토지 정화를 요구하는 법률 제정이 거의 확실하다)이며, 해당 의무 이행에 따른 경제적효익이 있는 자원의 유출가능성이 높다. 그러므로 토지정화원가 추정치는 충당부채에 해당한다.

3.3 해저유전

기업은 해저유전을 운영한다. 그 라이선싱 약정에 따르면 석유생산 종료시점에는 유정 굴착장치를 제거하고 해저를 원상복구하여야 한다. 최종 원상복구원가의 90%는 유정 굴착장치 제거와 그 장치의 건설로 말미암은 해저 손상의 원상복구와 관련이 있다. 나머지 10%의 원상복구원가는 석유의 채굴로 생긴다. 보고기간 말에 굴착장치는 건설되었으나 석유는 채굴되지 않은 상태이다. 유정 굴착장치의 건설은 굴착장치 제거와 해저 원상복구를 해야 하는 라이선스 조건에 따라 법적의무를 생기게 하므로 현재의무발생사건이다. 그리고 해당 의무 이행에 따른 경제적효익이 있는 자원의 유출가능성이 높다. 그러므로 유정 굴착장치 제거와 그 장치의 건설로 말미암은 손상의 원상복구에 관련된 원가 추정치는 충당부채로 인식한다.

3.4 환불방침

소매상은 고객이 상품에 만족하지 못한 경우에는 법적의무가 없더라도 환불해 주는 방침을 갖고 있다. 상품 판매는 의제의무를 생기게 하는 의무발생사건이다.

소매상의 행위로 소매상이 판매한 상품을 환불해 줄 것이라는 정당한 기대를 고객이 갖게 되기 때문이다. 해당 의무 이행에 따른 경제적효익이 있는 자원의 유출가능성이 높다. 일정비율의 상품이 환불을 통해 반품되기 때문이다. 그러므로 환불원가의 추정치는 충당부채로 인식한다.

3.5 사업부의 폐쇄: 보고기간 말이 되기 전에 실행하지 않은 경우

20×0년 12월 12일에 이사회에서는 한 사업부를 폐쇄하기로 결정하였다. 보고기간 말(20×0년 12월 31일)이 되기 전에 이 의사결정의 영향을 받는 당사자들에게 그 결정을 알리지 않았고 그 결정을 실행하기 위한 어떠한 절차도 착수하지 않았다. 의무발생사건이 일어나지 않았고 따라서 의무도 없다. 그러므로 사업부 폐쇄와 관련된 추정원가는 충당부채를 인식하지 않는다.

3.6 사업부의 폐쇄: 보고기간 말이 되기 전에 한 의사소통과 실행

20×0년 12월 12일에 이사회에서는 특정한 제품을 생산하는 하나의 사업부를 폐쇄하기로 결정하였다. 20×0년 12월 20일에 사업부를 폐쇄하기 위한 구체적인 계획에 대하여 이사회의 동의를 받았고, 고객들에게 다른 제품 공급처를 찾아야 한다고 알리는 서한을 보냈으며, 사업부의 종업원들에게는 감원을 통보하였다. 의무발생사건은 결정을 고객과 종업원에게 알리는 것이며, 그날부터 의제의무가 생긴다. 사업부가 폐쇄될 것이라는 정당한 기대를 갖도록 하기 때문이다. 해당 의무 이행에 따른 경제적효익이 있는 자원의 유출가능성이 높다. 그러므로 20×0년 12월 31일에 사업부 폐쇄원가의 추정치는 충당부채로 인식한다.

3.7 소송사건

20×0년 결혼식 후에 10명이 사망하였는데, 기업이 판매한 제품 때문에 식중독이 생겼을 가능성이 있다. 그 기업에 손해배상을 청구하는 법적 절차가 시작되었으나, 기업은 그 책임에 대해 이의를 제기하였다. 법률 전문가는 20×0년 12월 31

일로 종료하는 연차 재무제표의 발행승인일까지는 기업에 책임이 있는지 밝혀지지 않을 가능성이 높다고 조언하였다. 그러나 법률 전문가는 20×1년 12월 31일로 종료하는 연차 재무제표를 작성할 때에는 소송사건의 진전에 따라 기업에 책임이 있다고 밝혀질 가능성이 높다고 조언하였다. 이 사건에 대한 연도별 회계처리는 다음과 같다.

- 20×0년 12월 31일

재무제표가 승인되는 시점에 사용가능한 증거에 따르면 과거 사건의 결과로 생기는 의무는 없다. 그러므로 충당부채를 인식하지 않는다. 그러나 유출될 가능성이 희박하지 않다면 그 사항을 우발부채로 공시한다.

- 20×1년 12월 31일

사용가능한 증거에 따르면 현재의무가 존재한다. 해당 의무 이행에 따른 경제적효익이 있는 자원의 유출가능성이 높다. 그러므로 의무를 이행하기 위한 추정된 금액은 충당부채로 인식한다.

4 기타의 비금융부채

기타의 비금융부채에는 선수금, 선수수익, 예수금, 미지급법인세, 장기선수금, 장기선수수익 등이 있다. 선수금(advances received from customers)은 용역을 제공하거나 재화를 제공하기 전에 대가의 전부나 일부를 수취하는 것이다. 선수수익(unearned income)은 기말결산수정분개 사항으로, 수취한 대금 중 결산일 현재 기일이 미경과함에 따라 차기에 수익으로 인식하는 것으로 비금융부채에 해당한다. 예수금(returnable deposits)은 기업이 제3자에게 지급해야 할 금액을 종업원이나 거래처로부터 미리 받아 일시적으로 보관하는 비금융부채로 국민연금예수금, 건강보험예수금, 고용보험예수금, 소득세예수금, 주민세예수금 등이다. 예를 들어, 기업은 일정금액의 소득세를 종업원급여에서 원천징수하여 보관한 후 국세청에 납부한다. 이 분개는 다음과 같다.

- 소득세 원천징수 시점

(차) 현　금 ×××　(대) 소득세예수금 ×××

- 국세청 납부 시점

(차) 소득세예수금 ×××　(대) 현　금 ×××

미지급법인세(accrued income taxes)는 결산일 현재 법인세비용을 납부하지 않은 부채를 지칭하며 비금융부채에 해당한다.

[그림 11-3]은 현대자동차의 2020년 사업보고서의 재무에 관한 사항 중 기타 비금융부채에 관련된 주석사항이다.

[그림 11-3] 현대자동차의 기타 비금융부채

17. 기타부채

당기말 및 전기말 현재 기타부채의 내역은 다음과 같습니다.

(단위: 백만 원)

계정명	당기말		전기말	
	유동	비유동	유동	비유동
선수금	280,816	-	182,240	-
예수금	692,890	-	525,571	-
미지급비용	386,181	-	374,756	-
선수수익	53,682	306,523	32,592	163,006
기타	291,486	147,376	274,272	189,200
계	1,705,055	453,899	1,389,431	352,206

자료: 전자공시시스템, 현대자동차 2020년 사업보고서.

개념정리 문제

CONCEPTUAL **QUESTIONS**

1. 비금융부채의 의의에 대해 서술하라.
2. 충당부채를 정의하라.
3. 우발부채를 정의하라.
4. 충당부채의 계정과목을 열거하라.

CHAPTER 12

자 본

IFRS ACCOUNTING PRINCIPLES

1. 자본의 의의
2. 주식발행(유상증자)
3. 주식소각(유상감자)
4. 자기주식
5. 주식배당, 주식분할 및 무상증자
6. 자본변동표

학습목표

본 장에서는 자본의 의의를 살펴보고, 주식발행, 주식소각, 자기주식, 주식배당, 주식분할 및 무상증자에 대한 회계처리를 살펴본다. 그리고 재무제표의 하나인 자본변동표에 대해 학습한다.

본 장에서는 구체적으로 다음과 같은 내용들이 학습목표이다.

1. 자본구성을 서술할 수 있다.
2. 주식발행 회계처리를 할 수 있다.
3. 주식소각 및 자기주식 회계처리를 할 수 있다.

들어가며

자 본

주식회사제도는 기업이 주식을 자본시장에서 발행하여 불특정다수의 투자자로부터 대규모의 자금을 조달하는 제도이다. 기업은 크게 두 가지 형태의 자금조달방법을 가지고 있는데, 제10장에서 학습한 바와 같이, 기업은 (1) 사채발행이나 차입 등을 통하여 자금을 조달할 수 있으며, (2) 주식을 발행하여 자금을 조달할 수도 있다. 전자를 타인자본(부채)이라 일컫고, 후자를 자기자본(자본)이라고 한다. 재무상태표상의 자본은 기업의 자산에서 모든 부채를 차감한 후의 잔여지분이다. [표 1]에서는 셀트리온의 2020년도 연결재무상태표를 제시하고 있다. 셀트리온의 자본총계는 약 3조 5천억 원이며, 자본의 구성항목으로는 자본금, 주식발행초과금, 이익잉여금, 기타포괄손익누계액 및 기타자본항목이 있다.

[표 1] 셀트리온 연결재무상태표

(단위: 원)

구 분	제30기	제29기	제28기
	(2020년 12월말)	(2019년 12월말)	(2018년 12월말)
[유동자산]	2,517,748,951,908	1,787,340,254,600	1,664,478,918,682
• 현금및현금성자산	684,293,887,404	546,137,583,490	410,547,600,052
• 단기금융자산	14,034,380,800	81,681,590,783	121,636,304,845
• 매출채권	1,252,394,564,236	814,370,251,982	807,711,314,915
• 기타수취채권	63,321,890,588	12,372,205,267	124,267,624,254
• 재고자산	385,578,700,802	308,934,257,868	163,114,412,936
• 당기법인세자산	–	–	9,523,563,778
• 기타유동자산	118,125,528,078	23,844,365,210	27,678,089,102
[비유동자산]	2,529,946,750,136	2,106,351,351,846	1,876,147,755,272
• 장기금융자산	31,346,052,415	17,629,052,511	18,989,084,041
• 장기기타수취채권	10,138,443,975	10,733,643,020	10,287,886,409
• 관계기업투자	48,026,573,643	47,841,529,392	28,003,078,925
• 유형자산	946,280,260,465	923,592,891,742	881,437,749,875
• 무형자산	1,430,508,993,379	1,040,013,545,677	922,339,536,489
• 기타비유동자산	34,658,542,248	43,229,409,217	15,090,419,533
• 이연법인세자산	28,987,884,011	23,311,280,287	–
자산총계	5,047,695,702,044	3,893,691,606,446	3,540,626,673,954
[유동부채]	1,056,766,920,798	657,225,837,904	678,087,471,395
[비유동부채]	535,773,979,083	329,507,580,221	229,761,340,951
부채총계	1,592,540,899,881	986,733,418,125	907,848,812,346
[자본금]	134,997,805,000	128,337,853,000	125,456,133,000
[주식발행초과금]	812,155,732,299	786,358,490,538	761,047,500,208
[이익잉여금]	2,501,989,315,478	1,996,890,683,771	1,701,825,879,780
[기타포괄손익누계액]	6,298,419,403	3,000,227,548	9,970,124,880
[기타자본항목]	(120,189,778,998)	(120,432,914,312)	(74,277,317,105)
[비지배지분]	119,903,308,981	112,803,847,776	108,755,540,845
자본총계	3,455,154,802,163	2,906,958,188,321	2,632,777,861,608

자료: 전자공시시스템, 셀트리온 2020년 사업보고서.

1 자본의 의의

자본(equity)은 기업의 자산에서 모든 부채를 차감한 후의 잔여지분이다. 즉, 자본은 부채의 정의에 부합하지 않는 기업에 대한 청구권이다. 주식회사의 경우 자본은 기업의 자산 중 소유주[1]인 주주에게 귀속되는 지분을 말한다. 자본을 타인자본과 비교하여 자기자본으로 칭할 수 있다. 자본의 또 다른 명칭은 주주지분, 잔여지분, 순자산이다.

자본은 직접 측정하지 않는다. 이는 인식된 모든 자산의 장부금액에서 인식된 모든 부채의 장부금액을 차감한 금액과 동일하다. 자본은 기업의 자본청구권[2]에 대한 시가총액과 동일하지 않을 수 있으며, 계속기업을 전제로 하여 기업 전체를 매각하여 조달할 수 있는 금액과도 상이할 수 있고, 기업의 모든 자산을 매각하고 모든 부채를 상환하여 조달할 수 있는 금액과도 동일하지 않을 수 있다.

자본의 구성요소는 납입자본, 이익잉여금, 기타포괄손익누계액 및 기타의 자본구성요소로 분류된다. 기업회계기준에서는 자본의 분류 및 구체적인 지침이 제시되어 있지 않기 때문에, 본 장에서는 일반기업회계기준에서의 자본의 분류를 설명한다.

먼저, 납입자본(paid-in capital)은 자본금(capital stock)과 자본잉여금(capital surplus)으로 구분한다. 자본금은 법정자본금이며, 자본잉여금은 증자나 감자 등 주주와의 거래에서 발생하여 자본을 증가시키는 잉여금이다. 예를 들면, 주식발행초과금, 자기주식처분이익, 감자차익 등이 포함된다. 이익잉여금(retained earning)(또는 결손금)은 포괄손익계산서에 보고된 손익과 다른 자본항목에서 이입된 금액의 합계액에서 주주에 대한 배당, 자본금으로의 전입 및 자본조정 항목의 상각 등으로 처분된 금액을 차감한 잔액이다. 기타포괄손익누계액(accumulated other comprehensive income)은 보고기간 종료일 현재의 매도가능증권평가손익, 해외사업환산손익, 현금흐름위험회피 파생상품평가손익 등의 잔액이다. 자본조정(capital adjustment)은 당해 항목의 성격으로 보아 자본거래에 해당하나 최종 납입된 자본으로 볼 수 없거

1) 자본으로 분류되는 금융상품의 보유자

2) 기업실체의 자산에서 모든 부채를 차감한 후의 잔여지분에 대한 청구권

나 자본의 가감 성격으로 자본금이나 자본잉여금으로 분류할 수 없는 항목이다. 예를 들면, 자기주식, 주식할인발행차금, 주식선택권, 출자전환채무, 감자차손 및 자기주식처분손실 등이 포함된다. <표 12-1>에서는 자본의 분류를 제시하고 있다.

〈표 12-1〉 **자본의 분류**

분 류	계정항목
자본금	보통주자본금, 우선주자본금
자본잉여금	주식발행초과금, 감자차익, 자기주식처분이익 등
이익잉여금	법정적립금, 임의적립금, 미처분이익잉여금(미처리결손금)
기타포괄손익누계액	재평가잉여금, 기타포괄손익공정가치측정금융자산 평가손익 등
자본조정	자기주식, 주식할인발행차금, 감자차손, 자기주식처분손실 등

자본금은 상법상의 법정자본금으로, 1주당 액면금액에 발행주식수를 곱한 금액이 자본금이다. 상법 제344조에서는 회사는 이익의 배당, 잔여재산의 분배, 주주총회에서의 의결권의 행사, 상환 및 전환 등에 관하여 내용이 다른 종류의 주식을 발행할 수 있다고 명시되어 있다. 여기서 다른 종류의 주식은 우선주를 말한다. 자본금은 우선주액면금액에 발행주식수를 곱한 금액과 보통주 액면금액에 발행주식수를 곱한 금액이다.

자본잉여금 중 주식발행초과금(paid-in capital in excess of par value)은 액면금액을 초과하여 주식을 발행하는 경우, 발행금액이 액면금액을 초과하는 금액이다. 감자차익(gains from capital reduction)은 자본금을 법적으로 감소시키는 경우에 감자대가가 감소한 자본의 액면금액에 미달하는 금액이다. 자기주식처분이익(gains on disposition of treasury stock)은 자기주식을 처분하는 경우 처분대가가 처분된 자기주식의 장부금액보다 초과하는 금액이다. 이를 요약하면 <표 12-2>와 같다.

〈표 12-2〉 **자본잉여금 분류**

계정과목	정 의
주식발행초과금	발행금액이 액면금액을 초과하여 주식이 발행되는 경우 그 초과하는 금액
감자차익	자본금 감소 시 감자대가가 감소한 자본의 액면금액에 미달하는 금액
자기주식처분이익	자기주식 처분 시 처분대가가 처분된 자기주식 장부금액을 초과하는 금액

[그림 12-1] **자본의 분류**

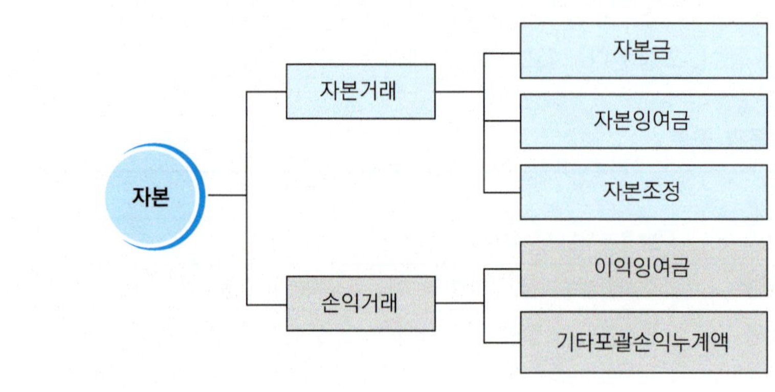

이익잉여금은 매년 발생한 당기순손익이 누계된 금액이다. 이익잉여금은 크게 법정적립금, 이익준비금, 미처분이익잉여금(또는 미처리결손금)으로 구분한다. 법정적립금(legal reserves)은 법률에 의해 강제적으로 적립되어 배당이 제한되는 금액이다. 임의적립금(contingency reserves)은 기업의 선택에 따라 임시적으로 적립되는 금액이다. 미처분이익잉여금(unappropriated retained earnings)은 당기순손익 중 배당 혹은 적립금으로 대체되지 않고 남아있는 금액이다. 이를 요약하면 <표 12-3>과 같다.

〈표 12-3〉 **이익잉여금 분류**

계정과목	정 의
법정적립금	상법의 이익준비금과 같이 법률에 의해 강제적으로 적립되어 배당이 제한되는 금액
임의적립금	기업의 선택에 따라 임시적으로 적립된 이익잉여금
미처분이익잉여금 (미처리결손금)	당기순손익 중 배당 혹은 다른 이익잉여금계정으로 대체되지 않고 남아있는 이익잉여금(미처분이익잉여금의 대변잔액이 음(-)인 경우에는 미처리결손금임)

기타포괄손익누계액은 당기손익으로 인식하지 않은 수익과 비용항목이 누계된 금액이다. 기타포괄손익누계액 항목으로는 재평가잉여금, 기타포괄손익공정가치측정금융자산평가손익 등이 있다.

자본조정 혹은 자본유지조정항목에는 자기주식, 주식할인발행차금, 감자차손, 자기주식처분손실 등이 있다. 자기주식은 기업이 발행한 주식을 일정한 사유나 특정목적을 위하여 재취득한 것이다. 주식할인발행차금은 액면금액을 미달하여 주식을 발행하는 경우, 발행금액이 액면금액에 미달하는 금액이다. 감자차손은 자본금을 법적으로 감소시키는 경우에 감자대가가 감소한 자본의 액면금액보다 초과하는 금액이다. 자기주식처분손실은 자기주식을 처분하는 경우 처분대가가 처분된 자기주식의 장부금액보다 미달하는 금액이다. 이를 요약하면 <표 12-4>와 같다.

〈표 12-4〉 **자본조정 분류**

계정과목	정 의
자기주식	기업이 발행한 주식을 재취득한 것
주식할인발행차금	발행금액이 액면금액을 미달하여 주식이 발행되는 경우 그 미달하는 금액
감자차손	감자대가가 자본의 액면금액을 초과하는 경우 그 초과금액
자기주식처분손실	자기주식 처분 시 처분대가가 처분된 자기주식 장부금액에 미달하는 금액

자본의 구성을 크게 두 가지로 나누면 자본거래와 손익거래로 구분할 수 있다. 자산과 부채는 유동성에 따라 유동자산 및 비유동자산, 유동부채 및 비유동부채로 구분하는 것과 달리 자본은 자본의 변동이 소유주와의 거래인지, 소유주와의 거래외의 원천인가로 구분한다. 즉, 자본거래는 소유주와의 거래로 자본금, 자본잉여금, 자본조정(자본유지조정)으로 구성되며, 손익거래는 이익잉여금과 기타포괄손익누계액 항목으로 구성된다.

2 주식발행(유상증자)

유상증자(capital increase with consideration)는 주식을 발행함으로써 자본이 증가하는 것이다. 예를 들어, 한국㈜가 20×1년 7월 1에 액면금액이 ₩1,000인 보통주식 200주를 자본시장에서 주당 ₩1,300에 발행하였다고 가정하자. 발행금액, 즉 현금유입액은 ₩260,000(=200주×₩1,300)이며, 자본금은 액면금액×발행주식수이므로 ₩200,000(=200주×₩1,000)이다. 발행금액이 자본금을 초과하는 금액은 ₩60,000 (=₩260,000−₩200,000)으로 소유주와의 거래에서 발생한 잉여금(주식발행초과금)이다. 이를 분개로 나타내면 다음과 같다.

• 20×1년 7월 1일

(차) 현　금	260,000	(대) 보통주자본금	200,000
		주식발행초과금	60,000

위의 분개와 같이 주식을 발행하면서 기업에 현금이 실질적으로 증가하는 것을 유상증자라고 한다. 보통주자본금은 자본금항목이며 주식발행초과금은 자본잉여금항목이다.

위 거래에서 자본시장에서의 발행금액이 주당 ₩900이라고 가정하면, 발행금액은 ₩180,000(=200주×₩900)이며, 자본금은 ₩200,000(=200주×₩1,000)이다. 발행금액이 자본금에 미달하는 금액은 ₩20,000(=₩180,000−₩200,000)으로, 이 금액이 주식할인발행차금이며, 이는 자본조정항목이다. 이 거래를 회계처리하면 다음과 같다.

• 20×1년 7월 1일

(차) 현　금	180,000	(대) 보통주자본금	200,000
주식할인발행차금	20,000		

만약, 위와 같은 할인발행 전에 주식발행초과금 ₩5,000이 자본잉여금에 계상되어 있었다면, 이 거래와 관련한 분개는 다음과 같다.

• 20×1년 7월 1일

(차) 현　금	180,000	(대) 보통주자본금	200,000
주식발행초과금	5,000		
주식할인발행차금	15,000		

이처럼 주식의 발행금액이 액면금액에 미달하여 발행되는 것을 할인발행이라고 하며, 주식할인발행차금이 발생하기 전에 자본에 주식발행초과금 잔액이 있는 경우에는 주식발행초과금의 범위 내에서 주식할인발행차금을 먼저 상계한다.

유상증자와 관련하여 다음의 예제들을 학습해 보자.

예제 12-1 [주식할증발행]

한국㈜는 20×1년 1월 1에 설립되었다. 설립 시 자본금은 ₩500,000(액면금액 ₩5,000, 100주)이었으며, 자본잉여금 잔액은 없다. 한국㈜는 20×1년 7월 1에 액면금액이 ₩5,000인 보통주 주식 50주를 자본시장에서 ₩7,000에 발행하였다.

요구사항

1. 20×1년 7월 1일 회계처리를 하라.
2. 20×1년 7월 1일 부분재무상태표를 제시하라.

1. 회계처리

(차) 현 금	350,000	(대) 보통주자본금	250,000
		주식발행초과금	100,000

2. 부분재무상태표

재무상태표

한국㈜	20×1년 7월 1일 현재	(단위: 원)
자산		
자산총계		×××
부채		
자본		
자본금		750,000
자본잉여금		
주식발행초과금		100,000
부채와자본총계		×××

* 자본금 금액 : 기초 ₩500,000 + 20×1년 7월 1일 자본금 증가분 ₩250,000 = ₩750,000

예제 12-2 [주식할인발행]

한국㈜는 20×1년 1월 1에 설립되었다. 설립 시 자본금은 ₩1,000,000(액면금액 ₩1,000, 1,000주)이었으며, 자본잉여금 중 주식발행초과금 잔액은 ₩50,000이 있었다. 한국㈜는 20×1년 7월 1에 액면금액이 ₩1,000인 보통주식 300주를 자본시장에서 주당 ₩800에 발행하였다.

요구사항

1. 20×1년 7월 1일 회계처리를 하라.
2. 20×1년 7월 1일 부분재무상태표를 제시하라.

1. 회계처리

(차) 현　금	240,000	(대) 보통주자본금	300,000
주식발행초과금	50,000		
주식할인발행차금	10,000		

2. 부분재무상태표

재무상태표

한국㈜	20×1년 7월 1일 현재	(단위: 원)
자산		
자산총계		×××
부채		
자본		
자본금		1,300,000
자본조정		
주식할인발행차금		(10,000)
부채와자본총계		×××

* 자본금 금액 : 기초 ₩1,000,000 + 20×1년 7월 1일 자본금 증가분 ₩300,000 = ₩1,300,000
* 자본잉여금 금액 : 기초 주식발행초과금 ₩50,000 - 20×1년 7월 1일 주식발행초과금 ₩50,000 = ₩0

3 주식소각(유상감자)

감자(paid-in capital decrease)란 기업이 자기주식을 취득하여 소각함으로써 자본을 감소시키는 것이다. 이는 자본금의 일부를 주주에게 반환하는 것으로, 유상으로 감자가 이루어지는 것을 유상감자라고 한다. 감자는 기업자본을 감소시킴으로써 채권담보능력이 부실화될 수 있기 때문에 상법은 감자에 대해 주주총회의 특별결의 및 채권자보호절차 등에 관한 엄격한 조건을 요구한다.

보통주를 유상(현금반환)으로 소각하는 경우, 반환금액과 액면금액의 차이가 날 때, 감자차익 혹은 감자차손이 발생한다. 감자차익은 주주에게 반환되는 현금이 소각되는 주식의 액면금액에 미달하는 경우에 발생한다. 감자차손은 주주에게 반환되는 현금이 소각되는 주식의 액면금액을 초과하는 경우에 발생한다. 감자차익은 자본잉여금으로 분류되며, 감자차손은 자본조정에 해당한다. 주식할인발행차금이 주식발행초과금의 범위 내에서 우선적으로 상계되듯이, 감자차손도 감자차익 범위 내에서 상계한다. 유상감자와 관련하여 다음의 예제들을 학습해 보자.

예제 12-3 [주식소각: 감자차익]

한국㈜는 20×0년 1월 1에 설립되었다. 설립 시 자본금은 ₩5,000,000(액면금액 ₩1,000, 5,000주)이었으며, 자본잉여금 중 감자차익 잔액은 ₩50,000이 있었다. 한국㈜는 20×1년 7월 1에 액면금액이 ₩1,000인 보통주식 2,000주를 주당 ₩900에 매입하여 소각하였다.

요구사항

1. 20×1년 7월 1일 회계처리를 하라.
2. 20×1년 7월 1일 부분재무상태표를 제시하라.

1. 회계처리

(차) 자본금	2,000,000	(대) 현 금	1,800,000
		감자차익	200,000

2. 부분재무상태표

재무상태표

한국㈜	20×1년 7월 1일 현재	(단위: 원)
자산		
자산총계		×××
부채		
자본		
자본금		3,000,000
자본잉여금		
감자차익		250,000
부채와자본총계		×××

* 자본금 금액 : 기초 ₩5,000,000 – 20×1년 7월 1일 자본금 감소분 ₩2,000,000 = ₩3,000,000
* 감자차익 : 기초 ₩50,000 + 20×1년 7월 1일 감자차익 ₩200,000 = ₩250,000

예제 12-4 [주식소각: 감자차손]

한국㈜는 20×0년 1월 1에 설립되었다. 설립 시 자본금은 ₩100,000(액면금액 ₩100, 1,000주)이었으며, 자본잉여금 중 감자차익 잔액은 ₩4,000이 있었다. 한국㈜는 20×1년 7월 1에 액면금액이 ₩100인 보통주식 500주를 주당 ₩112에 매입하여 소각하였다.

요구사항

1. 20×1년 7월 1일 회계처리를 하라.
2. 20×1년 7월 1일 부분재무상태표를 제시하라.

1. 회계처리

(차) 자본금	50,000	(대) 현　금	56,000
감자차익	4,000		
감자차손	2,000		

2. 부분재무상태표

재무상태표

한국㈜	20×1년 7월 1일 현재	(단위: 원)
자산		
자산총계		×××
부채		
자본		
자본금		50,000
자본조정		
감자차손		(2,000)
부채와자본총계		×××

4 자기주식

자기주식이란 기업이 자본시장에서 유통되고 있는 자기회사의 주식을 소각하거나 재발행할 목적으로 취득하여 보유하는 것이다. 자기주식은 자본의 차감계정으로 자본조정(자본유지조정)항목으로 분류된다.

예를 들어, 한국㈜가 20×1년 7월 1에 유통발행주식 중에서 1,000주를 주당 ₩1,000에 현금취득하였다고 가정해 보자. 현금반환금액은 ₩1,000,000(=1,000주 × ₩1,000)이며, 유통발행주식수와 액면금액의 곱이 자본금이므로, 유통발행주식을 취득하는 것은 자본의 감소이다. 따라서 다음과 같이 회계처리한다.

(차) 자기주식	1,000,000	(대) 현 금	1,000,000

한국㈜가 20×1년 9월 1일에 취득한 자기주식 중에서 200주를 주당 ₩1,500에 재발행하였다고 가정해 보자. 자기주식을 재발행하면서 유입되는 발행금액은 ₩300,000(=200주 × ₩1,500)이다. 취득한 자기주식을 다시 자본시장에 유통시켰기 때문에

자본의 차감계정인 자기주식의 장부가액 ₩200,000(=200주 × ₩1,000)이 감소된다. 재발행금액과 장부가액의 차이는 자기주식처분손익이 된다. 여기서는 발행금액이 자기주식장부가액을 초과하기 때문에, 자기주식처분이익 ₩100,000(=₩300,000 - ₩200,000)이 발생한다. 자기주식처분이익은 자본잉여금으로 분류되며, 자기주식처분손실은 자본조정항목으로 분류한다. 자기주식처분손실은 자기주식처분이익의 범위 내에서 우선적으로 상계처리한다.

(차) 현 금	300,000	(대) 자기주식	200,000
		자기주식처분이익	100,000

[예제 12-5]를 통해 자기주식 회계처리를 학습해 보자.

예제 12-5 [자기주식]

한국㈜의 20×1년 7월 1일 자본구성은 다음과 같다.

자본금(액면금액 ₩100, 발행주식수 10,000주)	₩1,000,000
주식발행초과금	30,000
감자차익	10,000

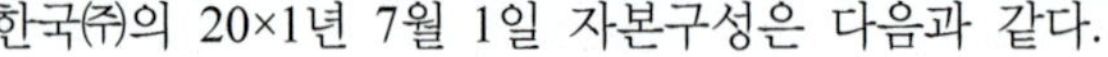

다음은 한국㈜의 자기주식 거래이다.

① 20×1. 7. 1 : 발행주식 중 2,000주를 주당 ₩120에 현금취득하였다.

② 20×1. 9.15 : 취득한 자기주식 중에서 500주를 주당 ₩90에 재발행하였다.

③ 20×1.10.23 : 취득한 자기주식 중에서 300주를 주당 ₩180에 재발행하였다.

요구사항

1. 각 거래일의 회계처리를 하라.
2. 20×1년 10월 23일 부분재무상태표를 제시하라(자본을 중심으로).

1. 회계처리

- 20×1년 7월 1일

(차) 자기주식	240,000	(대) 현 금	240,000

• 20×1년 9월 15일

(차) 현　　금	45,000	(대) 자기주식	60,000
자기주식처분손실	15,000		

• 20×1년 10월 23일

(차) 현　　금	54,000	(대) 자기주식	36,000
		자기주식처분손실	15,000
		자기주식처분이익	3,000

2. 부분재무상태표

재무상태표

한국㈜	20×1년 10월 23일 현재	(단위: 원)
자산		
자산총계		×××
부채		
자본		
자본금		1,000,000
자본잉여금		
주식발행초과금		30,000
감자차익		10,000
자기주식처분이익		3,000
자본조정		
자기주식		(144,000)
부채와자본총계		×××

 주식배당, 주식분할 및 무상증자

현금배당(cash dividends)은 배당금을 현금으로 지급하는 것인 반면에, 주식배당(stock dividends)은 배당금에 해당하는 금액을 기업의 주식으로 지급하는 것이다. 주식배당은 주주에게 지분비율에 따라 무상으로 배당하는 것이다. 주식배당은 배당결의일[3]에 거래가 일어난 것으로 간주한다. 배당결의일에 기업은 주식배당금을 미교부주식배당금으로 인식하고, 미처분이익잉여금을 감소시키는 분개를 한다. 미교부주식배당금은 자본항목 중에서 자본조정으로 분류된다.

배당결의일의 회계처리는 다음과 같다.

(차) 미처분이익잉여금	×××	(대) 미교부주식배당금	×××

배당금지급일에는 주식을 발행하여 주주에게 교부하고 미교부주식배당금은 감소시킨다. 주식을 발행하기 때문에 자본금계정이 대변에 인식되며, 미교부주식배당금은 감소시킨다.

(차) 미교부주식배당금	×××	(대) 자본금	×××

주식분할이란 한 주의 주식을 두 주 이상으로 분할하여 발행주식수를 늘리면서 주당 액면금액을 비례적으로 감소시키는 것으로 자본금을 변동시키지 않으며 주주의 지분도 변동시키지 않는다. 따라서 주식분할은 거래가 발생한 것이 아니기 때문에 회계처리를 하지 않는다. 주식분할과 반대되는 거래는 주식병합이다. 한 주의 주식을 두 주 이상으로 분할하는 것이 주식분할이면, 주식병합은 여러 개의 주식을 한 주로 합하여 발행주식수를 감소시키고 주당 액면금액을 비례적으로 증

---

3) 배당기준일 : 배당금액이 결정되지 않으므로 회계처리 없음.
배당결의일 : 이익잉여금을 배당으로 처분하기로 결의한 날이므로 회계처리함.
배당지급일 : 배당결의일에 결정된 배당금을 현금 등으로 지급하는 날. 현금배당인 경우 미지급배당금(부채)을 감소시키고, 주식배당인 경우에는 미교부주식배당금(자본)을 감소시키면서 자본금을 증가시키는 회계처리를 함.

가시키는 것이다. 주식병합으로 인하여 발행주식수는 감소하고 액면금액은 증가하지만 자본금은 변동되지 않는다.

무상증자란 이사회의 결의에 의해 자본잉여금, 혹은 이익잉여금을 자본금계정에 대체하여 주주에게 신주를 무상으로 교부하는 것이다. 실질적인 증자(유상증자)가 아니고 자본전입액만큼 자본잉여금이나 이익잉여금이 감소하는 것이기 때문에 총자본액이 변동하는 것은 아니다.

 자본변동표

자본변동표(changes in equity)는 소유주지분의 변동에 관한 포괄적인 정보를 제공하는 보고서이다. 자본변동표는 자본금, 자본잉여금, 이익잉여금, 기타포괄손익누계액 및 자본조정의 기초잔액과 기중의 변동사항, 기말잔액으로 표시한다.

소유주지분의 변동은 다음과 같다.

① 당기순손익

② 기타포괄손익

③ 소유주로서의 자격을 행사하는 소유주와의 거래(소유주에 의한 출자와 소유주에 대한 배분, 그리고 지배력을 상실하지 않는 종속기업에 대한 소유지분의 변동을 구분하여 표시)

자본변동표는 일정기간에 발생한 자본구성항목의 변동내용을 나타내는 표이다. 셀트리온의 2020년 자본변동표는 <표 12-5>와 같다. 셀트리온은 2020년 1월 1일부터 2020년 12월 31일까지의 자본금, 주식발행초과금, 이익잉여금, 기타포괄손익누계액 및 기타의 자본구성요소에 대한 변동내역을 제시하고 있다.

〈표 12-5〉 셀트리온 자본변동표

연결자본변동표

제30기 2020.01.01부터 2020.12.31까지 (단위: 원)

	자 본					
	자본금	주식발행초과금	이익잉여금	기타포괄손익 누계액	기타자본구성 요소	자본 합계
기초 보고금액	122,666,424,000	741,748,885,673	1,673,922,744,538	4,512,733,369	(20,774,292,442)	2,522,076,495,138
재무제표 재작성으로 인한 변동			(95,702,534,557)			(95,702,534,557)
2018.01.01 (기초자본)	122,666,424,000	741,748,885,673	1,578,220,209,981	4,512,733,369	(20,774,292,442)	2,426,373,960,581
회계정책변경의 누적			710,249,142	(710,249,142)		
당기순이익(손실)			254,360,949,995			254,360,949,995
기타포괄손익-공정가치 측정 금융자산 평가손익				1,208,688,981		1,208,688,981
주식배당	2,441,953,000		(2,441,953,000)			
주식매입선택권 행사 및 소멸	347,756,000	19,298,614,535			(5,709,928,135)	13,936,442,400
주식매입선택권 인식					13,674,153,322	13,674,153,322
자기주식매입					(67,973,458,660)	(67,973,458,660)
2018.12.31 (기말자본)	125,456,133,000	761,047,500,208	1,830,849,456,118	5,011,173,208	(80,783,525,915)	2,641,580,736,619
기초 보고금액	125,456,133,000	761,047,500,208	1,830,849,456,118	5,011,173,208	(80,783,525,915)	2,641,580,736,619
재무제표 재작성으로 인한 변동						
2019.01.01 (기초자본)	125,456,133,000	761,047,500,208	1,830,849,456,118	5,011,173,208	(80,783,525,915)	2,641,580,736,619
회계정책변경의 누적						
당기순이익(손실)			286,281,193,017			286,281,193,017
기타포괄손익-공정가치 측정 금융자산 평가손익			-	(2,420,310,613)		(2,420,310,613)
주식배당	2,492,051,000		(2,492,051,000)			
주식매입선택권 행사 및 소멸	389,669,000	25,310,990,330			(7,380,877,164)	18,319,782,166
주식매입선택권 인식					19,106,499,926	19,106,499,926
자기주식매입					(58,155,922,930)	(58,155,922,930)
2019.12.31 (기말자본)	128,337,853,000	786,358,490,538	2,114,638,598,135	2,590,862,595	(127,213,826,083)	2,904,711,978,185
기초 보고금액	128,337,853,000	786,358,490,538	2,114,638,598,135	2,590,862,595	(127,213,826,083)	2,904,711,978,185
재무제표 재작성으로 인한 변동						
2020.01.01 (기초자본)	128,337,853,000	786,358,490,538	2,114,638,598,135	2,590,862,595	(127,213,826,083)	2,904,711,978,185
회계정책변경의 누적						
당기순이익(손실)			507,799,528,411			507,799,528,411
기타포괄손익-공정가치 측정 금융자산 평가손익				10,618,036,884		10,618,036,884
주식배당	6,360,313,000		(6,360,313,000)			
주식매입선택권 행사 및 소멸	299,639,000	25,797,241,761			(7,017,583,056)	19,079,297,705
주식매입선택권 인식					21,415,974,336	21,415,974,336
자기주식매입					(14,762,420,475)	(14,762,420,475)
2020.12.31 (기말자본)	134,997,805,000	812,155,732,299	2,616,077,813,546	13,208,899,479	(127,577,855,278)	3,448,862,395,046

개념정리 문제

CONCEPTUAL **QUESTIONS**

1. 자본의 의의에 대해 서술하라.
2. 주식을 분류하라.
3. 유상증자와 무상증자를 비교 설명하라.
4. 유상감자와 무상감자를 비교 설명하라.
5. 자기주식의 정의를 제시하라.
6. 주식배당과 주식분할에 대해 설명하라.
7. 자본변동표는 기업의 이해관계자에게 어떤 정보를 제시하는가를 설명하라.

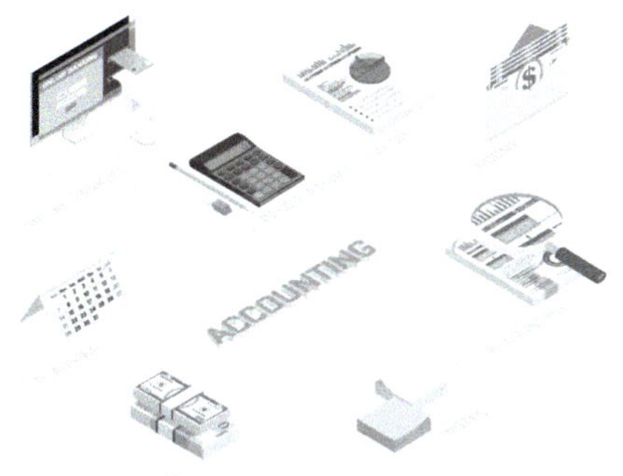

CHAPTER 13

현금흐름표

IFRS ACCOUNTING PRINCIPLES

1. 현금흐름표의 의의
2. 영업활동으로 인한 현금흐름
3. 투자활동으로 인한 현금흐름
4. 재무활동으로 인한 현금흐름
5. 현금흐름표의 구조와 작성절차
6. 현금흐름표 활용

학습목표

본 장에서는 현금흐름표가 제공하는 정보를 읽고 기업의 미래상황을 추론할 수 있는 능력을 기르고, 현금흐름표 작성을 수행하는 과정을 살펴본다. 기업은 이익이 발생하더라도 흑자도산을 할 수 있다. 기업은 현금유동성을 확보해야만 지급불능상태에 빠지지 않는다. 그러므로 기업의 이해관계자는 기업의 현금창출능력과 사용용도를 평가할 수 있는 정보가 필요하다. 기업의 영업활동으로 인한 현금흐름, 투자활동으로 인한 현금흐름 및 재무활동으로 인한 현금흐름에 대한 정보를 제공해 주는 것이 현금흐름표이다.
본 장에서는 구체적으로 다음과 같은 내용이 학습목표이다.

1. 현금흐름표의 의의를 서술할 수 있다.
2. 재무상태표를 기준으로 영업활동, 투자활동 및 재무활동으로 구분할 수 있다.
3. 영업활동으로 인한 현금흐름표를 작성할 수 있다.
4. 투자활동으로 인한 현금흐름표를 작성할 수 있다.
5. 재무활동으로 인한 현금흐름표를 작성할 수 있다.
6. 현금흐름표의 정보를 읽고 기업의 미래상황을 추론할 수 있다.

들어가며

현금흐름표

기업의 현금흐름 정보는 기업의 이해관계자에게 현금및현금성자산의 창출능력과 현금흐름의 사용용도를 평가하는데 유용한 기초를 제공한다. 현금흐름표는 기업의 회계기간 동안 발생한 현금흐름을 사용용도에 따라 분류하여 정보를 제공해 주며, 현금의 변동에 관한 정보를 제공해 준다.

[표 1]에서는 롯데쇼핑의 2020년도 현금흐름표를 제시하고 있다. 롯데쇼핑은 2020년 기초부터 2020년 기말까지의 영업활동으로 인한 현금흐름, 투자활동으로 인한 현금흐름 및 재무활동으로 인한 현금흐름 정보를 제공하고 있다.

[표 1] 롯데쇼핑 현금흐름표

(단위: 원)

	제51기	제50기	제49기
영업활동으로 인한 현금흐름	880,395,890,571	1,177,270,311,923	382,626,945,899
당기순손실	(1,031,996,637,355)	(753,701,309,562)	(502,918,275,384)
조정	2,163,888,065,471	2,161,506,103,708	1,547,064,202,684
영업활동으로 인한 자산부채의 변동	(169,147,604,739)	(212,720,615,558)	(580,926,550,020)
법인세납부	(82,347,932,806)	(17,813,866,665)	(80,592,431,381)
투자활동으로 인한 현금흐름	(31,726,597,914)	(359,781,610,365)	(1,255,818,725,891)
단기금융상품의 감소	825,059,823,031	398,029,500,000	362,494,747,800
단기대여금의 감소	6,164,556,000	6,164,556,000	6,332,278,000
장기금융상품의 감소			2,000,385,763
당기손익-공정가치 채무상품의 처분		133,363,940	33,477,598
기타포괄손익-공정가치 지분상품의 처분			5,582,800,000
기타포괄손익-공정가치 채무상품의 처분	120,500,000		
종속기업,관계기업및공동기업투자의 처분		100,846,331,531	3,141,956,789
유형자산의 처분	321,178,419,848	1,069,125,925,782	24,704,059,430
무형자산의 처분	223,083,327	3,137,245	849,380,409
매각예정자산의 처분	217,190,143,233	182,329,026,693	24,340,759,589
금융리스채권의 회수	25,209,055,154	22,975,634,425	
종속기업, 관계기업 및 공동기업의 유상감자 등으로 인한 현금유입액			1,121,999,802
사업양도로 인한 현금유입액			27,299,500,000
사업결합으로 인한 현금유입액			15,471,571,979
파생상품의 정산으로 인한 현금유입액	11,025,964,994	9,515,854,112	6,932,273,235
단기금융상품의 증가	(735,010,000,000)	(975,161,592,661)	(280,000,000,000)

당기손익-공정가치 채무상품의 취득		(10,000,000)	(2,300,000,000)
기타포괄손익-공정가치 지분상품의 취득		(4,719,225,648)	(19,862,422,909)
기타포괄손익-공정가치 채무상품의 취득	(4,229,310,000)	(637,910,000)	(356,220,000)
종속기업,관계기업및공동기업투자의 취득	(292,018,893,523)	(930,108,234,989)	(942,974,999,110)
물적분할로 인한 현금유출액			(180,636,458,541)
유형자산의 취득	(508,736,183,075)	(367,344,326,897)	(453,567,647,207)
무형자산의 취득	(956,877,950)	(1,451,567,264)	(741,079,099)
이자수취	27,746,519,216	39,011,283,944	28,126,226,378
배당금수취	75,306,601,831	91,516,633,422	116,188,684,203
재무활동으로 인한 현금흐름	(504,561,317,012)	(1,100,467,221,615)	185,651,569,917
단기차입금의 차입	100,000,000,000		
장기차입금의 차입	400,000,000,000		437,117,000,000
사채의 발행	829,136,375,179	908,447,549,406	1,558,570,999,237
단기차입부채의 상환		(150,000,000,000)	(156,000,000,000)
유동성장기부채의 상환	(150,000,000,000)	(100,000,000,000)	(1,120,067,642,984)
단주취득(자기주식)			(7,602,224)
사채의 상환	(750,000,000,000)	(856,500,000,000)	
리스부채의 상환	(540,172,824,761)	(461,736,912,653)	
신종자본증권 이자의 지급			(12,581,295,612)
신종자본증권의 상환			(270,000,000,000)
이자지급	(286,096,435,430)	(293,670,530,368)	(105,239,228,900)
배당금지급	(107,428,432,000)	(147,007,328,000)	(146,140,659,600)
현금및현금성자산의 증가(감소)	344,107,975,645	(282,978,520,057)	(687,540,210,075)
기초의 현금및현금성자산	726,809,053,877	1,005,319,543,648	1,687,990,452,840
현금및현금성자산에 대한 환율변동효과	(12,472,190,562)	4,468,030,286	4,869,300,883
당기말의 현금및현금성자산	1,058,444,838,960	726,809,053,877	1,005,319,543,648

자료: 전자공시시스템, 롯데쇼핑 2020년 사업보고서.

1 현금흐름표의 의의

재무제표이용자는 기업이 현금및현금성자산을 어떻게 창출하고 사용하는지에 대하여 관심이 있다. 이것은 기업 활동의 성격에 관계없이, 그리고 금융회사의 경우와 같이 현금이 그 기업의 상품으로 간주할 수 있는지의 여부와 관계없이 모든 기업에 적용된다. 기업은 주요 수익창출활동이 서로 다르더라도 본질적으로 동일한 이유에서 현금을 필요로 한다. 기업은 영업활동을 수행하고, 채무를 상환하며, 투자자에게 투자수익을 분배하기 위하여 현금이 필요하다.

현금흐름표(statement of cash flows)는 다른 재무제표와 같이 사용되는 경우 순자산의 변화, 유동성과 지급능력을 포함한 재무구조, 그리고 변화하는 상황과 기회에 적응하기 위하여 현금흐름의 금액과 시기를 조절하는 능력을 평가하는데 유용한 정보를 제공한다. 현금흐름정보는 현금및현금성자산의 창출능력을 평가하는

[그림 13-1] **현금흐름표의 유용성**

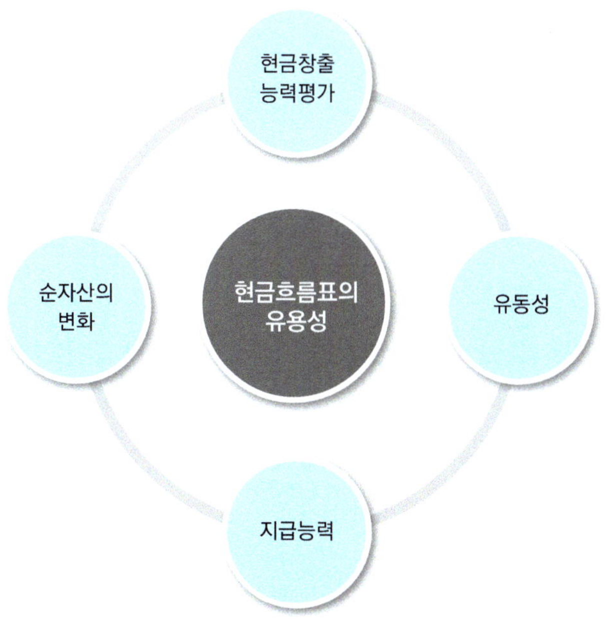

데 유용하다. [그림 13-1]은 이러한 현금흐름표의 유용성을 요약한 것이다.

현금흐름표는 회계기간 동안 발생한 현금흐름을 영업활동, 투자활동 및 재무활동으로 분류하여 보고한다. 여기서 현금흐름이란 현금및현금성자산의 유입과 유출을 말하며, 영업활동이란 기업의 주요 수익창출활동과 투자활동이나 재무활동이 아닌 기타의 활동을 의미한다. 투자활동이란 장기성 자산의 취득과 처분 또는 현금성자산에 속하지 않는 기타 자산의 취득과 처분활동이다. 재무활동이란 기업의 납입자본과 차입금의 크기 및 구성내용에 변동을 가져오는 활동이다. [그림 13-2]는 현금흐름표에 표시되는 기업의 활동별 현금흐름을 나타낸 것이다.

[그림 13-2] **현금흐름표의 현금흐름 분류**

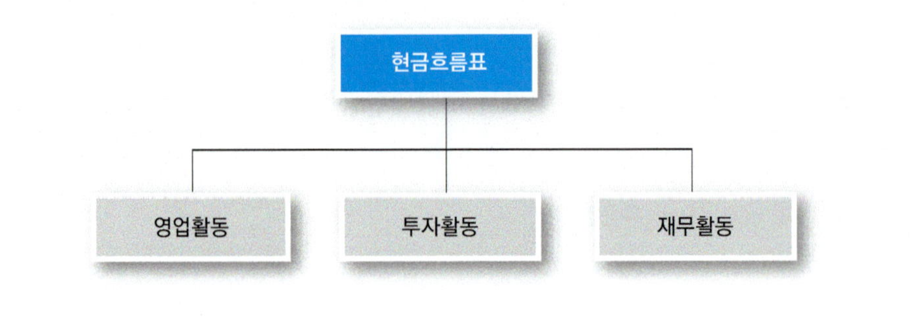

2 영업활동으로 인한 현금흐름

영업활동 현금흐름(cash flows from operating activities)은 주로 기업의 주요 수익창출 활동에서 발생한다. 따라서 영업활동 현금흐름은 일반적으로 당기순손익의 결정에 영향을 미치는 거래나 그 밖의 사건의 결과로 발생한다. 영업활동 현금흐름의 예는 다음과 같다.

(1) 재화의 판매와 용역 제공에 따른 현금유입
(2) 로열티, 수수료, 중개료 및 기타수익에 따른 현금유입
(3) 재화와 용역의 구입에 따른 현금유출
(4) 종업원과 관련하여 직·간접으로 발생하는 현금유출
(5) 보험회사의 경우 수입보험료, 보험금, 연금 및 기타 급부금과 관련된 현금유입과 현금유출
(6) 법인세의 납부 또는 환급. 다만 재무활동과 투자활동에 명백히 관련되는 것은 제외한다.
(7) 단기매매목적으로 보유하는 계약에서 발생하는 현금유입과 현금유출

여기서, 단기매매목적으로 기업이 유가증권이나 채권을 보유할 때 이들 유가증권과 채권은 판매를 목적으로 취득하는 재고자산과 유사하다. 그러므로 단기매매목적으로 보유하는 유가증권의 취득과 판매에 따른 현금흐름은 영업활동으로 분류한다. [그림 13-3]은 영업활동에 따른 현금흐름의 예시를 유입과 유출로 분류한 것이다.

[그림 13-3] **영업활동 현금흐름의 예시와 분류**

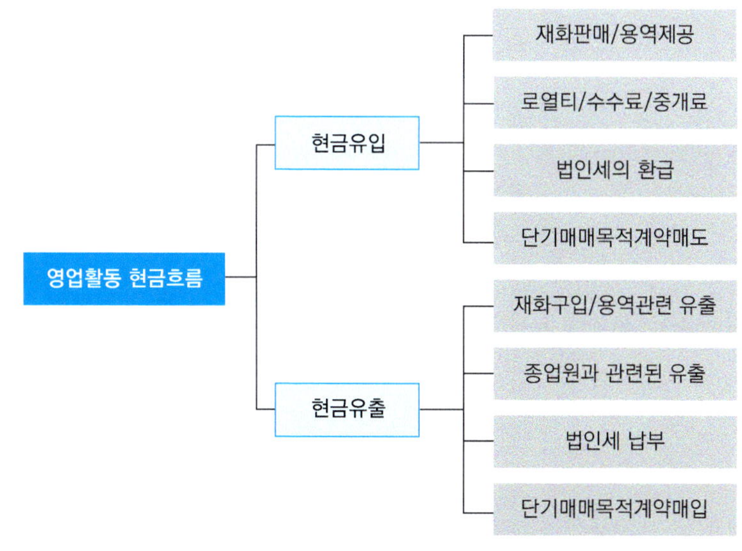

 투자활동으로 인한 현금흐름

투자활동 현금흐름(cash flows from investing activities)은 미래수익과 미래현금흐름을 창출할 자원의 확보를 위하여 지출된 정도를 나타내기 때문에 현금흐름을 별도로 구분 공시한다. 재무상태표에 자산으로 인식되는 지출만이 투자활동으로 분류하기에 적합하다. 투자활동 현금흐름의 예는 다음과 같다.

(1) 유형자산, 무형자산 및 기타 장기성 자산의 취득에 따른 현금유출
(2) 유형자산, 무형자산 및 기타 장기성 자산의 처분에 따른 현금유입
(3) 다른 기업의 지분상품이나 채무상품 및 공동기업 투자지분의 취득에 따른 현금유출(현금성자산으로 간주되는 상품이나 단기매매목적으로 보유하는 상품의 취득에 따른 유출액은 제외)
(4) 다른 기업의 지분상품이나 채무상품 및 공동기업 투자지분의 처분에 따른 현금유입(현금성자산으로 간주되는 상품이나 단기매매목적으로 보유하는 상품의 처분에 따른 유입액은 제외)
(5) 제3자에 대한 선급금 및 대여금(금융회사의 현금 선지급과 대출채권은 제외)
(6) 제3자에 대한 선급금 및 대여금의 회수에 따른 현금유입(금융회사의 현금 선지급과 대출채권은 제외)
(7) 선물계약, 선도계약, 옵션계약 및 스왑계약에 따른 현금유출. 단기매매목적으로 계약을 보유하거나 현금유출이 재무활동으로 분류되는 경우는 제외한다.
(8) 선물계약, 선도계약, 옵션계약 및 스왑계약에 따른 현금유입. 단기매매목적으로 계약을 보유하거나 현금유입이 재무활동으로 분류되는 경우는 제외한다.

[그림 13-4]는 투자활동에 따른 현금흐름의 예시를 유입과 유출로 분류한 것이다.

[그림 13-4] **투자활동 현금흐름의 예시와 분류**

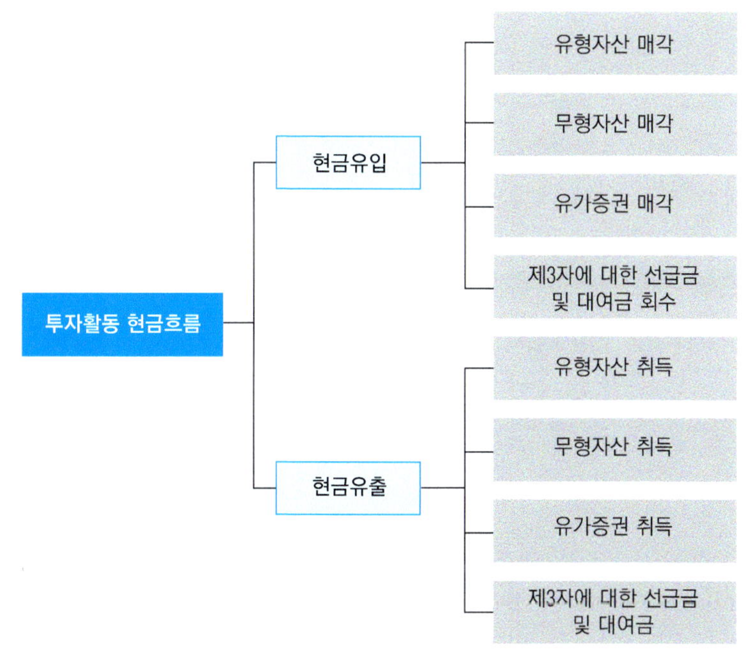

4 재무활동으로 인한 현금흐름

재무활동은 기업의 납입자본과 차입금 크기 및 구성에 변동을 가져오는 활동이다. 즉, 재무활동은 주식의 발행, 차입금의 조달 및 상환에 관한 활동이다. 재무활동 현금흐름(cash flows from financing activities)은 미래현금흐름에 대한 자본 제공자의 청구권을 예측하는데 유용하기 때문에 현금흐름을 별도로 구분 공시한다. 재무활동 현금흐름의 예는 다음과 같다.

(1) 주식이나 기타 지분상품의 발행에 따른 현금유입
(2) 주식의 취득이나 상환에 따른 소유주에 대한 현금유출

(3) 담보 · 무담보부사채 및 어음의 발행과 기타 장 · 단기차입에 따른 현금유입
(4) 차입금의 상환에 따른 현금유출
(5) 리스이용자의 리스부채 상환에 따른 현금유출

[그림 13-5]는 재무활동에 따른 현금흐름의 예시를 유입과 유출로 분류한 것이다.

[그림 13-5] 재무활동 현금흐름의 예시와 분류

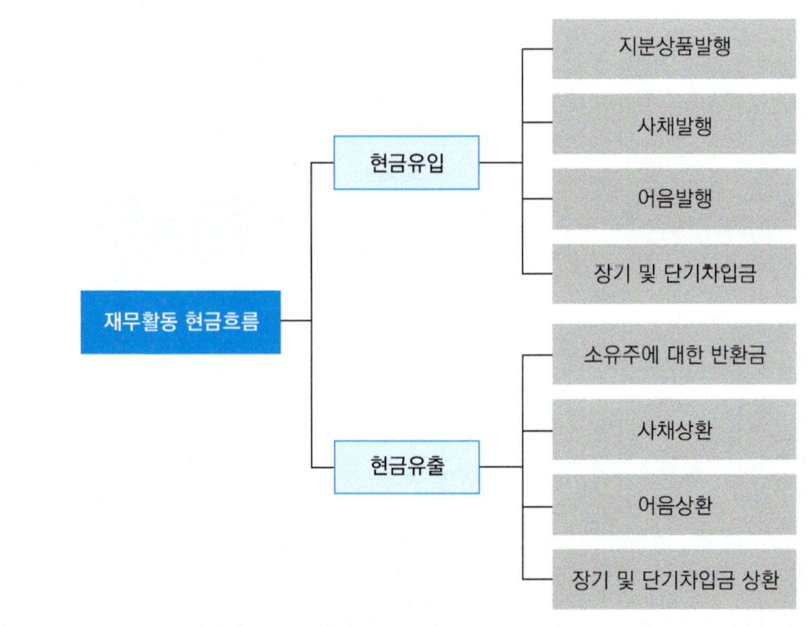

[예제 13-1]을 통해 현금흐름의 분류에 대하여 학습해 보자.

예제 13-1 [현금흐름의 분류]

다음은 한국㈜에서 20×1년도에 발생한 현금흐름이다.

(1) 종업원에 대한 급여지급
(2) 원재료 매입
(3) 단기차입금 상환
(4) 건물 매각
(5) 배당금 지급
(6) 대여금 회수
(7) 특허권 취득
(8) 법인세 지급
(9) 단기매매목적 금융자산 취득
(10) 사채 발행

요구사항

위의 각 거래를 영업활동 현금흐름, 투자활동 현금흐름 및 재무활동 현금흐름으로 분류하라.

해답

- 영업활동 현금흐름: (1), (2), (8), (9)
- 투자활동 현금흐름: (4), (6), (7)
- 재무활동 현금흐름: (3), (5), (10)

 현금흐름표의 구조와 작성절차

5.1 현금흐름표의 구조

현금흐름표는 기업의 현금흐름을 영업활동, 투자활동 및 재무활동으로 분류하고, 각 분류별 현금의 유입과 유출을 표시한다. 또한 전기 말 현금잔액에서 당기 말 현금잔액으로 변동한 순증감분을 표시하는 구조를 갖는다. 다음의 <표 13-1>은 현금흐름표 기본양식이다.

〈표 13-1〉 **현금흐름표 양식**[1)]

현금흐름표

기업명 제×기 20××년 1월 1일부터 20××년 12월 31일까지 (단위: 원)

과 목	금 액	
Ⅰ. 영업활동으로 인한 현금흐름		×××
Ⅱ. 투자활동으로 인한 현금흐름		×××
1. 투자활동으로 인한 현금유입액	×××	
2. 투자활동으로 인한 현금유출액	(×××)	
Ⅲ. 재무활동으로 인한 현금흐름		×××
1. 재무활동으로 인한 현금유입액	×××	
2. 재무활동으로 인한 현금유출액	(×××)	
Ⅳ. 현금의 증가(감소)(Ⅰ+Ⅱ+Ⅲ)		×××
Ⅴ. 기초의 현금		×××
Ⅵ. 기말의 현금		×××

5.2 현금흐름표 작성절차

현금흐름표는 일정기간 동안 현금의 유입과 유출 내역을 표시하고 현금순증감액을 보여주는 형식이다.

1) 기업회계기준서 제1007호, 현금흐름표의 적용사례. 간접법에 의한 영업활동으로 인한 현금흐름 표시

현금의 순증감 = 현금의 유입 − 현금의 유출

현금의 유입액에서 유출액을 차감한 현금의 순증감액은 회계등식을 변형하여 다음과 같이 나타낼 수 있다.

Δ현금(현금의 순증감) = Δ부채 + Δ자본 − Δ기타자산

상기의 등식을 이용하여 현금의 순증감액을 살펴보기 위해 [그림 13-6]의 자료를 살펴보자.

[그림 13-6] 현금증감액

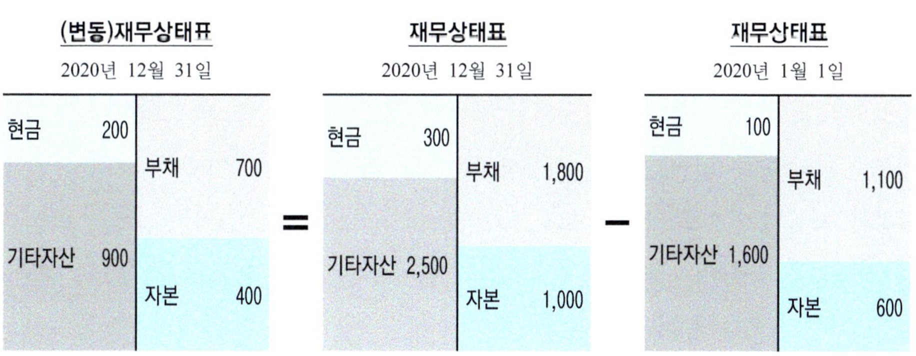

(변동)재무상태표
2020년 12월 31일

차변	금액	대변	금액
현금	200	부채	700
기타자산	900	자본	400

=

재무상태표
2020년 12월 31일

차변	금액	대변	금액
현금	300	부채	1,800
기타자산	2,500	자본	1,000

−

재무상태표
2020년 1월 1일

차변	금액	대변	금액
현금	100	부채	1,100
기타자산	1,600	자본	600

[그림 13-6]에서 알 수 있듯이, 2020년 기말의 변동재무상태표의 현금의 변동 ₩200은 자금의 조달(부채의 변동 ₩700 + 자본의 변동 ₩400) − 자금의 운용(기타자산의 변동 ₩900)으로 계산이 가능하다. 이와 같이 현금의 순증감을 비현금항목의 증감으로 나타내는 것이 현금흐름표의 기본적인 작성방법이다.

현금증가 200 = 부채증가 700 + 자본증가 400 − 기타자산증가 900

5.3 영업활동으로 인한 현금흐름

영업활동 현금흐름을 작성하여 보고하는 방법에는 두 가지가 있다. 하나는 직접법이며 또 다른 하나는 간접법이다. 기업은 두 가지 방법 중 하나의 방법으로 선택하여 보고한다.

① **직접법** : 총현금유입과 총현금유출을 주요 항목별로 구분하여 표시하는 방법

② **간접법** : 당기순손익에 현금을 수반하지 않는 거래, 과거 또는 미래의 영업활동 현금유입이나 현금유출의 이연 또는 발생, 투자활동 현금흐름이나 재무활동 현금흐름과 관련된 손익항목의 영향을 조정하여 표시하는 방법

1) 직접법

직접법은 현금흐름을 수반하는 수익과 비용을 항목별로 표시하는 방법이다. 기업회계기준서는 영업활동 현금흐름을 보고하는 경우에는 직접법을 사용할 것을 권장하는데, 이는 직접법을 적용하여 표시한 현금흐름은 간접법에 의한 현금흐름에서는 파악할 수 없는 정보를 제공하며, 미래현금흐름을 추정하는데 보다 유용한 정보를 제공하기 때문이다.

직접법을 적용하는 경우 총현금유입과 총현금유출의 주요 항목별 정보는 다음의 (1) 또는 (2)를 통하여 얻을 수 있다.

(1) 회계기록

(2) 매출, 매출원가 및 그 밖의 포괄손익계산서 항목에 다음 항목을 조정

① 회계기간 동안 발생한 재고자산과 영업활동에 관련된 채권 · 채무의 변동

② 기타 비현금항목

③ 투자활동 현금흐름이나 재무활동 현금흐름으로 분류되는 기타 항목

직접법은 현금유입을 발생원천별로 표시하고, 현금유출을 사용용도별로 표시하는 방법이다.

> 직접법에 따른 영업활동으로 인한 현금흐름 :
> - 현금유입을 발생원천별 표시
> - 현금유출을 사용용도로 표시

영업활동으로 인한 현금흐름을 직접법으로 계산하기 위해서는 다음과 같이 기업에서 발생하는 현금흐름을 발생원천별 또는 사용용도별로 구분하여 계산한다.

1. 고객으로부터의 현금유입액
2. 공급자에 대한 현금유출액
3. 이자 및 배당수익으로 인한 현금유입액
4. 종업원, 이자 및 법인세비용 등으로 인한 현금유출액

발생원천별 또는 사용용도별 현금흐름에 대한 계산식을 구체적으로 살펴보면 다음과 같다.

(1) 고객으로부터의 현금유입액(매출로 인한 현금유입액)

고객으로부터의 현금유입액은 기업의 주된 영업활동인 매출에서 발생하는 현금으로, 현금주의 매출에 해당한다. 따라서 매출과 관련하여 기중에 회수된 금액에 전기로부터 이월된 매출채권의 회수액을 합한 금액으로 계산된다. 만약 고객으로부터의 현금 회수액을 알 수 없는 경우라면 매출과 매출채권의 관계를 활용한 다음의 식을 통해 고객으로부터의 현금유입액을 계산할 수 있다.

> 고객으로부터의 현금유입액 = 당기 매출액 ± 매출채권 변동액(증가는 차감, 감소는 가산)
>
> 이를 관련 계정을 통해 구체적으로 정리해 보면,
>
> 현금매출액 + 기말의 매출채권 = 기초의 매출채권 + 당기 매출액
> **현금매출액** = 기초의 매출채권 + 당기 매출액 − 기말의 매출채권
> = 당기 매출액 + (기초의 매출채권 − 기말의 매출채권)
> = 당기 매출액 ± 매출채권의 변동(증가는 차감, 감소는 가산)

이를 매출채권계정과 매출계정을 통해 살펴보면 쉽게 이해할 수 있다.

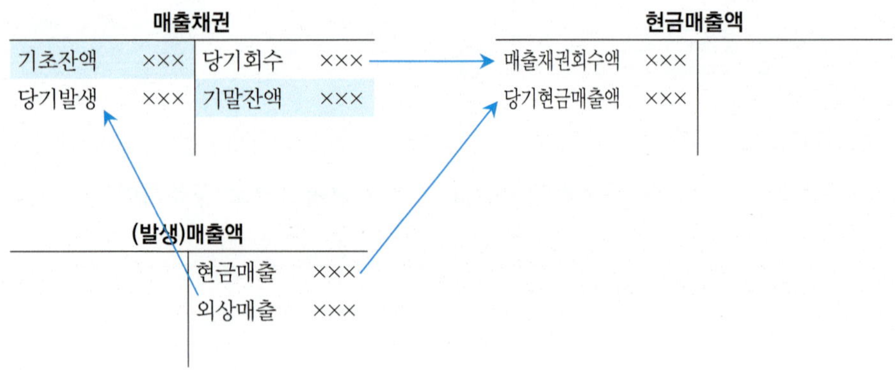

위 식에서 만약 선수금이 발생하였을 경우를 가정하면, 선수금의 증감액은 고객으로부터의 현금유입액에 가감하여야 한다. 즉, 선수금은 미래에 재화나 용역을 제공하기로 약속하고 고객으로부터 미리 받는 대금으로, 선수금이 증가하면 그만큼의 현금이 고객으로부터 기업으로 유입되지만, 이는 수익인식 시기의 미도래로 회계상 당기 매출로 인식되지 않는다. 따라서 선수금의 증가액은 당기 매출액에 가산하여야 현금주의에 의한 매출액을 산정할 수 있다. 반대로 선수금이 감소하게 되면 수익인식 시기의 도래로 감소액에 해당하는 만큼의 현금유입이 없는 수익(매출)이 회계상 발생한다. 따라서 이를 당기 매출액에서 차감하여야 현금주의에 의한 매출액을 산정할 수 있다.

종합하면, 선수금의 변동액은 당기 매출액에 가감되어야 한다. 선수금이 증가하였다면 당기 매출액에 가산하고, 선수금이 감소하였다면 당기 매출액에서 차감하여야 한다.

다음의 [예제 13-2]를 통해 고객으로부터의 현금유입액에 대해 학습해 보자.

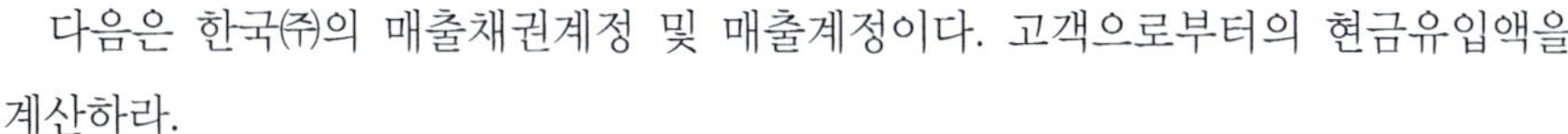

예제 13-2 [고객으로부터의 현금유입액]

다음은 한국㈜의 매출채권계정 및 매출계정이다. 고객으로부터의 현금유입액을 계산하라.

매출채권

차변		대변	
기초잔액	5,000	현금회수	65,000
당기발생	80,000	기말잔액	20,000

매출액

차변		대변	
		제좌	310,000

선수금

차변		대변	
매출인식	60,000	기초잔액	50,000
기말잔액	10,000	현금수취	20,000

해답

1. 계산방법 1)
   - 당기 현금매출액의 계산: ₩230,000(= 당기 매출액 ₩310,000 − 외상매출액 ₩80,000)
   - 전기이월된 매출채권 회수액: ₩5,000
   - 당기 외상대금 중 회수액: ₩60,000(= 총회수액 ₩65,000 − 이월분 회수액 ₩5,000)
   - 선수금의 감소액: ₩40,000(= 기말 ₩10,000 − 기초 ₩50,000)
   - 고객으로부터의 총현금유입액 = ₩255,000(= ₩230,000 + ₩5,000 + ₩60,000 − ₩40,000)

2. 계산방법 2)
   - 위 계산식에서의 마지막 식을 이용하여,

현금매출액 = 당기매출액 ± 매출채권의 변동 ± 선수금의 변동
　　= ₩310,000 − ₩15,000(매출채권의 증가 → 차감항목)
　　　　− ₩40,000(선수금의 감소 → 차감항목)
　　= ₩255,000

따라서 고객으로부터의 총현금유입액은 ₩255,000이 된다.

(2) 공급자에 대한 현금유출액(매입에 대한 현금유출액)

공급자에 대한 현금유출액은 주된 영업활동과 관련한 현금유출로 재고자산 매입과 관련한 공급자에 대한 현금유출과 종업원의 급여지급 등에 대한 현금유출로 구분된다. 여기서는 재고자산 매입과 관련한 공급자에 대한 현금유출을 위주로 살펴보기로 하자.

재고자산 매입과 관련한 공급자에 대한 현금유출은 당기에 매입한 재고자산과 관련하여 지급한 현금액과 전기로부터 이월된 매입채무의 지급액을 합한 금액으로 계산된다. 만약 공급자에 대한 현금지급액을 알 수 없는 경우라면 당기 매입과 매입채무의 관계를 활용한 다음의 식을 통해 공급자에 대한 현금유출액을 계산할 수 있다.

공급자에 대한 현금유출액 = 당기 매입액 ± 매입채무 변동액(증가는 가산, 감소는 차감)

이를 관련 계정을 통해 구체적으로 정리해 보면,

① 현금매입액을 계산하면,
현금매입액 + 기말의 매입채무 = 기초의 매입채무 + 당기 매입액
현금매입액 = 기초의 매입채무 + 당기매입액 − 기말의 매입채무
= 당기 매입액 + (기초의 매입채무 − 기말의 매입채무)
= 당기 매입액 ± 매입채무의 변동(증가는 가산, 감소는 차감)

② 당기매입액을 계산하면,
당기 매입액 + 기초재고 = 매출원가 + 기말재고
당기 매입액 = 매출원가 + 기말재고 − 기초재고
= 매출원가 ± 재고자산 변동(증가는 차감, 감소는 가산)

③ **현금매입액** = 매출원가 ± 재고자산 변동(증가 차감, 감소 가산)
± 매입채무 변동(증가 가산, 감소 차감)

이를 재고자산계정과 매입채무계정을 통해 살펴보면 쉽게 이해할 수 있다.

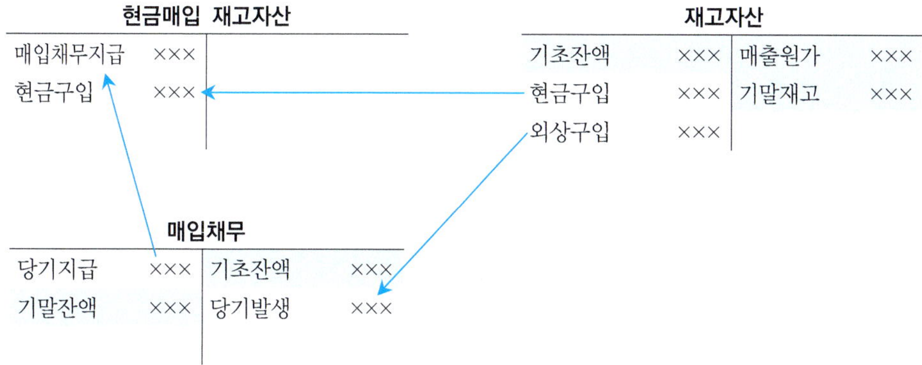

위 식에서 만약 선급금이 발생하였을 경우를 가정하면, 선급금의 증감액은 공급자에 대한 현금유출액에 가감되어야 한다. 즉, 선급금은 미래에 재화나 용역을 제공받기로 약속하고 공급자에게 미리 지급하는 대금으로, 선급금이 증가하면 그 만큼의 현금이 고객에게로 유출되지만, 이는 비용인식 시기의 미도래로 회계상 당기 매출원가로 인식되지 않는다. 따라서 선급금의 증가액은 당기 매출원가에 가산하여야 현금주의에 의한 매출원가를 산정할 수 있다. 반대로 선급금이 감소하게 되면 비용인식 시기의 도래로 감소액에 해당하는 만큼의 현금유출이 없는 비용(매출원가)이 회계상 발생한다. 따라서 이를 당기 매출원가에서 차감하여야 현금주의에 의한 매출원가를 산정할 수 있다.

종합하면, 선급금의 변동액은 당기 매출원가에 가감되어야 한다. 즉, 선급금이 증가하였다면 당기 매출원가에 가산하고, 선급금이 감소하였다면 당기 매출원가에 차감하여야 한다.

다음의 [예제 13-3]을 통해 공급자에 대한 현금유출액을 계산해 보자.

예제 13-3 [공급자에 대한 현금유출액]

다음은 한국㈜의 재고자산계정 및 매입채무계정이다. 공급자에 대한 현금유출액을 계산하라.

재고자산

기초잔액	8,000	매출원가	63,000
당기매입	80,000	기말잔액	15,000

매입채무

현금지급	120,000	기초잔액	100,000
기말잔액	40,000	당기증가	60,000

선급금

기초잔액	30,000	매출원가	60,000
당기지급	50,000	기말잔액	20,000

1. 계산방법 1)
   - 당기 현금매입액의 계산: ₩20,000(=재고자산 당기 매입액 ₩80,000 - 매입채무 당기 증가액 ₩60,000)
   - 전기이월된 매입채무 지급액: ₩100,000
   - 당기 외상대금 중 지급액: ₩20,000(=총지급액 ₩120,000 - 이월분 지급액 ₩100,000)
   - 선급금의 감소: ₩10,000(=기말 ₩20,000 - 기초 ₩30,000)
   - 공급자에 대한 총현금유출액=₩120,000(=₩20,000+₩100,000+₩20,000 -₩10,000)

2. 계산방법 2)

   위 계산식에서의 마지막 식을 이용하여,

   현금유출액=매출원가±재고자산의 변동±매입채무의 변동±선급금의 변동
   =₩63,000+₩7,000(재고자산의 증가 → 가산항목)
   +₩60,000(매입채무의 감소 → 가산항목)
   -₩10,000(선급금의 감소 → 차감항목)
   =₩120,000

   따라서 공급자에 대한 총현금유출액은 ₩120,000이 된다.

(3) 기타 수익과 비용에 따른 현금유입 및 현금유출액

기업에서의 현금흐름은 앞에서 살펴본 매출, 매입 이외에도 종업원에 대한 급여지급이나 보험료, 임차료, 이자수익, 이자비용, 수수료, 배당수익, 법인세비용 등의 현금흐름들이 자주 발생한다. 이러한 현금흐름에 대한 계산도 매출과 매입활동에서의 현금흐름을 계산하는 방법과 같은 방법으로 계산하면 된다. 다음은 매출, 매입 이외의 영업활동 관련 현금유입 및 유출과 관련한 일부 계정의 계산식을 예시한 것이다.

- **종업원에 대한 현금유출액**

급여 현금지급액 + 기초의 미지급급여 = 포괄손익계산서상 급여 + 기말의 미지급급여

급여 현금지급액 = 포괄손익계산서상 급여 + 기말의 급여미지급액 − 기초의 급여미지급액
= 포괄손익계산서상 급여 ± 미지급급여의 변동(증가는 차감, 감소는 가산)

- **보험료 현금유출액**

보험료 현금지급액 + 기초의 선급보험료 = 포괄손익계산서상 보험료 + 기말의 선급보험료

보험료 현금지급액 = 포괄손익계산서상 보험료 + 기말의 선급보험료 − 기초의 선급보험료
= 포괄손익계산서상 보험료 ± 선급보험료의 변동(증가는 가산, 감소는 차감)

* 미지급보험료의 경우는 선급보험료 발생 시와 반대로 계산됨.

- **이자비용 현금유출액**

이자비용 현금지급액 + 기초의 미지급이자 = 포괄손익계산서상 이자비용 + 기말의 미지급이자

이자비용 현금지급액 = 포괄손익계산서상 이자비용 + 기초의 미지급이자 − 기말의 미지급이자
= 포괄손익계산서상 이자비용 ± 미지급이자의 변동(증가는 차감, 감소는 가산)

* 선급이자비용의 경우는 미지급이자 발생 시와 반대로 계산됨.

- **임대료 현금유입액**

임대료 현금유입액 + 기말 미수임대료 = 포괄손익계산서상 임대료 + 기초의 미수임대료

임대료 현금유입액 = 포괄손익계산서상 임대료 + 기초의 미수임대료 − 기말의 미수임대료

= 포괄손익계산서상 임대료 ± 미수임대료의 변동(증가는 차감, 감소는 가산)

* 선수임대료의 경우는 미수임대료 발생 시와 반대로 계산됨.

위 계산식에 대한 계정을 통한 예시는 임대료(수익)와 급여(비용)에 대해서만 살펴보고, 나머지 현금흐름에 대해서는 동일한 논리로 각자 학습해 보도록 하자.

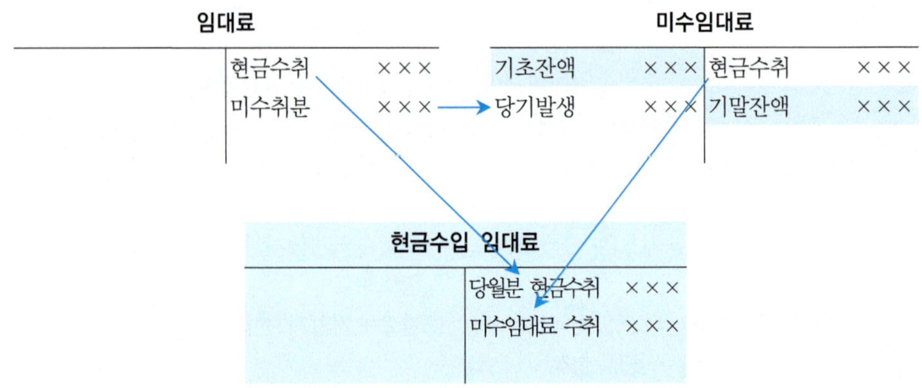

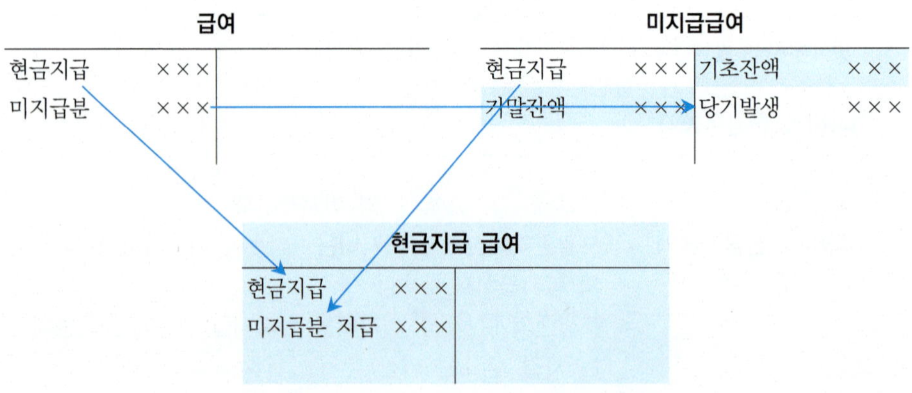

다음의 [예제 13-4]를 통해 영업활동 관련 기타의 현금유입 및 유출액을 계산해 보자.

예제 13-4 [기타의 영업활동 관련 현금유입 및 유출액]

다음은 한국㈜의 수익 및 비용계정 중 일부이다. 영업활동과 관련한 현금유입액과 유출액을 계산하라.

미수임대료

기초잔액	8,000	현금지급	98,000
당기발생	100,000	기말잔액	10,000

미지급급여

현금지급	38,000	기초잔액	8,000
기말잔액	30,000	당기증가	60,000

선급보험료

기초잔액	15,000	보험료	60,000
현금지급	65,000	기말잔액	20,000

미지급이자

현금지급	40,000	기초잔액	30,000
기말잔액	10,000	당기증가	20,000

포괄손익계산서상 급여는 ₩250,000, 임대료는 ₩120,000, 보험료는 ₩70,000, 이자비용은 ₩25,000이다.

1. 종업원에 대한 현금유출액
   - 종업원에 대한 현금유출액 = 포괄손익계산서상 급여 ± 미지급급여 변동분(증가 차감, 감소 가산)
     = ₩250,000 − ₩22,000 = ₩228,000
2. 보험료 현금유출액
   - 보험료 현금유출액 = 포괄손익계산서상 보험료 ± 선급보험료 변동분(증가 가산, 감소 차감)
     = ₩70,000 + ₩5,000 = ₩75,000
3. 이자비용 현금유출액
   - 이자비용 현금유출액 = 포괄손익계산서상 이자비용 ± 미지급이자비용 변동분(증가 차감, 감소 가산)
     = ₩25,000 + ₩20,000 = ₩45,000

4. 임대료 현금유입액

- 임대료 현금유입액 = 포괄손익계산서상 임대료 ± 미수임대료 변동분(증가 차감, 감소 가산)
  = ₩120,000 − ₩2,000 = ₩118,000

2) 간접법

영업활동으로 인한 현금흐름은 간접법을 선택해서 작성할 수 있다. 간접법을 적용하는 경우, 영업활동 순현금흐름은 당기순손익에 다음 항목들의 영향을 조정하여 결정한다.

(1) 회계기간 동안 발생한 재고자산과 영업활동에 관련된 채권·채무의 변동
(2) 감가상각비, 충당부채, 이연법인세, 외화환산손익, 미배분 관계기업 이익 및 미배분 비지배지분과 같은 비현금항목
(3) 투자활동 현금흐름이나 재무활동 현금흐름으로 분류되는 기타 모든 항목

이를 식으로 나타내면 다음과 같다.

- 영업활동으로 인한 현금흐름

1. 당기순손익		×××
2. 현금의 유입이 없는 비용	(+)	×××
3. 현금의 유출이 없는 수익	(−)	×××
4. 투자 및 재무활동으로 인한 비용	(+)	×××
5. 투자 및 재무활동으로 인한 수익	(−)	×××
6. 영업활동으로 인한 자산의 증가	(−)	×××
7. 영업활동으로 인한 자산의 감소	(+)	×××
8. 영업활동으로 인한 부채의 증가	(+)	×××
9. 영업활동으로 인한 부채의 감소	(−)	×××
10. 영업활동으로 인한 현금흐름		×××

영업활동으로 인한 현금흐름을 간접법에 의해 계산하는 경우에는 당기순손익을 기초로 계산이 이루어지므로, 당기순손익에 포함되어 있는 ① 현금흐름을 수반하지 않는 거래와 ② 투자 및 재무활동과 관련된 수익, 비용을 제거하여야 한다. 즉, 투자 및 재무활동 관련 현금흐름은 영업활동과 구분하여 별도로 계산이 이루어지기 때문에 투자 및 재무활동과 관련한 손익은 이들 활동과 관련된 현금흐름에 포함되어 있다. 예를 들어, 장부금액이 ₩10,000(취득원가 − 감가상각누계액)인 기계장치를 ₩15,000에 처분하였다고 가정할 경우, 유형자산처분이익이 ₩5,000(= ₩15,000 − ₩10,000)만큼 발생하게 되고, 동 금액은 포괄손익계산서에 수익으로 표시되어 당기순이익을 증가시킨다. 하지만, 기계장치의 처분은 투자활동으로부터 현금이 유입되는 사건으로, 현금흐름표를 작성할 때 투자활동으로 인한 현금흐름의 계산에서 기계장치의 처분금액으로 ₩15,000이 표시된다. 즉, 기계장치의 처분금액이 장부금액인 ₩10,000이 아니라 처분금액인 ₩15,000으로 표시되는 것이다. 그러므로 영업활동 현금흐름을 계산하는 과정에서 당기순이익에 반영된 유형자산처분이익을 제거하지 않을 경우, 동일한 사건에 대해 이중으로 현금유입이 표시되는 효과를 가져오게 된다.

한편, 영업활동과 관련된 자산, 부채의 변동은 발생주의에 의한 당기순손익과 현금주의에 의한 당기순손익에 차이를 가져오는 요인이다. 예를 들어, 매출채권의 당기 증가액이 ₩10,000이라고 가정하자. 매출채권의 증가는 당기 매출 중 외상매출의 증가분을 의미하며, 이는 현금유입에 상관없이 매출이 발생한 시점에 포괄손익계산서에 수익으로 인식이 되어 당기순손익에 반영되지만, 실제 현금의 유입이 이루어지는 시기는 미래의 기간으로 현금매출액과 차이를 보인다. 반대로 매출채권 ₩10,000이 감소하였다고 가정하자. 이는 과거에 외상으로 매출하고 이미 포괄손익계산서에 수익으로 인식한 외상값을 당기에 회수하는 것이기 때문에 당기의 포괄손익계산서에는 수익으로 인식되지 않는다. 이 역시 현금매출액과 포괄손익계산서의 매출액을 달라지게 한다. 따라서 현금흐름의 원천별 혹은 사용 용도별로 현금흐름을 직접 계산하지 않는 간접법에서는 이러한 영업활동 관련 자산과 부채의 변동분을 당기순손익에 가감하여 순수한 영업활동 현금흐름을 구할 수 있다.

다음 [예제 13-5]를 통해 간접법에 의한 영업활동 현금흐름에 대해 보다 자세하게 학습해 보자.

예제 13-5 [영업활동으로 인한 현금흐름]

다음은 한국㈜의 20×1년 12월 31일의 재무상태표와 포괄손익계산서 관련 자료이다. 간접법에 의한 영업활동으로 인한 현금흐름액을 구하라.

〈자료 1〉 재무상태표 관련 자료

1.	매출채권의 증가	₩17,000
2.	선급임차료의 감소	10,000
3.	재고자산의 증가	50,000
4.	매입채무의 증가	35,000
5.	미지급급여의 증가	12,000
6.	미지급법인세의 증가	8,000
7.	미지급이자의 감소	5,000

〈자료 2〉 포괄손익계산서 관련 자료

1.	매출액	₩680,000
2.	매출원가	432,000
3.	유형자산처분이익	85,000
4.	급여	170,000
5.	감가상각비	23,000
6.	법인세비용	3,000
7.	당기순이익	132,000

- 영업활동으로 인한 현금흐름

현금흐름표

한국㈜	20×1년 1월 1일부터 20×1년 12월 31일까지		(단위: 원)
Ⅰ. 영업활동으로 인한 현금흐름			63,000
1. 당기순이익		132,000	
2. 현금의 유출이 없는 비용 등의 가산		23,000	
감가상각비	23,000		

3. 현금의 유입이 없는 수익 등의 차감		(85,000)
유형자산처분이익	85,000	
4. 영업활동으로 인한 자산, 부채의 변동		(7,000)
매출채권의 증가	(17,000)	
선급임차료의 감소	10,000	
재고자산의 증가	(50,000)	
매입채무의 증가	35,000	
미지급급여의 증가	12,000	
미지급법인세의 증가	8,000	
미지급이자의 감소	(5,000)	

5.4 투자활동으로 인한 현금흐름

투자활동은 재무상태표에 자산으로 인식되는 지출에 해당한다. 유형자산 및 무형자산의 취득은 투자활동으로 인한 현금유출이며, 다른 기업의 지분상품이나 채무상품을 취득(단기매매목적 제외) 하는 것도 투자활동으로 인한 현금유출이다.

예를 들어, 한국㈜가 취득원가 ₩500,000, 감가상각누계액이 ₩185,000인 기계장치를 ₩270,000에 현금매각하였다고 가정하자. 그리고 포괄손익계산서에 유형자산처분손실 ₩45,000이 기타비용에 표시되었다. 이 거래는 투자활동과 관련된 거래이므로 현금흐름표에 투자활동으로 인한 현금흐름에 공시되어야 한다. 그렇다면, 투자활동 현금흐름은 얼마인가? 투자활동현금흐름은 ₩270,000 유입이다. 유형자산처분손실 ₩45,000은 투자활동과 관련된 손익이기 때문에 영업활동 현금흐름에서 제외되어야 한다. 그러므로 영업활동으로 인한 현금흐름 계산 시(간접법), 당기순손익에서 유형자산처분손실 ₩45,000을 가산한다.

[예제 13-6]을 통해 투자활동으로 인한 현금흐름을 학습해 보자.

예제 13-6 [투자활동으로 인한 현금흐름]

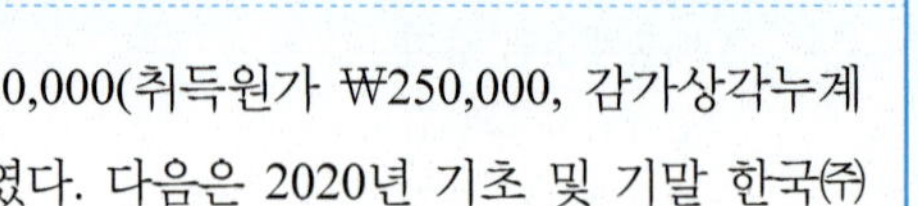

한국㈜는 2020년 기중에 기계장치 ₩120,000(취득원가 ₩250,000, 감가상각누계액 ₩130,000)을 ₩150,000에 현금매각하였다. 다음은 2020년 기초 및 기말 한국㈜의 기계장치와 관련된 자료이다.

재무상태표

한국㈜ 2020년 1월 1일 현재 (단위: 원)

자산		부채	
유형자산			
기계장치	500,000		
감가상각누계액	(200,000)	자본	
	300,000		
자본총계	×××	부채와자본총계	×××

재무상태표

한국㈜ 2020년 12월 31일 현재 (단위: 원)

자산		부채	
유형자산			
기계장치	900,000		
감가상각누계액	(320,000)	자본	
	580,000		
자본총계	×××	부채와자본총계	×××

요구사항

2020년 한국㈜의 투자활동으로 인한 현금흐름을 계산하라. 단, 신규취득한 기계장치는 현금매입이다.

투자활동으로 인한 현금흐름 = 기계장치의 처분금액 - 기계장치 신규 매입금액

= ₩150,000 - 기계장치의 신규매입*

*기계장치의 신규매입 = 기말취득가액 - (기초취득가액 - 처분된 기계취득가액)
= ₩900,000 - (₩500,000 - ₩250,000)
= ₩650,000

투자활동으로 인한 현금흐름 = ₩150,000 - ₩650,000 = ₩500,000(감소)

5.5 재무활동으로 인한 현금흐름

재무활동은 기업의 납입자본과 차입금 크기 및 구성에 변동을 가져오는 활동이다. 재무활동으로 인한 현금흐름에는 차입금의 증가 및 상환, 사채의 발행 및 상환, 유상감자 및 배당금지급 등이 있다.

예를 들어, 한국㈜가 2020년에 신주 1,000주, 주당 발행가 ₩5,000인 유상증자와 배당금을 ₩200,000 지급하였다고 가정하자. 재무활동으로 인한 현금흐름은 유상증자 금액 ₩5,000,000에서 배당금 지급 ₩200,000을 차감한 ₩4,800,000이다.

[예제 13-7]을 통해 재무활동으로 인한 현금흐름을 학습해 보자.

예제 13-7 [재무활동으로 인한 현금흐름]

다음은 한국㈜의 2020년 부분재무상태표이다. 단기차입금과 장기차입금 중에 중도에 상환한 금액은 없다.

재무상태표

한국㈜ 2020년 1월 1일 현재 (단위: 원)

자산		부채	
		유동부채	
		단기차입금	1,300,000
		비유동부채	
		장기차입금	4,000,000
		자본	
자본총계	×××	부채와자본총계	×××

재무상태표

한국㈜	2020년 12월 31일 현재		(단위: 원)
자산		부채	
		유동부채	
		단기차입금	2,500,000
		비유동부채	
		장기차입금	5,700,000
		자본	
자본총계	×××	부채와자본총계	×××

요구사항

2020년 한국㈜의 재무활동으로 인한 현금흐름을 계산하라.

재무활동으로 인한 현금흐름 = 단기차입금의 변동 + 장기차입금의 변동

– W1,200,000 + W1,700,000

= ₩2,900,000

6 현금흐름표 활용

현금흐름표는 발생주의에 기반한 손익계산서의 경영성과 보고에 더하여 현금주의에 기반한 경영활동을 제시하는 재무제표 중의 하나이다. 기업의 이해관계자는 현금흐름표를 통하여 기업의 순현금흐름 변동의 과정을 이해하는데 도움을 받을 수 있다. 그러므로 현금흐름표는 기업의 경영성과와 재무상태를 정확하게 판단하는 기초를 제공할 수 있다.

현금흐름표에서의 순현금의 증가 혹은 감소는 기업의 미래 현금 창출 가능성을 판단할 수 있으며, 영업활동, 투자활동 및 재무활동으로 분류된 현금흐름은 기업의 현재와 미래의 재무상황을 파악할 수 있다.

다음 <표 13-2>를 통해 두 기업의 현금흐름표를 비교해 보자. <표 13-2>에서 한국㈜와 민국㈜의 현금흐름표를 살펴보면, 기말 현금흐름이 ₩60,000으로 같다. 만약 여러분이 투자자이고, 투자가 가능한 기업이 한국㈜와 민국㈜뿐이라는 가정을 한다면, 여러분은 한국㈜와 민국㈜ 중 어디에 투자할 것인가? 여러분의 투자 판단을 돕기 위해 한국㈜와 민국㈜의 현금흐름표를 살펴보자.

〈표 13-2〉 **현금흐름표의 비교**

현금흐름표

한국㈜ 20×1.1.1부터 20×1.12.31까지	(단위: 원)
Ⅰ. 영업활동으로 인한 현금흐름	(210,000)
Ⅱ. 투자활동으로 인한 현금흐름	100,000
Ⅲ. 재무활동으로 인한 현금흐름	150,000
Ⅳ. 현금의 증가(Ⅰ+Ⅱ+Ⅲ)	40,000
Ⅴ. 기초의 현금	20,000
Ⅵ. 기말의 현금(Ⅳ+Ⅴ)	60,000

현금흐름표

민국㈜ 20×1.1.1부터 20×1.12.31까지	(단위: 원)
Ⅰ. 영업활동으로 인한 현금흐름	400,000
Ⅱ. 투자활동으로 인한 현금흐름	(100,000)
Ⅲ. 재무활동으로 인한 현금흐름	(270,000)
Ⅳ. 현금의 증가(Ⅰ+Ⅱ+Ⅲ)	30,000
Ⅴ. 기초의 현금	30,000
Ⅵ. 기말의 현금(Ⅳ+Ⅴ)	60,000

먼저, 한국㈜의 현금흐름표를 살펴보면, 영업활동으로 인한 현금흐름이 ₩210,000만큼 감소되었다. 이는 영업활동을 통해 기업의 운영에 필요한 최소한의 현금도 창출하지 못함을 보여주는 것이다. 투자활동으로 인한 현금흐름은 ₩100,000만큼 증가되었다. 이는 기업이 그동안 투자하여 보유하던 자산을 처분함으로써 증가된 것으로 영업활동에서 현금이 창출되지 못함에 따라 보유하고 있

던 자산을 매각하여 자금을 조달하는 것이다. 또한 재무활동으로 인한 현금흐름은 ₩150,000만큼 증가되어 차입이나 주식발행을 통해 추가적인 자금조달을 하였음을 보여준다. 하지만 한국㈜의 경우 영업활동으로 인한 현금흐름이 음(−)이기 때문에 주주들에게 배당하거나 투자자들에게 수익을 제공해 줄 유인이 낮아 주식발행을 통한 자금조달은 매우 어려울 가능성이 높다. 따라서 재무활동을 통한 현금의 증가는 차입을 통한 것임을 예상할 수 있으며, 이러한 금융부채의 증가는 유동성 압박이나 재무구조의 악화를 초래할 수도 있다. 재무활동으로 인한 현금흐름의 증가도 영업활동으로부터 현금이 창출되지 못하였기 때문에 나타난 결과로 해석할 수 있다.

한편, 민국㈜의 현금흐름표를 살펴보면, 영업활동으로 인한 현금흐름이 ₩400,000으로, 영업활동을 통해 기업의 경영활동에 필요한 현금을 창출해 내고 있다. 투자활동으로 인한 현금흐름은 ₩100,000만큼 감소되어 영업활동에서 벌어들인 현금으로 기업에 필요한 투자가 이루어지고 있음을 보여준다. 그리고 재무활동 현금흐름은 ₩270,000만큼이 감소되어 기존에 민국㈜가 부담하고 있던 채무를 상환하고 있음을 알 수 있다. 민국㈜가 이렇게 기업활동에 필요한 자산을 구입하거나 기존의 채무를 상환할 수 있는 여력이 있는 것은 영업활동으로 인한 현금흐름이 양(+)이기 때문이다. 즉, 주된 경영활동에서의 현금 창출이 기업에서 필요로 하는 다양한 투자를 가능하게 함은 물론이고, 비용을 수반하는 채무의 상환이 가능함을 민국㈜의 현금흐름표를 통해 알 수 있다.

이렇게 한국㈜와 민국㈜의 현금흐름표를 살펴본 후, 여러분의 투자의사결정은 한결 쉬워졌을 것이다. 따라서 현금흐름표가 제공하는 정보의 의미를 제대로 이해한다면, 투자의사결정은 한결 쉬워져 합리적인 선택이 가능해질 것이다. 위의 두 기업의 비교에서 투자자들은 당연히 민국㈜에 투자하는 선택을 할 것이다. <표 13-2>는 현금의 규모가 동일한 기업에 대한 예시로써, 현금흐름의 크기에 대한 단순 비교보다는 현금흐름의 원천별 내용을 살펴봄으로써 보다 정확한 기업의 재무상황과 미래 현금흐름을 예측할 수 있음을 보여준다.

개념정리 문제

CONCEPTUAL **QUESTIONS**

1. 현금흐름표의 의의에 대해 서술하라.
2. 현금흐름을 분류하라.
3. 영업활동으로 인한 현금흐름은 기업의 이해관계자에게 어떤 정보를 제시하는가를 설명하라.
4. 투자활동으로 인한 현금흐름은 기업의 이해관계자에게 어떤 정보를 제시하는가를 설명하라.
5. 재무활동으로 인한 현금흐름은 기업의 이해관계자에게 어떤 정보를 제시하는가를 설명하라.
6. 현금흐름표의 구조를 제시하라.

APPENDIX 부록

화폐의 시간가치

IFRS ACCOUNTING PRINCIPLES

1. 화폐의 시간가치와 이자의 개념
2. 단일금액의 미래가치와 현재가치
3. 연금의 미래가치와 현재가치

부록표

〈부록 A-1〉 단일금액 ₩1의 미래가치표
〈부록 A-2〉 단일금액 ₩1의 현재가치표
〈부록 A-3〉 정상연금 ₩1의 미래가치표
〈부록 A-4〉 정상연금 ₩1의 현재가치표

용어정리

(1) **현재가치**(present value, PV): 미래 특정 시점에 받을 금액을 현재시점의 가치로 환산한 금액

(2) **미래가치**(future value, FV): 현재의 일정금액을 미래시점의 가치로 환산한 금액

(3) **단리**: 원금에 대해서만 이자 발생

(4) **복리**: 원금과 이자 모두에서 이자 발생

(5) **이자율**: 화폐의 차용에 대하여 지불하는 비용으로, 기간당 지급되는 이자를 원금의 비율로 표시한 것

(6) **할인율**: 미래시점의 일정액과 동일한 가치를 갖는 현재시점의 금액(현재가치)을 계산하기 위해 적용하는 비율

(7) **명목이자율**: 화폐의 가치변동을 고려하지 않은 표면상의 이자율(=액면이자율=표시이자율)

(8) **시장이자율**: 자본시장에서 자본의 수요와 공급에 따라 형성되는 이자율

(9) **유효이자율**: 채권의 발행가격과 채권의 미래현금흐름의 현재가치를 일치시켜주는 이자율

(10) **연금**: 매년 또는 일정한 간격을 두고 지급되거나 수취하는 일정 금액

(11) **정상연금**: 매기 말에 지급되거나 수취하는 연금

(12) **선불연금**: 매기 초에 지급되거나 수취하는 연금

1 화폐의 시간가치와 이자의 개념

화폐는 같은 금액이라도 시점에 따라 그 가치가 다르다. 예를 들어, 물가가 상승하는 상황을 가정할 경우, 오늘 사과 한 개를 구입할 수 있는 화폐액으로 1년 후의 사과 한 개를 구입할 수가 없다. 시간의 흐름에 따라 나타나는 물가상승과 미래가 가진 불확실성 때문에 이러한 현상이 나타난다. 즉, 오늘 내가 가진 화폐 ₩10,000의 가치가 1년 후의 화폐 ₩10,000의 가치보다 크다는 것이다. 이는 사람들이 가진 시간에 대한 유동성 가치에 대한 선호와 미래의 불확실성에 따른 가치 변동의 위험 때문으로 이해된다. 이와 같이 시간에 따른 화폐가치의 차이를 '화폐의 시간가치(time value of money)'라고 한다. 이러한 화폐의 시간가치 개념은 우리 주위에서 흔하게 발생하고 있다. 여유 자금을 금융기관에 예치하였을 경우 일정 시간이 지나면 처음 예치하였던 금액보다 더 많은 금액을 얻을 수 있는 것이 대표적인 예이다.

기업은 은행 등으로부터 현금을 빌려 쓰고 화폐(돈)의 사용에 대한 대가인 이자(interest)를 지급한다. 현금을 차입한 기업의 입장에서 볼 때, 은행으로부터 당장 현금을 빌려와서 생산이나 투자에 사용하고, 이를 통해 새로운 부가가치를 창출함으로써 미래의 기간에 당초 차입했던 금액보다 더 큰 부를 쌓을 수 있는 기회를 갖게 된다. 하지만 은행 입장에서 보면, 현재시점에서 운용을 통해 부가가치를 창출할 수 있는 현금을 기업에 빌려줌으로써 현금의 운용을 통한 가치 창출의 기회를 상실하고, 또한 현금을 가져간 기업의 미래에 대한 불확실성으로 인한 채무불이행의 위험이 존재하게 된다. 그러므로 은행 입장에서는 현재시점에서의 가치 창출 기회의 포기에 따른 유동성 상실과 미래 불확실성으로 인한 위험에 따른 대가를 기업에 요구할 수밖에 없다. 즉, 현금을 빌려주는 시점과 현금을 돌려받는 시점 간에 존재하는 유동성 상실과 불확실에 따른 위험에 대한 보상이 바로 '이자'이다. 따라서 이자는 화폐의 시간가치와 밀접한 관련을 가지고 있다.

이러한 이자를 계산하는 방식에는 단리이자법(single interest)과 복리이자법(compound interest)이 있다. 단리이자법은 이자를 계산하는 일정기간에 대해 원금에 대해서만 이자를 계산하며, 복리이자법은 이자를 계산하는 일정기간에 대해 원금과 이자 모두에 대해 이자를 지급하는 계산방식이다. 예를 들어, 20×1년 1월 1일에 원금 ₩10,000을 연 12%의 이자율로 3년간 은행의 정기예금에 예치하였을 경우, 3년 후에 받게 되는 원금과 이자는 다음 <표 A-1>과 같다.

〈표 A-1〉 **단리이자법과 복리이자법의 비교**

단리이자법	
• 원금	₩10,000
• 이자	3,600
- 20×1년 12월 31일 이자: ₩10,000 × 12% = ₩1,200	
- 20×2년 12월 31일 이자: ₩10,000 × 12% = ₩1,200	
- 20×3년 12월 31일 이자: ₩10,000 × 12% = ₩1,200	
• 원리금 합계	₩13,600

복리이자법	
• 원금	₩10,000
• 이자	4,049
- 20×1년 12월 31일 이자: ₩10,000 × 12% = ₩1,200	
- 20×2년 12월 31일 이자: ₩11,200 × 12% = ₩1,344	
- 20×3년 12월 31일 이자: ₩12,544 × 12% = ₩1,505	
• 원리금 합계	₩14,049

<표 A-1>을 살펴보면, 복리이자법은 원금과 함께 이자에 대해서도 이자를 계산하기 때문에 시간이 경과할수록 기간별 이자가 단리이자법에 비해 크게 증가함을 알 수 있다. 따라서 동일한 현금흐름과 이자율이 적용되더라도 이자 계산방식이 어떤지에 따라 화폐의 시간가치는 달라질 수 있다.

회계에서 화폐의 시간가치는 주로 화폐성 자산과 화폐성 부채의 평가에 사용된다. 1년 이상의 기간이 소요되는 미래시점에서 현금을 지급하여야 하는 장기성 채무나 현금을 수취하게 될 장기성 채권의 경우 현재시점과 미래시점의 화폐가치 차이를 정보이용자들에게 제공함으로써 회계정보의 유용성을 높이기 위함이다.

이러한 화폐의 시간가치는 미래가치와 현재가치로 구분되며, 현금흐름의 형태에 따라 단일금액의 미래가치와 현재가치, 연금의 미래가치와 현재가치로 세분된다. 그리고 본서에서 다루는 모든 화폐의 시간가치와 관련한 이자 계산방식은 복리이자법을 사용하고 있으며, 부록에 첨부된 모든 가치계수표도 복리방식에 의해 계산된 것이다. 또한 화폐의 시간가치에 대한 개념을 이해하기 위해서는 이자율(interest rate)과 할인율(discount rate)에 대한 이해가 필요하다. 용어에 대한 이해는 본 장의 앞에 제시하였던 용어정리를 참고 바라며, 여기서는 이자율과 할인율의 차이를 그림을 통해 살펴보기로 하자. [그림 A-1]에서 연이자율이 12%라고 가정할 경우, 현재 금액 ₩10,000이 이자율에 의해 미래 금액 ₩11,200이 되고, 미래 금액 ₩11,200이 할인율에 의해 현재 금액 ₩10,000이 됨을 알 수 있다.

[그림 A-1] **화폐의 시간가치와 이자율 및 할인율**

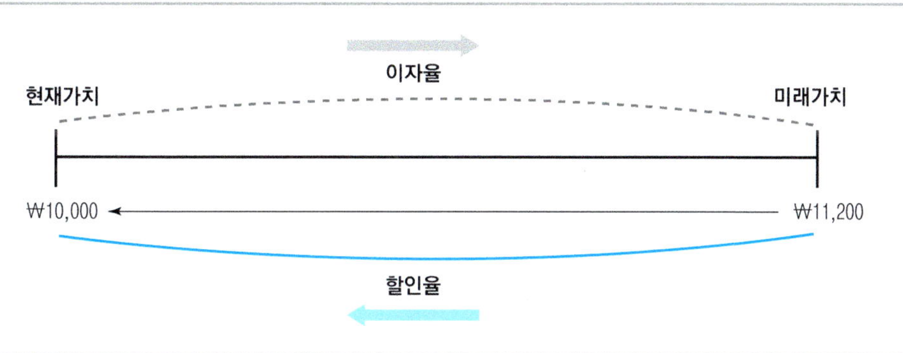

한편, 회계에서 자주 사용하는 이자율에는 명목이자율과 유효이자율이 있다. 명목이자율은 화폐의 가치변동을 고려하지 않은 표면상의 이자율을 말하며, 이자의 계산방식에서 복리를 고려하지 않은 이자율과 같다. 예를 들어, 20×1년 초에 연이자율 12%인 1년 만기 정기예금 ₩100,000에 가입했다고 가정하자. 1년 후 동 정기예금으로부터 수취하는 금액은 ₩112,000으로, 이 경우 원금 대비 이자는 12%(=₩12,000 ÷ ₩100,000)가 된다.

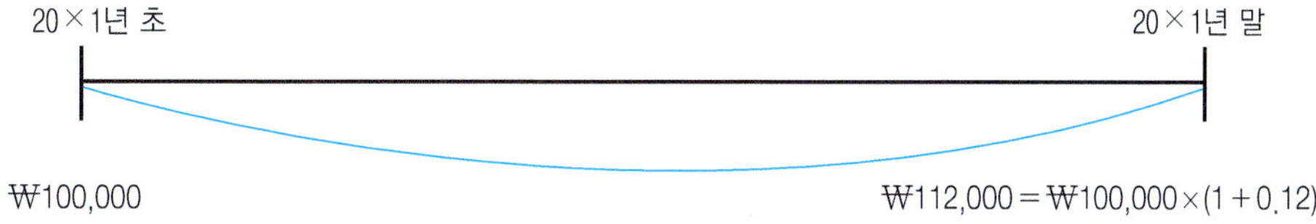

위 사례에서 이자가 매 6개월 단위 복리로 계산되는 정기예금이라고 가정하자. 이 경우 매 반기 단위로 이자가 계산되므로 이자계산 시 적용되는 이자율은 연이자율 12%가 아니라 연중 이자가 지급되는 횟수(2회)로 나눈 6%(=12%÷2회)가 된다. 따라서 반기에 6%의 이자율을 적용하였을 경우의 동 정기예금의 만기 수취액은 ₩112,360이다. 반기 단위로 이자를 계산할 경우, 2회차 이자에는 1회차 이자에 대한 이자가 추가되기 때문에 연 단위로 이자를 수취하는 것보다 더 많은 이자를 수취하게 되며, 명목상 이자율 12%보다 더 높은 이자율을 적용받은 것과 같은 효과를 누릴 수 있다. 이 경우 실질적으로 적용받는 이자율을 실질이자율 혹은 유효이자율이라고 하며, 동 정기예금의 유효이자율은 12.36%(=₩12,360÷₩100,000)가 된다. 이러한 유효이자율은 이자 지급 횟수가 증가할수록 높아지게 된다.

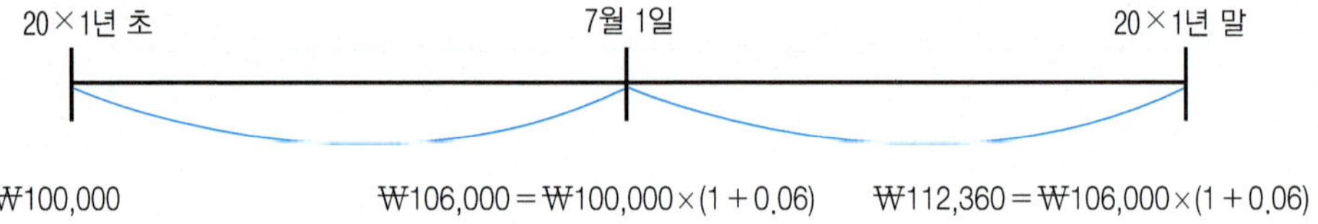

2 단일금액의 미래가치와 현재가치

2.1 단일금액의 미래가치

미래가치(future value: FV)는 현재의 일정금액을 미래의 시점에서 계산한 가치를 말한다. 예를 들어, 20×1년 1월 1일에 은행에 ₩10,000을 연이자율 12%인 정기예금에 가입하였을 경우, 3년 후에 정기예금의 가치는 이자와 원금을 합한 ₩14,049(=₩10,000+₩1,200+₩1,344+₩1,505)이 되며, 원금과 이자를 합한 금액인 ₩14,049이 현재의 금액 ₩10,000의 미래가치가 된다. 이를 연도별 화폐가치로 나타내면 [그림 A-2]와 같다.

[그림 A-2] 단일금액의 미래가치 현금흐름

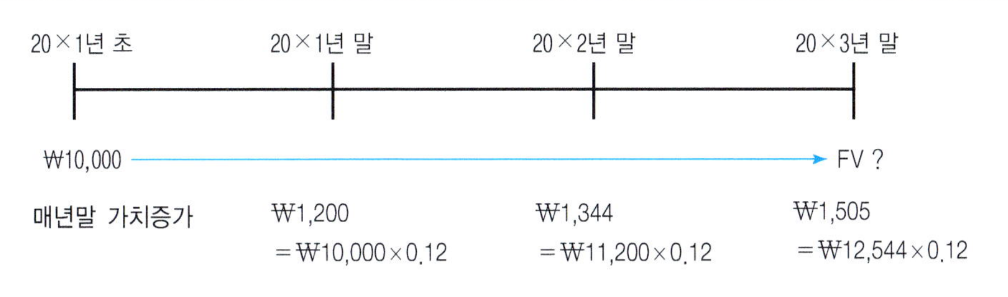

[그림 A-2]를 살펴보면, 매 연도 말 시간에 따른 미래의 화폐가치 변화는 이자율의 크기만큼 변화된다. 즉, 원금에 매년 (1+이자율)만큼씩 가치가 증가한다. 이를 기간에 대해 계산식으로 나타내면 다음과 같다.

$$FV_n = PV_0 \times (1+r)^n$$

FV: Future Value, 미래가치
PV: Present Value, 현재가치(원금)
r: 연이자율, n: 기간

다음 [예제 A-1]을 통해 단일금액의 미래가치에 대해 학습해 보자.

예제 A-1 [단일금액의 미래가치]

한국㈜는 20×1년 초에 현금 ₩100,000을 10년 만기, 연이자율 12%의 정기예금에 가입하였다. 10년 후 한국㈜가 수취하게 될 금액은 얼마인가?

- 한국㈜가 현재가치가 ₩100,000인 현금을 10년간 예치하였을 경우 10년 후에 받게 될 금액

$$FV = ₩100,000 \times (1.12)^{10}$$
$$= ₩310,584$$

단일금액의 미래가치는 매년 원금에 대해 $(1+r)$만큼씩 증가하는 행태를 가지고 있다. 따라서 매년의 원리금에 대해 $(1+r)$을 곱하면 미래가치를 계산할 수 있다. 하지만 위 [예제 A-1]에서처럼 미래기간이 매우 긴 경우에는 계산이 복잡하게 된다. 이에 <표 A-2>와 같은 현재가치 ₩1에 대한 미래가치계수표를 이용하여 간단하게 미래가치를 계산할 수 있다. 미래가치계수표는 이자율이 기간별로 일정하고, 이자가 매기당 한 번씩만 복리로 계산되며, 이자의 지급이 매 기말에 이루어질 경우 적용이 가능하며, 각 기간의 길이가 일정하게 동일하여야 한다.

〈표 A-2〉 단일금액 ₩1의 부분 미래가치계수표

n	8.0%	10.0%	12.0%
1	1.08000	1.10000	1.12000
2	1.16640	1.21000	1.25440
3	1.25972	1.33100	1.40493
4	1.36049	1.46410	1.57352
5	1.46933	1.61051	1.76234
6	1.58687	1.77156	1.97382
7	1.71382	1.94872	2.21068
8	1.85093	2.143589	2.47596
9	1.99901	2.35795	2.77308
10	2.15893	2.59374	3.10584

앞의 [예제 A-1]을 <표 A-2>의 미래가치계수표를 이용하여 계산하면 다음과 같다.

$$FV = ₩100,000 \times (1.12)^{10} = ₩100,000 \times FVF_{(12\%,10)}$$
$$= ₩100,000 \times 3.10584 = ₩310,584$$

계산식에서 $FVF_{(12\%,10)}$의 FVF는 Future Value Factor의 약자로 이자율이 r%이고 기간이 n회차인 단일금액의 미래가치계수를 의미하며, (12%,10)은 미래가치계수표에서의 이자율과 회차를 나타낸다. 즉, $FVF_{(12\%,10)}$은 단일금액의 미래가치계수표에서 연이자율 12%, 기간이 10회차에 해당하는 계수를 사용하라는 의미이다. 위

<표 A-2>에서 이자율이 12%이면서 n이 10인 구간을 찾으면 해당 미래가치계수가 3.10584임을 확인할 수 있다.

2.2 단일금액의 현재가치

현재가치(present value: PV)는 미래에 발생하게 될 현금흐름을 현재시점에서 계산한 가치를 말한다. 현재가치는 미래가치와 역의 관계에 있다. 예를 들어, 20×1년 1월 1일에 은행에 ₩10,000을 연이자율 12%인 정기예금에 가입하였을 경우, 3년 후에 ₩14,049이 됨을 미래가치에 대한 예에서 확인하였다. 이는 3년 후 ₩14,049과 현재의 ₩10,000이 같은 가치를 가짐을 의미한다. 미래가치를 연도별로 할인한 화폐가치는 [그림 A-3]과 같다.

[그림 A-3] **단일금액의 현재가치 현금흐름**

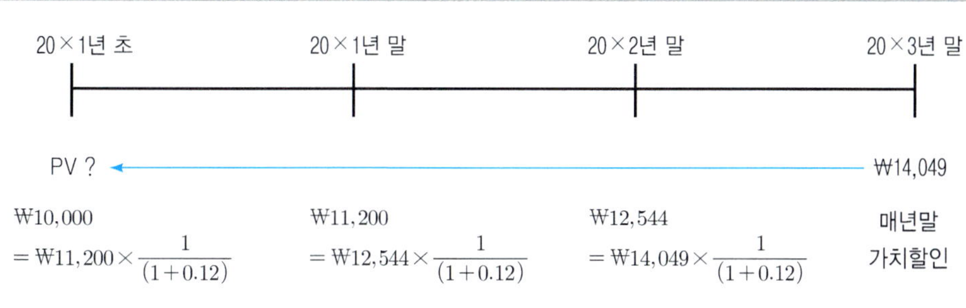

[그림 A-3]을 살펴보면, 현재의 화폐가치 변화는 매기 이자율 역수의 크기만큼 변화된다. 즉, 원금에 $\frac{1}{(1+\text{이자율})}$만큼씩 감소한다. 이를 기간에 대해 계산식으로 나타내면 다음과 같다.

$$PV_0 = FV_n \times \frac{1}{(1+r)^n}$$

FV: Future Value, 미래가치
PV: Present Value, 현재가치
r: 연이자율, n: 기간

다음 [예제 A-2]를 통해 단일금액의 현재가치에 대해 학습해 보자.

예제 A-2 [단일금액의 현재가치]

한국㈜가 20×1년 1월 1일에 5년 후에 ₩100,000을 얻기 위해 연이자율 10%, 복리로 이자가 지급되는 정기예금에 가입하려면 현재시점에서 얼마를 가입해야 하는가?

- 한국㈜가 5년 후에 ₩100,000을 얻기 위해 20×1년 1월 1일에 정기예금에 불입해야 할 금액

$$PV = ₩100{,}000 \times \frac{1}{(1+0.1)^5}$$
$$= ₩62{,}092$$

단일금액의 현재가치는 매년 원금에 대해 $\frac{1}{(1+r)}$만큼씩 감소하는 행태를 가지고 있다. 따라서 매년 원리금에 대해 $\frac{1}{(1+r)}$을 곱하면 현재가치를 계산할 수 있다. 하지만 위 [예제 A-2]처럼 미래기간이 비교적 짧은 경우는 계산이 쉬울 수 있으나 기간이 길어지게 되면 계산이 복잡하여 불편해진다. 이 경우 간단하게 <표 A-3>의 미래가치 ₩1에 대한 현재가치계수표를 이용하면 간단하게 현재가치를 계산할 수 있다. 현재가치계수표의 사용은 미래가치계수표의 적용조건과 같다.

〈표 A-3〉 단일금액 ₩1의 부분 현재가치계수표

n	8.0%	10.0%	12.0%
1	0.92593	0.90909	0.89286
2	0.85734	0.82645	0.79719
3	0.79383	0.75132	0.71178
4	0.73503	0.68301	0.63552
5	0.68058	0.62092	0.56743
6	0.63017	0.56447	0.50663

앞의 [예제 A-2]를 <표 A-3>의 현재가치계수표를 이용하여 계산하면 다음과 같다.

$$PV = ₩100,000 \times \frac{1}{(1+0.1)^5} = ₩100,000 \times PVF_{(10\%,5)}$$
$$= ₩100,000 \times 0.62092 = ₩62,092$$

계산식에서 $PVF_{(10\%,5)}$의 PVF는 Present Value Factor의 약자로 단일금액의 현재가치계수를 의미한다. 위 <표 A-3>에서 이자율 10%에서 n이 5인 구간을 찾으면 현재가치계수가 0.62092임을 알 수 있다.

3 연금의 미래가치와 현재가치

연금이란 일정기간 단위로 일정한 금액이 2회 이상에 걸쳐 지급되거나 수취하는 경우의 현금흐름을 말한다. 화폐의 시간가치 계산 시 중요한 요인은 현금흐름의 행태와 기간, 이자율(또는 할인율)이다. 연금의 시간가치 계산은 단일금액의 시간가치 계산과 비교할 때 현금흐름의 행태에서 차이가 있는 것을 제외하고는 크게 다르지 않다. 연금은 일정기간 단위로 같은 금액이 반복적으로 이루어지는 현금흐름 행태를 가지고 있기 때문에 여러 개의 단일금액에 대한 시간가치를 합한 것으로 이해하면 된다.

연금은 현금흐름의 시기에 따라 정상연금(ordinary annuity)과 선불연금(annuity due)으로 나뉘며, 정상연금은 현금흐름이 매기 말에 발생하는 연금을 말하며, 선불연금은 현금흐름이 매기 초에 발생하는 연금을 말한다.

3.1 정상연금의 미래가치

정상연금은 일정기간 동안 매기 말에 현금흐름이 발생한다. 예를 들어, 연이자율이 12%이고 매년 말 ₩1,000씩 3년간 불입하는 정기적금에 가입한다고 가정할 경우, 3년 후 동 정기적금으로부터 수취할 금액이 얼마인지를 알아보자. 동 정기적금과 관련한 3년간의 현금흐름에 대한 행태를 기간별로 나타내면 [그림 A-4]와 같다.

[그림 A-4] 정상연금의 미래가치 현금흐름

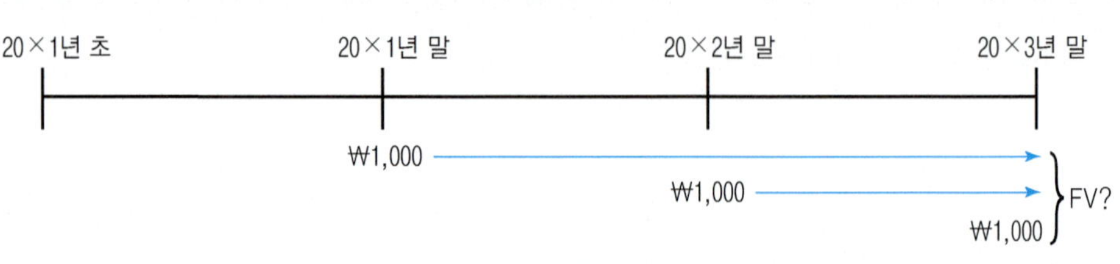

[그림 A-4]를 [그림 A-2]와 비교해 보면, 현금흐름이 일정기간 단위로 3회에 걸쳐 ₩1,000씩 발생하고 있다. 즉, 연금의 현금흐름 행태는 각 회차에서 단일금액이 반복적으로 나타나는 것이다. 따라서 연금의 시간가치는 단일금액의 시간가치를 합한 것과 같다. 이러한 논리에 기초하여 사례에서의 정기적금에 대한 3년 후 미래가치를 계산하면 다음과 같다.

$$FV: ₩1,000 \times (1+0.12)^2 + ₩1,000 \times (1+0.12)^1 + ₩1,000 = ₩3,374$$

위 현금흐름을 표로 제시하면 다음과 같다.

연도별	기초잔액	이자 발생액(12%)	당기 불입액	기말잔액
1차년도	-	-	₩1,000	₩1,000
2차년도	₩1,000	₩120	₩1,000	₩2,120
3차년도	₩2,120	₩254	₩1,000	**₩3,374**
계		**₩374**	**₩3,000**	

정상연금의 미래가치 계산에서도 가치계수표를 사용하면 편리하다. 정상연금 ₩1에 대한 미래가치계수표는 <부록 A-3>을 활용하면 된다. 위의 사례를 미래가치계수표를 이용하여 계산하면 다음과 같다.

$$FV\text{: ₩}1{,}000 \times FVAF_{(12\%,3)} = \text{₩}1{,}000 \times 3.37440 = \text{₩}3{,}374$$

(FVAF: Future Value Annuity Factor, 연금의 미래가치계수)

다음 [예제 A-3]을 통해 정상연금의 미래가치에 대해 학습해 보자.

예제 A-3 [정상연금의 미래가치]

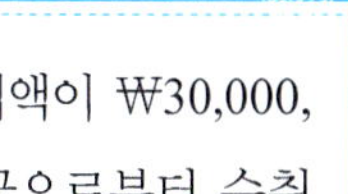

한국㈜는 20×1년 1월 1일에 만기가 3년, 이자율 10%이며, 1회 불입액이 ₩30,000, 불입시기가 매기 말인 정기적금에 가입하였다. 3년 후에 동 정기적금으로부터 수취할 금액은 얼마인가?

- 한국㈜가 3년간 매년 ₩30,000씩 불입할 경우 3년 후 수취할 금액

$$FV\text{: ₩}30{,}000 \times (1.1)^2 + \text{₩}30{,}000 \times (1.1)^1 + \text{₩}30{,}000 = \text{₩}30{,}000 \times FVAF_{(10\%,3)}$$
$$= \text{₩}30{,}000 \times 3.31000$$
$$= \text{₩}99{,}300$$

따라서, 한국㈜가 3년 후 정기적금으로부터 수취할 금액은 ₩99,300이다.

3.2 선불연금의 미래가치

매기 말에 현금흐름이 발생하는 정상연금과 달리 매기 초에 현금흐름이 발생하는 선불연금도 있다. 연이자율 12%, 매년 초에 ₩1,000씩 3년간 불입하는 정기적금에 가입한다고 가정할 경우, 선불연금의 현금흐름 행태는 다음의 [그림 A-5]와 같다.

[그림 A-5] 선불연금의 미래가치 현금흐름

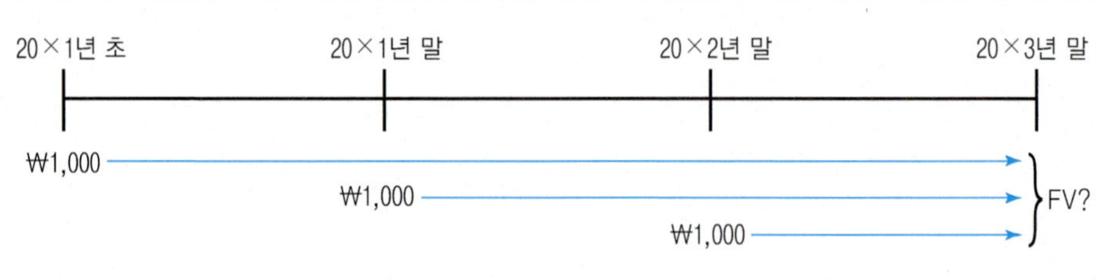

선불연금의 현금흐름 행태를 보여주는 [그림 A-5]를 정상연금의 현금흐름 행태를 보여주는 [그림 A-4]와 비교해서 살펴보면, 현금흐름의 발생시기에서 차이가 발생함을 알 수 있다. 즉, 선불연금이 정상연금에 비해 현금흐름이 한 기간 앞서서 발생함에 따라 각각의 단일금액에 대한 이자가 정상연금에 비해 한 기간씩 더 발생하게 된다. 따라서 선불연금의 미래가치가 정상연금의 미래가치보다 크다. [그림 A-5]의 선불연금에 대한 미래가치를 계산해보면 다음과 같다.

$$FV\text{: } ₩1,000 \times (1+0.12)^3 + ₩1,000 \times (1+0.12)^2 + ₩1,000 \times (1+0.12)$$
$$= ₩3,779$$

이는 현금흐름의 발생시기를 제외한 모든 조건이 동일하더라도 현금흐름의 발생시기가 다를 경우 화폐의 시간가치가 달라질 수 있음을 보여준다.

한편, 선불연금의 계산에서도 화폐의 시간가치계수표를 활용하면 편리하다. 하지만 별도로 선불연금에 대한 시간가치계수표가 주어지지 않는 경우가 많으므로, 정상연금의 시간가치계수표를 활용할 수 있으면 도움이 된다. 앞에서도 설명하였듯이, 선불연금의 현금흐름 행태가 정상연금에 비해 한 기간씩 앞서서 발생함에 따라 각각의 금액에 대한 이자가 한 기간 더 발생하는 관계를 활용하면 정상연금의 시간가치계수표를 사용할 수 있다. 즉, 연이자율 12%로 매기 초에 ₩1,000씩 3년간 불입하는 정기적금의 미래가치 계산을 위한 화폐의 시간가치계수는 1회차가 추가된 정상연금의 $FVAF_{(12\%,4)}$에서 추가된 1회차의 원금에 해당하는 계수값 1을 차감해 주면 선불연금의 미래가치계수가 되며, 다음과 같다.

$$FVAF_{(12\%,4)} - 1 = 4.77933 - 1 = 3.77933$$

따라서 연이자율 12%, 3회 불입하는 선불연금의 미래가치계수는 3.77933이 된다. 다음의 [예제 A-4]를 통해 선불연금의 미래가치에 대해 학습해 보자.

예제 A-4 [선불연금의 미래가치]

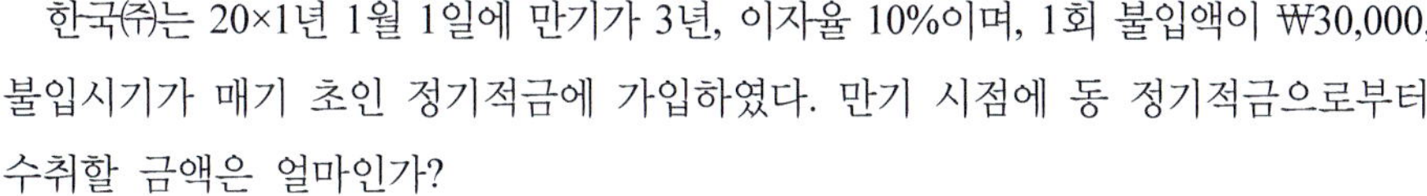

한국㈜는 20×1년 1월 1일에 만기가 3년, 이자율 10%이며, 1회 불입액이 ₩30,000, 불입시기가 매기 초인 정기적금에 가입하였다. 만기 시점에 동 정기적금으로부터 수취할 금액은 얼마인가?

- 한국㈜가 3년간 매년 ₩30,000씩 불입할 경우 3년 후 수취할 금액

$$FV: ₩30,000 \times (1.01)^3 + ₩30,000 \times (1.1)^2 + ₩30,000 \times (1.1)^1$$
$$= ₩30,000 \times (FVAF_{(10\%,4)} - 1)$$
$$= ₩30,000 \times (4.64100 - 1) = ₩109,230$$

따라서, 한국㈜가 3년 후 정기적금으로부터 수취할 금액은 ₩109,230이다.

[예제 A-3]과 [예제 A-4]를 통해 발생시기를 제외한 모든 조건이 동일한 현금흐름이라도 현금흐름의 발생시기에 따라 화폐의 시간가치가 달라짐을 알 수 있다. 이러한 차이는 이자로 인해 발생하는 것이다.

3.3 정상연금의 현재가치

한국㈜가 20×1년 1월 1일에 연이자율 12%, 3년 동안 매년 말에 ₩1,000씩 인출하는 정기예금에 가입한다고 가정할 경우, 20×1년 1월 1일에 가입해야 할 정기예금액이 얼마인지를 알아보자. 동 정기예금과 관련한 3년간의 현금흐름에 대한 기간별 행태는 [그림 A-6]과 같다.

[그림 A-6] 정상연금의 현재가치 현금흐름

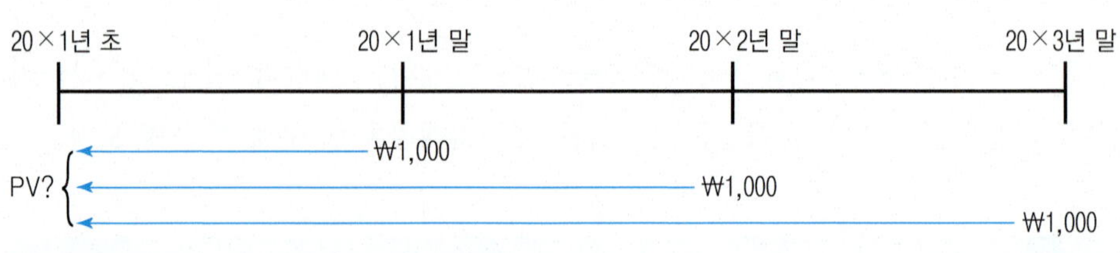

[그림 A-6]을 [그림 A-3]과 비교해 보면, 현금흐름이 일정기간 단위로 ₩1,000씩 3회에 걸쳐 발생하고 있다. 연금의 미래가치와 마찬가지로 각 회차에서 단일금액이 반복적으로 나타나므로, 단일금액의 현재가치를 합한 것이 정상연금의 현재가치가 된다. 위에서 한국㈜가 가입하고자 하는 정기예금의 현재가치는 다음과 같이 계산한다.

$$PV: ₩1,000 \times \frac{1}{(1+0.12)^1} + ₩1,000 \times \frac{1}{(1+0.12)^2} + ₩1,000 \times \frac{1}{(1+0.12)^3}$$

$$- W2,402$$

정상연금 ₩1에 대한 현재가치계수표는 <부록 A-4>를 활용하면 된다. 위의 사례를 정상연금 ₩1에 대한 현재가치계수표를 이용하여 계산하면 다음과 같다.

$$PV: ₩1,000 \times PVAF_{(12\%,3)} = ₩1,000 \times 2.40183 = ₩2,402$$

다음 [예제 A-5]를 통해 정상연금의 현재가치에 대해 학습해 보자.

예제 A-5 [정상연금의 현재가치]

한국㈜는 20×1년 1월 1일에 향후 매년 말에 ₩100,000씩 3년을 인출할 수 있는 예금에 가입하고자 한다. 연이자율이 8%일 때, 한국㈜가 20×1년 1월 1일에 정기예금에 불입할 금액은 얼마인가?

- 한국㈜가 3년간 매년 ₩100,000씩 인출할 경우 현재시점에서 예치해야 할 금액

$$PV: ₩100,000 \times \frac{1}{(1.08)^1} + ₩100,000 \times \frac{1}{(1.08)^2} + ₩100,000 \times \frac{1}{(1.08)^3}$$

$$= ₩100,000 \times PVAF_{(8\%,3)}$$

$$= ₩100,000 \times 2.57710 = ₩257,710$$

따라서 한국㈜가 현재시점에서 정기예금에 불입하여야 할 금액은 ₩257,710이다.

3.4 선불연금의 현재가치

한국㈜가 20×1년 1월 1일에 연이자율 12%, 3년 동안 매년 초에 ₩1,000씩 인출하는 정기예금에 가입한다고 가정할 경우, 20×1년 1월 1일에 가입해야 할 정기예금액이 얼마인지를 알아보자. 동 정기예금과 관련한 3년간의 현금흐름에 대한 기간별 행태는 [그림 A-7]과 같다.

[그림 A-7] **선불연금의 현재가치 현금흐름**

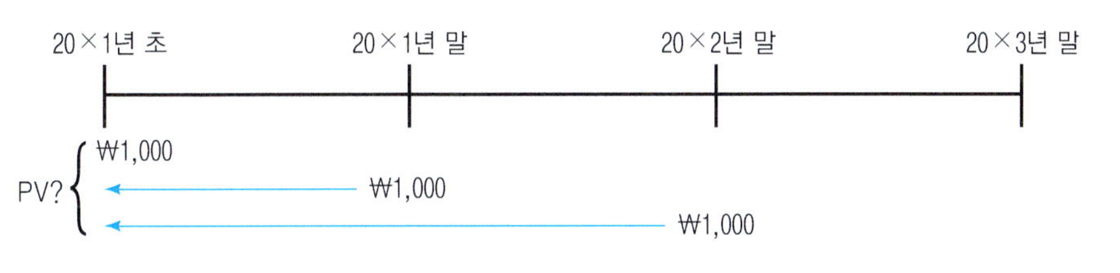

$$PV: ₩1,000 + ₩1,000 \times \frac{1}{(1+0.12)^1} + ₩1,000 \times \frac{1}{(1+0.12)^2} = ₩2,690$$

선불연금의 현금흐름 행태인 [그림 A-7]과 정상연금의 현금흐름 행태인 [그림 A-6]을 비교해서 살펴보면, 각 회차의 현금흐름이 정상연금에 비해 한 회차씩 앞서서 발생함에 따라 미래가치를 현재가치로 계산할 때 정상연금에 비해 한 기간에 대한 할인이 발생하지 않는다. 즉, 20×1년 초의 현금흐름은 미래가치 계산에서는 이자가 정상연금에 비해 한 기간 더 발생하지만, 현재가치 계산에서는 1회차 현금흐름 자체가 바로 현재가치이므로, 1회차 현금흐름에 대해서는 할인의 과정이 필요하지 않다. 그러나 [그림 A-6]의 정상연금에서는 현금흐름이 기말에 발생함에 따라 한 기간에 대한 이자 요소를 제거하기 위해 할인과정을 거쳐야 한다.

선불연금의 미래가치계수와 마찬가지로, 현재가치에서의 정상연금과 선불연금의 이러한 차이를 이용하여 정상연금의 현가계수표를 선불연금의 현가계수표로 활용할 수 있다. 즉, 연이자율 12%로 매기 초에 ₩1,000씩 3년간 인출하는 정기예금의 현재가치 계산을 위한 화폐의 시간가치계수는 현금흐름이 1회차가 적은 정상연금의 $PVAF_{(12\%,2)}$에서 차감된 1회차 원금에 해당하는 1을 더해 주면 선불연금의 현재가치계수가 되며, 다음과 같다.

$$PVAF_{(12\%,2)} + 1 = 1.69005 + 1 = 2.69005$$

다음의 [예제 A-6]을 통해 선불연금의 현재가치에 대해 학습해 보자.

예제 A-6 [선불연금의 현재가치]

한국㈜는 20×1년 1월 1일에 상품을 판매하고 대금은 판매일에 ₩100,000을 현금으로 받고, 나머지는 매년 초에 ₩100,000씩 2회에 걸쳐 분할 회수하기로 하였다. 시장이자율이 8%일 경우, 한국㈜의 20×1년 1월 1일의 매출액은 얼마인가?

- 한국㈜는 판매일에 ₩100,000의 현금을 수취하고 이후 2회에 걸쳐 매년 초에 ₩100,000씩 회수할 경우 매출액

$$PV: ₩100,000 + ₩100,000 \times \frac{1}{(1.08)^1} + ₩100,000 \times \frac{1}{(1.08)^2}$$

$$= ₩100,000 \times (PVAF_{(8\%,2)} + 1)$$

$$= ₩100,000 \times (1.78326 + 1) = ₩278,326$$

따라서 한국㈜의 20×1년 1월 1일의 매출액은 ₩278,326이다.

부록표

〈부록 A-1〉 단일금액 ₩1의 미래가치표
〈부록 A-2〉 단일금액 ₩1의 현재가치표
〈부록 A-3〉 정상연금 ₩1의 미래가치표
〈부록 A-4〉 정상연금 ₩1의 현재가치표

부록 A-1 단일금액 ₩1의 미래가치표

n	.5%	1%	1.5%	2%	2.5%	3%	3.5%	4%	4.5%	n
1	1.00500	1.01000	1.01500	1.02000	1.02500	1.03000	1.03500	1.04000	1.04500	1
2	1.01003	1.02010	1.03023	1.04040	1.05062	1.06090	1.07123	1.08160	1.09203	2
3	1.01508	1.03030	1.04568	1.06121	1.07689	1.09273	1.10872	1.12486	1.14117	3
4	1.02015	1.04060	1.06136	1.08243	1.10381	1.12551	1.14752	1.16986	1.19252	4
5	1.02525	1.05101	1.07728	1.10408	1.13141	1.15927	1.18769	1.21665	1.24618	5
6	1.03038	1.06152	1.09344	1.12616	1.15969	1.19405	1.22926	1.26532	1.30226	6
7	1.03553	1.07214	1.10984	1.14869	1.18869	1.22987	1.27228	1.31593	1.36086	7
8	1.04071	1.08286	1.12649	1.17166	1.21840	1.26677	1.31681	1.36857	1.42210	8
9	1.04591	1.09369	1.14339	1.19509	1.24886	1.30477	1.36290	1.42331	1.48610	9
10	1.05114	1.10462	1.16054	1.21899	1.28008	1.34392	1.41060	1.48024	1.55297	10
11	1.05640	1.11567	1.17795	1.24337	1.31209	1.38423	1.45997	1.53945	1.62285	11
12	1.06168	1.12683	1.19562	1.26824	1.34489	1.42576	1.51107	1.60103	1.69588	12
13	1.06699	1.13809	1.21355	1.29361	1.37851	1.46853	1.56396	1.66507	1.77220	13
14	1.07232	1.14947	1.23176	1.31948	1.41297	1.51259	1.61869	1.73168	1.85194	14
15	1.07768	1.16097	1.25023	1.34587	1.44830	1.55797	1.67535	1.80094	1.93528	15
16	1.08307	1.17258	1.26899	1.37279	1.48451	1.60471	1.73399	1.87298	2.02237	16
17	1.08849	1.18430	1.28802	1.40024	1.52162	1.65285	1.79468	1.94790	2.11338	17
18	1.09393	1.19615	1.30734	1.42825	1.55966	1.70243	1.85749	2.02582	2.20848	18
19	1.09940	1.20811	1.32695	1.45681	1.59865	1.75351	1.92250	2.10685	2.30786	19
20	1.10490	1.22019	1.34686	1.48595	1.63862	1.80611	1.98979	2.19112	2.41171	20
21	1.11042	1.23239	1.36706	1.51567	1.67958	1.86029	2.05943	2.27877	2.52024	21
22	1.11597	1.24472	1.38756	1.54598	1.72157	1.91610	2.13151	2.36992	2.63365	22
23	1.12155	1.25716	1.40838	1.57690	1.76461	1.97359	2.20611	2.46472	2.75217	23
24	1.12716	1.26973	1.42950	1.60844	1.80873	2.03279	2.28333	2.56330	2.87601	24
25	1.13280	1.28243	1.45095	1.64061	1.85394	2.09378	2.36324	2.66584	3.00543	25
26	1.13846	1.29526	1.47271	1.67342	1.90029	2.15659	2.44596	2.77247	3.14068	26
27	1.14415	1.30821	1.49480	1.70689	1.94780	2.22129	2.53157	2.88337	3.28201	27
28	1.14987	1.32129	1.51722	1.74102	1.99650	2.28793	2.62017	2.99870	3.42970	28
29	1.15562	1.33450	1.53998	1.77584	2.04641	2.35657	2.71188	3.11865	3.58404	29
30	1.16140	1.34785	1.56308	1.81136	2.09757	2.42726	2.80679	3.24340	3.74532	30
31	1.16721	1.36133	1.58653	1.84759	2.15001	2.50008	2.90503	3.37313	3.91386	31
32	1.17304	1.37494	1.61032	1.88454	2.20376	2.57508	3.00671	3.50806	4.08998	32
33	1.17891	1.38869	1.63448	1.92223	2.25885	2.65234	3.11194	3.64838	4.27403	33
34	1.18480	1.40258	1.65900	1.96068	2.31532	2.73191	3.22086	3.79432	4.46636	34
35	1.19073	1.41660	1.68388	1.99989	2.37321	2.81386	3.33359	3.94609	4.66735	35
36	1.19668	1.43077	1.70914	2.03989	2.43254	2.89828	3.45027	4.10393	4.87738	36
37	1.20266	1.44508	1.73478	2.08069	2.49335	2.98523	3.57103	4.26809	5.09686	37
38	1.20868	1.45953	1.76080	2.12230	2.55568	3.07478	3.69601	4.43881	5.32622	38
39	1.21472	1.47412	1.78721	2.16474	2.61957	3.16703	3.82537	4.61637	5.56590	39
40	1.22079	1.48886	1.81402	2.20804	2.68506	3.26204	3.95926	4.80102	5.81636	40
41	1.22690	1.50375	1.84123	2.25220	2.75219	3.35990	4.09783	4.99306	6.07810	41
42	1.23303	1.51879	1.86885	2.29724	2.82100	3.46070	4.24126	5.19278	6.35162	42
43	1.23920	1.53398	1.89688	2.34319	2.89152	3.56452	4.38970	5.40050	6.63744	43
44	1.24539	1.54932	1.92533	2.39005	2.96381	3.67145	4.54334	5.61652	6.93612	44
45	1.25162	1.56481	1.95421	2.43785	3.03790	3.78160	4.70236	5.84118	7.24825	45
46	1.25788	1.58046	1.98353	2.48661	3.11385	3.89504	4.86694	6.07482	7.57442	46
47	1.26417	1.59626	2.01328	2.53634	3.19170	4.01190	5.03728	6.31782	7.91527	47
48	1.27049	1.61223	2.04384	2.58707	3.27149	4.13225	5.21359	6.57053	8.27146	48
49	1.27684	1.62835	2.07413	2.63881	3.35328	4.25622	5.39606	6.83335	8.64367	49
50	1.28323	1.64463	2.10524	2.69159	3.43711	4.38391	5.58493	7.10668	9.03264	50

부록 A-1 단일금액 ₩1의 미래가치표

n	5%	5.5%	6%	6.5%	7%	7.5%	8%	9%	10%	*n*
1	1.05000	1.05500	1.06000	1.06500	1.07000	1.07500	1.08000	1.09000	1.10000	1
2	1.10250	1.11302	1.12360	1.13423	1.14490	1.15563	1.16640	1.18810	1.21000	2
3	1.15763	1.17424	1.19102	1.20795	1.22504	1.24230	1.25971	1.29503	1.33100	3
4	1.21551	1.23882	1.26248	1.28647	1.31080	1.33547	1.36049	1.41158	1.46410	4
5	1.27628	1.30696	1.33823	1.37009	1.40255	1.43563	1.46933	1.53862	1.61051	5
6	1.34010	1.37884	1.41852	1.45914	1.50073	1.54330	1.58687	1.67710	1.77156	6
7	1.40710	1.45468	1.50363	1.55399	1.60578	1.65905	1.71382	1.82804	1.94872	7
8	1.47746	1.53469	1.59385	1.65500	1.71819	1.78348	1.85093	1.99256	2.14359	8
9	1.55133	1.61909	1.68948	1.76257	1.83846	1.91724	1.99900	2.17189	2.35795	9
10	1.62889	1.70814	1.79085	1.87714	1.96715	2.06103	2.15892	2.36736	2.59374	10
11	1.71034	1.80209	1.89830	1.99915	2.10485	2.21561	2.33164	2.58043	2.85312	11
12	1.79586	1.90121	2.01220	2.12910	2.25219	2.38178	2.51817	2.81266	3.13843	12
13	1.88565	2.00577	2.13293	2.26749	2.40985	2.56041	2.71962	3.06580	3.45227	13
14	1.97993	2.11609	2.26090	2.41487	2.57853	2.75244	2.93719	3.34173	3.79750	14
15	2.07893	2.23248	2.39656	2.57184	2.75903	2.95888	3.17217	3.64248	4.17725	15
16	2.18287	2.35526	2.54035	2.73901	2.95216	3.18079	3.42594	3.97031	4.59497	16
17	2.29202	2.48480	2.69277	2.91705	3.15882	3.41935	3.70002	4.32763	5.05447	17
18	2.40662	2.62147	2.85434	3.10665	3.37993	3.67580	3.99602	4.71712	5.55992	18
19	2.52695	2.76565	3.02560	3.30859	3.61653	3.95149	4.31570	5.14166	6.11591	19
20	2.65330	2.91776	3.20714	3.52365	3.86968	4.24785	4.66096	5.60441	6.72750	20
21	2.78596	3.07823	3.39956	3.75268	4.14056	4.56644	5.03383	6.10881	7.40025	21
22	2.92526	3.24754	3.60354	3.99661	4.43040	4.90892	5.43654	6.65860	8.14027	22
23	3.07152	3.42615	3.81975	4.25639	4.74053	5.27709	5.87146	7.25787	8.95430	23
24	3.22510	3.61459	4.04893	4.53305	5.07237	5.67287	6.34118	7.91108	9.84973	24
25	3.38635	3.81339	4.29187	4.82770	5.42743	6.09834	6.84848	8.62308	10.83471	25
26	3.55567	4.02313	4.54938	5.14150	5.80735	6.55572	7.39635	9.39916	11.91818	26
27	3.73346	4.24440	4.82235	5.47570	6.21387	7.04739	7.98806	10.24508	13.10999	27
28	3.92013	4.47784	5.11169	5.83162	6.64884	7.57595	8.62711	11.16714	14.42099	28
29	4.11614	4.72412	5.41839	6.21067	7.11426	8.14414	9.31727	12.17218	15.86309	29
30	4.32194	4.98395	5.74349	6.61437	7.61226	8.75496	10.06266	13.26768	17.44940	30
31	4.53804	5.25807	6.08810	7.04430	8.14511	9.41158	10.86767	14.46177	19.19434	31
32	4.76494	5.54726	6.45339	7.50218	8.71527	10.11745	11.73708	15.76333	21.11378	32
33	5.00319	5.85236	6.84059	7.98982	9.32534	10.87625	12.67605	17.18203	23.22515	33
34	5.25335	6.17424	7.25103	8.50916	9.97811	11.69197	13.69013	18.72841	25.54767	34
35	5.51602	6.51383	7.68609	9.06225	10.67658	12.56887	14.78534	20.41397	28.10244	35
36	5.79182	6.87209	8.14725	9.65130	11.42394	13.51154	15.96817	22.25123	30.91268	36
37	6.08141	7.25005	8.63609	10.27864	12.22362	14.52490	17.24563	24.25384	34.00395	37
38	6.38548	7.64880	9.15425	10.94675	13.07927	15.61427	18.62528	26.43668	37.40434	38
39	6.70475	8.06949	9.70351	11.65829	13.99482	16.78534	20.11530	28.81598	41.14478	39
40	7.03999	8.51331	10.28572	12.41607	14.97446	18.04424	21.72452	31.40942	45.25926	40
41	7.39199	8.98154	10.90286	13.22312	16.02267	19.39756	23.46248	34.23627	49.78518	41
42	7.76159	9.47553	11.55703	14.08262	17.14426	20.85237	25.33948	37.31753	54.76370	42
43	8.14967	9.99668	12.25045	14.99799	18.34435	22.41630	27.36664	40.67611	60.24007	43
44	8.55715	10.54650	12.98548	15.97286	19.62846	24.09752	29.55597	44.33696	66.26408	44
45	8.98501	11.12655	13.76461	17.01110	21.00245	25.90484	31.92045	48.32729	72.89048	45
46	9.43426	11.73851	14.59049	18.11682	22.47262	27.84770	34.47409	52.67674	80.17953	46
47	9.90597	12.38413	15.46592	19.29441	24.04571	29.93628	37.23201	57.41765	88.19749	47
48	10.4013	13.06526	16.39387	20.54855	25.72891	32.18150	40.21057	62.58524	97.01723	48
49	10.9213	13.78385	17.37750	21.88421	27.52993	34.59511	43.42742	68.21791	106.7190	49
50	11.4674	14.54196	18.42015	23.30668	29.45703	37.18975	46.90161	74.35752	117.3909	50

부록 A-1 단일금액 ₩1의 미래가치표

n	11%	12%	13%	14%	15%	16%	17%	18%	19%	*n*
1	1.11000	1.12000	1.13000	1.14000	1.15000	1.16000	1.17000	1.18000	1.19000	1
2	1.23210	1.25440	1.27690	1.29960	1.32250	1.34560	1.36890	1.39240	1.41610	2
3	1.36763	1.40493	1.44290	1.48154	1.52087	1.56090	1.60161	1.64303	1.68516	3
4	1.51807	1.57352	1.63047	1.68896	1.74901	1.81064	1.87389	1.93878	2.00534	4
5	1.68506	1.76234	1.84244	1.92541	2.01136	2.10034	2.19245	2.28776	2.38635	5
6	1.87041	1.97382	2.08195	2.19497	2.31306	2.43640	2.56516	2.69955	2.83976	6
7	2.07616	2.21068	2.35261	2.50227	2.66002	2.82622	3.00124	3.18547	3.37932	7
8	2.30454	2.47596	2.65844	2.85259	3.05902	3.27841	3.51145	3.75886	4.02139	8
9	2.55804	2.77308	3.00404	3.25195	3.51788	3.80296	4.10840	4.43545	4.78545	9
10	2.83942	3.10585	3.39457	3.70722	4.04556	4.41144	4.80683	5.23384	5.69468	10
11	3.15176	3.47855	3.83586	4.22623	4.65239	5.11726	5.62399	6.17593	6.77667	11
12	3.49845	3.89598	4.33452	4.81790	5.35025	5.93603	6.58007	7.28759	8.06424	12
13	3.88328	4.36349	4.89801	5.49241	6.15279	6.88579	7.69868	8.59936	9.59645	13
14	4.31044	4.88711	5.53475	6.26135	7.07571	7.98752	9.00745	10.14724	11.41977	14
15	4.78459	5.47357	6.25427	7.13794	8.13706	9.26552	10.53872	11.97375	13.58953	15
16	5.31089	6.13039	7.06733	8.13725	9.35762	10.74800	12.33030	14.12902	16.17154	16
17	5.89509	6.86604	7.98608	9.27646	10.76126	12.46768	14.42646	16.67225	19.24413	17
18	6.54355	7.68997	9.02427	10.57517	12.37545	14.46251	16.87895	19.67325	22.90052	18
19	7.26334	8.61276	10.19742	12.05569	14.23177	16.77652	19.74838	23.21444	27.25162	19
20	8.06231	9.64629	11.52309	13.74349	16.36654	19.46076	23.10560	27.39303	32.42942	20
21	8.94917	10.80385	13.02109	15.66758	18.82152	22.57448	27.03355	32.32378	38.59101	21
22	9.93357	12.10031	14.71383	17.86104	21.64475	26.18640	31.62925	38.14206	45.92331	22
23	11.02627	13.55235	16.62663	20.36158	24.89146	30.37622	37.00623	45.00763	54.64873	23
24	12.23916	15.17863	18.78809	23.21221	28.62518	35.23642	43.29729	53.10901	65.03199	24
25	13.58546	17.00006	21.23054	26.46192	32.91895	40.87424	50.65783	62.66863	77.38807	25
26	15.07986	19.04007	23.99051	30.16658	37.85680	47.41412	59.26966	73.94898	92.09181	26
27	16.73865	21.32488	27.10928	34.38991	43.53531	55.00038	69.34550	87.25980	109.5893	27
28	18.57990	23.88387	30.63349	39.20449	50.06561	63.80044	81.13423	102.9666	130.4112	28
29	20.62369	26.74993	34.61584	44.69312	57.57545	74.00851	94.92705	121.5005	155.1893	29
30	22.89230	29.95992	39.11590	50.95016	66.21177	85.84988	111.0647	143.3706	184.6753	30
31	25.41045	33.55511	44.20096	58.08318	76.14354	99.58586	129.9456	169.1774	219.7636	31
32	28.20560	37.58173	49.94709	66.21483	87.56507	115.5196	152.0364	199.6293	261.5187	32
33	31.30821	42.09153	56.44021	75.48490	100.6998	134.0027	177.8826	235.5626	311.2073	33
34	34.75212	47.14252	63.77744	86.05279	115.8048	155.4432	208.1226	277.9638	370.3366	34
35	38.57485	52.79962	72.06851	98.10018	133.1755	180.3141	243.5035	327.9973	440.7006	35
36	42.81808	59.13557	81.43741	111.8342	153.1519	209.1643	284.8991	387.0368	524.4337	36
37	47.52807	66.23184	92.02428	127.4910	176.1246	242.6306	333.3319	456.7034	624.0761	37
38	52.75616	74.17966	103.9874	145.3397	202.5433	281.4515	389.9983	538.9100	742.6506	38
39	58.55934	83.08122	117.5058	165.6873	232.9248	326.4838	456.2981	635.9139	883.7542	39
40	65.00087	93.05097	132.7816	188.8835	267.8636	378.7212	533.8687	750.3783	1052.668	40
41	72.15096	104.2171	150.0432	215.3272	308.0431	439.3165	624.6264	885.4465	1251.484	41
42	80.08757	116.7231	169.5488	245.4730	354.2495	509.6072	730.8129	1044.827	1489.266	42
43	88.89720	130.7299	191.5901	279.8392	407.3870	591.1443	855.0511	1232.896	1772.227	43
44	98.67589	146.4175	216.4968	319.0167	468.4950	685.7274	1000.410	1454.817	2108.950	44
45	109.5302	163.9876	244.6414	363.6791	538.7693	795.4438	1170.479	1716.684	2509.651	45
46	121.5786	183.6661	276.4448	414.5941	619.5847	922.7148	1369.461	2025.687	2986.484	46
47	134.9522	205.7061	312.3826	472.6373	712.5224	1070.349	1602.269	2390.311	3553.916	47
48	149.7970	230.3908	352.9923	538.8066	819.4007	1241.605	1874.655	2820.567	4229.160	48
49	166.2746	258.0377	398.8814	614.2395	942.3108	1440.262	2193.346	3328.269	5032.701	49
50	184.5648	289.0022	450.7359	700.2330	1083.657	1670.704	2566.215	3927.357	5988.914	50

부록 A-2 단일금액 ₩1의 현재가치표

n	.5%	1%	1.5%	2%	2.5%	3%	3.5%	4%	4.5%	*n*
1	.99502	.99010	.98522	.98039	.97561	.97087	.96618	.96154	.95694	1
2	.99007	.98030	.97066	.96117	.95181	.94260	.93351	.92456	.91573	2
3	.98515	.97059	.95632	.94232	.92860	.91514	.90194	.88900	.87630	3
4	.98025	.96098	.94218	.92385	.90595	.88849	.87144	.85480	.83856	4
5	.97537	.95147	.92826	.90573	.88385	.86261	.84197	.82193	.80245	5
6	.97052	.94205	.91454	.88797	.86230	.83748	.81350	.79031	.76790	6
7	.96569	.93272	.90103	.87056	.84127	.81309	.78599	.75992	.73483	7
8	.96089	.92348	.88771	.85349	.82075	.78941	.75941	.73069	.70319	8
9	.95610	.91434	.87459	.83676	.80073	.76642	.73373	.70259	.67290	9
10	.95135	.90529	.86167	.82035	.78120	.74409	.70892	.67556	.64393	10
11	.94661	.89632	.84893	.80426	.76214	.72242	.68495	.64958	.61620	11
12	.94191	.88745	.83639	.78849	.74356	.70138	.66178	.62460	.58966	12
13	.93722	.87866	.82403	.77303	.72542	.68095	.63940	.60057	.56427	13
14	.93256	.86996	.81185	.75788	.70773	.66112	.61778	.57748	.53997	14
15	.92792	.86135	.79985	.74301	.69047	.64186	.59689	.55526	.51672	15
16	.92330	.85282	.78803	.72845	.67362	.62317	.57671	.53391	.49447	16
17	.91871	.84438	.77639	.71416	.65720	.60502	.55720	.51337	.47318	17
18	.91414	.83602	.76491	.70016	.64117	.58739	.53836	.49363	.45280	18
19	.90959	.82774	.75361	.68643	.62553	.57029	.52016	.47464	.43330	19
20	.90506	.81954	.74247	.67297	.61027	.55368	.50257	.45639	.41464	20
21	.90056	.81143	.73150	.65978	.59539	.53755	.48557	.43883	.39679	21
22	.89608	.80340	.72069	.64684	.58086	.52189	.46915	.42196	.37970	22
23	.89162	.79544	.71004	.63416	.56670	.50669	.45329	.40573	.36335	23
24	.88719	.78757	.69954	.62172	.55288	.49193	.43796	.39012	.34770	24
25	.88277	.77977	.68921	.60953	.53939	.47761	.42315	.37512	.33273	25
26	.87838	.77205	.67902	.59758	.52623	.46369	.40884	.36069	.31840	26
27	.87401	.76440	.66899	.58586	.51340	.45019	.39501	.34682	.30469	27
28	.86966	.75684	.65910	.57437	.50088	.43708	.38165	.33348	.29157	28
29	.86533	.74934	.64936	.56311	.48866	.42435	.36875	.32065	.27902	29
30	.86103	.74192	.63976	.55207	.47674	.41199	.35628	.30832	.26700	30
31	.85675	.73458	.63031	.54125	.46511	.39999	.34423	.29646	.25550	31
32	.85248	.72730	.62099	.53063	.45377	.38834	.33259	.28506	.24450	32
33	.84824	.72010	.61182	.52023	.44270	.37703	.32134	.27409	.23397	33
34	.84402	.71297	.60277	.51003	.43191	.36604	.31048	.26355	.22390	34
35	.83982	.70591	.59387	.50003	.42137	.35538	.29998	.25342	.21425	35
36	.83564	.69892	.58509	.49022	.41109	.34503	.28983	.24367	.20503	36
37	.83149	.69200	.57644	.48061	.40107	.33498	.28003	.23430	.19620	37
38	.82735	.68515	.56792	.47119	.39128	.32523	.27056	.22529	.18775	38
39	.82323	.67837	.55953	.46195	.38174	.31575	.26141	.21662	.17967	39
40	.81914	.67165	.55126	.45289	.37243	.30656	.25257	.20829	.17193	40
41	.81506	.66500	.54312	.44401	.36335	.29763	.24403	.20028	.16453	41
42	.81101	.65842	.53509	.43530	.35448	.28896	.23578	.19257	.15744	42
43	.80697	.65190	.52718	.42677	.34584	.28054	.22781	.18517	.15066	43
44	.80296	.64545	.51939	.41840	.33740	.27237	.22010	.17805	.14417	44
45	.79896	.63905	.51171	.41020	.32917	.26444	.21266	.17120	.13796	45
46	.79499	.63273	.50415	.40215	.32115	.25674	.20547	.16461	.13202	46
47	.79103	.62646	.49670	.39427	.31331	.24926	.19852	.15828	.12634	47
48	.78710	.62026	.48936	.38654	.30567	.24200	.19181	.15219	.12090	48
49	.78318	.61412	.48213	.37896	.29822	.23495	.18532	.14634	.11569	49
50	.77929	.60804	.47500	.37153	.29094	.22811	.17905	.14071	.11071	50

부록 A-2 단일금액 ₩1의 현재가치표

n	5%	5.5%	6%	6.5%	7%	7.5%	8%	9%	10%	n
1	.95238	.94787	.94340	.93897	.93458	.93023	.92593	.91743	.90909	1
2	.90703	.89845	.89000	.88166	.87344	.86533	.85734	.84168	.82645	2
3	.86384	.85161	.83962	.82785	.81630	.80496	.79383	.77218	.75131	3
4	.82270	.80722	.79209	.77732	.76290	.74880	.73503	.70843	.68301	4
5	.78353	.76513	.74726	.72988	.71299	.69656	.68058	.64993	.62092	5
6	.74622	.72525	.70496	.68533	.66634	.64796	.63017	.59627	.56447	6
7	.71068	.68744	.66506	.64351	.62275	.60275	.58349	.54703	.51316	7
8	.67684	.65160	.62741	.60423	.58201	.56070	.54027	.50187	.46651	8
9	.64461	.61763	.59190	.56735	.54393	.52158	.50025	.46043	.42410	9
10	.61391	.58543	.55839	.53273	.50835	.48519	.46319	.42241	.38554	10
11	.58468	.55491	.52679	.50021	.47509	.45134	.42888	.38753	.35049	11
12	.55684	.52598	.49697	.46968	.44401	.41985	.39711	.35553	.31863	12
13	.53032	.49856	.46884	.44102	.41496	.39056	.36770	.32618	.28966	13
14	.50507	.47257	.44230	.41410	.38782	.36331	.34046	.29925	.26333	14
15	.48102	.44793	.41727	.38883	.36245	.33797	.31524	.27454	.23939	15
16	.45811	.42458	.39365	.36510	.33873	.31439	.29189	.25187	.21763	16
17	.43630	.40245	.37136	.34281	.31657	.29245	.27027	.23107	.19784	17
18	.41552	.38147	.35034	.32189	.29586	.27205	.25025	.21199	.17986	18
19	.39573	.36158	.33051	.30224	.27651	.25307	.23171	.19449	.16351	19
20	.37689	.34273	.31180	.28380	.25842	.23541	.21455	.17843	.14864	20
21	.35894	.32486	.29416	.26648	.24151	.21899	.19866	.16370	.13513	21
22	.34185	.30793	.27751	.25021	.22571	.20371	.18394	.15018	.12285	22
23	.32557	.29187	.26180	.23494	.21095	.18950	.17032	.13778	.11168	23
24	.31007	.27666	.24698	.22060	.19715	.17628	.15770	.12640	.10153	24
25	.29530	.26223	.23300	.20714	.18425	.16398	.14602	.11597	.09230	25
26	.28124	.24856	.21981	.19450	.17220	.15254	.13520	.10639	.08391	26
27	.26785	.23560	.20737	.18263	.16093	.14190	.12519	.09761	.07628	27
28	.25509	.22332	.19563	.17148	.15040	.13200	.11591	.08955	.06934	28
29	.24295	.21168	.18456	.16101	.14056	.12279	.10733	.08215	.06304	29
30	.23138	.20064	.17411	.15119	.13137	.11422	.09938	.07537	.05731	30
31	.22036	.19018	.16425	.14196	.12277	.10625	.09202	.06915	.05210	31
32	.20987	.18027	.15496	.13329	.11474	.09884	.08520	.06344	.04736	32
33	.19987	.17087	.14619	.12516	.10723	.09194	.07889	.05820	.04306	33
34	.19035	.16196	.13791	.11752	.10022	.08553	.07305	.05339	.03914	34
35	.18129	.15352	.13011	.11035	.09366	.07956	.06763	.04899	.03558	35
36	.17266	.14552	.12274	.10361	.08754	.07401	.06262	.04494	.03235	36
37	.16444	.13793	.11579	.09729	.08181	.06885	.05799	.04123	.02941	37
38	.15661	.13074	.10924	.09135	.07646	.06404	.05369	.03783	.02673	38
39	.14915	.12392	.10306	.08578	.07146	.05958	.04971	.03470	.02430	39
40	.14205	.11746	.09722	.08054	.06678	.05542	.04603	.03184	.02209	40
41	.13528	.11134	.09172	.07563	.06241	.05155	.04262	.02921	.02009	41
42	.12884	.10554	.08653	.07101	.05833	.04796	.03946	.02680	.01826	42
43	.12270	.10003	.08163	.06668	.05451	.04461	.03654	.02458	.01660	43
44	.11686	.09482	.07701	.06261	.05095	.04150	.03383	.02255	.01509	44
45	.11130	.08988	.07265	.05879	.04761	.03860	.03133	.02069	.01372	45
46	.10600	.08519	.06854	.05520	.04450	.03591	.02901	.01898	.01247	46
47	.10095	.08075	.06466	.05183	.04159	.03340	.02686	.01742	.01134	47
48	.09614	.07654	.06100	.04867	.03887	.03107	.02487	.01598	.01031	48
49	.09156	.07255	.05755	.04570	.03632	.02891	.02303	.01466	.00937	49
50	.08720	.06877	.05429	.04291	.03395	.02689	.02132	.01345	.00852	50

부록 A-2 단일금액 ₩1의 현재가치표

n	11%	12%	13%	14%	15%	16%	17%	18%	19%	*n*
1	.90090	.89286	.88496	.87719	.86957	.86207	.85470	.84746	.84034	1
2	.81162	.79719	.78315	.76947	.75614	.74316	.73051	.71818	.70616	2
3	.73119	.71178	.69305	.67497	.65752	.64066	.62437	.60863	.59342	3
4	.65873	.63552	.61332	.59208	.57175	.55229	.53365	.51579	.49867	4
5	.59345	.56743	.54276	.51937	.49718	.47611	.45611	.43711	.41905	5
6	.53464	.50663	.48032	.45559	.43233	.41044	.38984	.37043	.35214	6
7	.48166	.45235	.42506	.39964	.37594	.35383	.33320	.31393	.29592	7
8	.43393	.40388	.37616	.35056	.32690	.30503	.28478	.26604	.24867	8
9	.39092	.36061	.33288	.30751	.28426	.26295	.24340	.22546	.20897	9
10	.35218	.32197	.29459	.26974	.24718	.22668	.20804	.19106	.17560	10
11	.31728	.28748	.26070	.23662	.21494	.19542	.17781	.16192	.14757	11
12	.28584	.25668	.23071	.20756	.18691	.16846	.15197	.13722	.12400	12
13	.25751	.22917	.20416	.18207	.16253	.14523	.12989	.11629	.10421	13
14	.23199	.20462	.18068	.15971	.14133	.12520	.11102	.09855	.08757	14
15	.20900	.18270	.15989	.14010	.12289	.10793	.09489	.08352	.07359	15
16	.18829	.16312	.14150	.12289	.10686	.09304	.08110	.07078	.06184	16
17	.16963	.14564	.12522	.10780	.09293	.08021	.06932	.05998	.05196	17
18	.15282	.13004	.11081	.09456	.08081	.06914	.05925	.05083	.04367	18
19	.13768	.11611	.09806	.08295	.07027	.05961	.05064	.04308	.03670	19
20	.12403	.10367	.08678	.07276	.06110	.05139	.04328	.03651	.03084	20
21	.11174	.09256	.07680	.06383	.05313	.04430	.03699	.03094	.02591	21
22	.10067	.08264	.06796	.05599	.04620	.03819	.03162	.02622	.02178	22
23	.09069	.07379	.06014	.04911	.04017	.03292	.02702	.02222	.01830	23
24	.08170	.06588	.05323	.04308	.03493	.02838	.02310	.01883	.01538	24
25	.07361	.05882	.04710	.03779	.03038	.02447	.01974	.01596	.01292	25
26	.06631	.05252	.04168	.03315	.02642	.02109	.01687	.01352	.01086	26
27	.05974	.04689	.03689	.02908	.02297	.01818	.01442	.01146	.00912	27
28	.05382	.04187	.03264	.02551	.01997	.01567	.01233	.00971	.00767	28
29	.04849	.03738	.02889	.02237	.01737	.01351	.01053	.00823	.00644	29
30	.04368	.03338	.02557	.01963	.01510	.01165	.00900	.00697	.00541	30
31	.03935	.02980	.02262	.01722	.01313	.01004	.00770	.00591	.00455	31
32	.03545	.02661	.02002	.01510	.01142	.00866	.00658	.00501	.00382	32
33	.03194	.02376	.01772	.01325	.00993	.00746	.00562	.00425	.00321	33
34	.02878	.02121	.01568	.01162	.00864	.00643	.00480	.00360	.00270	34
35	.02592	.01894	.01388	.01019	.00751	.00555	.00411	.00305	.00227	35
36	.02335	.01691	.01228	.00894	.00653	.00478	.00351	.00258	.00191	36
37	.02104	.01510	.01087	.00784	.00568	.00412	.00300	.00219	.00160	37
38	.01896	.01348	.00962	.00688	.00494	.00355	.00256	.00186	.00135	38
39	.01708	.01204	.00851	.00604	.00429	.00306	.00219	.00157	.00113	39
40	.01538	.01075	.00753	.00529	.00373	.00264	.00187	.00133	.00095	40
41	.01386	.00960	.00666	.00464	.00325	.00228	.00160	.00113	.00080	41
42	.01249	.00857	.00590	.00407	.00282	.00196	.00137	.00096	.00067	42
43	.01125	.00765	.00522	.00357	.00245	.00169	.00117	.00081	.00056	43
44	.01013	.00683	.00462	.00313	.00213	.00146	.00100	.00069	.00047	44
45	.00913	.00610	.00409	.00275	.00186	.00126	.00085	.00058	.00040	45
46	.00823	.00544	.00362	.00241	.00161	.00108	.00073	.00049	.00033	46
47	.00741	.00486	.00320	.00212	.00140	.00093	.00062	.00042	.00028	47
48	.00668	.00434	.00283	.00186	.00122	.00081	.00053	.00035	.00024	48
49	.00601	.00388	.00251	.00163	.00106	.00069	.00046	.00030	.00020	49
50	.00542	.00346	.00222	.00143	.00092	.00060	.00039	.00025	.00017	50

부록 A-3 정상연금 ₩1의 미래가치표

n	.5%	1%	1.5%	2%	2.5%	3%	3.5%	4%	4.5%	*n*
1	1.00000	1.00000	1.00000	1.00000	1.00000	1.00000	1.00000	1.00000	1.00000	1
2	2.00500	2.01000	2.01500	2.02000	2.02500	2.03000	2.03500	2.04000	2.04500	2
3	3.01503	3.03010	3.04523	3.06040	3.07562	3.09090	3.10623	3.12160	3.13703	3
4	4.03010	4.06040	4.09090	4.12161	4.15252	4.18363	4.21494	4.24646	4.27819	4
5	5.05025	5.10101	5.15227	5.20404	5.25633	5.30914	5.36247	5.41632	5.47071	5
6	6.07550	6.15202	6.22955	6.30812	6.38774	6.46841	6.55015	6.63298	6.71689	6
7	7.10588	7.21354	7.32299	7.43428	7.54743	7.66246	7.77941	7.89829	8.01915	7
8	8.14141	8.28567	8.43284	8.58297	8.73612	8.89234	9.05169	9.21423	9.38001	8
9	9.18212	9.36853	9.55933	9.75463	9.95452	10.15911	10.36850	10.58280	10.80211	9
10	10.22803	10.46221	10.70272	10.94972	11.20338	11.46388	11.73139	12.00611	12.28821	10
11	11.27917	11.56683	11.86326	12.16872	12.48347	12.80780	13.14199	13.48635	13.84118	11
12	12.33556	12.68250	13.04121	13.41209	13.79555	14.19203	14.60196	15.02581	15.46403	12
13	13.39724	13.80933	14.23683	14.68033	15.14044	15.61779	16.11303	16.62684	17.15991	13
14	14.46423	14.94742	15.45038	15.97394	16.51859	17.08632	17.67699	18.29191	18.93211	14
15	15.53655	16.09690	16.68214	17.29342	17.93193	18.59891	19.29568	20.02359	20.78405	15
16	16.61423	19.25786	17.93237	18.63929	19.38022	20.15688	20.97103	21.82453	22.71934	16
17	17.69730	18.43044	19.20136	20.01207	20.86473	21.76159	22.70502	23.69751	24.74171	17
18	18.78579	19.61475	20.48938	21.41231	22.38635	23.41444	24.49969	25.64541	26.85508	18
19	19.87972	20.81090	21.79672	22.84056	23.94601	25.11687	26.35718	27.67123	29.06356	19
20	20.97912	22.01900	23.12367	24.29737	25.54466	26.87037	28.27968	29.77808	31.37142	20
21	22.08401	23.23919	24.47052	25.78332	27.18327	28.67649	30.26947	31.96920	33.78314	21
22	23.19443	24.47159	25.83758	27.29898	28.86286	30.53678	32.32890	34.24797	36.30338	22
23	24.31040	25.71630	27.22514	28.84496	30.58443	32.45288	34.46041	36.61789	38.93703	23
24	25.43196	26.97346	28.63352	30.42186	32.34904	34.42647	36.66653	39.08260	41.68920	24
25	26.55912	28.24320	30.06302	32.03030	34.15776	36.45926	38.94986	41.64591	44.56521	25
26	27.69191	29.52563	31.51397	33.67091	36.01171	38.55304	41.31310	44.31174	47.57064	26
27	28.83037	30.82089	32.98668	35.34432	37.91200	40.70963	43.75906	47.08421	50.71132	27
28	29.97452	32.12910	34.48148	37.05121	39.85980	42.93092	46.29063	49.96758	53.99333	28
29	31.12439	33.45039	35.99870	38.79223	41.85630	45.21885	48.91080	52.96629	57.42303	29
30	32.28002	34.78489	37.53868	40.56808	43.90270	47.57542	51.62268	56.08494	61.00707	30
31	33.44142	36.13274	39.10176	42.37944	46.00027	50.00268	54.42947	59.32834	64.75239	31
32	34.60862	37.49407	40.68829	44.22703	48.15028	52.50276	57.33450	62.70147	68.66625	32
33	35.78167	38.86901	42.29861	46.11157	50.35403	55.07784	60.34121	66.20953	72.75623	33
34	36.96058	40.25770	43.93309	48.03380	52.61289	57.73018	63.45315	69.85791	77.03026	34
35	38.14538	41.66028	45.59209	49.99448	54.92821	60.46208	66.67401	73.65222	81.49662	35
36	39.33610	43.07688	47.27597	51.99437	57.30141	63.27594	70.00760	77.59831	86.16397	36
37	40.53279	44.50765	48.98511	54.03425	59.73395	66.17422	73.45787	81.70225	91.04134	37
38	41.73545	45.95272	50.71989	56.11494	62.22730	69.15945	77.02889	85.97034	96.13820	38
39	42.94413	47.41225	52.48068	58.23724	64.78298	72.23423	80.72491	90.40915	101.4644	39
40	44.15885	48.88637	54.26789	60.40198	67.40255	75.40126	84.55028	95.02552	107.0303	40
41	45.37964	50.37524	56.08191	62.61002	70.08762	78.66330	88.50954	99.82654	112.8467	41
42	46.60654	51.87899	57.92314	64.86222	72.83981	82.02320	92.60737	104.8196	118.9248	42
43	47.83957	53.39778	59.79199	67.15947	75.66080	85.48389	96.84863	110.0124	125.2764	43
44	49.07877	54.93176	61.68887	69.50266	78.55232	89.04841	101.2383	115.4129	131.9138	44
45	50.32416	56.48107	63.61420	71.89271	81.51613	92.71986	105.7817	121.0294	138.8500	45
46	51.57578	58.04589	65.56841	74.33056	84.55403	96.50146	110.4840	126.8706	146.0982	46
47	52.83366	59.62634	67.55194	76.81718	87.66789	100.3965	115.3510	132.9454	153.6726	47
48	54.09783	61.22261	69.56522	79.35352	90.85958	104.4084	120.3883	139.2632	161.5879	48
49	55.36832	62.83483	71.60870	81.94059	94.13107	108.5407	125.6019	145.8337	169.8594	49
50	56.64516	64.46318	73.68283	84.57940	97.48435	112.7969	130.9979	152.6671	178.5030	50

부록 A-3 정상연금 ₩1의 미래가치표

n	5%	5.5%	6%	6.5%	7%	7.5%	8%	9%	10%	*n*
1	1.00000	1.00000	1.00000	1.00000	1.00000	1.00000	1.00000	1.00000	1.00000	1
2	2.05000	2.05500	2.06000	2.06500	2.07000	2.07500	2.08000	2.09000	2.10000	2
3	3.15250	3.16802	3.18360	3.19923	3.21490	3.23063	3.24640	3.27810	3.31000	3
4	4.31013	4.34227	4.37462	4.40717	4.43994	4.47292	4.50611	4.57313	4.64100	4
5	5.52563	5.58109	5.63709	5.69364	5.75074	5.80839	5.86660	5.98471	6.10510	5
6	6.80191	6.88805	6.97532	7.06373	7.15329	7.24402	7.33593	7.52333	7.71561	6
7	8.14201	8.26689	8.39384	8.52287	8.65402	8.78732	8.92280	9.20043	9.48717	7
8	9.54911	9.72157	9.89747	10.07686	10.25980	10.44637	10.63663	11.02847	11.43589	8
9	11.02656	11.25626	11.49132	11.73185	11.97799	12.22985	12.48756	13.02104	13.57948	9
10	12.57789	12.87535	13.18079	13.49442	13.81645	14.14709	14.48656	15.19293	15.93742	10
11	14.20679	14.58350	14.97164	15.37156	15.78360	16.20812	16.64549	17.56029	18.53117	11
12	15.91713	16.38559	16.86994	17.37071	17.88845	18.42373	18.97713	20.14072	21.38428	12
13	17.71298	18.28680	18.88214	19.49981	20.14064	20.80551	21.49530	22.95338	24.52271	13
14	19.59863	20.29257	21.01507	21.76730	22.55049	23.36592	24.21492	26.01919	27.97498	14
15	21.57856	22.40866	23.27597	24.18217	25.12902	26.11836	27.15211	29.36092	31.77248	15
16	23.65749	24.64114	25.67253	26.75401	27.88805	29.07724	30.32428	33.00340	35.94973	16
17	25.84037	26.99640	28.21288	29.49302	30.84022	32.25804	33.75023	36.97370	40.54470	17
18	28.13238	29.48120	30.90565	32.41007	33.99903	35.67739	37.45024	41.30134	45.59917	18
19	30.53900	32.10267	33.75999	35.51672	37.37896	39.35319	41.44626	46.01846	51.15909	19
20	33.06595	34.86832	36.78559	38.82531	40.99549	43.30468	45.76196	51.16012	57.27500	20
21	35.71925	37.78608	39.99273	42.34895	44.86518	47.55253	50.42292	56.76453	64.00250	21
22	38.50521	40.86431	43.39229	46.10164	49.00574	52.11897	55.45676	62.87334	71.40275	22
23	41.43048	44.11185	46.99583	50.09824	53.43614	57.02790	60.89330	69.53194	79.54302	23
24	44.50200	47.53800	50.81558	54.35463	58.17667	62.30499	66.76476	76.78981	88.49733	24
25	47.72710	51.15259	54.86451	58.88768	63.24904	67.97786	73.10594	84.70090	98.34706	25
26	51.11345	54.96598	59.15638	63.71538	68.67647	74.07620	79.95442	93.32398	109.1818	26
27	54.66913	58.98911	63.70577	68.85688	74.48382	80.63192	87.35077	102.7231	121.0999	27
28	58.40258	63.23351	68.52811	74.33257	80.69769	87.67931	95.33883	112.9682	134.2099	28
29	62.32271	67.71135	73.63980	80.16419	87.34653	95.25526	103.9659	124.1354	148.6309	29
30	66.43885	72.43548	79.05819	86.37486	94.46079	103.3994	113.2832	136.3075	164.4940	30
31	70.76079	77.41943	84.80168	92.98923	102.0730	112.1544	123.3459	149.5752	181.9434	31
32	75.29883	82.67750	90.88978	100.0335	110.2182	121.5659	134.2135	164.0370	201.1378	32
33	80.06377	88.22476	97.34316	107.5357	118.9334	131.6834	145.9506	179.8003	222.2515	33
34	85.06696	94.07712	104.1838	115.5255	128.2588	142.5596	158.6267	196.9823	245.4767	34
35	90.32031	100.2514	111.4348	124.0347	138.2369	154.2516	172.3168	215.7108	271.0244	35
36	95.83632	106.7652	119.1209	133.0970	148.9135	166.8205	187.1022	236.1247	299.1268	36
37	101.6281	113.6373	127.2681	142.7483	160.3374	180.3320	203.0703	258.3760	330.0395	37
38	107.7096	120.8873	135.9042	153.0269	172.5610	194.8569	220.3160	282.6298	364.0434	38
39	114.0950	128.5361	145.0585	163.9736	185.6403	210.4712	238.9412	309.0665	401.4478	39
40	120.7998	136.6056	154.7620	175.6319	199.6351	227.2565	259.0565	337.8825	442.5926	40
41	127.8398	145.1189	165.0477	188.0480	214.6096	245.3008	280.7810	369.2919	487.8518	41
42	135.2318	154.1005	175.9505	201.2711	230.6322	264.6983	304.2435	403.5281	537.6370	42
43	142.9933	163.5760	187.5076	215.3537	247.7765	285.5507	329.5830	440.8457	592.4007	43
44	151.1430	173.5727	199.7580	230.3517	266.1209	307.9670	356.9497	481.5218	652.6408	44
45	159.7002	184.1192	212.7435	246.3246	285.7493	332.0645	386.5056	525.8587	718.9048	45
46	168.6852	195.2457	226.5081	263.3357	306.7518	357.9694	418.4261	574.1860	791.7953	46
47	178.1194	206.9842	241.0986	281.4525	329.2244	385.8171	452.9002	626.8628	871.9749	47
48	188.0254	219.3684	256.5645	300.7469	353.2701	415.7533	490.1322	684.2804	960.1723	48
49	198.4267	232.4336	272.9584	321.2955	378.9990	447.9348	530.3427	746.8657	1057.190	49
50	209.3480	246.2175	290.3359	343.1797	406.5289	482.5300	573.7702	815.0836	1163.909	50

부록 A-3 정상연금 ₩1의 미래가치표

n	11%	12%	13%	14%	15%	16%	17%	18%	19%	n
1	1.00000	1.00000	1.00000	1.00000	1.00000	1.00000	1.00000	1.00000	1.00000	1
2	2.11000	2.12000	2.13000	2.14000	2.15000	2.16000	2.17000	2.18000	2.19000	2
3	3.34210	3.37440	3.40690	3.43960	3.47250	3.50560	3.53890	3.57240	3.60610	3
4	4.70973	4.77933	4.84980	4.92114	4.99337	5.06650	5.14051	5.21543	5.29126	4
5	6.22780	6.35285	6.48027	6.61010	6.74238	6.87714	7.01440	7.15421	7.29660	5
6	7.91286	8.11519	8.32271	8.53552	8.75374	8.97748	9.20685	9.44197	9.68295	6
7	9.78327	10.08901	10.40466	10.73049	11.06680	11.41387	11.77201	12.14152	12.52271	7
8	11.85943	12.29969	12.75726	13.23276	13.72682	14.24009	14.77325	15.32700	15.90203	8
9	14.16397	14.77566	15.41571	16.08535	16.78584	17.51851	18.28471	19.08585	19.92341	9
10	16.72201	17.54874	18.41975	19.33730	20.30372	21.32147	22.39311	23.52131	24.70886	10
11	19.56143	20.65458	21.81432	23.04452	24.34928	25.73290	27.19994	28.75514	30.40355	11
12	22.71319	24.13313	25.65018	27.27075	29.00167	30.85017	32.82393	34.93107	37.18022	12
13	26.21164	28.02911	29.98470	32.08865	34.35192	36.78620	39.40399	42.21866	45.24446	13
14	30.09492	32.39260	34.88271	37.58107	40.50471	43.67199	47.10267	50.81802	54.84091	14
15	34.40536	37.27971	40.41746	43.84241	47.58041	51.65951	56.11013	60.96527	66.26068	15
16	39.18995	42.75328	46.67173	50.98035	55.71747	60.92503	66.64885	72.93901	79.85021	16
17	44.50084	48.88367	53.73906	59.11760	65.07509	71.67303	78.97915	87.06804	96.02175	17
18	50.39594	55.74971	61.72514	68.39407	75.83636	84.14072	93.40561	103.7403	115.2659	18
19	56.93949	63.43968	70.74941	78.96923	88.21181	98.60323	110.2846	123.4135	138.1664	19
20	64.20283	72.05244	80.94683	91.02493	102.4436	115.3798	130.0329	146.6280	165.4180	20
21	72.26514	81.69874	92.46992	104.7684	118.8101	134.8405	153.1385	174.0210	197.8474	21
22	81.21431	92.50258	105.4910	120.4360	137.6316	157.4150	180.1721	206.3448	236.4385	22
23	91.14788	104.6029	120.2048	138.2970	159.2764	183.6014	211.8013	244.4869	282.3618	23
24	102.1742	118.1552	136.8315	158.6586	184.1678	213.9776	248.8076	289.4945	337.0105	24
25	114.4133	133.3339	155.6196	181.8708	212.7930	249.2140	292.1049	342.6035	402.0425	25
26	127.9988	150.3339	176.8501	208.3327	245.7120	290.0883	342.7627	405.2721	479.4306	26
27	143.0786	169.3740	200.8406	238.4993	283.5688	337.5024	402.0323	479.2211	571.5224	27
28	159.8173	190.6989	227.9499	272.8892	327.1041	392.5028	471.3778	566.4809	681.1116	28
29	178.3972	214.5828	258.5834	312.0937	377.1697	456.3032	552.5121	669.4475	811.5228	29
30	199.0209	241.3327	293.1992	356.7869	434.7452	530.3117	647.4391	790.9480	966.7122	30
31	221.9132	271.2926	332.3151	407.7370	500.9569	616.1616	758.5038	934.3186	1151.387	31
32	247.3236	304.8477	376.5161	465.8202	577.1005	715.7475	888.4494	1103.496	1371.151	32
33	275.5292	342.4295	426.4632	532.0350	664.6655	831.2671	1040.486	1303.125	1632.670	33
34	306.8374	384.5210	482.9034	607.5199	765.3654	965.2698	1218.368	1538.688	1943.877	34
35	341.5896	431.6635	546.6808	693.5727	881.1702	1120.713	1426.491	1816.652	2314.214	35
36	380.1644	484.4631	618.7493	791.6729	1014.346	1301.027	1669.995	2144.649	2754.914	36
37	422.9825	543.5987	700.1867	903.5071	1167.498	1510.191	1954.894	2531.686	3279.348	37
38	470.5106	609.8305	792.2110	1030.998	1343.622	1752.822	2288.225	2988.389	3903.424	38
39	523.2667	684.0102	869.1985	1176.338	1546.166	2034.274	2678.224	3527.299	4646.075	39
40	581.8261	767.0914	1013.704	1342.025	1779.090	2360.757	3134.522	4163.213	5529.829	40
41	646.8269	860.1424	1146.486	1530.909	2046.954	2739.478	3668.391	4913.591	6581.496	41
42	718.9779	964.3595	1296.529	1746.236	2354.997	3178.795	4293.017	5799.038	7832.981	42
43	799.0655	1081.083	1466.078	1991.709	2709.247	3688.402	5023.830	6843.865	9322.247	43
44	887.9627	1211.813	1657.668	2271.548	3116.633	4279.547	5878.881	8076.760	11094.47	44
45	986.6386	1358.230	1874.165	2590.565	3585.129	4965.274	6879.291	9531.577	13203.42	45
46	1096.169	1522.218	2118.806	2954.244	4123.898	5760.718	8049.770	11248.26	15713.07	46
47	1217.747	1705.884	2395.251	3368.838	4743.482	6683.433	9419.231	13273.95	18699.56	47
48	1352.700	1911.590	2707.633	3841.475	5456.005	7753.782	11021.50	15664.26	22253.48	48
49	1502.497	2141.981	3060.626	4380.282	6275.406	8995.387	12896.16	18484.83	26482.64	49
50	1668.771	2400.018	3459.507	4994.521	7217.716	10435.65	15089.50	21813.09	31515.34	50

부록 A-4 정상연금 ₩1의 현재가치표

n	.5%	1%	1.5%	2%	2.5%	3%	3.5%	4%	4.5%	*n*
1	0.99502	0.99010	0.98522	0.98039	0.97561	0.97087	0.96618	0.96154	0.95694	1
2	1.98510	1.97040	1.95588	1.94156	1.92742	1.91347	1.89969	1.88609	1.87267	2
3	2.97025	2.94099	2.91220	2.88388	2.85602	2.82861	2.80164	2.77509	2.74896	3
4	3.95050	3.90197	3.85438	3.80773	3.76197	3.71710	3.67308	3.62990	3.58753	4
5	4.92587	4.85343	4.78264	4.71346	4.64583	4.57971	4.51505	4.45182	4.38998	5
6	5.89638	5.79548	5.69719	5.60143	5.50813	5.41719	5.32855	5.24214	5.15787	6
7	6.86207	6.72819	6.59821	6.47199	6.34939	6.23028	6.11454	6.00205	5.89270	7
8	7.82296	7.65168	7.48593	7.32548	7.17014	7.01969	6.87396	6.73274	6.59589	8
9	8.77906	8.56602	8.36052	8.16224	7.97087	7.78611	7.60769	7.43533	7.26879	9
10	9.73041	9.47130	9.22218	8.98259	8.75206	8.53020	8.31661	8.11090	7.91272	10
11	10.67703	10.36763	10.07112	9.78685	9.51421	9.25262	9.00155	8.76048	8.52892	11
12	11.61893	11.25508	10.90751	10.57534	10.25776	9.95400	9.66333	9.38507	9.11858	12
13	12.55615	12.13374	11.73153	11.34837	10.98318	10.63496	10.30274	9.98565	9.68285	13
14	13.48871	13.00370	12.54338	12.10625	11.69091	11.29607	10.92052	10.56312	10.22283	14
15	14.41662	13.86505	13.34323	12.84926	12.38138	11.93794	11.51741	11.11839	10.73955	15
16	15.33993	14.71787	14.13126	13.57771	13.05500	12.56110	12.09412	11.65230	11.23402	16
17	16.25863	15.56225	14.90765	14.29187	13.71220	13.16612	12.65132	12.16567	11.70719	17
18	17.17277	16.39827	15.67256	14.99203	14.35336	13.75351	13.18968	12.65930	12.15999	18
19	18.08236	17.22601	16.42617	15.67846	14.97889	14.32380	13.70984	13.13394	12.59329	19
20	18.98742	18.04555	17.16864	16.35143	15.58916	14.87747	14.21240	13.59033	13.00794	20
21	19.88798	18.85698	17.90014	17.01121	16.18455	15.41502	14.69797	14.02916	13.40472	21
22	20.78406	19.66038	18.62082	17.65805	16.76541	15.93692	15.16712	14.45112	13.78442	22
23	21.67568	20.45582	19.33086	18.29220	17.33211	16.44361	15.62041	14.85684	14.14777	23
24	22.56287	21.24339	20.03041	18.91393	17.88499	16.93554	16.05837	15.24696	14.49548	24
25	23.44564	22.02316	20.71961	19.52346	18.42438	17.41315	16.48151	15.62208	14.82821	25
26	24.32402	22.79520	21.39863	20.12104	18.95061	17.87684	16.89035	15.98277	15.14661	26
27	25.19803	23.55961	22.06762	20.70690	19.46401	18.32703	17.28536	16.32959	15.45130	27
28	26.06769	24.31644	22.72672	21.28127	19.96489	18.76411	17.66702	16.66306	15.74287	28
29	26.93302	25.06579	23.37608	21.84438	20.45355	19.18845	18.03577	16.98371	16.02189	29
30	27.79405	25.80771	24.01584	22.39646	20.93029	19.60044	18.39205	17.29203	16.28889	30
31	28.65080	26.54229	24.64615	22.93770	21.39541	20.00043	18.73628	17.58849	16.54439	31
32	29.50328	27.26959	25.26714	23.46833	21.84918	20.38877	19.06887	17.87355	16.78889	32
33	30.35153	27.98969	25.87895	23.98856	22.29188	20.76579	19.39021	18.14765	17.02286	33
34	31.19555	28.70267	26.48173	24.49859	22.72379	21.13184	19.70068	18.41120	17.24676	34
35	32.03537	29.40858	27.07559	24.99862	23.14516	21.48722	20.00066	18.66461	17.46101	35
36	32.87102	30.10751	27.66068	25.48884	23.55625	21.83225	20.29049	18.90828	17.66604	36
37	33.70250	30.79951	28.23713	25.96945	23.95732	22.16724	20.57053	19.14258	17.86224	37
38	34.52985	31.48466	28.80505	26.44064	24.34860	22.49246	20.84109	19.36786	18.04999	38
39	35.35309	32.16303	29.36458	26.90259	24.73034	22.80822	21.10250	19.58448	18.22966	39
40	36.17223	32.83469	29.91585	27.35548	25.10278	23.11477	21.35507	19.79277	18.40158	40
41	36.98729	33.49969	30.45986	27.79949	25.46612	23.41240	21.59910	19.99305	18.56611	41
42	37.79830	34.15811	30.99405	28.23479	25.82061	23.70136	21.83488	20.18563	18.72355	42
43	38.60527	34.81001	31.52123	28.66156	26.16645	23.98190	22.06269	20.37079	18.87421	43
44	39.40823	35.45545	32.04062	29.07996	26.50385	24.25427	22.28279	20.54884	19.01838	44
45	40.20720	36.09451	32.55234	29.49016	26.83302	24.51871	22.49545	20.72004	19.15635	45
46	41.00219	36.72724	33.05649	29.89231	27.15417	24.77545	22.70092	20.88465	19.28837	46
47	41.79322	37.35370	33.55319	30.28658	27.46748	25.02471	22.89944	21.04294	19.41471	47
48	42.58032	37.97396	34.04255	30.67312	27.77315	25.26671	23.09124	21.19513	19.53561	48
49	43.36350	38.58808	34.52468	31.05208	28.07137	25.50166	23.27656	21.34147	19.65130	49
50	44.14279	39.19612	34.99969	31.42361	28.36231	25.72976	23.45562	21.48218	19.76201	50

부록 A-4 정상연금 ₩1의 현재가치표

n	5%	5.5%	6%	6.5%	7%	7.5%	8%	9%	10%	n
1	0.95238	0.94787	0.94340	0.93897	0.93458	0.93023	0.92593	0.91743	0.90909	1
2	1.85941	1.84632	1.83339	1.82063	1.80802	1.79557	1.78326	1.75911	1.73554	2
3	2.72325	2.69793	2.67301	2.64848	2.62432	2.60053	2.57710	2.53129	2.48685	3
4	3.54595	3.50515	3.46511	3.42580	3.38721	3.34933	3.31213	3.23972	3.16987	4
5	4.32948	4.27028	4.21236	4.15568	4.10020	4.04588	3.99271	3.88965	3.79079	5
6	5.07569	4.99553	4.91732	4.84101	4.76654	4.69385	4.62288	4.48592	4.35526	6
7	5.78637	5.68297	5.58238	5.48452	5.38929	5.29660	5.20637	5.03295	4.86842	7
8	6.46321	6.33457	6.20979	6.08875	5.97130	5.85730	5.74664	5.53482	5.33493	8
9	7.10782	6.95220	6.80169	6.65610	6.51523	6.37889	6.24689	5.99525	5.75902	9
10	7.72173	7.53763	7.36009	7.18883	7.02358	6.86408	6.71008	6.41766	6.14457	10
11	8.30641	8.09254	7.88687	7.68904	7.49867	7.31542	7.13896	6.80519	6.49506	11
12	8.86325	8.61852	8.38384	8.15873	7.94269	7.73528	7.53608	7.16073	6.81369	12
13	9.39357	9.11708	8.85268	8.59974	8.35765	8.12584	7.90378	7.48690	7.10336	13
14	9.89864	9.58965	9.29498	9.01384	8.74547	8.48915	8.24424	7.78615	7.36669	14
15	10.37966	10.03758	9.71225	9.40267	9.10791	8.82712	8.55948	8.06069	7.60608	15
16	10.83777	10.46216	10.10590	9.76776	9.44665	9.14151	8.85137	8.31256	7.82371	16
17	11.27407	10.86461	10.47726	10.11058	9.76322	9.43396	9.12164	8.54363	8.02155	17
18	11.68959	11.24607	10.82760	10.43247	10.05909	9.70601	9.37189	8.75563	8.20141	18
19	12.08532	11.60765	11.15812	10.73471	10.33560	9.95908	9.60360	8.95011	8.36492	19
20	12.46221	11.95038	11.46992	11.01851	10.59401	10.19449	9.81815	9.12855	8.51356	20
21	12.82115	12.27524	11.76408	11.28498	10.83553	10.41348	10.01680	9.29224	8.64869	21
22	13.16300	12.58317	12.04158	11.53520	11.06124	10.61719	10.20074	9.44243	8.77154	22
23	13.48857	12.87504	12.30338	11.77014	11.27219	10.80669	10.37106	9.58021	8.88322	23
24	13.79864	13.15170	12.55036	11.99074	11.46933	10.98297	10.52876	9.70661	8.98474	24
25	14.09394	13.41393	12.78336	12.19788	11.65358	11.14695	10.67478	9.82258	9.07704	25
26	14.37519	13.66250	13.00317	12.39237	11.82578	11.29948	10.80998	9.92897	9.16095	26
27	14.64303	13.89810	13.21053	12.57500	11.98671	11.44138	10.93516	10.02658	9.23722	27
28	14.89813	14.12142	13.40616	12.74648	12.13711	11.57338	11.05108	10.11613	9.30657	28
29	15.14107	14.33310	13.59072	12.90749	12.27767	11.69617	11.15841	10.19828	9.36961	29
30	15.37245	14.53375	13.76483	13.05868	12.40904	11.81039	11.25778	10.27365	9.42691	30
31	15.59281	14.72393	13.92909	13.20063	12.53181	11.91664	11.34980	10.34280	9.47901	31
32	15.80268	14.90420	14.08404	13.33393	12.64656	12.01548	11.43500	10.40624	9.52638	32
33	16.00255	15.07507	14.23023	13.45909	12.75379	12.10742	11.51389	10.46444	9.56943	33
34	16.19290	15.23703	14.36814	13.57661	12.85401	12.19295	11.58693	10.51784	9.60857	34
35	16.37419	15.39055	14.49825	13.68696	12.94767	12.27251	11.65457	10.56682	9.64416	35
36	16.54685	15.53607	14.62099	13.79057	13.03521	12.34652	11.71719	10.61176	9.67651	36
37	16.71129	15.67400	14.73678	13.88786	13.11702	12.41537	11.77518	10.65299	9.70592	37
38	16.86789	15.80474	14.84602	13.97921	13.19347	12.47941	11.82887	10.69082	9.73265	38
39	17.01704	15.92866	14.94907	14.06499	13.26493	12.53899	11.87858	10.72552	9.75696	39
40	17.15909	16.04612	15.04630	14.14553	13.33171	12.59441	11.92461	10.75736	9.77905	40
41	17.29437	16.15746	15.13802	14.22115	13.39412	12.64596	11.96723	10.78657	9.79914	41
42	17.42321	16.26300	15.22454	14.29216	13.45245	12.69392	12.00670	10.81337	9.81740	42
43	17.54591	16.36303	15.30617	14.35884	13.50696	12.73853	12.04324	10.83795	9.83400	43
44	17.66277	16.45785	15.38318	14.42144	13.55791	12.78003	12.07707	10.86051	9.84909	44
45	17.77407	16.54773	15.45583	14.48023	13.60552	12.81863	12.10840	10.88120	9.86281	45
46	17.88007	16.63292	15.52437	14.53543	13.65002	12.85454	12.13741	10.90018	9.87528	46
47	17.98102	16.71366	15.58903	14.58725	13.69161	12.88794	12.16427	10.91760	9.88662	47
48	18.07716	16.79020	15.65003	14.63592	13.73047	12.91902	12.18914	10.93358	9.89693	48
49	18.16872	16.86275	15.70757	14.68161	13.76680	12.94792	12.21216	10.94823	9.90630	49
50	18.25593	16.93152	15.76186	14.72452	13.80075	12.97481	12.23348	10.96168	9.91481	50

부록 A-4 정상연금 ₩1의 현재가치표

n	11%	12%	13%	14%	15%	16%	17%	18%	19%	n
1	0.90090	0.89286	0.88496	0.87719	0.86957	0.86207	0.85470	0.84746	0.84034	1
2	1.71252	1.69005	1.66810	1.64666	1.62571	1.60523	1.58521	1.56564	1.54650	2
3	2.44371	2.40183	2.36115	2.32163	2.28323	2.24589	2.20958	2.17427	2.13992	3
4	3.10245	3.03735	2.97447	2.91371	2.85498	2.79818	2.74324	2.69006	2.63859	4
5	3.69590	3.60478	3.51723	3.43308	3.35216	3.27429	3.19935	3.12717	3.05763	5
6	4.23054	4.11141	3.99755	3.88867	3.78448	3.68474	3.58918	3.49760	3.40978	6
7	4.71220	4.56376	4.42261	4.28830	4.16042	4.03857	3.92238	3.81153	3.70570	7
8	5.14612	4.96764	4.79877	4.63886	4.48732	4.34359	4.20716	4.07757	3.95437	8
9	5.53705	5.32825	5.13166	4.94637	4.77158	4.60654	4.45057	4.30302	4.16333	9
10	5.88923	5.65022	5.42624	5.21612	5.01877	4.83323	4.65860	4.49409	4.33893	10
11	6.20652	5.93770	5.68694	5.45273	5.23371	5.02864	4.83641	4.65601	4.48650	11
12	6.49236	6.19437	5.91765	5.66029	5.42062	5.19711	4.98839	4.79322	4.61050	12
13	6.74987	6.42355	6.12181	5.84236	5.58315	5.34233	5.11828	4.90951	4.71471	13
14	6.98187	6.62817	6.30249	6.00207	5.72448	5.46753	5.22930	5.00806	4.80228	14
15	7.19087	6.81086	6.46238	6.14217	5.84737	5.57546	5.32419	5.09158	4.87586	15
16	7.37916	6.97399	6.60388	6.26506	5.95423	5.66850	5.40529	5.16235	4.93770	16
17	7.54879	7.11963	6.72909	6.37286	6.04716	5.74870	5.47461	5.22233	4.98966	17
18	7.70162	7.24967	6.83991	6.46742	6.12797	5.81785	5.53385	5.27316	5.03333	18
19	7.83929	7.36578	6.93797	6.55037	6.19823	5.87746	5.58449	5.31624	5.07003	19
20	7.96333	7.46944	7.02475	6.62313	6.25933	5.92884	5.62777	5.35275	5.10086	20
21	8.07507	7.56200	7.10155	6.68696	6.31246	5.97314	5.66476	5.38368	5.12677	21
22	8.17574	7.64465	7.16951	6.74294	6.35866	6.01133	5.69637	5.40990	5.14855	22
23	8.26643	7.71843	7.22966	6.79206	6.39884	6.04425	5.72340	5.43212	5.16685	23
24	8.34814	7.78432	7.28288	6.83514	6.43377	6.07263	5.74649	5.45095	5.18223	24
25	8.42174	7.84314	7.32998	6.87293	6.46415	6.09709	5.76623	5.46691	5.19515	25
26	8.48806	7.89566	7.37167	6.90608	6.49056	6.11818	5.78311	5.48043	5.20601	26
27	8.54780	7.94255	7.40856	6.93515	6.51353	6.13636	5.79753	5.49189	5.21513	27
28	8.60162	7.98442	7.44120	6.96066	6.53351	6.15204	5.80985	5.50160	5.22280	28
29	8.65011	8.02181	7.47009	6.98304	6.55088	6.16555	5.82039	5.50983	5.22924	29
30	8.69379	8.05518	7.49565	7.00266	6.56598	6.17720	5.82939	5.51681	5.23466	30
31	8.73315	8.08499	7.51828	7.01988	6.57911	6.18724	5.83709	5.52272	5.23921	31
32	8.76860	8.11159	7.53830	7.03498	6.59053	6.19590	5.84366	5.52773	5.24303	32
33	8.80054	8.13535	7.55602	7.04823	6.60046	6.20336	5.84928	5.53197	5.24625	33
34	8.82932	8.15656	7.57170	7.05985	6.60910	6.20979	5.85409	5.53557	5.24895	34
35	8.85524	8.17550	7.58557	7.07005	6.61661	6.21534	5.85820	5.53862	5.25122	35
36	8.87859	8.19241	7.59785	7.07899	6.62314	6.22012	5.86171	5.54120	5.25312	36
37	8.89963	8.20751	7.60872	7.08683	6.62881	6.22424	5.86471	5.54339	5.25472	37
38	8.91859	8.22099	7.61833	7.09371	6.63375	6.22779	5.86727	5.54525	5.25607	38
39	8.93567	8.23303	7.62684	7.09975	6.63805	6.23086	5.86946	5.54682	5.25720	39
40	8.95105	8.24378	7.63438	7.10504	6.64178	6.23350	5.87133	5.54815	5.25815	40
41	8.96491	8.25337	7.64104	7.10969	6.64502	6.23577	5.87294	5.54928	5.25895	41
42	8.97740	8.26194	7.64694	7.11376	6.64785	6.23774	5.87430	5.55024	5.25962	42
43	8.98865	8.26959	7.65216	7.11733	6.65030	6.23943	5.87547	5.55105	5.26019	43
44	8.99878	8.27642	7.65678	7.12047	6.65244	6.24089	5.87647	5.55174	5.26066	44
45	9.00791	8.28252	7.66086	7.12322	6.65429	6.24214	5.87733	5.55232	5.26106	45
46	9.01614	8.28796	7.66448	7.12563	6.65591	6.24323	5.87806	5.55281	5.26140	46
47	9.02355	8.29282	7.66768	7.12774	6.65731	6.24416	5.87868	5.55323	5.26168	47
48	9.03022	8.29716	7.67052	7.12960	6.65853	6.24497	5.87922	5.55359	5.26191	48
49	9.03624	8.30104	7.67302	7.13123	6.65959	6.24566	5.87967	5.55389	5.26211	49
50	9.04165	8.30450	7.67524	7.13266	6.66051	6.24626	5.88006	5.55414	5.26228	50

찾아보기 Index

ㅊ

[저자 소개]

이성희
(현)인제대학교 경영학과 교수
경영학 박사, 공인회계사
삼일회계법인 근무
공인회계사 시험 출제위원
e-mail : shleeone@inje.ac.kr

김정애
(현)부산대학교 강사
경영학 박사
부산대학교 전임대우 강사
전남대학교 연구교수
e-mail : jungae95@pusan.ac.kr

IFRS 회계원리

2022년 1월 17일 1판 발행
2024년 2월 28일 1판2쇄 발행

저 자 이성희 · 김정애
발행인 김광범
발행처 도서출판 시대가치
주 소 서울특별시 마포구 토정로 222, 422-1호(한국출판콘텐츠센터)
전 화 02)3152-2620
팩 스 02)6442-2621
등 록 2017년 3월 23일 제2018-000088호
이메일 timepub2017@gmail.com

ISBN 979-11-89607-56-2 93320

정가 30,000원

저작권법에 의해 보호를 받는 저작물이므로 이 책의 무단 전재와 복제를 금합니다.
파본은 구입처에서 교환해 드립니다.